빅데이터 시스템 구축 가이드

실무 관점에서 빅데이터의 전체 그림을 그리는

빅데이터 시스템 구축 가이드

1판 1쇄 2015년 06월 05일
3쇄 2018년 01월 15일

지은이 이상한, 정영훈
발행인 최홍석

발행처 (주)프리렉
출판신고 2000년 3월 7일 제 13-634호
주소 경기도 부천시 원미구 길주로 77번길 33 나루빌딩 401호
전화 032-326-7282(代) **팩스** 032-326-5866
URL www.freelec.co.kr

편   집 강신원
교정교열 이희영
디 자 인 김혜정
삽   화 김채은
ISBN 978-89-6540-100-1

빅데이터 시스템 구축 가이드

이상한 정영훈 지음

프리렉

빅데이터 시대를 바라보며

하루가 다르게 변하는 세상입니다. 어느새 빅데이터라는 개념이 알려진지도 시간이 꽤 흘렀습니다. 처음과 달리 사회 곳곳에서 빅데이터가 어느 정도 활용되고 있어 감회가 새롭습니다. 최근에는 광고에도 빅데이터가 나오기 시작하였습니다. 시기상 빅데이터는 이제 성숙기에 접어들었다고 볼 수 있습니다. 그만큼 개념보다는 활용에 많은 관심이 있는 시기입니다. 이러한 점을 생각하여 저는 다음과 같은 이유와 방향을 가지고 이 책을 썼습니다.

첫째는 빅데이터를 다루는 실무 내용을 담고 싶었습니다. 기본 기술부터 아키텍처와 방법론까지 실제 필요한 부분을 담고자 했습니다. 빅데이터가 무엇이고 이걸 통해 무엇을 얻을지, 어떻게 활용할지 많은 이야기를 하고 싶었습니다.

둘째는 초보자부터 전문가까지 빅데이터에 대해 관심 있는 누구나 볼 수 있는 책을 쓰고 싶었습니다. 어떤 책은 너무 평이하고 또 어떤 책은 너무 코드 위주의 개발 서적인 경우가 많습니다. 이를 벗어나 쉽게 볼 수 있는 책을 쓰고자 했습니다.

셋째는 이 책을 통해 빅데이터의 전체 그림을 그리고자 했습니다. 특정 기술이나 주제에만 치우치지 않고 전반적인 사항을 넣어 빅데이터라는 하나의 그림을 완성할 수 있게 하였습니다. 그런 의미에서 빠르게 빅데이터 전체를 이해하고 핵심을 찾고자 하는 독자에게 권하는 바입니다.

이 책은 다소 어려운 주제와 개념들을 쉽게 설명하고자 노력하였습니다. 많은 인터넷 자료와 대학 교재, 빅데이터 관련 서적, 논문, 정부 자료, 블로그 글 등 많은 부분을 참고하였습니다. 빅데이터 외의 낯선 기술 용어나 전문 용어는 참고를 통해 쉽게 알아볼 수 있게 하였습니다.

또한, 초보자를 위해 각 기술에 대해 깊은 내용은 될 수 있으면 생략했으며, 그림 위주로 쉽게 설명하고자 하였습니다. 기술 부문은 다양한 기술을 소개하기 위해 많은 페이지를 할애하였고, 어려운 용어는 기본 의미를 정확히 전달하고자 했습니다.

이 책이 나오기까지

책을 쓰는 동안 주위 분들에게 정말 많은 도움을 받았습니다. 책을 쓴다는 핑계로 매일 늦게 와서 제대로 못 놀아준 사랑하는 딸 윤지와 아내에게 이 책을 바칩니다. 더불어 예쁜 두 조카인 지후와 예림이에게도 고마움을 전합니다.

특히 이 책이 세상에 나오기까지 저에게 수많은 격려와 독려를 아끼지 않은 정영훈님에게 감사의 말씀을 전합니다. 단순한 지식이 아닌 독자와 소통하는 방법을 일깨워 주셨습니다.

그리고 제가 힘들 때 옆에서 늘 도움을 주신 조성문 기술사님과 물심양면 힘을 보태주신 구광민, 정상미 기술사님께도 깊은 감사 드립니다.

마지막으로 책이 나오기만을 기다리신 양가 부모님과 주위의 여러분에게도 감사의 말씀 전합니다. 비록 미천한 지식으로 쓴 책이지만 여러분 덕분에 빛을 보게 되었습니다. 다시 한 번 감사드립니다.

저자 **이상한**

빅데이터에 대해서는 수많은 이야기와 접근법이 있습니다. 이 책은 실무적인 관점에서 접근했으며, 빅데이터에 대해 양질의 정보와 지식을 전하고자 노력했습니다. 이를 위해 광범위하게 자료를 수집하고 검토했으며, 실험이 필요할 때는 테스트를 수행하며 검증했습니다.

이 책이 출간되기까지 많은 시간을 함께 해주신 이상한 기술사님께 감사드립니다. 항상 격려의 말씀을 해주시는 조성문 기술사와 최규달 과장에게도 감사의 말을 전합니다. 또한, 이 책의 방향에 많은 조언을 주신 안동현 편집장님께도 감사드립니다.

마지막으로, 항상 저에게 힘을 주는 아내와 첫째 아인, 둘째 시우에게 사랑의 마음을 전합니다.

저자 **정영훈**

이 책의 구성

이 책은 빅데이터 시스템 구축에 필요한 기본 지식과 가이드를 제공합니다. 크게는 빅데이터의 개념 및 정의, 빅데이터 구축 방법, 빅데이터 기술 및 보안, 빅데이터 가이드라인의 네 부분으로 구성되어 있습니다. 첫 번째 부분은 빅데이터의 개념과 정의를 다룹니다. 두 번째 부분은 빅데이터 구축 방법에 대해 이야기합니다. 세 번째 부분은 빅데이터 구축에 필요한 주요 기술과 보안에 대해 설명합니다. 마지막 네 번째 부분에서는 실제 빅데이터 시스템 구축을 위한 가이드라인을 제시합니다.

책 내용 중 초보자가 보기 어려운 부분은 참고를 통해 쉽게 이해할 수 있도록 설명하였습니다. 개념과 관련된 내용이 많기에 그림 위주로 쉽게 접근하도록 구성하였습니다.

이 책은 다루는 내용에 따라 다음과 같이 나눌 수 있습니다.

Part 1	Part 2	Part 3	Part 4
빅데이터의 개념	빅데이터 구축 방법	빅데이터 기술 및 보안	빅데이터 구축 가이드라인
1장	2장~3장	4장~7장	8장~9장

Part 1 빅데이터의 개념(1장)

1장에서는 빅데이터를 소개하고 개념과 이를 통해 얻을 수 있는 가치를 설명합니다. 그리고 기존 데이터와는 다른 빅데이터에 어떻게 접근할지에 대해 이야기합니다.

Part 2 빅데이터 구축 방법(2장~3장)

초보자에게는 다소 어려울 수 있는 방법론이나 아키텍처에 대해 설명합니다. 빅데이터 구축을 위한 프로세스와 조직, 환경, 검증 등 실제 구축할 때 필요한 주제에 대해 설명합니다. 빅데이터가 무엇인지 알았으니 무엇을 어떻게 할지에 대해 이야기합니다.

Part 3 빅데이터 기술 및 보안(4장~7장)

빅데이터와 관련된 다양한 기술에 대해 설명합니다. 기술과 더불어 분석 방법과 빅데이터 보안에 대해서도 이야기합니다.

Part 4 빅데이터 구축 가이드라인(8장~9장)

빅데이터 도입을 위해 시스템 측면과 프로젝트 측면으로 나눠 가이드를 제시합니다. 민간과 공공 모두를 대상으로 하고 있으며, 최소한의 지침을 통해 성공적인 프로젝트 수행을 제시합니다.

차례

01

빅데이터 시대

1. 빅데이터란 무엇인가?

우리는 매일 많은 데이터를 만나고 있으며 현대 사회는 데이터의 홍수라 해도 과언이 아니다. 대표적으로는 이메일, SNS, 인터넷 등이 있고 교통카드, CCTV, IPTV 등도 있다.

이러한 데이터 형태는 크게 정형 데이터와 비정형 데이터로 나뉜다. 정형 데이터는 숫자나 문자들로 쉽게 구분할 수 있는 데이터고 비정형 데이터는 텍스트, 동영상, 음악 파일 등 구조화가 어려운 데이터다.

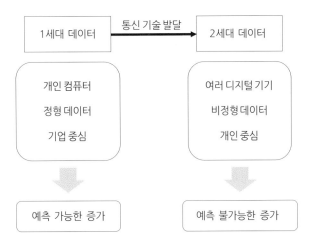

그림 1-1 데이터 세대의 변화

시간상으로 보면 과거 1세대 데이터는 정형 중심의 데이터고, 현재 2세대 데이터는 비정형 중심의 데이터다. 1세대 데이터는 개인 컴퓨터 보급과 함께 성장하였으며, 2세대 데이터는 각종 디지털 기기와 센서 기기 등을 통해 성장하였다. 특히 통신 기술의 발달은 다양한 디지털 기기들을 묶었으며, 이는 아날로그 소통 사회에서 디지털 소통 사회로 넘어가는 역할을 하였다. 디지털 소통에서 소셜 미디어는 개인의 생각과 감정을 문자나 이모티콘으로 교환하고, 이것은 곧 폭발적인 데이터 증가로 이어졌다. 이외에도 전자상거래와 디지털 미디어 서비스 등의 등장은 데이터를 기하급수적으로 증가하게 하였다.

통신의 발달과 디지털화는 여러 업종을 연결하였으며, 데이터 교환은 더 활발해졌다. 네트워크가 빨라짐으로써 더 많은 데이터를 더 자주, 더 빨리 가져올 수 있게 됐고 검색 위치와 상태 등의 다양한 데이터도 포함되었다.

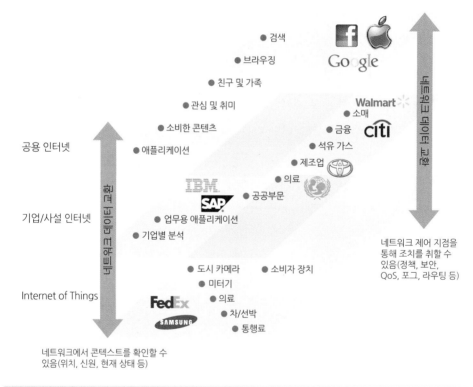

그림 1-2 네트워크를 통한 여러 업종과의 연결[1]

---

1 **출처** 분열된 빅데이터 분석 세계에서의 가치 발견, 시스코

이처럼 우리 주변의 데이터는 순식간에 폭발적으로 늘었으며, 많은 과학자와 전문가들은 이런 현상을 정의하려고 한다. 전문가들은 비정형 중심의 데이터 증가를 '빅데이터'라 부르며, 이것을 새롭게 정의하고 이를 통해 무엇을 할 수 있는지 연구 중이다. 이 장에서는 빅데이터의 개념과 특징을 알아보고 이를 통해 무엇을 얻을 수 있는지 알아보자.

1.1 빅데이터의 개념

여기서는 빅데이터와 다른 데이터의 차이점 등을 알아본다. 빅데이터의 정의는 여러 가지가 있지만, 우선 다음의 몇 가지를 살펴보자.

표 1-1 여러 기관의 빅데이터 정의[2]

기관	빅데이터 정의
Gartner	향상된 시사점(Insight)과 더 나은 의사결정을 위해 사용되는 비용 효율이 높고, 혁신적이며, 대용량, 고속 및 다양성의 특성을 가진 정보 자산
McKinsey	일반적인 데이터베이스 SW가 저장, 관리, 분석할 수 있는 범위를 초과하는 규모의 데이터
IDC	다양한 종류의 대규모 데이터에서 낮은 비용으로 가치를 추출하고, 데이터의 초고속 수집과 발굴, 분석을 지원하도록 고안된 차세대 기술 및 아키텍처

가트너는 빅데이터를 인사이트와 의사결정을 위해 사용하는 정보 자산으로 정의하였다. 빅데이터에서 빠질 수 없는 것이 인사이트(Insight)라는 용어다. 인사이트는 빅데이터를 분석하여 이전에는 얻을 수 없었던 지식, 통찰, 식견과 시사점 등을 얻는 것을 말한다.[3]

가트너는 빅데이터를 정보 자산으로 분류함으로써 체계적인 관리를 강조하였다. 맥킨지는 빅데이터를 새로운 기술 체계에 따른 저장, 분석, 관리라고 하였고, IDC는 가치를 추출할 수 있는 차세대 기술과 아키텍처로 정의하였다.

각 기관마다 정의하는 빅데이터는 다르지만, 크게 다음과 같이 정리할 수 있다.

---

2 **출처** Gartner(2012), McKinsey Global Institute(2011), IDC(2011)

3 **출처** 빅데이터 동향 및 정책 시사점, 정보통신방송정책, 2013년 6월

"대규모, 고속의 다양한 데이터를 분석하여 인사이트와 가치를 주는 새로운 기술"

그림 1-3 빅데이터의 개념

가치는 빅데이터를 통해 기업이나 사회, 개인에게 돌아가는 이득이다. 이득은 꼭 금전적 형태뿐만이 아닌 새로운 서비스로 얻는 편리함이나 시간 절약 등으로도 나타난다. 다시 말해 빅데이터는 대규모, 속도, 다양성을 가지고 우리에게 이득을 주는 데이터다.

그렇다면 빅데이터와 기존 데이터의 차이는 무엇인가? 다음은 둘 사이의 차이점을 나타낸다.

표 1-2 기존 데이터와 빅데이터의 차이점[4]

구분	기존 데이터	빅데이터
데이터양	테라바이트 수준	페타바이트 이상
데이터 유형	정형 데이터 중심	소셜 미디어, 로그 파일, 스트리밍, 동영상 등 비정형 데이터 중심
프로세스 및 기술	프로세스 및 기술이 상대적으로 단순 처리/분석 과정이 정형화되어 있음 원인/결과 중심	처리 복잡도가 높고 새로운 기술이 필요 잘 정의된 데이터 모델, 절차 등이 없음 상관관계 중심

다음으로 빅데이터의 중요한 세 가지 특징에 대해 알아보자.

4 **출처** KT 종합기술원(2011)

1.2 빅데이터의 주요 특성

빅데이터의 특성에 앞서 일반 IT 종사자들은 빅데이터를 어떻게 정의하고 있는지 알아보자. 세계적 기업인 IBM의 설문 조사에서 IT 종사자들은 빅데이터를 다음과 같이 정의하고 있다. 설문 대상자는 IT 업무 종사자이며, 복수 답변을 할 수 있도록 했다.

정보의 범위 확대 18%

새로운 종류의 데이터와 분석 16%

실시간 정보 15%

신기술에서 유입되는 데이터 13%

비전통적 형태의 미디어 13%

대량의 데이터 10%

최신 전문용어 8%

소셜 미디어 데이터 7%

보기 중에서 응답자들이 생각하는 빅데이터의 정의를 최대 두 가지씩 선택하도록 하였으며 나머지 보기는 생략됨. 응답 비율은 총 합이 100%가 되도록 표준화. 총 응답자 수 = 1,144명.

그림 1-4 빅데이터 개념에 대한 다양한 의견[5]

조사 결과는 빅데이터의 특징을 잘 보여주고 있으며, 다음은 설문 조사에서 뽑은 주요 특징이다.

- **규모(Volume)** 정보의 범위 확대, 대량의 데이터
- **다양성(Variety)** 새로운 종류의 데이터와 분석, 비전통적 형태의 미디어, 소셜 미디어 데이터
- **속도(Velocity)** 실시간 정보, 신기술에서 유입되는 데이터

---

5 **출처** 분석-빅데이터의 현실적인 활용, IBM

빅데이터는 규모(Volume), 다양성(Variety), 속도(Velocity)의 3V 특징을 가지며, 여기에 가치 (Value)나 정확성(Veracity)을 추가하기도 한다. 이 3V 혹은 4V가 빅데이터를 정의한다.

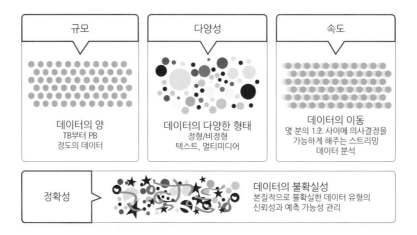

그림 1-5 빅데이터의 4가지 특징

각각의 빅데이터 특징을 자세히 살펴보자.

규모(Volume)

데이터양의 급증은 빅데이터의 큰 특징이다. 빅데이터를 정의할 수 있는 데이터양이 정확히 정해져 있는 것은 아니지만, 적게는 PB(페타바이트)에서 많게는 ZB(제타바이트) 이상으로 보고 있다. 참고로 다음은 데이터양의 단위를 나타낸다.

표 1-3 데이터 용량 단위

비트(Bit)=1bit	제타바이트(ZB)=1024EB
바이트(Byte)=8bit	요타바이트(YB)=1024ZB
킬로바이트(KB)=1024B	브론토바이트(VB)=1024YB
메가바이트(MB)=1024KB	락시아바이트(RB)=1024VB
기가바이트(GB)=1024MB	에르키스탄바이트(OB)=1024RB
테라바이트(TB)=1024GB	큐타바이트(QB)=1024OB
페타바이트(PB)=1024TB	엑스싸인트(XC)=1024QB
엑사바이트(EB)=1024PB	

데이터양은 산업별, 규모별로 차이가 있지만, 공통점은 '대량'의 데이터라는 점이다.

그림 1-6 데이터의 급증

각종 디지털 기기와 네트워크의 발달은 다양한 데이터를 계속 만들어 폭발적인 데이터 증가를 가져왔다. 기존 시스템에서는 기가바이트 처리만으로 충분했지만, 어느 순간 페타바이트 이상 증가하면서 이를 처리할 수 있는 새로운 기술 체계와 아키텍처가 필요해졌다.

다양성(Variety)

다양성이란 점점 복잡해지는 조직과 기업의 데이터를 말한다. 빅데이터 이전에는 정형 데이터 중심이었지만, 빅데이터 시대에는 정형과 비정형 데이터가 다양한 형태로 나타난다. 대표적인 비정형 데이터는 소셜 데이터, 텍스트, 센서 데이터, 비디오와 오디오 등이 있다. 문제는 이 다양한 데이터를 어떻게 저장, 분석, 관리하느냐이다.

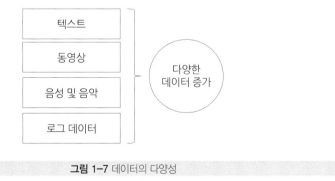

그림 1-7 데이터의 다양성

비정형 데이터 중 가장 많은 부분을 차지하는 텍스트를 분석해봄으로써 비정형 분석이 왜 어려운지 살펴보도록 하자. 인터넷에 돌아다니는 수많은 웹페이지와 문서 파일은 텍스트 기반이며, 우리가 주고받는 메시지와 소셜 미디어도 텍스트다. 텍스트 분석은 먼저 해당 문서를 수집하고, 이후 문서 형식을 일반 텍스트로 바꾼다. 텍스트는 구문, 단어, 절 등으로 구분하고 사전 조회로 의미를 파악한다.

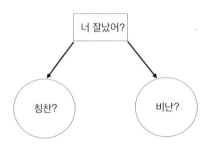

그림 1-8 텍스트 분석이 어려운 이유

사전적 의미를 모두 파악하였다고 분석이 끝나는 것이 아니다. 해당 글이 주제에 대해 긍정인지 부정인지, 감성적 의미를 파악해야 한다. 예를 들어, "너 잘났어."라는 문장이 실제로 칭찬인지 아닌지를 파악해야 한다. 우리는 일상생활에서 자연스럽게 쓰는 표현이지만 컴퓨터가 이러한 의미를 파악하는 데는 많은 어려움이 있다.

텍스트 외의 동영상이나 음성 분석은 더 많은 과정을 거쳐야 한다. 이처럼 여러 형태의 데이터 증가로 처리가 더 복잡해짐에 따라 여기에 맞는 새로운 기술이 필요해진다.

속도(Velocity)

속도는 빠른 데이터 처리를 말하며, 특히 실시간 데이터를 말한다. 실시간 데이터는 주식, 환율, 항공 경로 등 매우 짧은 시간 내에 계속해서 변경되며 들어오는 데이터들이다. 빅데이터는 양뿐만이 아니라, 실시간으로 생성되는 특징을 가진다.

특히 기업에서는 남보다 앞선 의사결정을 지원해야 하기 때문에 실시간 데이터를 빠르게 처리하는 게 중요하다. 실시간 데이터 처리는 주식거래 분석, 실시간 사기 적발, 마케팅 등을 통해 비즈니스적으로 활용한다.

다음 그림은 실시간 데이터 유형을 보여준다. 이러한 실시간 데이터를 바로 분석하려면 빠른 시스템과 전문적인 솔루션이 필요하다.

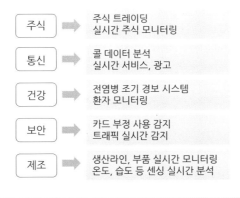

그림 1-9 실시간 데이터 유형

정확성(Veracity)

데이터 정확성은 분석을 위해 쓰인 데이터의 신뢰와 관계된다. 조직은 데이터를 분석할 때 다음과 같은 실수를 하지 말아야 한다.

- **오류와 부정확한 데이터의 처리**
- **분석 목적과 다른 데이터의 처리**

시스템은 쓰레기 같은 데이터를 입력하면 쓰레기 같은 결과를 내놓으며(Garbage In, Garbage Out), 이를 막으려면 입력 데이터를 검증해야 한다. 시스템은 데이터를 정제 · 검증하여 최종적으로 활용 가능한 정보로 내놓는다. 이를 기반으로 조직이나 기업은 예측과 의사결정을 하며 이는 비즈니스에 많은 영향을 끼친다.

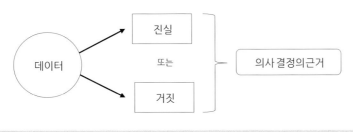

그림 1-10 데이터의 정확성

이러한 데이터의 정확성이 왜 중요한지는 다음의 예를 통해 살펴보자.

최근 우리나라는 기온 변화로 전력 수급에 어려움을 겪고 있다. 특히 온난화의 영향으로 더위가 일찍 찾아오고 여름 무더위로 전력 사용량이 폭발적으로 늘었다. 전력 비상사태를 막고자 전력 수요를 예상하는 것은 중요하다. 이를 위해 스마트 그리드는 IT 기술로 전력의 수요와 공급을 파악한다. 기업은 이를 기반으로 전력 사용량이 늘 것 같으면 전력 설비를 늘린다. 전력 기업은 전력을 저장하는 ESS(Energy Storage System) 등의 설비에 투자하여 평소 남는 전기를 저장한다.

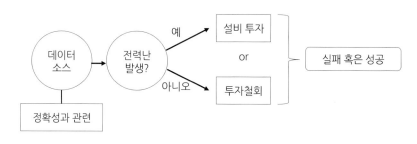

그림 1-11 데이터 정확성에 따른 의사결정

하지만 데이터가 불확실하면 전력 예측이 실패할 수 있다. 이렇게 되면 전력 수요량을 잘못 예측하여 조직은 엉뚱한 의사결정을 내린다. 시스템은 이러한 데이터 불확실성을 100% 없앨 수는 없기에, 데이터 관리자는 최상의 데이터 신뢰성 보장에 관심을 기울여야 한다. 더구나 빅데이터는 데이터양이 많고 다양한 형태가 있기 때문에 정제와 검증에 많은 신경을 써야 한다.

2. 빅데이터를 통해 얻을 수 있는 가치는 무엇인가?

빅데이터를 통해 얻는 가치는 기업, 개인과 공공기관 등 분야별로 다르다. 여기서는 어떤 서비스가 빅데이터를 통해 어떤 가치를 제공하는지 알아보고, 실제 사례와 업종별 빅데이터의 가치를 알아본다. 빅데이터 가치는 비즈니스와 공공 부문으로 나누어 살펴본다.

그림 1-12 빅데이터의 가치

2.1 비즈니스

비즈니스 부문의 빅데이터 가치는 기업의 경쟁력을 높이는데, 다음의 3가지 유형이 대표적인 빅데이터를 통한 비즈니스 가치다.

그림 1-13 비즈니스 측면의 빅데이터 가치[6]

기업에서 빅데이터는 수익 개선과 고객 확보, 비용절감 등으로 가치를 창출한다. 쇼핑몰의 상품 추천은 수익을 올리는 대표적인 예다. 추천 시스템은 고객의 이력을 분석하여 가장 좋아할 만한 상품을 추천한다. 아마존은 고객의 소비 성향을 분석한 추천 시스템을 통해 매출을 늘리고 있다. 추천 서비스는 소셜 미디어와 연동하여 고객에게 쉽게 접근하도록 구현되어 있다. 추천 상품은 바로 구매로 연결되는 만큼 어떤 상품을 추천하는가가 중요하다. 빅데이터 시스템은 고객의 구매 내용과 선호 상품, 클릭 수 등을 분석하여 최적의 상품을 추천한다.

6　**출처 및 변경** 빅데이터 동향 및 정책 시사점, 정보통신방송정책, 2013년 6월

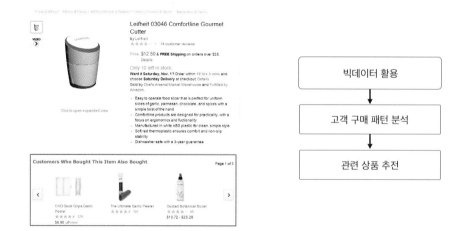

그림 1-14 빅데이터를 이용한 상품 추천[7]

기업이 빅데이터를 통해 고객을 유지하는 사례를 더 알아보자. 고객 유지는 기업의 수익성과 바로 연결되는 중요한 부문이다. 빅데이터는 고객의 요구 사항을 분석하여 고객 이탈을 방지한다.

그림 1-15 고객 유지를 통한 수익성 연결

예를 들어, 고객 '홍길동'은 오랜 기간 A 업체의 인터넷과 IPTV 서비스를 이용했다. 홍길동은 골프를 좋아하지만, IPTV에 골프 채널이 안 나오는 게 늘 불만이다. 이에 홍길동은 콜센터에 불만을 표시한다. 빅데이터 아키텍처를 갖춘 해당 기업은 콜센터에서 인터랙티브 음성 응답 정보를 수집한 다음, 이 비정형 데이터를 빅데이터 플랫폼에 저장한다. 시스템은 저장된 데

---

7   출처 http://www.amazon.com/

이터를 분석하여 고객을 조회한다. 분석가와 관련 부서는 고객 목소리의 감정 정보와 선호 채널 정보를 기반으로 서비스 데스크 팀과 협의를 한다.

서비스 부서는 홍길동에게 3년 약정 계약으로 골프 채널을 무료로 시청하도록 제시한다. 홍길동은 자신의 불만 사항이 바로 접수되어 새로운 서비스를 받는 것에 만족해한다. 여기서 기존 방식과 다른 점은 다음과 같은 사항이다.

- 고객 홍길동이 서비스 해지에 이르기 전에 빠르게 고객의 성향과 불만 분석
- 분석 후 새로운 서비스 제시로 고객 이탈 방지

불만 접수에서 해결까지 빠르게 진행된다면 고객은 자신의 불만이 빠르게 처리되고 있다는 점에 만족한다. 이를 위해 시스템은 고객의 불만을 빠르게 파악하여 고객 이탈을 방지한다는 것이다.

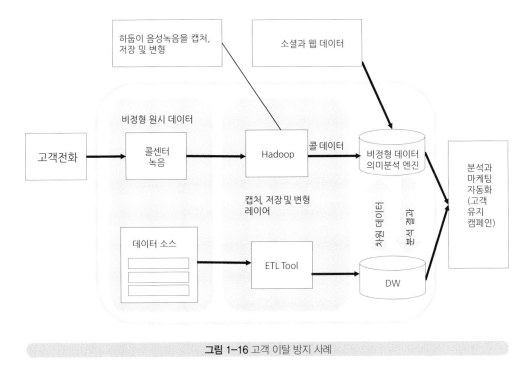

그림 1-16 고객 이탈 방지 사례

이제까지 비즈니스 효율성 측면의 빅데이터 가치를 살펴보았다. 빅데이터는 고객 내부 데이

터뿐만이 아니라 광고 플랫폼을 통해서도 다양한 가치를 실현한다. 그 대표적인 것이 빅데이터를 이용한 마케팅이다.

빅데이터를 이용한 마케팅은 소셜 미디어와 온라인 쇼핑몰이 함께 고객에게 관련 광고를 제공한다. 현재 페이스북은 페이스북 익스체인지(Facebook Exchange, FBX)라는 광고 서비스를 하고 있다. FBX의 동작 원리는 다음 그림과 같다.

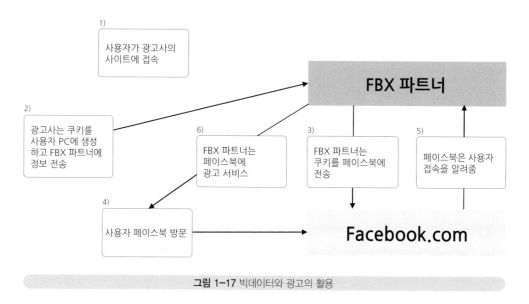

그림 1-17 빅데이터와 광고의 활용

사용자는 광고사의 웹사이트를 서핑하고 자신의 페이스북에 접속할 때 관련 광고를 받는다. 사용자가 IT 관련 사이트를 방문했다면 최신 IT 기기나 디지털 기기 등이 광고에 뜰 것이다. 패션 관련 사이트를 방문한 사용자라면 구두나 최신 트렌드인 옷을 소개하는 광고를 보게 될 것이다. 사용자의 방문 이력이 많으면 많을수록 본인 취향에 맞는 광고를 받을 확률은 더 높아진다.

빅데이터는 클릭률을 기반으로 고객 성향을 빠르게 분석하여 알맞은 광고를 내보낸다. 클릭률은 고객이 노출된 광고를 몇 번 클릭했는지 보여주는 백분율이다. 이러한 데이터는 많으면 많을수록 정확도가 높아지기에 많은 데이터를 확보해야 한다.

그림 1-18 소셜 미디어와 광고의 융합[8]

마지막 빅데이터의 가치로 새로운 비즈니스 창출이 있다. 이것은 기존 데이터를 분석하여 기업이나 공공기관에 새로운 서비스를 제공한다. 통신사가 가장 대표적인 예다. 통신사는 많은 고객의 위치 정보를 가지고 있으며, 이를 분석하여 또 다른 정보를 전해준다. 물론 고객 정보는 익명으로 처리되며, 고객들이 어느 위치에서 무슨 행위를 하는지가 주요 관심사다. 미국과 유럽의 몇몇 통신 회사는 이미 이런 서비스를 개발하여 제공하고 있다.

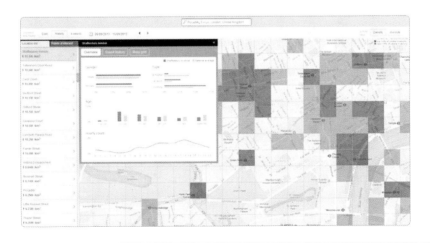

그림 1-19 통신 회사에서 제공하는 범죄 예상 지도[9]

---

8 **출처** http://fbppc.com/fb-exchange/fbx-and-the-future-of-facebook-advertising/

9 **출처** http://elpais.com/elpais/2014/09/26/ciencia/1411744570_276931.html

앞선 그림은 통신사가 범죄 신고 지역과 범죄 발생 지역을 위치기반 서비스로 제공하는 것이다. 경찰은 이 서비스를 이용해 범죄 예방에 더 노력할 것이다. 별 의미 없는 데이터가 다른 곳에서는 매우 중요한 데이터로 사용될 수 있음을 보여 주는 사례다.

안전한 개인정보를 보장한다면 빅데이터는 집단 데이터를 통해 우리의 삶을 더 편리하게 할 것이다. 개인정보와 관련한 내용은 뒤에 따로 이야기한다.[10]

지금까지 기업 비즈니스에 영향을 미치는 빅데이터 서비스와 사례로 빅데이터 가치를 살펴보았다. 다음은 빅데이터가 공공 부문에 가져다주는 가치가 무엇인지 알아보자.

2.2 공공서비스

공공서비스 부문에서도 빅데이터를 통해 기업처럼 비용 절감 등의 효과를 볼 수 있으나, 여기서는 공공 분야의 특성에 맞게 빅데이터가 가져다주는 가치에 대해 알아본다.[11]

정부는 빅데이터를 활용함으로써 사회현안 및 국민의 요구 사항을 파악한다. 이를 통해 미래 전략 수립과 적극적 공공서비스 제공 등 정부 혁신이 가능하다. 국가 기반의 빅데이터 필요성과 효과는 크게 다음과 같다.

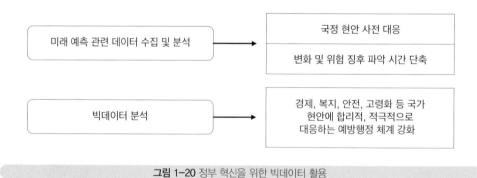

그림 1-20 정부 혁신을 위한 빅데이터 활용

---

10 **출처 및 변경** 빅데이터 동향 및 정책 시사점, 정보통신방송정책, 2013년 6월
11 **참고** 국가 정보화 빅데이터 마스터 플랜안, 행안부

빅데이터를 이용한 공공서비스 개선의 예로 미국 국립보건원의 필박스(Pillbox) 서비스를 들 수 있다. 의약품 검색을 지원하는 필박스(Pillbox) 서비스는 검색 통계를 활용하여 주요 질병의 분포와 연도별 증가 등을 분석한다. 또한, 이 서비스는 연간 100만 건 이상의 민원 처리로 약 5,000만 달러의 비용 절감 효과도 내고 있다.

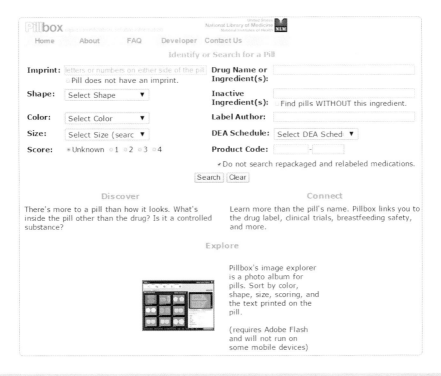

그림 1-21 미국 국립보건원의 Pillbox 홈페이지[12]

기업 비즈니스와 달리 공공 분야에서 빅데이터가 가져다주는 가치는 훨씬 직접적이고 다양하다. 대상은 사회, 경제, 교육, 의료 등 방대하고 우리 삶과 바로 연결된다. 공공서비스의 빅데이터 활용 가치는 다음 그림과 같다.

---

12 출처 http://pillbox.nlm.nih.gov/pillimage/search.php

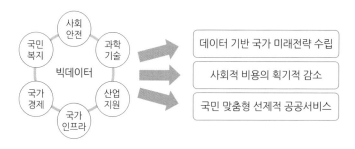

그림 1-22 빅데이터를 활용한 공공 부문의 새로운 가치[13]

공공 부문에서 빅데이터를 통해 무엇을 얻을 수 있는지 다음 표를 통해 살펴보자.

표 1-4 여러 공공 부문의 빅데이터 활용 가치[14]

분야	빅데이터 활용의 목표
사회안전	범죄 발생 장소와 시간 예측을 통한 범죄 발생 최소화
	자연재해 예측으로 조기 감지 및 대응
	음란물 유통 차단을 통한 건강한 인터넷 문화 조성
국민복지	민원 데이터 분석을 통한 정책의 피드백 시스템 마련
	복지의 수요–공급 매칭을 통한 맞춤형 서비스 제공
	일자리 현황 분석, 예측으로 고용정책 수립 지원
국가 경제	과세 데이터 분석으로 탈세방지 및 국가 재정 확충 지원
	다양한 경제 관련 데이터 분석 기반의 경제 정책 수립 지원
국가 인프라	주민참여형 교통사고 감소 체계 구축
	실시간 네트워크 시스템으로 재난 관리 대응 체계 마련
산업지원	자영업자 창업 실패 예방 지원
	제조 공정 실시간 장애 예측을 통한 생산 효율 고도화
	수급 전망에 기반을 둔 농수산물 생산 관리

---

13 **출처** 국가 정보화 빅데이터 마스터 플랜안, 행안부
14 **발췌** 국가 정보화 빅데이터 마스터 플랜안, 행안부

분야	빅데이터 활용의 목표
과학기술	국가 기후 위험 요소에 대한 선제 대응 체계 구축
	유전자, 의료 데이터 분석을 통한 국민 건강 증진
	위성영상 데이터 분석, 활용을 통한 재난 대응

앞선 자료는 행정안전부의 2012년 국가 정보화 빅데이터 마스터 플랜안을 참고한 내용이다. 이 내용을 보면 빅데이터가 공공 부문에 어떤 영향을 미치는지 알 수 있다. 다만, 이러한 모든 것을 실현하려면 인프라와 기술, 인력 등 고려 사항이 많다.

이제 다음과 같은 공공 부문의 빅데이터 활용 사례를 구체적으로 살펴보자.

그림 1-23 공공 부문 빅데이터 활용의 대표 사례

범죄 발생 최소화

치안기관이 범죄 예측 장소에 인력을 배치하면 범죄 대응에 효과적이다. 먼저 빅데이터 기반의 분석과 예측으로 범죄 발생 가능 지역을 확보하고 기관은 해당 지역에 순찰 횟수를 늘리게 된다.

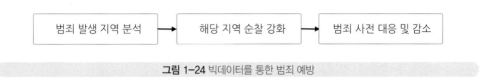

그림 1-24 빅데이터를 통한 범죄 예방

이렇게 하려면 각 기관이 범죄나 인구 데이터를 연계·활용해야 하며 지역별 실시간 데이터를 활용할 수 있어야 한다. 통합된 데이터는 각 서비스 기관에 제공하고, 해당 부서는 데이터에 근거하여 순찰 인력을 배치한다. 즉, 기관은 범죄 가능성이 가장 큰 장소에 인력을 우선 배치함으로써 범죄 가능성을 사전에 막는다. 다음 그림은 빅데이터 분석을 위한 데이터들을 나타낸다.

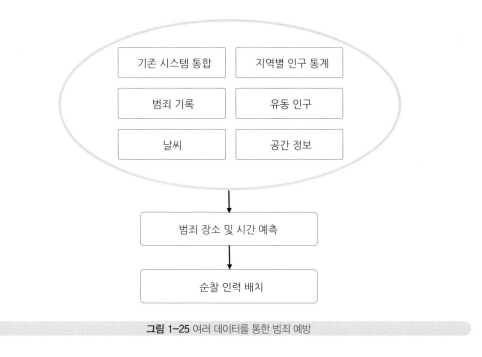

그림 1-25 여러 데이터를 통한 범죄 예방

데이터의 유형은 다음과 같이 정형과 비정형으로 나눌 수 있다.

표 1-5 범죄 분석을 위한 데이터 유형[15]

구분	데이터
정형	지역별, 시간별 과거 범죄 발생 내역, 순찰 경로, 인력 수, 범죄 유형 등
비정형	주민신고, CCTV의 범죄 행동 분석, 범죄 패턴, 범죄와 유흥가 상관관계 등

---

15 **참고** 국가 정보화 빅데이터 마스터 플랜안, 행안부

다른 사례도 마찬가지지만 데이터가 많을수록 정확한 예측과 신뢰성을 보장한다. 지금 당장은 활용이나 분석이 어렵지만, 오랜 기간 쌓인 데이터는 미래 예측이나 분석에 효과적임을 명심하자.

자연재해의 조기 감지와 대응

폭우나 지진 발생을 미리 알 수 있다면 어떨까? 일분일초가 다급한 상황에서 재해를 미리 알수 있다면 많은 생명을 구하고 피해를 최소화할 것이다. 이것은 단순한 상상이 아닌 현재 빅데이터를 통해 구현하려는 것이다. 재난이나 자연재해는 민간에서 예측하기 어려운 만큼 국가적 차원에서 투자와 연구개발이 진행된다.

우리나라는 태풍과 집중호우로 인한 피해가 많이 발생하고 있으며, 요즘에는 예측 불가능한국지성 호우로도 피해가 많이 발생하고 있다. 태풍은 발생이나 소멸보다는 경로 예측이 중요하다. 관련 기관이 모든 데이터를 수집, 분석하여 태풍의 경로를 정확하게 파악한다면, 해당지역 농가나 주민들의 피해를 최소화할 수 있을 것이다.

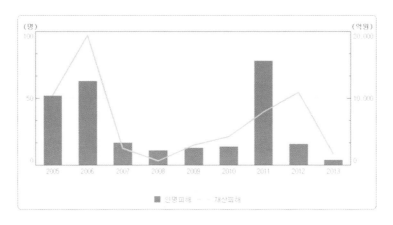

그림 1-26 자연재해에 따른 인명과 재산 피해[16]

빅데이터를 통해 여러 데이터를 수집, 분석하여 재해 상황을 미리 파악하면 인명과 재산 피

---

16 **출처** e-나라지표, http://www.index.go.kr/potal/main/EachDtlPageDetail.do?idx_cd=1628#quick_02

해를 최소화할 수 있다.

그림 1-27 빅데이터를 통한 자연재해 예측

자연재해 예측 시스템은 지금도 있지만, 데이터의 정확성이 떨어지고 분석이 어려워서 정확한 예측이 어렵다.

| 기상특보 | 하천 범람 분석 | CCTV |

그림 1-28 재해상황 분석 판단 시스템[17]

빅데이터는 여러 데이터를 수집 · 분석하여 대용량의 CCTV 영상과 태풍 경로 추적을 다루는 데 효과적이다.

---

17 **출처** 국가 정보화 빅데이터 마스터 플랜안, 행안부

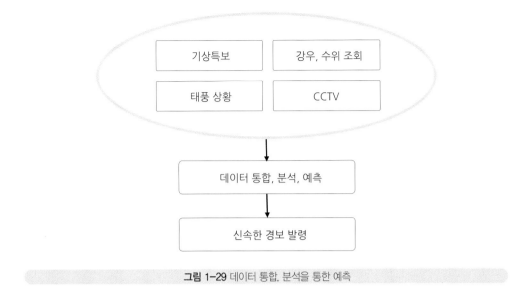

데이터 통합, 분석, 예측

신속한 경보 발령

그림 1-29 데이터 통합, 분석을 통한 예측

여기서 다루는 데이터 유형은 다음과 같다.

표 1-6 재해 예측을 위한 데이터 유형

구분	데이터
정형	기상정보, 수문정보, 강우량, 파도수위, 지역별 인구정보 등
비정형	CCTV, 인공위성 자료, 소셜 데이터, 주민신고, 지리정보 등

앞으로는 온난화와 기후 변화 등으로 재해 예측이 더 어렵고 그 피해는 점점 늘어날 것이다. 빅데이터로 모든 상황을 완벽하게 예측할 수는 없지만, 현재의 모든 데이터를 실시간 분석하여 결과의 정확성과 신뢰성을 높인다.

교통사고 감소

다음 두 자료는 우리나라의 교통사고 심각성을 보여준다.

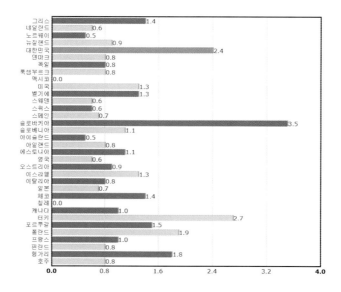

그림 1-30 2011년 OECD 국가 자동차 1만 대당 교통사고 사망자 수[18]

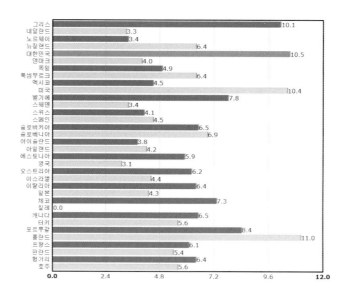

그림 1-31 2011년 OECD 국가 인구 10만 명당 교통사고 사망자 수[18]

18   **출처** 교통사고 분석시스템, http://taas.koroad.or.kr/aUserSecStatsOecd.sv?pt=dft

우리나라는 OECD 국가 중 교통사고 사망자 수가 상위에 있으며, 앞선 통계 자료를 합치면 교통사고 사망자가 가장 많은 나라다. 이를 줄일 수 있도록 정부가 빅데이터를 이용해 어떤 일을 할 수 있는지 살펴보자.

정부는 수년간 교통체계 개선 및 안전장치 개발 등을 통해 교통사고 감소를 위해 노력해 왔다. 최근에는 빅데이터를 통해 주민참여 방식을 도입하여 사고 발생률을 감소시키고자 하고 있다.

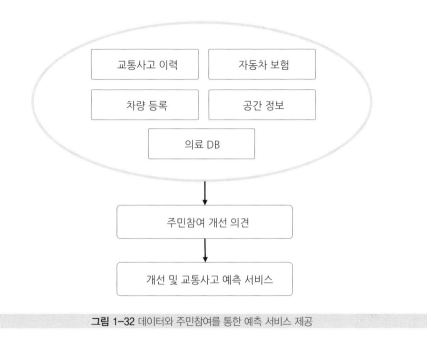

그림 1-32 데이터와 주민참여를 통한 예측 서비스 제공

기관은 데이터와 주민참여 개선 의견을 이용하여 신호등, 과속방지턱 설치 등 개선 방안을 수립하고, 교통사고 예측 서비스를 제공한다. 해당 서비스는 빅데이터와 주민 의견이 합쳐진 형태이며, 데이터 유형은 다음과 같다.

표 1-7 교통사고 예방을 위한 데이터 유형

구분	데이터
정형	자동차 보험, 차량 등록, GIS, 지능형 교통정보, 의료정보 등
비정형	주민 개선 의견, 게시판, 교통방송 등의 교통사고 위치, CCTV 교통량 등

정형 데이터는 사고지점과 발생 규모 및 빈도를 분석하고 비정형 데이터는 주민 의견, 방송, CCTV 등의 현황을 분석한다. 분석한 데이터는 통합하여 교통안전 정책에 반영한다.

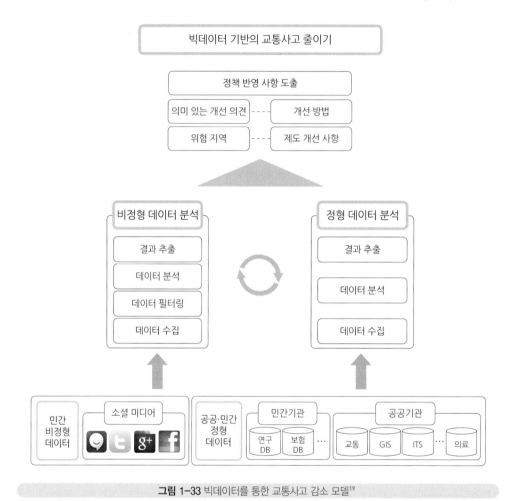

그림 1-33 빅데이터를 통한 교통사고 감소 모델[19]

빅데이터는 민간과 공공에서 다양하게 활용하고 분석할 수 있기에 정부의 역할이 중요하다. 정부는 빅데이터를 국가 경쟁력을 높이는 주요 IT 기술로 이해하고 다음과 같은 과제를 선정

---

19 **출처** 국가 정보화 빅데이터 마스터 플랜안, 행안부

하였다. 몇 가지는 이미 활성화되어 시행 중이다. 해당 사항은 지속적인 투자와 부처 간 협력을 통해 성공적인 국가 프로젝트가 되어야 할 것이다.

표 1-8 빅데이터를 위한 정부 주요 과제[20]

과제	주요 내용
빅데이터 공유 · 활용 인프라 구축	행정, 공공기관 활용 플랫폼 구축
	공공데이터 개방
	민간대상 빅데이터 테스트 베드 구축, 운영
기술 연구개발	빅데이터 기술 연구개발 로드맵 마련
	빅데이터 기반 기술 연구개발
	빅데이터 응용서비스 지원
전문인력 양성	빅데이터 기반 기술 연구개발 인력 양성
	빅데이터 응용서비스 인력 양성
법, 제도 정비	데이터 관리와 기본 법령 제정 추진
	개인정보 보호 대책 마련
	공공 분야 빅데이터 활용 추진
	빅데이터 역기능 방지대책 및 활용문화 확산

2.3 빅데이터가 가져올 변화

지금까지 우리는 빅데이터를 민간과 공공 부문에서 어떻게 활용할 수 있을지 살펴보았다. 일부는 이미 우리 삶에 적용되고 있고 일부는 준비 중이다. 그렇다면 빅데이터가 우리의 환경을 어떻게 바꾸고 어떤 효과가 있는지 분야별로 알아보자.

---

20 **출처** 국가 정보화 빅데이터 마스터 플랜안, 행안부

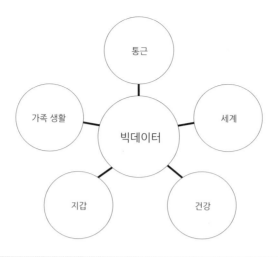

그림 1-34 빅데이터가 영향을 미치는 분야

앞에서 교통사고 감소에 관해 이야기했는데, 빅데이터를 통해 교통 혼잡 감소와 대기 시간 단축 등으로 교통 시간을 줄일 수도 있다. 빅데이터 기반의 교통 시스템은 차량 흐름을 사전 분석하여 교통 신호 타이밍을 실시간으로 조절한다. 이렇게 효과적으로 교통량을 통제함으로써 혼잡을 줄인다.

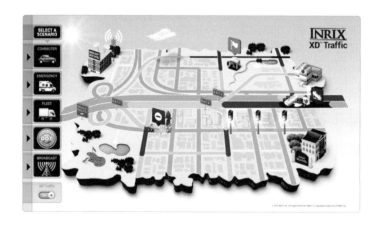

그림 1-35 교통 혼잡 알림 서비스[21]

---

21 **출처** http://www.inrixtraffic.com/blog/2013/inrix-drives-urban-mobility-with-breakthrough-traffic-information-service/

교통 시간이 감소하면 가족과 함께하는 시간이 늘어난다. 또한, 교통뿐만이 아니라 콜센터 통화 등 모든 일상생활에서 대기시간이 줄어 생활의 여유로움을 찾을 수 있다. 비용 면으로는 통신비 절감이나 전기 요금 절감 등 추가 비용 요소를 찾아 미리 정보를 받는다.

이외에도 우리의 삶을 바꿀 사항에 대해 다음과 같이 정리하였다.

표 1-9 빅데이터가 바꿀 우리의 삶[22]

분야	효과	원동력
건강	건강하게 살기	맞춤형 개인 치료 신속한 병, 질환 발견 및 치료 희귀 질병의 원인 분석 등
지갑	개인정보에서 수익 창출	여러 소스(예: 은행, 소매업체, 통신, 공공기관)의 데이터를 쉽게 관리 자신의 개인 데이터를 완벽하게 통제하면서 수익 창출
세계	살기 좋은 세상	세계적인 온난화의 둔화(핵심 원인 파악 및 모니터링) 아동 비만 억제(영양 프로그램) 기후 분석을 통한 재난 통제

빅데이터가 마치 만능 해결사처럼 보일 수도 있지만, 그만큼 빅데이터의 영향력과 효과가 크다는 것이다. 빅데이터는 분석된 가치와 인사이트를 통해 세상을 더 건강하게 만들기에 데이터 축적과 분석은 매우 중요한 의미가 있다.

다음으로 이런 빅데이터에 어떻게 접근해야 하는지 알아보자.

---

22 **참고** 분열된 빅데이터 분석 세계에서의 가치 발견, 시스코

3. 빅데이터에 어떻게 접근해야 하는가?

3.1 빅데이터 접근의 핵심 사항

빅데이터 접근은 산업별, 목적별, 규모별로 모두 다르지만 가장 효과적인 빅데이터 접근 방법은 다음과 같다.[23]

그림 1-36 일반적인 빅데이터 접근 방법

전사 조직이나 기업은 빅데이터를 통해 얻고자 하는 목적과 방향이 있다. 도입 부서는 여기에 맞춰 인프라와 데이터 자원을 준비한다. 준비된 인프라와 데이터는 도입 목적에 맞게 분석을 수행하여 원하는 결과를 내놓는다. 이렇게 간단해 보이지만 실제 조직에서 빅데이터를 도입한다는 건 어렵다. 그래서 빅데이터 도입에 앞서 빅데이터에 어떻게 접근할지 설명한다.

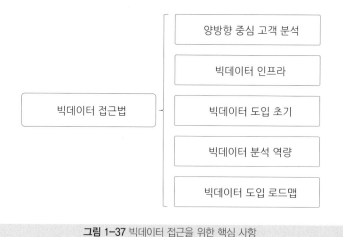

그림 1-37 빅데이터 접근을 위한 핵심 사항

---

23 **출처** 분석-빅데이터의 현실적인 활용, IBM

조직이나 기업에서 빅데이터 접근을 위한 핵심 사항을 다음과 같이 정리하였다.

3.2 양방향 중심 고객 분석

대다수 기업은 빅데이터를 활용하여 고객을 제대로 이해하려 한다. 기업은 고객의 취향과 행동 패턴을 더 잘 알고자 노력한다. 기업은 빅데이터를 활용한 고객 행동 분석으로 고객을 더 많이 이해할 것이라 확신한다. 빅데이터 시스템은 거래 내용, 소셜 미디어, 멤버십 카드 등의 고객 데이터로부터 고객의 요구 사항을 파악한다.

사실 이러한 마케팅 기법은 빅데이터 이전부터 있었다. 고객의 성향과 행동을 파악하기 위해 기업은 CRM 솔루션 등을 도입하였다. CRM은 고객관리를 극대화하여 고객 특성에 맞게 마케팅을 지원하는 체계이다. 빅데이터 고객 분석이 기존 CRM과 다른 점은 고객과 단방향 데이터 흐름이 아닌 기업과 고객이 양방향 소통을 하게 한다는 점이다.

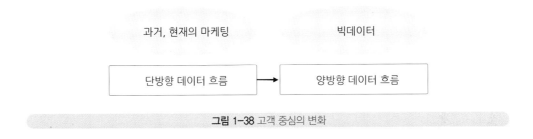

그림 1-38 고객 중심의 변화

예들 들어, A사의 전기 자동차는 운행 중일 때는 물론이고 주차 중일 때에도 데이터를 생산한다. 운전자는 차량 관련 데이터를 수시로 업데이트 받으며, 주차 중일 때는 스마트폰으로 전송받아 상태를 실시간 확인한다. 또한, 차량의 각종 전자기기는 통신망을 통해 차량 데이터를 제조사 엔지니어에게 전송한다. 제조사는 차량 위치, 가속 현황, 전력 소모량과 운전 습관 등을 분석하여 신규 충전소의 확대와 차량 개선에 노력한다.

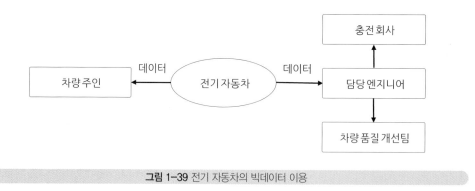

그림 1-39 전기 자동차의 빅데이터 이용

이처럼 빅데이터에서는 사용자와 제조자를 연결하고 데이터의 양방향 흐름으로 새로운 가치를 찾도록 해준다.

3.3 빅데이터 인프라

빅데이터 접근의 다음 방법은 빅데이터 처리를 위한 인프라이다. 인프라는 빅데이터 환경에 대한 것이며, 다음은 주요 빅데이터 인프라 요소들이다.

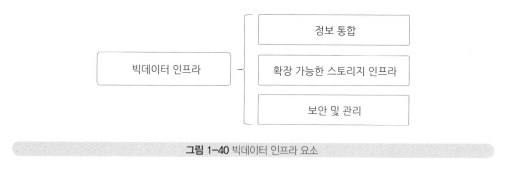

그림 1-40 빅데이터 인프라 요소

정보 통합은 전사 차원의 표준화된 마스터 데이터를 의미하며, 마스터 데이터는 시스템 운용을 위한 기본 자료의 집합이다. 단일 표준에 의해 관리되는 마스터 데이터는 전달과 공유가 쉬워 협업이나 의사소통에 효과적이다. 기존 마스터 데이터와 빅데이터와의 정보 통합을 위해서는 복잡하고 고려해야 할 사항이 많다.

다음은 빅데이터 저장을 위한 확장 가능한 스토리지다. 이것은 데이터를 저장하는 대용량의 고속 장치다. 데이터는 계속해서 입력되기에 실시간 분석과 데이터 관리를 위해 빠른 확장과 배치가 중요하다. 적절한 확장의 예측은 빠른 인프라 지원과 끊김 없는 서비스를 제공한다.

빅데이터 등장에 따라 개인정보가 중요해졌다. 개인정보와 프라이버시는 중요한 문제이기에 빅데이터에 있어 보안은 빠지지 않고 등장한다. 개인정보 보호와 빅데이터 활용을 위해서는 규제와 활용의 절충점을 찾는 것이 빅데이터 보안을 풀기 위한 과제다. 빅데이터 보안은 이후에 따로 설명한다.

3.4 빅데이터 도입 초기

빅데이터 도입 초기에는 내부 데이터와 신규 데이터를 적절히 활용해야 한다. 내부 데이터는 조직의 ERP와 BI를 통해 수집, 통합된 정형화된 데이터들이다. ERP(Enterprise Resource Planning)는 기업 경영을 위한 영업, 회계, 생산 등의 시스템이고, BI(Business Intelligence)는 기업의 의사결정을 위한 도구다. 고객과의 거래 데이터는 기업의 전략 수립에 필요한 정보를 제공한다. 내부 데이터는 이러한 정보 분석을 위한 가장 중요한 자산이다.

그림 1-41 빅데이터 초기 단계의 데이터 분석

BI(Business Intelligence) 기업들이 신속하고 정확한 비즈니스 의사결정을 위해 사용하는 데이터의 접근, 수집, 보관, 분석 등의 애플리케이션과 기술의 집합 (위키백과)
(한국정보통신기술협회)

신규 데이터는 수집은 되지만 활용은 안 되는 데이터로써 로그 데이터가 대표적이다. 이러한 데이터는 상당 기간 쌓여 있지만, 실제 분석은 이루어지지 않는다. 웹서버의 로그 기록 정도가 접속자를 파악하는 데 활용될 뿐, 정보 시스템이나 서버 등의 로그는 자주 활용하지 않는다. 빅데이터 인프라는 이러한 로그 기록을 처리하여 시스템 상태, 보안 등 새로운 정보를 제공한다.

3.5 빅데이터 분석 역량

빅데이터의 진정한 활용 능력은 다양한 데이터를 분석하는 데 있다. 데이터 분석을 잘 하는 기업에는 데이터 마이닝, 쿼리와 리포팅 등을 위한 전문가와 부서가 있다.

데이터 마이닝(Data Mining) 대규모로 저장된 데이터 안에서 체계적이고 자동으로 통계적 규칙이나 패턴을 찾아내는 것
(위키백과)

하지만 빅데이터는 반정형, 비정형 데이터 중심이기에 이를 분석할 수 있는 역량이 필요하다.

그림 1-42 데이터 분석의 변화

특히, 비정형 데이터 분석은 아직 초기 단계여서 빅데이터 분석의 장애 요인이 되고 있다. 앞서 빅데이터의 개념에서 이야기한 것처럼 텍스트 분석이 어려운 이유는 감정이나 의도 같은 아주 작은 언어 요소들을 컴퓨터가 해석하고 이해하기 어렵기 때문이다. 이를 위해서는 비정형 데이터를 처리할 수 있는 고급 분석 능력이 필요하다. 이에 더해 음성이나 동영상 등의 비정형 데이터의 분석에는 더 까다롭고 더 많은 분석 기술이 필요하다. 빅데이터 활용을 위한 고급 기술과 분석 기술의 획득은 빅데이터 활용을 위한 가장 큰 과제이다. 이를 해결하

기 위해 고급 인력과 데이터 과학자 양성을 위한 투자는 계속 이루어져야 한다. 데이터 과학자는 데이터 분석과 시각화를 위한 전문가를 말하며 이 부분은 이후에 설명한다.

3.6 빅데이터 도입 로드맵

빅데이터를 도입하려는 조직과 기업은 환경에 맞는 도입 로드맵을 제시하여야 한다. 여기서는 다음과 같은 도입 로드맵을 제시한다.

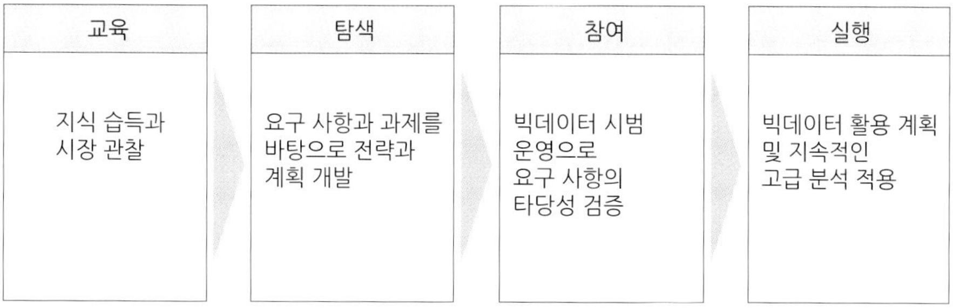

교육	탐색	참여	실행
지식 습득과 시장 관찰	요구 사항과 과제를 바탕으로 전략과 계획 개발	빅데이터 시범 운영으로 요구 사항의 타당성 검증	빅데이터 활용 계획 및 지속적인 고급 분석 적용

그림 1-43 빅데이터 도입 로드맵

교육 단계는 빅데이터를 일부 이해한 기업이 왜 이것을 해야 하는지 연구하는 단계이다. 개개인은 어느 정도 빅데이터에 대해 알고 있지만, 전사 차원에서 아직 빅데이터의 잠재력을 충분히 이해하지 못한 상태다.

탐색은 전사적 차원에서 공식적으로 진행되는 단계이다. 여기서는 향후 빅데이터를 이용해 어떤 분석을 수행하고 어떤 비즈니스 가치를 얻을지 이야기한다. 이를 위해 기업은 요구 사항을 받아 전략과 로드맵을 작성하고 전문 기술과 활용을 어디까지 적용할지 계획한다.

참여 단계는 테스트 등을 통해 자사 빅데이터의 비즈니스 가치를 증명하고 도입 타당성을 알 수 있는 단계다. 모든 부문에 걸쳐 빅데이터 분석을 수행하지는 못하지만, 제한된 범위 내에서 검증을 수행한다.

실행 단계는 더 넓은 범위에서 빅데이터를 운영하고 분석한다. 이 단계에서는 대단위의 빅데이터 솔루션 수행과 분석이 이루어진다. 다양한 분석과 고급 분석이 수행되며, 참여 단계의 PoC 및 파일럿 프로젝트가 끝나면 이 단계로 넘어온다.

PoC(Proof of Concept) 개념 증명이라고 하며 기존 시장에 없었던 신기술을 도입하기 전에 이를 검증하기 위해 사용한다. (위키백과)

파일럿 프로젝트(Pilot Project) 시범 사업

도입에 대한 이야기는 이후 장에서도 계속 다루며 중요한 것은 도입 목표가 분명해야 한다는 것이다. 기술 트렌드로 인해 '남이 하면 나도 한다.'라는 식의 도입은 잘못된 접근이다. 때론 빅데이터보다 정형 분석을 위한 데이터 마이닝이나 데이터 웨어하우스가 우선일 수도 있다. 제일 중요한 것은 환경 분석을 통해 무엇이 왜 필요한지를 아는 것이다.

데이터 웨어하우스(Data Warehouse) 사용자의 의사결정에 도움을 주기 위하여, 기간 시스템의 데이터베이스에 축적된 데이터를 공통의 형식으로 변환해서 관리하는 데이터베이스 (위키백과)

02

빅데이터 구축 방법

이 장에서는 실제 빅데이터 구축에 필요한 사항을 설명한다. 빅데이터의 특성에 따라 살펴볼 사항은 다음과 같다.

- 어떻게 구축할 것인가?
- 어떤 데이터를 수집할 것인가?
- 구축할 때 핵심 사항은 무엇인가?

먼저 빅데이터 구축을 위한 사업 유형과 접근하는 방법을 알아본다. 다음으로는 조직에서 다루어야 할 데이터를 알아보고, 이후에는 빅데이터 구축을 위한 전제조건과 핵심 사항에 대해 알아본다.

1. 어떻게 빅데이터를 구축해야 하는가?

1.1 구축 방법론[1]

그림 2-1 빅데이터 구축 방법론

수요 인식 및 목표 설정

빅데이터 구축을 위한 첫 번째 단계는 빅데이터에 대한 수요 인식이며, 이는 곧 조직 내의 빅데이터 필요성이다. 여기서 중요한 점은 빅데이터를 IT 기술 유행으로 생각하여 너도나도 도입하는 것은 위험하다. 즉, 빅데이터가 유행이니 우리도 한 번 해보자는 식의 접근은 피해야한다.

가령 어떤 기업은 ERP와 RDB 중심의 업무를 수행하면서 뭔가 새로운 지식을 찾고자 한다. 마침 빅데이터라는 좋은 기술이 있어서 이를 통해 기업의 인사이트와 가치를 얻고자 한다.

하지만 실제 기업이 운영하는 데이터가 정형 중심의 데이터라면, 빅데이터가 아닌 데이터 마이닝이나 DW(데이터 웨어하우스)로 목표를 정해야 한다.

> **관계형 데이터베이스(Relational Database, RDB)** 키와 값들의 간단한 관계를 테이블로 만든 매우 간단한 원칙의 전산정보 데이터베이스
> (위키백과)

---

1 **출처** [특별기고] 기업이 빅데이터 경쟁력을 갖는 방법 1, 컴퓨터월드 2013.4

그림 2-2 빅데이터의 수요를 통한 도입 검토

그러므로 IT 부서나 상위 결정자가 도입과 목표 설정을 독단으로 판단해서는 안 되고, 반드시 부서 간 통합된 문제 제기와 협의가 필요하다. 도입 목표가 정해지면 내부 역량에 의한 구축과 외부 협력에 의한 구축 등을 논의한다. 여기서 방향 설정이 어려울 때는 전문 컨설팅 업체의 도움을 받는 것이 좋다.

데이터 역량 검토

데이터 역량은 조직의 데이터 활용과 관리 능력이다. 이를 위해 시스템을 도입할 때 지속적인 빅데이터의 유입 여부와 적절한 통제 관리가 중요하다. 데이터 역량의 시작은 현재 상황에 대한 문제 제기가 있어야 하며 이를 해결할 수 있는 데이터 발견이 필요하다. 일례로 한 회사는 직원의 잦은 이직 문제를 해결하기 위해 데이터 분석을 의뢰하였다. 분석가는 문제 해결을 출입통제 시스템에서 찾았는데, 다른 부서원과 잘 어울리는 직원이 이직률이 낮다는 점을 발견한 것이다. 이것은 일반적인 기업의 인사 기록을 통해서는 찾을 수 없는 내용이다.

- **문제 제기** 회사 직원의 잦은 이직률
- **데이터 발견** 단순한 인사 기록이 아닌 출입통제 시스템 로그 기록

이처럼 문제 제기에 따른 해결 방안을 통찰력을 갖고 찾는다면 의외의 곳에서 실마리를 찾을 수 있다. 조직이 데이터를 확보했으면 해당 데이터의 지속적인 생산 여부를 파악해야 하며 관리 인원도 필요하다. 또한, 이러한 데이터를 분석할 수 있는 데이터 분석가를 양성하는 것도 중요하다.

조직의 데이터 역량을 키우려면 다음과 같은 순환 구조를 통해 조직 사업에 반영해야 한다. 이것을 반복해서 기업 문화로 정착시켜야 한다.

그림 2-3 데이터 역량 검토

도입 검토 및 사업 계획

도입 검토는 기술적인 부문과 비용적인 부문으로 나눌 수 있으며 자세한 내용은 이후에 설명한다. 빅데이터 기술은 다음과 같이 구분된다.

- 오픈소스
- 상용 패키지
- 오픈소스 기반의 서드파티

각각은 기술의 유형에 따라 기술 역량 등이 다르다. 오픈소스는 초기 도입 비용은 낮지만 이를 운영 관리하는 비용은 높아질 수 있다. 왜냐하면, 오픈소스를 다룰 수 있는 고급 인력과 기술력이 필요하기 때문이다.

또한, 데이터를 수집하고 활용할 때에는 해당 데이터의 유 · 무료에 따라 비용이 들어가기에 이 부문도 검토하여 전체 사업 계획을 세워야 한다.

그림 2-4 사업 계획 시 주요 점검 사항

빅데이터 도입

도입 방향이 정해지면 PoC 검증을 통해 조직이 생각하는 방향과 실제 시스템이 일치하는지 파악한다. PoC(Proof Of Concept)는 도입하려는 시스템 개념이 기술적으로 가능한지를 검증하는 절차다. PoC는 사전 검증으로 조직의 안정적 투자를 이끌 수 있지만, 검증이 안 되면 프로젝트 진행이 어렵다. 이는 협의와 컨설팅을 통해 최대한 위험을 회피하고 조정할 필요가 있다.

1.2 구축 유형[2]

빅데이터 시스템 구축은 크게 분석 환경 구축형과 분석 서비스 연계형으로 구분된다. 각 유형은 다음과 같다.

- **분석 환경 구축형** 빅데이터 분석과 활용을 위한 시스템 자체 구축
- **분석 서비스 연계형** 외부 전문 기관의 분석 환경을 활용하거나 외부 분석 시스템과 연계

그림 2-5 빅데이터 사업의 유형

분석 환경 구축형은 다음과 같은 상황에 적합하다.

- 내부 데이터의 관리와 보안 문제로 서비스 연계형 활용이 어려운 경우
- 분석 요구 사항을 외부 서비스 기관에서 지원하지 못하는 경우
- 자체 구축된 시스템을 통해 타 조직 및 기관 서비스 수행을 목표로 하는 경우

---

2 **출처** 알기 쉬운 빅데이터 분석 · 활용 가이드 v1.2, 빅데이터 전략센터

분석 서비스 연계형은 다음과 같은 상황에 적합하다.

- 외부 분석 시스템의 기능과 분석 품질이 활용 목표 수준에 맞는 경우
- 비용 효과적이며 빠른 활용이 가능한 경우

각 사업 유형은 조직의 환경과 요구 사항을 명확히 한 뒤에 결정한다. 초기의 요구 분석과 방향 설정은 구축 유형을 결정짓기에 충분한 고민과 협의가 필요하다.[3]

1.3 외부 컨설팅[4]

빅데이터 시스템은 문제의 도출과 통찰력 기반 분석으로 문제를 해결한다. 빅데이터를 도입하려는 조직은 자체 구축 역량이 충분치 않으면 외부의 도움을 받는 것이 훨씬 효과적이다.

여기에서는 외주 시 필요한 외부 업체와 해당 역할에 대해 알아본다. 외부 업체는 다음과 같이 4가지 사업 형태를 보인다.

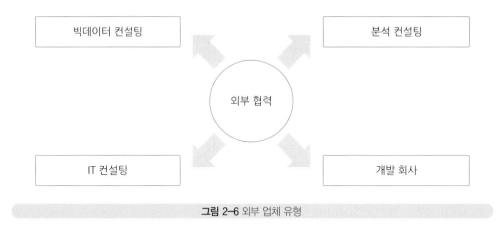

그림 2-6 외부 업체 유형

다음 표는 각 업체의 역할과 제공 서비스를 정리한 것이다.

---

3 **발췌** 알기 쉬운 빅데이터 분석 · 활용 가이드 v1.2
4 **출처** http://kiyoo.tistory.com/610#sthash.VSu7WRMa.dpuf

표 2-1 협력 업체의 역할과 내용

구분	설명
빅데이터 컨설팅	빅데이터 주제 및 문제 도출 담당 내부 요구 사항 파악 빅데이터 기술의 이해 비즈니스 가치 최대화
분석 컨설팅	빅데이터 주제 및 문제 해결 구현 분석과 통찰 능력 업무 영역에 대한 전문성 시각화를 통한 의사전달 능력
IT 컨설팅	클라우드, 보안, 인프라 등 파악 기존 시스템과 신규 시스템의 이해 및 구현 방안 제공
개발 회사	컨설팅 결과에 대한 데이터 작업, 프로그램 구현 및 개발 진행

빅데이터 주제는 전문 컨설팅의 분석 능력에 의존하며, 전문 컨설팅은 조직 내의 적절한 문제를 도출한다. 도입 시에는 컨설턴트의 수행 프로젝트와 경험이 크게 작용하기에 이에 대한 평가와 평가 척도가 주요 점검 포인트이다.

2. 어떠한 데이터를 가지고 시작해야 하나?

빅데이터는 SNS, 사물인터넷, 로그 등의 비정형 데이터의 급증으로 등장하게 되었다. 또한, 공공 부문에서는 정부 3.0을 통해 공공데이터를 공개하고 있다. 이에 여기서는 빅데이터에는 실제 어떤 유형이 있으며 어떤 데이터를 다루는지 살펴본다.

2.1 빅데이터의 증가

3V(혹은 4V)가 특징인 빅데이터는 네트워크 데이터, 시스템 데이터 등을 포함한 대용량 비정형 데이터를 의미한다. 저장 기술과 스마트폰 보급, 데이터 통신의 발달은 SNS의 확산과 더불어 기하급수적 데이터 폭증을 일으켰다.

다음 그림은 SNS와 M2M 센서가 얼마나 빠르게 확산하고 있는지 나타낸다.

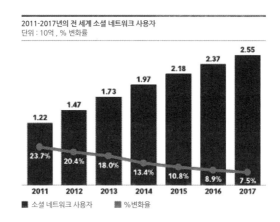

그림 2-7 전 세계 SNS 활용 증가율[5]

그림 2-8 M2M 센서의 지속적 확산[6]

---

5 출처 http://www.emarketer.com/Article/Social-Networking-Reaches-Nearly-One-Four-Around-World/1009976

6 출처 http://www.infocomanalysis.com/juniper-research-forecasts-400m-m2m-devices-by-2017/

이러한 비정형 데이터의 증가는 새로운 저장 기술과 분석 기술을 요구한다. 빅데이터는 과거에 무의미했던 데이터가 일정 규모 이상으로 늘어남에 따라 이에 대한 대응으로 기술적, 분석적, 관리적 방안을 제시한다. 다음 그림은 데이터 증가에 따른 정형과 비정형 데이터 유형의 변화를 나타낸다.

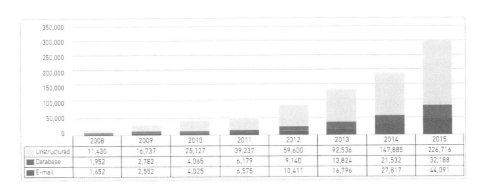

	2008	2009	2010	2011	2012	2013	2014	2015
Unstructured	11,430	16,737	25,127	39,237	59,600	92,536	147,885	226,716
Database	1,952	2,782	4,065	6,179	9,140	13,824	21,532	32,188
E-mail	1,652	2,552	4,025	6,575	10,411	16,796	27,817	44,091

그림 2-9 정형/비정형 데이터 유형의 변화[7]

데이터의 변화와 증가는 새로운 데이터 관리와 수집 등을 요구한다. 이를 위해 어떤 데이터를 관리하고 수집할지 알아보자.

2.2 데이터 유형

데이터 유형은 정형, 반정형, 비정형으로 나뉜다. 다음은 각 유형에 속하는 데이터 종류이다.

반정형 데이터(Semi-structured data) 관계형 데이터베이스나 다른 형태의 데이터 테이블과 연결된 정형 구조의 데이터 모델을 준수하지 않는 정형 데이터의 한 형태이다. 그러나 태그나 기타 마커가 포함되어 있어서 구조적 계층을 가진다. (위키백과)

---

7   **출처** 데이터 빅뱅, 빅데이터의 동향, 방송통신전파저널 2012년 3월

표 2-2 데이터의 유형

데이터 유형	데이터 종류
정형 데이터	RDB, 스프레드시트 등
반정형 데이터	HTML, XML, JSON, 웹 문서, 웹로그, 센서 데이터 등
비정형 데이터	소셜 데이터, 문서(워드, 한글), 이미지, 오디오, 비디오 등

각 데이터 유형은 다른 수집 기술을 가지며, 다음 표는 수집 기술에 따른 데이터 유형을 나타낸다.[8] 각각의 데이터 수집 기술은 4장에서 자세히 설명한다.

표 2-3 정형 데이터 기반 수집

수집 기술	특징	데이터 형태
RDB Aggregator	관계형 데이터베이스에서 정형 데이터를 수집하여 HDFS나 Hbase 등의 NoSQL에 저장	RDB 기반

표 2-4 반정형 데이터 기반 수집

수집 기술	특징	데이터 형태
Crawling	SNS, 뉴스, 웹 정보 등 인터넷상의 웹 문서와 정보 수집	HTML
Open API	서비스, 정보, 데이터 등을 개방된 API로 수집	실시간 데이터
RSS	웹 기반의 최신 정보를 공유하기 위한 서비스	XML
Log Aggregator	웹서버 로그, 웹로그, 트랜잭션 로그 등 각종 로그 데이터	Log 데이터

표 2-5 비정형 데이터 기반 수집

수집 기술	특징	데이터 형태
FTP	TCP/IP 프로토콜을 활용하는 인터넷 서버를 통한 각종 파일 송수신	File 데이터
Streaming	인터넷에서 음성, 오디오, 비디오 데이터를 실시간 수집	WMV, MP3 등

---

8 **출처** 실무자를 위한 빅데이터 업무절차 및 기술 활용 매뉴얼 1.0, 빅데이터 전략센터

JSON(JavaScript Object Notation) 인터넷에서 자료를 주고받을 때 그 자료를 표현하는 방법.
사례: {"이름" : "홍길동", "나이" : "20"}   (위키백과 등)

NoSQL NoSQL 데이터베이스는 전통적인 관계형 데이터베이스보다 제한이 적은 일관성 모델을 이용
하여 데이터의 저장 및 검색을 위한 메커니즘을 제공한다.   (위키백과)

2.3 데이터 유형에 따른 사례

앞서 데이터 유형은 크게 정형, 반정형, 비정형으로 구분된다고 설명하였다. 정형 데이터는
전통적인 관계형 데이터베이스가 가장 일반적이며, 대부분 조직에서도 관계형 데이터베이스
를 많이 쓰고 있다. 다음 그림은 대표적인 RDB인 MS-SQL에서 pubs 데이터베이스의
publishers 테이블을 조회한 화면으로 잘 구조화된 엑셀과 비슷하다.

	pub_id	pub_name	city	state	country
1	0736	New Moon Books	Boston	MA	USA
2	0877	Binnet & Hardley	Washington	DC	USA
3	1389	Algodata Infosystems	Berkeley	CA	USA
4	1622	Five Lakes Publishing	Chicago	IL	USA
5	1756	Ramona Publishers	Dallas	TX	USA
6	9901	GGG&G	M?chen	NULL	Germany
7	9952	Scootney Books	New York	NY	USA
8	9999	Lucerne Publishing	Paris	NULL	France

그림 2-10 정형 데이터의 조회

조회한 테이블의 구성은 다음 그림처럼 문자열 기반의 칼럼으로 구성되어 있다. 각 데이터
는 해당 칼럼의 속성에 맞게 입력하여야 하며, 이를 기반으로 전체 레코드(행)를 만든다. 즉,
정형 데이터는 미리 설정된 범위에 맞는 숫자와 문자들이다.

	Name	Owner	Type	Created_datetime
1	publishers	dbo	user table	2000-08-06 01:33:52.217

	Column_name	Type	Computed	Length	Prec	Scale	Nullable	TrimTrailingBlanks	FixedLenNullInSource	Collation
1	pub_id	char	no	4			no	no	no	Korean_Wansung_CI_AS
2	pub_name	varchar	no	40			yes	no	no	Korean_Wansung_CI_AS
3	city	varchar	no	20			yes	no	no	Korean_Wansung_CI_AS
4	state	char	no	2			yes	no	yes	Korean_Wansung_CI_AS
5	country	varchar	no	30			yes	no	no	Korean_Wansung_CI_AS

그림 2-11 정형 데이터 기반의 테이블 구조

다음은 비정형 데이터의 유형으로 아파치 로그파일을 나타낸 것이다.

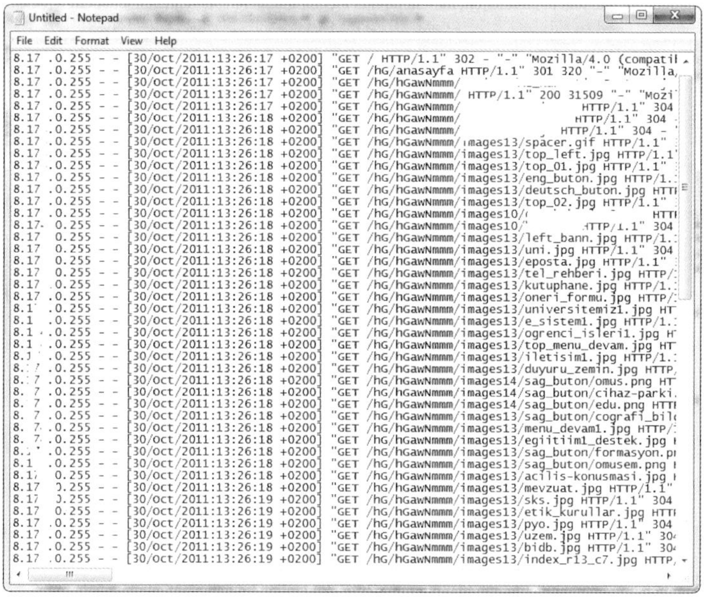

그림 2-12 아파치 로그 파일

비정형은 정형과 달리 크기의 범위가 없이 숫자, 문자 등이 섞인 비구조적 형태이다. Flume은 비정형의 로그 데이터를 수집하는 도구며, 다음은 Flume Collector 서버의 설정을 나타낸 것이다.

Collector 서버 설정

```
# agent 설정
collector_agent.sources = avro-source
collector_agent.sinks = fileSink
collector_agent.channels = channel1

# channel 설정
collector_agent.channels.channel1.type = memory
collector_agent.channels.channel1.capacity = 1000
collector_agent.channels.channel1.transactionCapactiy = 100

# sources 설정
collector_agent.sources.avro-source.type = avro
collector_agent.sources.avro-source.bind = 10.101.25.173
collector_agent.sources.avro-source.port = 8994

# sinks 설정
collector_agent.sinks.fileSink.type = FILE_ROLL
collector_agent.sinks.fileSink.sink.directory = /apps/apache-flume-1.2.0/
data
# rollInterval 단위는 seconds
collector_agent.sinks.fileSink.sink.rollInterval = 3600

# channel에 sources와 sinks 바인딩
collector_agent.sources.avro-source.channels = channel1
collector_agent.sinks.fileSink.channel = channel1
```

Apache access log 전송 서버 설정

```
# agent 설정
agent_transfer.channels = channel1
agent_transfer.sources = reader
agent_transfer.sinks = avro-forward-sink

# channel 설정
agent_transfer.channels.channel1.type = memory
agent_transfer.channels.channel1.capacity = 1000000
```

```
agent_transfer.channels.channel1.transactionCapacity = 10000

# sources 설정
agent_transfer.sources.reader.type = exec
#agent_transfer.sources.reader.command = tail -F /logs/apache/access.
log.`/bin/date +%Y%m%d`
agent_transfer.sources.reader.command = tail -F /logs/apache/access.
log.20120919
agent_transfer.sources.reader.logStdErr = true
agent_transfer.sources.reader.restart = true

# sinks 설정
agent_transfer.sinks.avro-forward-sink.type = avro
agent_transfer.sinks.avro-forward-sink.hostname =10.101.25.173
agent_transfer.sinks.avro-forward-sink.port = 8994
agent_transfer.sinks.avro-forward-sink.batch-size = 100
agent_transfer.sinks.avro-forward-sink.runner.type = polling
agent_transfer.sinks.avro-forward-sink.runner.polling.interval = 10

# channel에 sources와 sinks 바인딩
agent_transfer.sources.reader.channels = channel1
agent_transfer.sinks.avro-forward-sink.channel = channel1
```

설정에 대한 사항은 다음 링크를 참고하기 바란다.

Flume을 통한 로그 전송을 위한 서버 설정

URL https://cwiki.apache.org/confluence/display/FLUME/Getting+Started

URL http://wiki.gurubee.net/pages/viewpage.action?pageId=26740300

반정형 데이터는 HTML과 XML이 대표적이다. 다음 예는 RSS의 설정이며, RSS(Rich Site Summary)는 뉴스나 블로그에서 주로 사용하는 콘텐츠 표현 방식이다. RSS는 XML을 통해 데이터의 수신을 설정한다. 다음은 XML을 통한 RSS의 채널 설정 예다.[9]

---

9 **출처** www.w3schools.com

```
<?xml version="1.0" encoding="UTF-8" ?>
<rss version="2.0">

<channel>
  <title>W3Schools Home Page</title>
  <link>http://www.w3schools.com</link>
  <description>Free web building tutorials</description>
  <item>
    <title>RSS Tutorial</title>
    <link>http://www.w3schools.com/rss</link>
    <description>New RSS tutorial on W3Schools</description>
  </item>
  <item>
    <title>XML Tutorial</title>
    <link>http://www.w3schools.com/xml</link>
    <description>New XML tutorial on W3Schools</description>
  </item>
</channel>

</rss>
```

최근 정부는 정부 3.0 정책 아래 공공기관의 데이터를 공개하여 일반인이 쉽게 데이터를 활용하게 하고 있다. 공공데이터 포털에서는 개발자를 위한 여러 공공기관의 Open API를 공개하고 있다. 공공 부문의 데이터 활용이 목적이라면 누구나 포털에서 개발자 가이드와 필요한 API 사용법을 받을 수 있다.

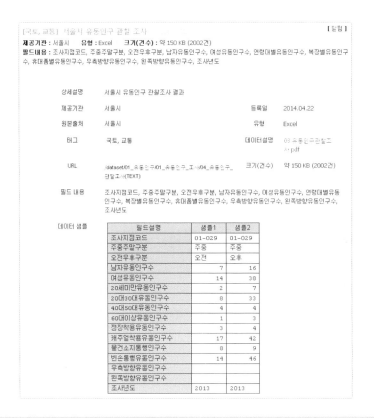

그림 2-13 빅데이터 전략센터의 공공 Open API 서비스(www.kbig.kr)

그림 2-14 공공데이터 포털의 API 제공 서비스 화면(www.data.go.kr)

비정형 데이터에서 대폭 증가한 서비스는 SNS다. 스마트폰의 보급과 통신 인프라 발달은 SNS 데이터의 폭증을 가져왔으며, 기업은 이를 통해 여러 정보를 얻으려 한다. 다음 트위터 페이지는 트위터 데이터를 수신받을 수 있는 API를 설명한다.

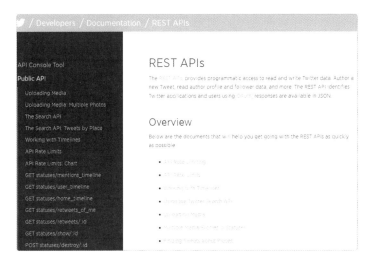

그림 2-15 트위터 API(https://dev.twitter.com/rest/public)

트위터는 REST API와 Streaming API의 두 가지 API를 제공한다. 앞선 페이지는 REST API 의 개발자 페이지이며, Streaming API 수집 방식은 다음 사항을 제공한다.

표 2-6 트위터 Streaming API 종류(https://dev.twitter.com/streaming/overview)

종류	설명
Public Stream	트위터를 통해 공개된 공개 데이터 스트림으로 특정 사용자나 주제 및 데이터 마이닝에 적합
User Stream	단일 사용자에 대한 데이터 스트림
Site Stream	다수 사용자에 대한 데이터 스트림으로 다수 사용자 대신 접속한 서버를 위한 스트림

기업이나 조직에서는 해당 API의 사용과 인증을 통해 트위터 데이터를 수집, 저장, 분석한다. 또한, 기업은 페이스북과 블로그 등 다양한 SNS의 데이터를 합쳐 다각적인 분석을 한다. 여러 데이터 소스를 기반으로 분석하면 더 정확한 사용자 취향을 알 수 있기 때문이다.

대표적인 비정형 데이터로 GIS(Geographic Information System, 지리정보 시스템) 지도 데이터가 있다. 대표적으로 구글 맵스가 유명하며, 국내에서는 네이버, 다음 등 여러 포털에서 지도 서비스를 제공하고 있다. 각 포털은 자사의 서비스를 쉽게 이용할 수 있게 API를 제공하고 있다. 다음은 구글 지도 서비스의 예다.

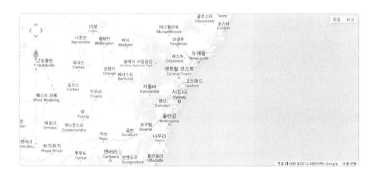

그림 2-16 구글 지도 서비스

다음 자바스크립트 소스는 브라우저상에서 쉬운 지도 서비스를 가능케 한다.

예제 2-3 구글 지도 Javascript API (https://developers.google.com/maps/?hl=ko)

```
<!DOCTYPE html>
<html>
  <head>
    <title>Simple Map</title>
    <meta name="viewport" content="initial-scale=1.0, user-scalable=no">
    <meta charset="utf-8">
    <style>
      html, body, #map-canvas {
        height: 100%;
        margin: 0px;
        padding: 0px
      }
    </style>
    <script src="https://maps.googleapis.com/maps/api/js?v=3.exp"></script>
    <script>
var map;
function initialize() {
```

```
  var mapOptions = {
    zoom: 8,
    center: new google.maps.LatLng(-34.397, 150.644)
  };
  map = new google.maps.Map(document.getElementById('map-canvas'),
      mapOptions);
}

google.maps.event.addDomListener(window, 'load', initialize);

    </script>
  </head>
  <body>
    <div id="map-canvas"></div>
  </body>
</html>
```

마지막으로 조직 내의 시스템 로그를 수집하여 분석하는 과정을 알아보자. 대표적인 상용 제품인 스플렁크(Splunk)는 수집, 분석과 시각화 및 리포팅을 일괄적으로 처리하는 솔루션이다. 다음은 스플렁크 데모 버전으로 저자 PC의 시스템 로그를 분석 처리한 예다. 스플렁크는 웹 기반의 서비스를 제공하며, 다음과 같이 Admin 계정으로 들어가서 데이터를 추가한다.

그림 2-17 스플렁크의 데이터 추가

사용한 가능한 로그에서 시스템을 선택하여 진행한다.

그림 2-18 로컬 상의 시스템 로그 추가

그림 2-19 스플렁크 분석 리포트

스플렁크와 같은 상용 제품의 장점은 GUI 기반의 쉬운 접근과 제품에 맞는 최적화 서비스를 제공한다는 점이다. 다음은 스플렁크의 몇 가지 주요 기능이다.

- **실시간 데이터 수집 및 인덱싱**
- **검색**

- 모니터링과 알람

- 분석과 리포팅

이외에 스플렁크는 대시보드를 사용자 정의할 수 있고 시스템 확장이 가능하다. 스플렁크를 현업에 적용한다면 분산 시스템의 모니터링, 데이터 수집, 분석 등이 가능하다. 하지만 스플렁크가 조직의 원하는 목표와 일치하지 않는다면 오픈소스나 다른 제품을 검토해야 한다.[10]

통신의 발달과 소형화는 M2M의 사물 간 데이터 통신을 활성화하였다. 무선 통신과 저전력 장비는 네트워크를 통해 사용자에게 유용한 정보를 제공한다. 일례로 온실의 화초를 재배하는 원예농가는 온도센서 장비를 통해 온도의 이상 유무를 메시지로 바로 수신한다. RFID는 물류 컨테이너에 부착하여 물류의 흐름과 출입을 통제하고 교통서비스의 하이패스는 차량과 요금부과기와 통신한다.

> **M2M(Machine to Machine)** 기계와 기계 간에 이뤄지는 통신이다. 우리 주변에 있는 모든 기기가 센서로 모은 단편 정보를 다른 기기와 통신하면서, 인간이 윤택하고 편리하게 생활할 수 있도록 서로 반응해 주변 환경을 조절해주는 기술이다. 실생활에서는 혈압과 혈당 정보를 수집해 병원으로 전송하는 헬스케어, 원격 조종이 가능한 스마트 홈 등에 적용되고 있다. (네이버 트렌드 지식사전)

우리 주변에는 점점 많은 센서 장비들이 늘어나고 있고 해당 장비는 무수한 데이터를 생산한다. 앞으로는 웨어러블 기기와 결부되어 신체 건강 등의 정보를 실시간으로 주고받을 것으로 예상한다. 여기서 나오는 데이터는 빅데이터의 처리 대상이며, 다음 그림은 M2M의 서비스 개념도다.

---

10   출처 http://dev.kthcorp.com/2012/05/10/data-collect-search-indexing-splunk-review/스플렁크 매뉴얼

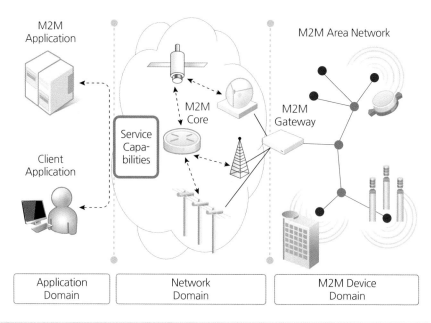

그림 2-20 M2M 기반의 서비스 개념도[11]

3. 빅데이터 구축의 전제조건[12]

빅데이터 구축의 전제조건은 해당 사업의 이해와 환경 분석이다. 이 부문은 몇 차례 계속 강조했으며 다음 그림은 빅데이터 구축의 사전 단계를 보여준다.

그림 2-21 사업 구축을 위한 전제조건

11 **출처** 전자통신동향분석 제26권 제2호 2011년 4월
12 **출처** 알기 쉬운 빅데이터 분석 활용 가이드 v1.2-빅데이터 전략센터

구축 전 무엇을 진행하고 점검할지 차례대로 알아보자.

3.1 사업의 이해와 정의

조직은 빅데이터 사업을 추진하면서 다음을 고려해야 한다.

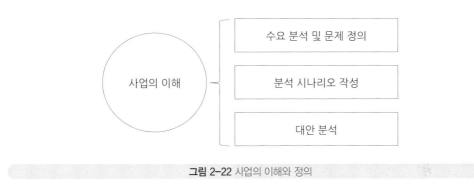

그림 2-22 사업의 이해와 정의

수요 분석과 문제 정의는 빅데이터 도입의 필요성과 배경을 설명한다. 조직은 내외부 문제와 요구 사항을 수집하여 구축하려는 서비스 내용과 범위를 정한다. 공공기관은 대국민 서비스나 효과적인 의사결정을 위한 기회를 찾는다. 이 단계에서는 서비스 구축의 필요성과 문제 식별이 있어야 하며 식별된 문제를 구체적으로 정의해야 한다.

분석 시나리오 작성은 조직과 사용자 모두가 만족하는 문제 해결 방안을 작성하는 것이다. 수요 분석이 문제 식별과 정의였다면, 시나리오는 문제를 해결하는 방안을 제시한다. 시나리오 작성 시 중요한 점은 기술적 관점이 아닌 최종 사용자와 결정자로서 서술한다는 것이다.

대안 분석은 시나리오 추진을 위한 실제 사업 선정이다. 수행 유형은 분석 환경 구축형과 분석 서비스 연계형으로 나뉜다. 이때는 현행 시스템의 활용, 사업 가치 평가 등 모든 변수를 고려하여 최적의 대안을 선정한다.

3.2 사업 추진 환경 분석

조직 환경 분석은 빅데이터 도입을 위한 전제조건으로 데이터 확보, 개인정보 보호, 시스템을 위한 인프라 구성, 예산과 운영 조직 및 인력 수급에 대한 분석이다. 분석은 다음과 같은 4가지 범주에서 파악한다.

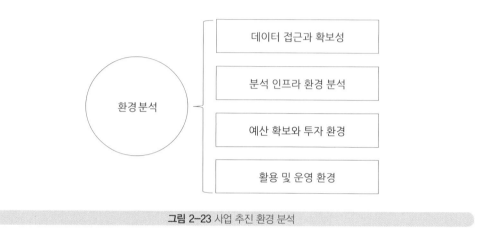

그림 2-23 사업 추진 환경 분석

데이터 접근과 확보는 목표 대상 데이터를 계속 수집하고 저장 가능한지 점검한다.

지속적인 데이터 입력이 없는 환경에서는 데이터양을 고려해야 하며 신뢰할 수 있는 데이터인지 확인하여야 한다. 조직은 수집되는 데이터 유형과 경로를 알고 있어야 하며 개인정보에 문제가 없는지 점검한다. 또한, 데이터 수집 비용을 고려해야 하며 직접 분석할지 전문업체를 이용할지 결정하여야 한다.

인프라 측면에서는 내부 구축으로 모든 인프라 자원을 쓸지 외부 서비스를 이용할지 정해야 한다. 이 부문은 확장성과 지속적 유지관리 비용을 고려하여 선택한다. 예산 확보 차원에서 이러한 문제를 충분히 고려해야 하며 보안, 실시간 분석, 인원 역량 등 모든 변수를 분석하여 결정한다. 구체적인 고려 사항은 다음에 다루기로 한다.

3.3 추진 계획 수립

사업 정의 및 환경 분석이 끝나면 조직은 해당 프로젝트 진행 계획을 수립한다. 다음 그림은
전체 사업 계획을 수립하는 단계이다.

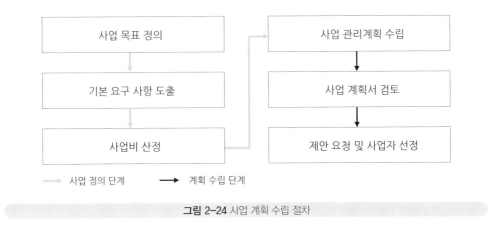

그림 2-24 사업 계획 수립 절차

사업 목표를 정할 때 조직은 해당 사업의 성공 요인과 성과 지표를 개발하여 객관적으로 측
정한다. 이후에는 요구 사항 도출과 사업비를 산정하고 일정, 범위, 비용, 품질 및 위험 등
관리 계획을 수립한다.

사업 계획서는 해당 사업의 목표와 배경이 명확해야 하며, 문제점과 해결 방안을 제시해야
한다. 특히, 개인정보와 보안 요구 사항은 시스템과 밀접한 중요 요소인 만큼 보안 정책과
법률에 근거하여 제시해야 한다.

승인된 사업 계획서는 RFP를 통해 입찰 대상자에게 발주기관의 요구 사항을 알리고, 제안
평가와 협상으로 사업자를 선정한다. 민간 기업이면 이와는 별도로 컨설팅을 통해 사업자를
선정하거나 자체 평가 기준을 통해 제안 평가를 한다.

다음은 일반적인 제안 프로세스를 나타낸 것이다.

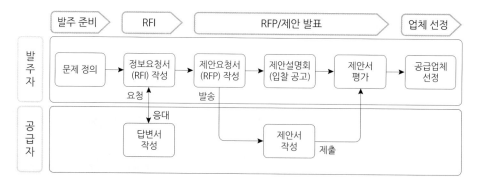

그림 2-25 일반적인 제안 프로세스

RFI(Request For Information) 발주자가 RFP 작성 전에 프로젝트 계획, 수행에 필요한 자료를 수집하기 위해 공급업체에 요청하는 정보요청서

RFP(Request For Proposal) 발주자가 정보 시스템에 대한 요구 사항을 구체적으로 정리하여 공급업체에 참여를 공식적으로 제안하는 문서

제안(Proposal) 정보화 사업 발주자의 요구 사항에 대한 해결 방안을 제시하고 관련된 정보 시스템 통합과 구축, 지원 방안을 제시하여 수주를 실현하기 위한 공식 문서

4. 빅데이터 구축의 핵심 요소

빅데이터 구축의 핵심 요소는 자원, 기술, 인력의 세 가지다. 자원은 조직 목표에 맞는 데이터 활용을 위한 빅데이터 발견이며, 기술은 빅데이터 처리를 위한 수집, 저장, 변환, 분석, 시각화 기술 등이다. 마지막으로 인력은 빅데이터에서 통찰과 인사이트를 찾는 데이터 과학자나 전문가를 말한다.

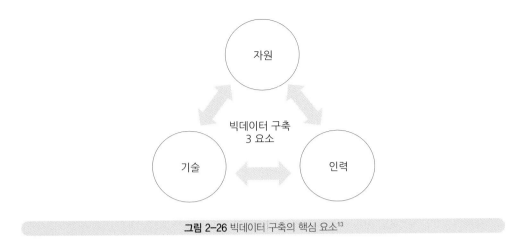

그림 2-26 빅데이터 구축의 핵심 요소[13]

일본의 노무라연구소는 빅데이터를 인재 · 조직, 데이터 처리 · 축적 · 분석 기술, 데이터 등의 3요소로 정의하였다.[14]

그림 2-27 노무라연구소의 빅데이터 광의의 3요소

다음은 광의의 빅데이터 3요소에 대한 설명이다.

- **인재 · 조직** 빅데이터에서 의미 있는 정보를 도출하는 인재나 조직(데이터 과학자 등)

- **데이터 처리 · 축적 · 분석 기술** 대량의 데이터를 효율적으로 처리, 분석하는 기술

- **데이터** 비정형 데이터와 구조화 데이터(고객 데이터 등)

---

13 **출처** 새로운 미래를 여는 빅데이터 시대−NIA, 빅데이터 전략연구센터

14 **출처** 새로운 미래를 여는 빅데이터 시대−NIA, 빅데이터 전략연구센터 노무라연구소(2012),
'빅데이터 시대 도래', IT 프론티어 3월호

이러한 맥락으로 볼 때 데이터의 자원화, 인재에 의한 데이터 정보화, 기술에 의한 저장 및 분석 등이 빅데이터 구축의 가장 핵심적인 사항이다.

다음으로 구축을 위한 각 핵심 요소를 자세히 알아보자.

4.1 자원

2000년대 후반을 기점으로 데이터의 급격한 증가는 조직과 기업 환경에 많은 영향을 주고 있다. 과거에는 데이터 저장 범위와 분석 대상이 적었지만, IT 기술의 발달로 대량의 복합 데이터는 저장과 분석 범위를 넓혔다. 현재의 데이터는 금광과 비슷하다. 금광에서 금을 캐듯이 데이터에서 새로운 기회를 찾는 조직과 기업이 경쟁력을 높인다. 즉, 데이터 자원 발굴은 조직에 흩어져 있는 데이터에서 목표에 맞는 자원을 찾아 의미 있는 정보를 캐내는 과정이다.

하지만 대량의 데이터를 생산하는 대기업이나 조직과 달리 소량의 데이터만을 취급하는 소기업은 데이터 자원 발견이 어렵다. 데이터 자원 발굴은 새로운 기회의 창출을 의미하고 적절한 활용은 조직 발전에 기여한다. 활용을 위한 데이터는 품질을 보증할 수 있고 신뢰할 수 있어야 한다.

그림 2-28 자원 확보와 품질 관리

다음은 자원을 위한 데이터 확보다. 다음 표는 조직이 어떤 식으로 데이터를 확보할지 단계별 방법을 나타낸다.

표 2-7 데이터 자원 확보를 위한 단계적 방법

단계	내용	방법
1. Silos (Hoarding)	조직의 독자적인 데이터 생성, 저장 중심 외부 데이터는 인터넷을 통해 수집 가능 데이터의 신뢰성과 품질 제고 노력 필요	생성, 저장, 수집
2. Exchanges (Sharing)	기업의 데이터를 외부 기관들과 상호 교환하는 단계 (1:1 또는 1:n의 공유, 연계)	연계, 공유
3. Pools (Aggregating)	특정 활동이나 목적을 위해 모인 연합, 그룹, 클럽들이 상호 협력과 공동의 장 형성 표준화된 데이터 풀의 연계를 통해 국경을 넘는 정보 교환과 상호 이용 가능	참여, 협력
4. Commons (Co-creating)	오픈된 플랫폼을 통한 데이터 공유 상호 협력과 참여를 통한 공동 자원 창조	오픈, 창조

다음 그림은 데이터 자원 확보의 단계적 방법을 데이터 범위에 따라 나타낸 것이다.

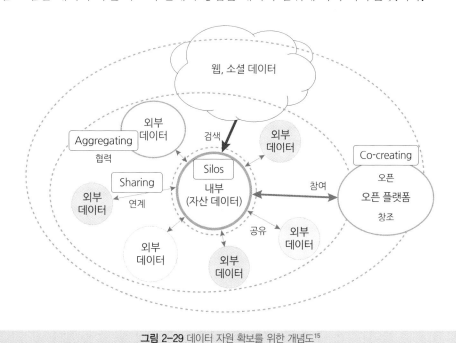

그림 2-29 데이터 자원 확보를 위한 개념도[15]

---

15 **출처** 새로운 미래를 여는 빅데이터 시대-NIA, 빅데이터 전략연구센터, 가트너의 '데이터 경제 시대의 4단계'

4.2 기술

전통적 데이터 관련 기술은 데이터 마이닝 중심의 지식 발굴 과정이지만, 빅데이터는 이를 넘어 추론을 제시하는 예측 분석을 한다. 과거와 다르게 빅데이터는 데이터 규모도 커졌으며, 데이터 종류나 생산 속도 등 모든 면에서 압도적이다. 그러므로 기술적인 면에서도 이를 처리할 수 있는 플랫폼, 도구, 솔루션 등이 필요하다.

기술적인 사항에 앞서 빅데이터와 전통적 데이터의 차이점을 비교해보자.

표 2-8 데이터 관점에서 전통적인 BI와 빅데이터의 차이[16]

구분	전통적 BI	빅데이터
데이터 원천	기업 내부 시스템(ERP, CRM, SCM 등)	기업 내외부 시스템(내부 시스템, SNS, 로그, 센서 데이터 등)
데이터 구조	관계형 DB -Table 기반의 Column과 Row -정해진 스키마 기반의 속성 부여	Key-Value, Document, Graph 등 -정해진 스키마가 없는 비정형 구조 -스키마는 선택
데이터양	기가바이트, 테라바이트 -인덱스 기반 접근 -일관성과 가용성을 중시	테라바이트, 페타바이트 이상 -인덱스 사용하지 않음 -부문 장애 극복 중심

SCM(Supply Chain Management) 기업에서 원재료의 생산·유통 등 모든 공급망 단계를 최적화해 수요자가 원하는 제품을 원하는 시간과 장소에 제공하는 '공급망 관리'를 뜻함 (시사상식사전, 박문각)

스키마(Schema) 데이터베이스에서 자료의 구조, 자료의 표현 방법, 자료 간의 관계를 형식 언어로 정의한 구조 (위키백과)

---

16 **출처** 새로운 미래를 여는 빅데이터 시대-NIA, 빅데이터 전략연구센터, 최규현(2012),
'빅데이터 연구 동향과 시사점' 정보통신산업연구원 IT기획 시리즈

환경의 변화는 새로운 기술을 요구하고 새로운 기술에 따라 적용 방법이 등장한다. 빅데이터를 처리하는 기술은 수집, 저장, 처리, 분석, 표현 기술 등으로 압축된다. 활용과 예측 측면에서 빅데이터 기술은 추론과 상황 인식 등으로 넓힐 수 있지만, 앞선 다섯 분야의 기술이 주요 핵심이다.

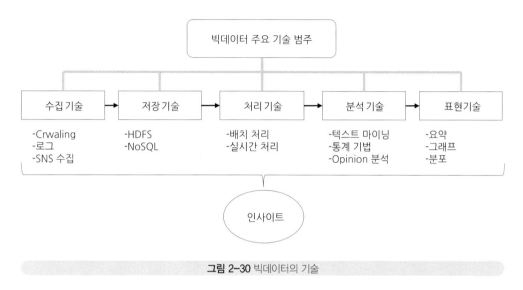

그림 2-30 빅데이터의 기술

각 기술과 연관되는 주요 사항은 다음 표로 정리하였다. 여기에 나오는 기술은 4장에서 자세하게 설명한다.

표 2-9 주요 수집 기술

구분	내용
로그 수집기	웹로그, 시스템로그, 이벤트로그, 서버로그 등의 수집 Splunk, Flume, Scribe 등
크롤링	인터넷상의 HTML 등의 정보 수집 Nutch, Solar, Lucene 등
센싱	온도 센서, 측위 기술, RFID, M2M 등의 센싱 데이터
Open API	포털 GIS 및 공공기관의 데이터 이용을 위한 Open API

표 2-10 주요 저장 기술

구분	내용
NoSQL 기반	Key-Value의 redis, riak Column 기반의 Hbase, Cassandra Document 기반의 mongDB, CouchDB Graph 기반의 Neo4J
파일 시스템 기반	구글 GFS와 Hadoop의 HDFS
네트워크 기반	DAS, NAS, SAN
클라우드 기반	아마존 EC2/S3, MS Azure, 구글 AppEngine 등

표 2-11 주요 처리 기술

구분	내용
배치 기반	Hadoop의 MapReduce
실시간 기반	CEP(Complex Event Processing), ESP(Event Streaming Processing)

표 2-12 주요 분석 기술

구분	내용
텍스트 마이닝	텍스트 기반의 문서를 언어 처리, 인덱싱을 통해 분석
오피니언 마이닝	비구조 데이터를 추출하여 감성 도출(의견의 찬성과 반대 등)
소셜 분석	SNS상의 네트워크와 구성의 의미를 파악

표 2-13 주요 표현 기술

구분	내용
Summarization	대량의 데이터를 시각화하여 한눈에 볼 수 있게 표현
시간 시각화	막대그래프, 시계열 그래프 등을 통해 시간 흐름에 따른 변화 표현
분포 시각화	누적, 차지하는 비율 등을 표현

이 외에도 적용 가능한 기술은 인 메모리, 분산처리, 통계 등이 있다.

4.3 인력

빅데이터에서 인력이란 데이터 내부의 통찰과 인사이트를 발견할 수 있는 데이터 과학자(Data Scientist)를 말한다. 데이터 과학자는 빅데이터의 처리 결과를 통해 조직의 성공적인 인사이트를 도출한다.

데이터 과학자가 가져야 할 기본적인 역량과 조건은 다음과 같다.

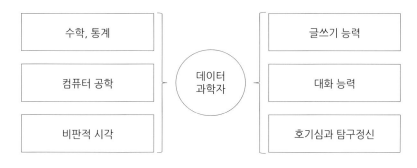

그림 2-31 데이터 과학자의 역량과 조건[17]

앞에서 제시한 데이터 과학자의 자질과 능력이 무엇인지 다음 표로 정리하였다.

표 2-14 데이터 과학자의 자질

구분	내용
수학과 통계	수학적인 분석과 주요 통계 기법의 이해 필요
컴퓨터 공학	데이터베이스, 마이닝의 이해와 신기술 솔루션의 작동
비판적 시각	현상과 결과에 대한 비판적 접근과 가설 수립 및 검증
글쓰기 능력	보고서 등 문서 전달을 위한 인문학적 소양

---

17 **출처** http://www.bloter.net/archives/101318

구분	내용
대화 능력	협업과 소통을 통한 데이터 결과의 재해석과 전달 능력
호기심과 탐구정신	현상에 대한 호기심과 끈질긴 탐구정신

이에 더해 아마존 수석 엔지니어인 존 라우저는 자기 일에 대한 만족과 보람을 얻는 게 중요하다고 하였다. 그만큼 데이터 과학자는 끈기와 인내심이 필요하고 일에 대한 보람과 행복감을 얻는 게 중요하다. 조직은 빅데이터 시스템 도입으로 모든 통찰을 쉽게 얻는다는 자세에서 벗어나 인적 자원을 활용하는 데는 많은 시간과 노력이 투입된다는 점을 명심해야 한다.

전문가들은 최근 데이터 관리 우선순위가 바뀌고 있다고 한다. 현재 추세로 보면 향후 2년 안에 데이터 시각화 역량이 제일 중요해진다. 이는 복잡한 결과를 얼마나 쉽게 보여줄 수 있느냐이다. 다음 그림은 우선순위 역량의 변화를 나타낸 것이다.

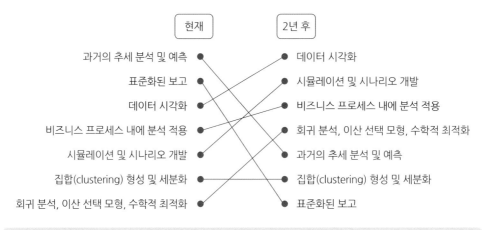

그림 2-32 데이터 중심 관리자의 주요 역량 변화[18]

인적 자원은 단기간에 양성할 수 없기에 사회와 기업에서는 필요 인재를 위해 교육 인프라와 프로그램에 투자해야 한다. 특히, 산학 협력 프로그램에서는 현업에 맞게 인재를 양성하고 투자해야 한다.

---

18 **출처** 새로운 미래를 여는 빅데이터 시대-NIA, 빅데이터 전략연구센터

5. 빅데이터 구축 프로세스

빅데이터 시스템 구축은 일반 시스템의 도입과 유사하다. 전체 프로세스는 설계, 구축, 시험으로 이루어지며 마지막으로 연계 단계가 있다. 빅데이터 전략센터에서 제시하는 빅데이터 구축 프로세스는 다음과 같다.

그림 2-33 빅데이터 시스템 구축 프로세스

이 장에서는 구축 단계를 중심으로 시스템 도입을 위한 절차를 알아보자.

> **빅데이터 전략센터** 미래창조과학부와 한국정보화진흥원이 대한민국의 빅데이터 시대를 선도하고 지원하기 위해 2013년 개소한 빅데이터 분석활용센터(https://kbig.kr)

5.1 설계

설계는 요구 사항을 분석하여 전체 시스템의 개념부터 상세 설계까지 밑그림을 그리는 작업이다. 설계는 시스템을 구축하는 일차적인 시행 단계이기에 불충분한 설계는 미흡한 시스템을 만든다. 이러한 이유로 초기 설계는 검증을 거쳐 구축할 때 수정과 재작업을 최소화할 수 있도록 이루어져야 한다. 기본적인 설계의 세부 절차는 다음 그림과 같다.

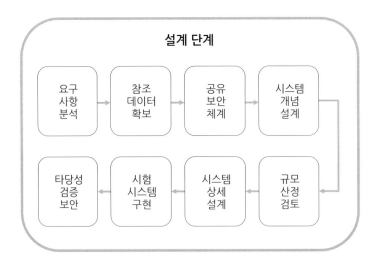

그림 2-34 설계에 따른 세부 진행 절차

다음 표는 설계 단계의 각 부문에 대한 상세 진행 절차와 수행 내용을 담고 있다.

표 2-15 세부 설계 진행 및 수행 사항

구분	내용
요구 사항 분석	사업 계획에 대한 이해와 예상 결과 시나리오 제시 및 기대효과 데이터 종류, 양, 수집 주기, 분석 주기 등의 요구 분석 분석과 활용을 위한 시스템 기능과 성능 요구 사항 도출 및 분석 기존 시스템 연동을 위한 데이터 상호 운영성 요구 사항 사용자 인터페이스, 보안 및 운영 관리 요구 사항 시각화 유형 및 툴 선정
참조 데이터 확보	참조 데이터를 통해 향후 구축될 시스템을 위한 샘플 데이터로 활용 참조 데이터로 요구 사항 달성 여부 및 변경 가능성 검토
공유보안 체계	시스템 접근 권한 및 외부 보안 위협에 대한 체계 구현 개인정보 보호 정책의 반영 여부
시스템 개념 설계	플랫폼 아키텍처의 구성과 전문가 검증 주요 적용 기술 및 솔루션과 알고리즘 선정
규모 산정 검토	도입 시스템의 비용적 부문에 대한 비용과 예산 검토

구분	내용
시스템 상세 설계	데이터 수집, 저장, 분석, 시각화 등의 상세 요구 사항과 도출 및 분석 각 단위 시스템에 대한 전문가 검토
시험 시스템 구현	기술 타당성 검증을 위한 시험 시스템 구현 이를 통해 향후 시스템의 데이터 품질 및 성능 예측
타당성 검증 보완	시험 시스템으로 분석 및 활용 목표와 일치 여부 검증 미진할 경우 추가 개선을 통해 보완

5.2 구축

구축은 실제 데이터의 수집과 통합 및 분석을 통해 결과를 배포하는 과정이다. 이는 크게 다음과 같은 4단계의 과정을 거칠 수 있다.

그림 2-35 구축의 4가지 단계

다음 표는 구축에 따르는 각 단계를 설명한 것이다.

표 2-16 구축의 4가지 단계에 대한 상세 내용

구분	내용
데이터 획득과 통합	어떤 데이터를 수집할지 데이터의 식별 여부 식별된 데이터의 수집 시스템 구축(소셜 데이터, 센서 데이터 등) 데이터의 생성과 폐기에 이르는 생애 주기 관리

구분	내용
데이터 관리와 조직화	데이터 품질의 확보(필터링, 삭제, 수정 등의 데이터 품질 향상 과정) 데이터 저장 및 관리(HDFS, NoSQL, 클라우드 저장 등) 색인, 메타 데이터 관리와 질의 시스템 구현
분석 모델링/수행	다양한 분석 모델 선정과 적용 여부 분석 알고리즘의 설계와 구현 분산 환경에서의 구현과 시각화 지원
결과 배포/관리 시스템	분석 결과의 검증을 위한 역추적 기능 구현 결과에 대한 리포팅과 배포 기능 피드백을 통한 데이터 품질 향상 분석 이력과 로그 저장 관리 및 모니터링

5.3 시험

시험과 연계는 분석 서비스 연계형으로 외부 전문 기관의 데이터와 분석 리소스를 활용하거나, 내부 데이터를 외부 분석 시스템과 연계 활용하는 방식이다. 가장 대표적인 예는 클라우드 서비스를 이용하여 저장과 분석을 수행하는 것이다. 외부 서비스를 이용하면 조직의 목표 달성과 품질 만족을 이끌 수 있으면서 비용 효과적이며 빠르게 적용할 수 있다.

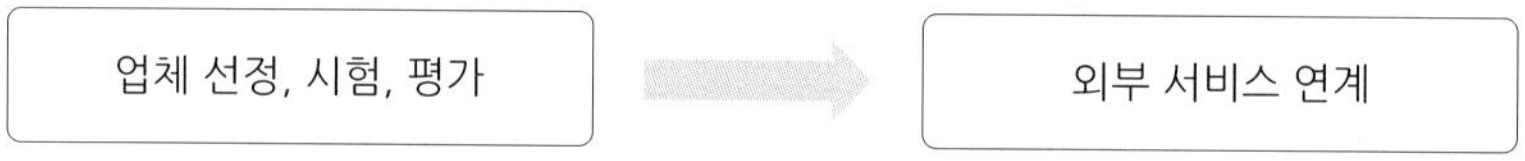

업체 선정, 시험, 평가 ➡ 외부 서비스 연계

그림 2-36 외부 서비스 이용을 위한 단계

외부 서비스 이용은 업체의 선정과 서비스 연계 부문으로 나눠 수행한다. 업체 선정은 내부 평가 항목과 점검 리스트 등을 통해 가장 잘 맞는 업체를 선정한다. 다음 그림은 업체 선정과 시험, 평가에 대한 전체 프로세스를 그리고 있다.

그림 2-37 업체 선정 및 시험, 평가 프로세스

각 프로세스 주요 사항은 다음 표와 같다.

표 2-17 외부 서비스 선정 프로세스 내용

구분	설명
업체 선정	조직의 목표에 부합하는 업체 조사와 선정
시험 환경 구축	내부 데이터를 외부 분석 서비스와 연계할 때 보안 및 개인정보 보호 확인 특히 기업의 기밀 데이터 제공 여부 결정 기본적인 외부 플랫폼 사용에 대한 타당성 검증 (데이터 유형별 분석 방법, 데이터 품질, 결과 제공 등의 적절성)
평가 및 최적화	참조 데이터와 분석 시나리오로 요구 사항과 목표의 달성 여부 평가 SLA(Service Level Agreement)와 SLM(Service Level Management) 확인 품질 향상과 개선 방안을 통해 최적화 수행

5.4 연계

목표와 맞는 외부 서비스 업체를 선정하였으면 연계를 위한 서비스를 설계하고 구현한다. 필요하다면 내부 시스템과의 연계도 고려해야 하며, 데이터 전송 상의 문제 등을 미리 방지하여야 한다.

다음은 외부 서비스와 연계하는 주요 프로세스를 나타낸 것이다.

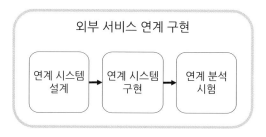

그림 2-38 외부 서비스 연계 프로세스

서비스 연계는 설계, 구현, 시험으로 이루어지며 각각의 내용은 다음과 같다.

표 2-18 외부 서비스 연계 프로세스 내용[19]

구분	내용
설계	외부 서비스와 내부 시스템의 연계 필요성과 설계 Open API 등을 통한 클라우드 서비스 이용 및 권한 설정
구현	연계 시 업무 절차의 변경 및 사용자 인터페이스의 변경 접근 권한 관리 기능
시험	정상적 작동 여부 확인 분석에 대한 처리 검증 및 결과 확인

---

19 **출처** 알기 쉬운 빅데이터 분석 활용 가이드 v1.2–빅데이터 전략센터

03

빅데이터 시스템 아키텍처

1. 빅데이터 거버넌스[1]

1.1 빅데이터 거버넌스의 필요성

빅데이터 거버넌스는 빅데이터에 대한 체계적인 관리와 통제를 의미한다. 거버넌스에는 통제라는 의미도 포함되어 있지만, 효율적인 관리가 더 중요하다. 빅데이터 거버넌스가 필요한 이유는 빅데이터를 활용할 때 발생할 수 있는 위험을 미리 예방하고 차단하기 위해서다. 그렇다면 빅데이터의 위험은 무엇인가? 다음은 그에 대한 답을 표현한 것이다.

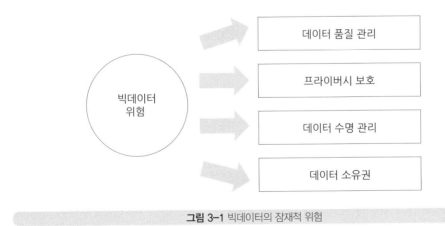

그림 3-1 빅데이터의 잠재적 위험

---

1 **출처** 빅데이터 거버넌스-지속 가능한 빅데이터 활용의 전제요건, 주간기술동향 2013.11.13

빅데이터 도입 조직은 시스템을 구축할 때 저장과 처리 등 기술에만 집중하다 보면 기술 외적인 부분을 놓칠 수 있다. 이러한 부분은 앞서와 같은 위험 요소가 되어 목적과 다른 결과를 내놓는다. 주요 위험의 내용은 다음과 같다.

표 3-1 빅데이터의 주요 위험

구분	내용
데이터 품질 관리	의사결정을 위한 데이터 신뢰성 문제
프라이버시 보호	개인정보 유출로 인한 개인 인격권 침해 및 빅브라더 현실화
데이터 수명 관리	데이터 폭증과 효과적 관리를 벗어난 저장 및 처리 비용의 지속적 상승
데이터 소유권	지적 재산권 문제와 데이터 원작자의 지식 재산 침해

빅브라더(Big Brother) 조지 오웰의 "1984"에 나오는 독재자. 현재는 정보화의 역기능으로 국가 권력에 의한 감시를 뜻한다.

빅데이터 거버넌스는 숨어 있는 위험을 없애고 꾸준한 데이터 관리를 수행한다. 일반적으로 거버넌스라는 용어는 정부나 행정기관의 통치 행위를 말하며, 빅데이터 거버넌스는 빅데이터에 대한 조직의 통제 관리 행위다. 거버넌스가 등장했다는 것은 새로운 기술의 등장과 이에 따른 관리 운영의 증가를 뜻한다. 이에 빅데이터 거버넌스의 등장은 새로운 데이터로서 관리 운영 체계의 필요에서 비롯된다.

1.2 빅데이터 거버넌스란

빅데이터 거버넌스 설명에 앞서 데이터베이스 이전의 문서 중심 거버넌스에 대해 생각해보자.

어떤 조직은 쉴 새 없이 쏟아지는 업무 문서로 관리에 어려움을 겪고 있다. 이를 해결하기 위해 조직은 새로운 거버넌스를 내놓았고 이것을 Document 거버넌스라고 한다. 기본적으로 Document 거버넌스는 문서를 항목별로 분류할 수 있는 코드체계와 코드체계에 따른 문서철, 문서철을 담는 캐비닛 등으로 구성된다.

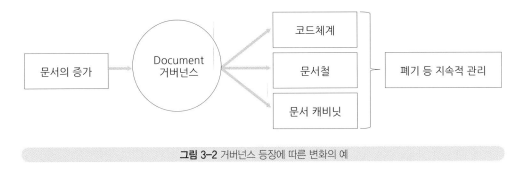

그림 3-2 거버넌스 등장에 따른 변화의 예

증가하는 문서를 모두 캐비닛에 보관할 수 없기에 일정 기간 지난 문서는 폐기 처분해야 한다. 문서 종류는 결재문서, 공공기관 발급 문서, 법률 규정 문서 등이 있다. 조직은 장기적으로 문서관리를 쉽게 할 수 있는 인덱스와 문서 관리 대장 등을 계획한다. 이제 조직은 Document 거버넌스로 많은 문서를 효과적이며 체계적으로 관리한다.

사례와 같이 빅데이터 거버넌스는 더 나은 데이터 품질과 보안 등을 위한 관리와 통제 행위다. 큰 의미에서 빅데이터 거버넌스는 데이터 거버넌스에 포함되며, 데이터 거버넌스는 다음과 같은 역할을 하는 데이터 관리 체계다.

- 조직이 보유한 데이터의 관리 정책, 지침, 표준, 전략 및 방향 수립
- 데이터를 관리할 수 있는 조직 및 서비스 체계 구축

어떻게 보면 거버넌스는 관리와 통제보다는 경영이라 할 수 있다. 다음 그림은 빅데이터 거버넌스와 데이터 거버넌스의 관계를 나타낸다.

그림 3-3 빅데이터 거버넌스와 데이터 거버넌스의 관계

데이터 거버넌스가 빅데이터 거버넌스를 포함하는 만큼 데이터 거버넌스를 알 필요가 있다. 다음은 데이터 거버넌스의 목표를 나타낸 것이다.

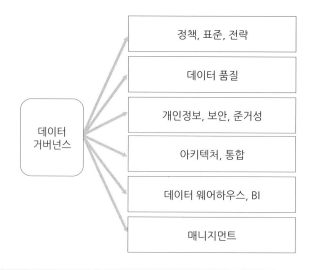

그림 3-4 데이터 거버넌스의 목표 영역[2]

앞선 그림의 데이터 거버넌스 목표는 다음과 같이 한 문장으로 정의할 수 있다.

"고품질의 데이터 확보와 관리를 통해 정보 활용 극대화로 조직의 가치 창출에 기여하는 것"

---

2 **출처** http://www.ittoday.co.kr/news/articleView.html?idxno=1678

즉, 데이터 거버넌스의 목표는 고품질 데이터를 통해 최상의 서비스와 가치를 이끌 수 있는 관리 체계의 효율화이다.

빅데이터 거버넌스는 빅데이터 최적화, 프라이버시, 가치 창출과 관련된 정책을 정한다. 다만, 조직은 빅데이터 거버넌스를 데이터 거버넌스 안에서 다루되 빅데이터의 특징에 맞게 바꿔야 한다. 데이터 거버넌스의 일부로서 빅데이터 거버넌스는 다음 내용을 포함한다.

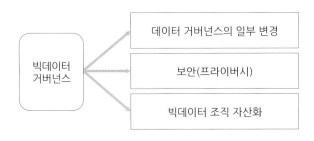

그림 3-5 데이터 거버넌스로서의 빅데이터 거버넌스

데이터 거버넌스의 일부 변경

- 데이터 거버넌스의 인력 범위는 데이터 분석가와 데이터 과학자 등을 포함
- 빅데이터를 세분화하여 담당 관리자 지정(SNS, 로그, 센서 데이터 담당자 등)
- 빅데이터 관련 메타 데이터와 프라이버시, 데이터 품질 등을 데이터 거버넌스 규정에 맞게 조정

빅데이터와 보안(프라이버시)

- 빅데이터 오용을 막기 위한 정책 수립
- 개인 식별 정보에 대한 신중한 접근
- 개인정보 보호법 등 법적 규제에 대한 장치 마련

빅데이터의 조직 자산화

- 빅데이터는 판매나 새로운 서비스 개발에 사용할 수 있으므로 자산화 필요
- 재정적 가치를 지닌 회사의 자산으로 봐야 함

1.3 빅데이터 거버넌스 프레임워크

소프트웨어 프레임워크(Software Framework) 복잡한 문제를 해결하거나 서술하는 데 사용되는 기본
개념 구조   (위키백과)

빅데이터의 활용을 위해 다음과 같은 프레임워크를 생각할 수 있다. 프레임워크는 3차원 큐
브로 다음과 같은 X, Y, Z축으로 구성된다.

- **X축** 빅데이터에서 다루는 데이터 유형
- **Y축** 빅데이터 활용 산업 분야
- **Z축** 정보 거버넌스(빅데이터 거버넌스)

각 축이 그리는 빅데이터 거버넌스 프레임워크는 다음 그림과 같다.

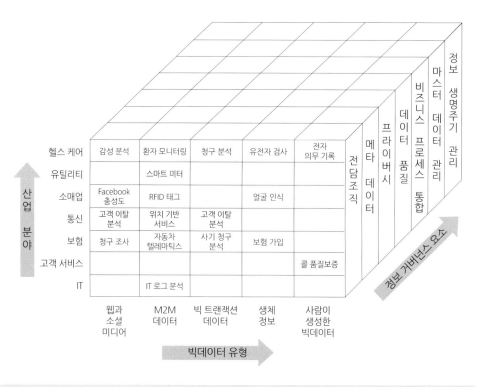

그림 3-6 빅데이터 거버넌스 프레임워크

우리가 관심이 있는 부분은 Z축인 정보 거버넌스며, 이것이 빅데이터 거버넌스 요소들이다. 다음 표는 빅데이터 거버넌스의 주요 요소에 대한 설명이다.

표 3-2 빅데이터 거버넌스의 정보 요소

구분	내용
전담조직	빅데이터 관리를 위한 전문가 및 관리자 임명 전문가로는 데이터 과학자를, 데이터 관리자로는 각 데이터 유형별 관리자를 임명
메타 데이터	빅데이터 시스템에 대한 메타 데이터 수집(표준화, 모델, 표준 절차 등) 메타 데이터의 저장, 관리를 위한 저장소 구성 대상 시스템에서 데이터 흐름 및 영향도 분석, 관리
프라이버시	민감한 개인정보에 대한 정책적 기준 필요 개인정보보호법에 따른 법률 준수와 안전행정부 규정 준수 (예: 주민등록번호 수집과 저장 금지)
데이터 품질	조직 데이터 품질 측정, 개선, 무결성 보장 등의 규정 수립 기존의 정형 데이터와 다르므로 상황별 기준이 필요 (예: 실시간 데이터와 비구조적 데이터의 품질 기준 등)
비즈니스 프로세스 통합	핵심 프로세스를 식별하여 거버넌스 지원 정책 수립 (예: 수입 판매 회사는 수입 환율, 거래처, 경쟁 제품 가격 등의 데이터 식별과 환율의 변동 폭 등의 데이터를 수집, 저장)
마스터 데이터 관리	빅데이터와 마스터 데이터의 통합 환경 구성 (예: 온라인 판매회사는 SNS 사용자와 실제 고객과의 관계를 파악하기 위한 기준과 검증 방법 등을 수립)
정보 생명주기 관리	데이터의 생성, 활용, 폐기의 생명주기 관리 폐기하지 않는 빅데이터의 운영은 비용이 올라가며 무조건 폐기는 기록 유지와 거래 증명이 어려움 (예: 3년 이상 된 웹 접속 로그 삭제 등)

빅데이터 거버넌스는 데이터 거버넌스의 일부분으로서 운영, 관리하면서 빅데이터 특성을 고려해야 한다. 그런 의미에서 빅데이터 거버넌스 프레임워크는 빅데이터를 효과적으로 관리할 수 있는 방향과 기준을 제시한다.

2. 빅데이터 시스템 아키텍처 수립 전략

빅데이터 시스템 아키텍처는 빅데이터를 위한 컴포넌트 집합체이자 상호작용이다. 이 장에서는 빅데이터 시스템 아키텍처 수립을 위한 두 가지 사항을 알아본다.

첫 번째는 빅데이터 아키텍처에 대한 기술적 역량으로, 빅데이터 아키텍처 구성에 필요한 분야별 기술에 대해 알아본다. 두 번째는 빅데이터 아키텍처 수립을 위한 전통적 시스템 아키텍처와 빅데이터 아키텍처를 살펴보고 이들의 통합 방법에 대해 알아본다.

2.1 빅데이터 시스템 아키텍처 기술력[3]

빅데이터 시스템 아키텍처 기술력은 빅데이터 시스템이 갖춰야 할 기술 역량이다. 여기서는 빅데이터를 위한 주요 기술들을 알아본다. 다음은 핵심 기술을 나타낸 것이다.

그림 3-7 빅데이터 시스템 아키텍처 기술

여기서 소개하는 기술들은 빅데이터를 다루거나 시스템을 구축하기 위한 기본이다. 각각의 기술 내용은 다음과 같다.

저장 관리

저장 관리는 대용량 데이터를 저장하는 기술이다. 빅데이터는 대용량 저장 공간이 필요하며, 이를 잘 관리할 수 있는 관리 도구가 있어야 한다. 대표 저장 관리 기술로는 하둡 기반의 HDFS(Hadoop Distributed File System)와 서드파티의 Cloudera Manager가 있다. 하둡은 대용량 처리를 위한 오픈소스 프레임워크다. HDFS가 오픈소스 아파치에서 나온 저장 기술이고, Cloudera Manager는 HDFS를 기반으로 나온 기술이다. 순서상으로는 HDFS가 먼저 나왔으며, 이후 ClouderaManager가 나왔다. 하둡과 HDFS에 대한 설명은 4장과 5장에서 살펴본다.

다음은 HDFS와 Cloudera Manager에 대해 간략히 정리한 것이다.

---

3 출처 Oracle Information Architecture　An Architect's Guide to Big Data, Oracle

표 3-3 HDFS와 Cloudera Manager

구분	내용
HDFS	아파치 재단의 오픈소스 분산 파일 시스템
	일반 하드웨어에서 고성능 저장 관리 제공
	높은 확장성과 장애 극복을 위해 3개의 노드에 자동으로 데이터 복제
	자동 데이터 복제로 백업이 필요 없음
	한 번의 쓰기와 여러 번 읽는 작업에 적합
Cloudera Manager	Cloudera의 아파치 하둡 배포판을 위한 관리 애플리케이션
	클러스터 확장 처리, 실시간 노드와 운영 서비스 모니터링 제공

분산 파일 시스템(Distributed File System) 컴퓨터 네트워크를 통해 공유하는 여러 컴퓨터의 파일에 접근할 수 있게 하는 파일 시스템 　　　　　　　　　　　　　　　　　　　　　(위키백과)

노드(Node) 네트워크에서 데이터 송신의 재분배점(예: 허브, 스위치 장비) 또는 끝점(예: 컴퓨터, 터미널) 　　　　　　　　　　　　　　　　　　　　　　　　　　　　　　(텀즈)

클러스터(Cluster) 여러 대의 컴퓨터들이 연결되어 하나의 시스템처럼 동작하는 컴퓨터들의 집합 　　　　　　　　　　　　　　　　　　　　　　　　　　　　　　　(위키백과)

데이터베이스

데이터베이스는 기존 관계형 데이터베이스와 다른 NoSQL 기반 데이터베이스다. NoSQL은 전통적 관계형 DB보다 제한이 적은 데이터 저장과 검색을 제공하는 DB이다. 관계형 DB가 일관성과 가용성 중심이라면, NoSQL은 부문 결함 극복이 핵심이다. 부문 결함 극복(Partition Tolerance)은 노드 간에 메시지가 일부 손실되어도 정상 동작함을 말한다. NoSQL은 유형에 따라 Key-Value, Document, Column과 Graph로 나뉜다. 다음은 대표 NoSQL인 Hbase와 Cassandra를 설명한 것이다.

표 3-4 Hbase와 Cassandra

구분	설명
Hbase	랜덤 액세스와 실시간 읽고 쓰기 지원
	읽기와 쓰기의 일관성 유지
	테이블 샤딩(수평 분할 등)으로 성능 향상
	장애 시 서버간 자동 복구 지원
Cassandra	대량 데이터 갱신을 위한 컬럼 인덱스와 캐시 제공
	데이터 복제본을 이웃 노드 혹은 임의의 노드에 저장
	업데이트된 데이터는 동기적 혹은 비동기적으로 복제

Key-Value NoSQLDB의 저장 형태의 하나로 name(key)="홍길동"(value) 식의 저장을 한다.

샤딩(Sharding) DB에서 대량의 데이터를 처리하기 위해 데이터를 분할(파티셔닝)하는 기술로 수평 분할, 수직 분할 등이 있다.

동기(Synchronous) 요청과 그 결과가 동시에 일어나는 것으로 데이터를 변경할 때 바로 복제됨.

비동기(Asynchronous) 요청과 그 결과가 동시에 일어나지 않는 것으로 데이터를 변경할 때 일정 시간 이후 복제가 일어남.

NoSQL DB는 관계형 DB의 SQL과 같은 쿼리문을 지원하지 않는다. 쉬운 데이터 조회를 위해 Hive는 SQL과 유사한 HiveQL을 통해 SQL과 유사한 쿼리문을 제공한다. 기존 SQL에 익숙한 DBA라면 HiveQL로 데이터를 다룰 수 있어 복잡한 MapReduce 개발에 신경 쓸 필요가 없다. MapReduce는 대용량 데이터 처리를 위한 자바 기반의 소프트웨어 프레임워크며, 5장에서 자세히 설명한다.

프로세싱

빅데이터 처리는 MapReduce와 하둡이 핵심이다. 다음은 두 기술에 대한 간략한 설명이다.

표 3-5 MapReduce와 Hadoop

구분	내용
MapReduce	2004년 구글에서 논문으로 발표
	데이터 집합을 작은 단위로 나누어 처리
	여러 노드에서 데이터를 병렬 처리하여 부하를 분산
Hadoop	MapReduce가 탑재된 오픈소스 플랫폼
	확장을 위한 병렬 배치 프로세싱 제공
	자유로운 커스터마이징 환경
	장애 극복을 위해 클러스터에 여러 복사본 저장

배치 처리(Batch Processing) 컴퓨터 프로그램 흐름에 따라 차례대로 자료를 처리하는 방식 (위키백과)

병렬 처리(Parallel Processing) 프로그램 명령어를 여러 프로세서에 분산시켜 동시에 수행함으로써 빠른 시간 내에 원하는 답을 구하는 작업 (팀즈)

데이터 통합

주요 관계형 DB 업체는 빅데이터와 통합을 위해 여러 툴과 솔루션을 제공한다. 오라클은 빅데이터 커넥터와 하둡 지원 툴 등을 통해 빅데이터와 관계형 DB의 통합을 지원한다. 다음은 빅데이터를 위한 관계형 DB의 지원 기술이다.

표 3-6 빅데이터를 위한 다양한 RDBMS 기술

구분	내용
Export	MapReduce 결과물을 RDBMS, 하둡 등으로 이전
Connect	SQL 처리를 위한 RDBMS의 하둡 연결
GUI	Hive 스크립트 생성을 위한 GUI(Graphic User Interface) 환경 제공
최적화	병렬 데이터 import/export의 최적화 처리

통계 분석

통계 분석은 다양한 통계 알고리즘으로 데이터 분야 외에도 많이 쓰인다. 빅데이터에서는 오픈소스인 Project R로 데이터를 통계 분석하는데, R은 오픈소스의 장점을 살려 다양한 통계 기법과 분석 모듈을 제공한다. RDBMS나 상용의 통계 제품도 R을 지원하며, 전 세계 참여그룹을 통해 신규 모듈 추가가 신속하게 이루어진다.

다음은 R의 소개와 RDBMS에서 지원하는 사항이다.

표 3-7 R과 오라클 RDBMS의 지원 기술

구분	내용
R	통계 분석을 위한 프로그래밍 언어
RDBMS 지원	오라클은 고성능 통계 분석을 위해 R을 지원
상호 호환성	오라클은 개발된 R 스크립트를 수정 없이 바로 사용하도록 호환성 제공

2.2 빅데이터 시스템 아키텍처[4]

지금까지 빅데이터 시스템 아키텍처에서 요구하는 기술에 대해 알아보았다. 여기서는 아키텍처를 더 자세히 살펴보면서 빅데이터가 갖춰야 할 시스템 아키텍처가 무엇인지 알아보자.

전통적 정보 시스템 아키텍처

빅데이터를 도입할 때 어려운 점은 기존 시스템과의 통합이기에, 조직은 기존 시스템과 신규 시스템의 기술과 차이점을 잘 이해해야 한다. 따라서 여기서는 전통적 시스템 아키텍처와 빅데이터 시스템 아키텍처에 대해 알아보고, 마지막으로 이 둘을 합친 정보 통합 아키텍처에 대해 알아본다.

---

4 **출처** Oracle Information Architecture An Architect's Guide to Big Data, Oracle

전통적 정보 시스템 아키텍처 빅데이터 정보 시스템 아키텍처

정보 통합 시스템 아키텍처

그림 3-8 빅데이터 시스템 아키텍처와 통합 아키텍처

전통적 정보 시스템 아키텍처는 구조적 데이터의 논리적 정보를 가진다. 구조적 데이터는 RDB에 칼럼 단위로 저장할 수 있는 일정한 길이의 문자열이나 숫자를 말한다. 구조적 데이터는 정형 데이터라고도 불리며 다음 그림은 구조적 데이터의 예를 나타낸 것이다.

표 3-8 구조적 데이터의 예

칼럼 구분	사번(int)	이름(varchar)	직급(varchar)
입력 데이터	298007	홍길동	차장

앞선 예는 조직이나 기업에서 가장 많이 쓰이는 RDB 데이터 형태다. 데이터 웨어하우스는 구조적 데이터를 수집, 변경하는 통합 데이터베이스다. 다음 그림은 구조적 데이터와 데이터 웨어하우스의 전체 시스템 아키텍처를 나타낸다.

그림 3-9 전통적 시스템 아키텍처

마스터 데이터(Master Data) 자주 변하지 않고 자료 처리 운용에 기본 자료로 제공되는 자료의 집합. 예를 들면, 인사 데이터에서 이름, 생년월일, 급여, 주소, 혈액형 등이 포함될 수 있다.

트랜잭션 데이터(Transaction Data) 마스터 데이터를 변경시키는 상점에서의 고객 주문이나 판매 등의 발생 데이터. (한국정보통신기술협회)

마스터 데이터와 트랜잭션 데이터는 통합 툴을 통해 DW나 운영 데이터 저장소로 이동한 후, 분석을 거쳐 최종 결과물로 나온다. 최종 결과물을 위한 분석 기술로는 대시보드, 리포팅, BI 애플리케이션, 분석 쿼리, 텍스트 데이터 분석과 시각화 툴 등이 있다. 여기서 시각화 툴은 대량의 데이터를 한눈에 볼 수 있게 한다.

정보 아키텍처에서 중요한 점은 데이터를 어떻게 보아야 하는가이다. 데이터는 가치, 비용, 리스크, 품질과 데이터 정확성 등을 통해 자산으로 다루어져야 한다. 데이터 자산화는 전통적 아키텍처와 빅데이터 아키텍처 모두에게 필요한 사항이다.

빅데이터 정보 시스템 아키텍처

빅데이터 아키텍처는 Volume, Velocity, Variery와 Value의 특성이 있는 대용량 데이터를 처리해야 하며, 실시간 처리와 배치 처리를 다르게 해야 한다. 데이터 발생과 동시에 처리하는 실시간 처리는 NoSQL을 통해 성능 중심으로 처리한다. 이에 반해 배치 처리는 MapReduce를 통해 목적에 맞는 데이터 필터링 작업을 해야 한다. 필터링된 데이터는 바로 분석되어 사용자 모바일 기기로 전송되거나 DW로 옮겨져 구조적 데이터와 통합된다.

그림 3-10 빅데이터 정보 시스템 아키텍처 구조

구조적 데이터와 달리 빅데이터 시스템에서는 두 가지 주요 사항이 있다.

첫 번째는 대량의 빅데이터는 DW에 바로 넣을 수 없기에 MapReduce 처리가 필요하다. MapReduce는 입력된 데이터를 분리, 축소하여 구조적 데이터의 DW로 옮기고 DW에서는 보고서, 통계, 연관 분석 등을 수행한다. 빅데이터와 기존 시스템의 통합은 시각화와 데이터 분석 측면에서 굉장한 이점이다. 쿼리 수행은 RDB의 장점을 그대로 사용할 수 있어 데이터 분석에 효과적이다.

두 번째는 하둡을 통해 분석 작업을 수행하는 것이다. 플랫폼은 순수 하둡 형태이거나 가상 환경의 샌드박스일 수 있다. 하둡은 하둡 에코시스템과 하부 프로젝트들을 통해 전문적인 분석을 하기에 담당자는 각 솔루션과 툴 등의 사용법을 잘 알아야 한다.

샌드박스(Sandbox) 보호된 영역 내에서 프로그램을 동작시키는 것으로, 외부 요인에 의해 악영향이 미치는 것을 방지하는 보안 모델　　　　　　　　　　　　　　　　　　　(한국정보통신기술협회)

빅데이터 아키텍처에서도 전통적 아키텍처와 같이 데이터 자산화가 중요하다. 전통적 아키텍처와 다른 점은 수많은 데이터에서 무엇을 자산화시킬지 선택해야 한다는 것이다. 이는 시스템 도입의 본래 목표를 생각해야 한다. 또한, 조직의 비즈니스 가치가 무엇인지 비즈니스 의사결정을 위해 필요한 사항이 무엇인지 알아야 한다. 여기에는 숨겨진 위험에 대한 대응도 포함된다.

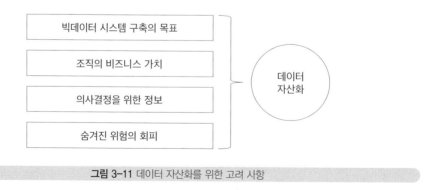

그림 3-11 데이터 자산화를 위한 고려 사항

통합 정보 시스템 아키텍처

빅데이터 시스템과 기존 시스템의 통합은 매우 어렵지만, 따로 구축하게 되면 중복 투자의 위험이 있다. 무엇보다도 재사용 안 되는 코드와 표준화에서 벗어난 개발이 가장 우려스럽다. 표준화가 안 된 시스템은 유지보수가 어려워지고 결국 큰 비용이 들 수밖에 없다.

가장 좋은 방법은 빅데이터를 운영 중인 DW 플랫폼에 바로 구축하는 것이다. 이를 통해 조직은 구조적 데이터와 비구조적 데이터를 동시에 처리한다.

다음 그림은 전통적 정보 아키텍처와 빅데이터 아키텍처를 합친 통합 아키텍처를 나타낸다.

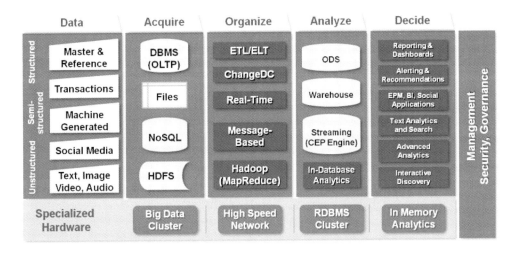

그림 3-12 통합 정보 아키텍처

수집 단계에서 들어온 다양한 데이터는 형태에 따라 RDBMS, 파일 저장소, NoSQL DB와 하둡 HDFS 등 유형에 맞게 저장되며 이후 데이터는 중간 단계에서 유형별로 구분된다.

중간 단계에서는 구조적 데이터 처리를 위한 ETL과 빅데이터 처리를 위한 하둡의 MapReduce 등이 작업한다. 이 단계는 여러 종류의 데이터를 하나의 플랫폼에서 작업할 수 있게 함으로써 기존 시스템과 빅데이터 시스템과의 연결 고리를 수행한다. 이를 위해 기존 시스템 관리자는 하둡과 MapReduce에 대해 잘 이해해야 한다.

ETL 데이터 웨어하우스 구축 시 데이터를 운영 시스템에서 추출하여 가공(변환, 정제)한 후 데이터 웨어하우스에 적재하는 모든 과정을 말한다. ETL은 데이터 추출(Extraction), 변환(Transformation), 적재(Loading)의 약자다.

(위키백과)

분석 단계에서는 이전 단계의 데이터를 입력받아 오라클 저장소나 오픈소스의 CEP 엔진 등으로 분석 작업을 한다. 분석을 마친 데이터는 보고서, 대시보드와 시각화 등으로 표현되거나 고급 분석, 텍스트 분석, 쿼리 등의 분석을 한다.

CEP(Complex Event Processing) 엔진 복합적인 여러 이벤트를 분석하여 패턴을 유추하는 엔진

데이터의 통합과 분석이라는 점에서 통합 아키텍처는 훌륭한 장점이 있다. 자체 구축 시에는 성공적인 통합을 위해서 기존의 DW 환경과 새로운 빅데이터 환경을 알아야 한다. 자체 전문부서나 전문가가 없다면 전문 업체와 컨설팅의 도움이 필요하다.

3. 빅데이터 시스템 플랫폼

여기서는 빅데이터 시스템이 갖춰야 할 애플리케이션과 플랫폼 등을 알아본다.[5]

---

5 **출처** (1) Information Governance Principles and Practices for a Big Data Landscape—IBM 빅데이터 플랫폼, IBM.

   (2) Big Data Platforms, Tools, and Research at IBM, IBM Research

플랫폼(Platform) 소프트웨어 응용 프로그램들을 돌리는 데 쓰이는 하드웨어와 소프트웨어를 말함.

(위키백과)

빅데이터 처리는 하둡이 가장 일반적이지만 개발 환경과 운영관리 등 시스템의 여러 측면을 볼 필요가 있다. 하둡 이외에도 실시간 스트리밍 처리, DW와 시각화 등이 있다. 다음 그림은 여러 도구와 솔루션이 합쳐진 빅데이터 플랫폼을 나타낸다.

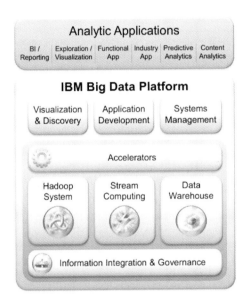

그림 3-13 빅데이터 시스템 플랫폼

다음 그림은 앞선 빅데이터 시스템 플랫폼의 특징을 나타낸 것이다.

데이터 통합		빅데이터 플랫폼		개발 환경
고급 분석				최적화
시각화				보안과 운영

그림 3-14 빅데이터 플랫폼 특징

주의할 점은 오픈소스 이외의 상용 빅데이터 제품은 저마다 고유한 특징을 가진다는 것이다. 예를 들면 DB 전문 업체의 제품은 DW와 RDBMS의 통합에 최적화가 되어 있고, 솔루션 업체의 제품은 분석 및 개발 부문에 강하다. 조직의 빅데이터 도입 담당자는 여러 제품과 특징을 알아보고 목적에 제일 적합한 제품을 선택해야 한다.

다음 표는 빅데이터 플랫폼의 여섯 가지 특징을 설명한 것이다.

표 3-9 빅데이터 플랫폼의 특징

구분	내용
데이터 통합	3V(Variety, Velocity, Volume) 특징의 데이터 통합과 관리
고급 분석	내부 시스템에서 고급 분석을 지원
시각화	상황별 주제 분석에 의한 데이터의 시각화
개발 환경	새로운 분석 애플리케이션을 위한 개발 환경 제공
최적화	최적화와 스케줄링 작업 수행
보안과 운영	시스템 보안과 거버넌스의 적용

다음으로 플랫폼 구성 부문을 자세히 살펴보자.

3.1 하둡 시스템

오픈소스 하둡은 플랫폼 구성의 가장 핵심인 시스템으로, MapReduce와 HDFS를 통해 빅데이터를 처리한다. 하둡은 아파치 배포판과 서드파티 배포판으로 크게 나뉜다. 이미 수년 전부터 글로벌 포털과 SNS 기업에서는 하둡으로 빅데이터를 처리하고 있다. 실제 서비스를 통해 검증된 하둡은 빅데이터를 위한 가장 효과적인 도구로 잘 알려졌다.

전사적 차원에서 하둡이 다른 플랫폼과 통합되면 다음과 같은 효과가 있다.

전사 규모의 스토리지	개발 도구
보안	분석 가속기
성능 최적화	애플리케이션 가속기
전사적 통합	시각화

그림 3-15 플랫폼으로 통합된 하둡의 효과

몇몇 글로벌 다국적 기업에서는 하둡을 자사 플랫폼과 솔루션에 맞게 수정하여 통합, 출시하기도 한다. 이때, 하둡의 기본 기능이 새로운 기술로 대체된다. 새로운 기술로 성능이 좋아지긴 하지만 오픈소스의 상호 호환성이 떨어진다. 이것은 시스템이 확장되거나 연동할 필요가 있을 때 또 다른 문제가 될 수 있다. 대신 신기술은 성능 중심의 시스템 구성을 지원한다.

다음 그림은 하둡 시스템에서 Map과 Reduce를 통한 빅데이터 작업을 나타낸다.

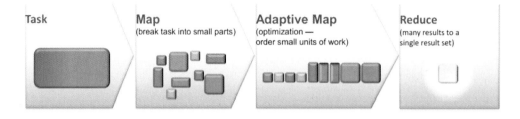

그림 3-16 기본 Map과 Reduce 처리

입력된 작업 혹은 데이터는 Map에서 작은 작업 단위로 쪼개져서 정렬된다. 최적화되고 정렬된 작업들은 Reduce에서 하나의 세트로 결과 처리한다. MapReduce는 입력 데이터 처리에 구현이 복잡하고 작업량이 많다. 이런 점 때문에 새로운 하부 프로젝트들이 계속 나오고 있으며 쉽게 개발할 수 있게 지원하고 있다.

3.2 스트림 컴퓨팅

그림 3-17 스트림 컴퓨팅

스트림 컴퓨팅은 실시간으로 들어오는 데이터 처리를 위한 플랫폼이며, 다음과 같은 특징의 데이터를 다룬다.

그림 3-18 실시간 데이터 처리 플랫폼

실시간 처리 플랫폼은 움직이는 데이터를 분석한다. 데이터는 동시에 들어오며, 그 크기는 매우 클 수 있다. 또한, 구조적 데이터뿐만이 아닌 비디오와 오디오 형태의 비구조적 데이터가 들어오기에 고급 분석 작업이 더해진다.

다음 그림은 비디오를 분석하는 처리 과정을 나타낸 것이다.

그림 3-19 실시간 비디오 처리의 예

실시간 비디오 처리는 파일을 읽어 흑백 화면을 통해 테두리를 인식한다. 이후 색을 입혀 다시 조립하는 복잡한 과정을 거친다. 이러한 작업을 위해 병렬 처리가 반복된다.

3.3 데이터 웨어하우스

데이터 웨어하우스는 업무 처리 데이터베이스에서 정보를 추출, 가공하여 분석 및 의사결정을 하는 데이터베이스이다. 데이터베이스 도입 초기에는 업무 처리가 잘 되었지만, 이후 저장된 데이터 활용이 없는 것이 점차 문제가 되었다. 데이터 웨어하우스의 필요성은 어떻게 저장된 데이터를 효율적으로 활용할지에서 출발한다. 데이터 웨어하우스는 과거 데이터, 운영 데이터, 외부 데이터에서 데이터를 추출, 가공하여 저장소에 넣는다. 이후에 저장소의 데이터는 각종 툴로 분석된다.

그림 3-20 데이터 웨어하우스

앞서 설명하였듯이, 빅데이터 플랫폼의 데이터 웨어하우스는 기존 시스템과 새로운 시스템 간의 통합 측면에서 다루어져야 한다. 최근에는 데이터를 빠르게 처리하고자 하드웨어 기반의 DW 어플라이언스가 등장하였으며 이것의 특징과 요구 사항은 다음과 같다.

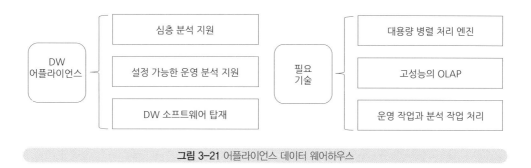

그림 3-21 어플라이언스 데이터 웨어하우스

빅데이터를 위해 DW 어플라이언스를 도입할 때는 하드웨어 속도, 단순함, 확장과 성능을 고려해야 한다. 속도는 기존 시스템보다 10~100배 이상 빨라야 하며, DW는 관리 최소화와 튜닝으로 단순화해야 한다. 또한, DW 어플라이언스는 페타바이트 급의 저장 용량과 고급 분석을 위한 고성능 전용 디스크와 메모리 등의 지원이 필요하다.

3.4 정보 통합과 거버넌스

빅데이터 플랫폼은 정보 통합 차원에서 구조적, 비구조적, 스트리밍의 여러 데이터를 다뤄야 한다. 거버넌스 측면에서는 개인정보 보안, 빅데이터 관련 메타 데이터, 데이터 생명주기 관리와 마스터 데이터 연계가 있다.

그림 3-22 빅데이터 플랫폼에서 정보 통합과 거버넌스

데이터 통합 측면에서 빅데이터 플랫폼은 다음을 보장한다.

표 3-10 데이터 유형에 따른 처리

구분	내용
구조적	대용량 구조적 데이터 이전 (시간당 2.3TB를 DW에 적재 및 대량 데이터의 하둡 시스템 적재)
비구조적	비구조적 데이터는 하둡 시스템에서 모두 처리
스트리밍	스트리밍 데이터 소스와의 통합

3.5 사용자 인터페이스

그림 3-23 빅데이터 플랫폼에서 사용자 인터페이스

사용자 인터페이스는 크게 비즈니스 현업 사용자, 개발자, 관리자로 나뉜다. 비즈니스 현업 사용자에게는 시각화 기술로 대량의 복잡한 데이터를 쉽게 보여준다. 개발자에서는 개발언어 지원 툴이 있어야 하고 관련 오픈소스는 환경에 맞게 업그레이드되어야 한다. 개발 환경의 통합은 빠른 개발과 쉬운 디버깅으로 생산성을 높인다. 관리자에게는 시스템 관리와 모니터링을 위한 콘솔 지원이 있다.

3.6 가속기

가속기는 소프트웨어의 성능을 높이는 도구로, 웹 애플리케이션 가속기는 사이트 접속 시간이나 다운로드 속도 향상에 쓰인다. 빅데이터 플랫폼의 분석 가속기는 시스템 내의 분석, 운영, 규칙 지정 등에 쓰이며 분석 속도를 높인다.

그림 3-24 빅데이터 플랫폼의 분석 가속기

분석 가속기는 빅데이터 특징 중 하나인 다양성(Variety)에 맞춰졌으며 주요 특징은 다음과 같다.

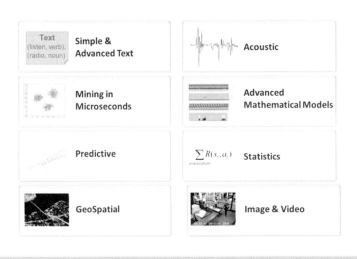

그림 3-25 빅데이터 플랫폼의 가속기 특징

분석 가속기의 장점은 복잡한 분석 과정을 단축하여 빠르게 가치를 찾는다는 것이다. 이는 일반적인 소규모 조직보다는 통신 회사, 금융, 대중교통과 소셜 미디어 분석 같은 대규모 환경에서 시간을 절약할 수 있다. 업체마다 다르지만, 일반적으로 분석 가속기는 여러 표본 애플리케이션과 표준화된 툴킷 등으로 산업 모델에 맞춰 빠른 분석을 도와준다.

3.7 분석 애플리케이션

빅데이터 플랫폼의 최상위에는 분석 애플리케이션이 있다. 여기서는 실제 데이터를 분석하여 결과를 내놓는다. 우리가 잘 아는 리포팅이나 시각화 툴 등이 여기에 포함된다. 예측 분석 툴로는 통계 기반의 SPSS와 SAS가 잘 알려졌으며 오픈소스로는 R이 있다. 각각의 기능은 제공 업체마다 다르며 다음 그림은 일반적인 기능 지원 사항이다.

그림 3-26 빅데이터 플랫폼의 분석 애플리케이션

4. 빅데이터 시스템 검증 방법[6]

빅데이터 시스템 검증은 테스트를 통해 시스템의 오류 여부를 확인하는 것이다. 그렇지만 빅데이터를 테스트하는 것은 조직으로서는 큰 도전이다. 왜냐하면, 빅데이터에서 무엇을 테스트해야 할지 그리고 그 많은 데이터를 어떻게 테스트해야 할지 모르기 때문이다. 일반적인 시스템 환경에서도 테스트하는 데는 많은 시간과 노력이 든다. 하물며 빅데이터 시스템을 대상으로 테스트한다는 것은 그만큼 어려운 것이다. 테스트가 어려운 만큼 검증도 쉽지가 않다.

다음은 빅데이터 검증이 어려운 이유를 나타낸 것이다.

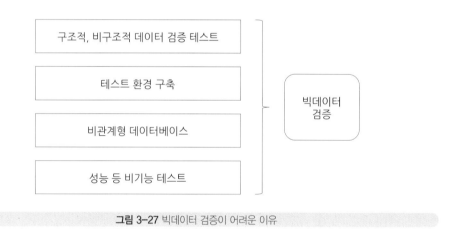

그림 3-27 빅데이터 검증이 어려운 이유

이러한 문제점들은 데이터 품질에 악영향을 미치고 프로젝트 기간을 늘린다. 데이터 품질 저하로 시스템이 제 역할을 못 한다면 조직에는 크나큰 손해일 수밖에 없다. 이를 막고자 여기서는 효과적인 테스트로 빅데이터를 어떻게 검증할지를 살펴본다.

---

6 **출처** Big Data Testing Approach to Overcome Quality Challenges, InfoSys, 2013

4.1 빅데이터 테스트 접근

빅데이터 시스템은 데이터 소스를 하둡 HDFS에 저장하고, 저장된 데이터는 MapReduce를 통해 처리한다. 처리된 데이터는 결괏값으로 출력되며 이는 분석 리포팅이나 트랜잭션 시스템 처리를 위해 데이터 웨어하우스로 이전된다. 빅데이터 테스팅은 앞의 저장, 처리, 출력의 3단계에 집중된다.

그림 3-28 빅데이터 테스팅 주요 영역

각 단계에서는 대량의 데이터를 병렬 노드에서 작업하기 때문에 데이터 품질 문제가 발생할 가능성이 항상 존재한다.

기능 테스트는 데이터 품질에 영향을 미치는 문제점을 발견하는 대표적인 테스트다. 이것은 코딩 에러나 노드 환경변수 설정 등의 에러를 찾음으로써 데이터 품질을 보증한다. 기능 테스트는 다음 3가지를 수행한다.

그림 3-29 빅데이터 기능 테스트의 분류

참고로 비기능 테스트는 성능과 장애 테스트 중심으로 진행한다. 비기능 테스트는 나중에 살펴보고 우선 기능 테스트 검증을 어떻게 할지 알아보자. 다음 그림은 빅데이터 시스템 아키텍처에서 기능 테스트를 어디에서 수행하는지 나타낸 것이다.

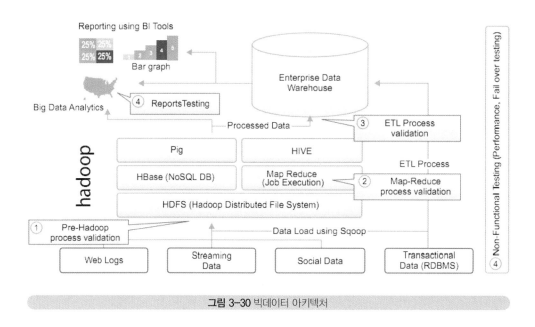

그림 3-30 빅데이터 아키텍처

그림에서 ①번, ②번, ③번은 기능 테스트를 집중적으로 해야 하는 곳이다.

하둡 처리 전 검증

①번은 요구 사항의 웹로그나 스트리밍 데이터 등이 HDFS에 저장되기 전 입력되는 부분이다. 문제는 잘못된 데이터가 들어와도 그대로 저장하고 복제한다는 것이다. 이를 막으려면 담당자는 다음 사항을 검증해야 한다.

1. 입력 데이터와 소스 시스템 데이터의 비교로 정확한 데이터 추출이 되었는지 확인
2. 요구 데이터가 올바르게 추출되었는지 검증

3 파일들이 HDFS에 제대로 저장되었는지 검증

4 입력 데이터가 분리, 이동이 제대로 되었는지, 복제가 다른 노드로 제대로 되었는지 검증

MapReduce 검증

빅데이터는 단일 노드보다 병렬 노드에서 많은 작업을 처리한다. 문제는 단일 노드에서는 정상이지만 병렬 노드에서 잘못된 처리를 할 수 있다는 것이다. 다음은 이를 막기 위한 검증이다.

1 데이터 처리가 완료되고 결과 파일이 제대로 생성되었는지 검증

2 단일 노드에서의 비즈니스 로직 실행과 병렬 노드에서의 실행이 일치하는지 검증

3 MapReduce 처리로 원하는 Key-Value 값이 나왔는지 검증

4 Reduce로 처리된 데이터가 역작업으로 이전 데이터와 같은지 검증

5 출력 파일과 데이터가 올바르게 처리되었는지 검증

6 출력 파일의 포맷과 요구 사항이 맞는지 검증

DW 로드 전 검증

MapReduce로 처리된 데이터는 요구 사항에 따라 데이터 웨어하우스나 트랜잭션 시스템으로 옮겨진다. 문제는 잘못된 변경 규칙의 HDFS 파일이 DW로 로드되거나 불완전한 데이터가 하둡에서 추출된다는 점이다. 다음은 이에 대한 검증이다.

1 데이터 변경 규칙이 제대로 적용되었는지 검증

2 HDFS 데이터와 목표 테이블 데이터를 비교하여 이상이 없음을 검증

3 목표 시스템에서 로드된 데이터 검증

4 합계 데이터 검증

5 목표 시스템의 데이터 무결성 검증

리포트 검증

분석 리포트는 DW나 Hive 쿼리로 리포트 도구를 통해 생성한다. 리포트 생성 시 발생하는 주요 문제는 요구 사항과 다른 리포트나 데이터, 레이아웃, 포맷 등이 있다는 점이다. 다음은 이에 대한 검증이다.

1. **리포트 검증** 리포트는 ETL/변형 작업이 수행된 후 테스트. 리포트 생성에 정확한 데이터가 사용되었는지 확인할 수 있는 쿼리를 작성하여 체크

2. **계산 테스트** 계산 테스트는 데이터가 제대로 계산되어 리포트에 나왔는지 계층적으로 검증

3. **대시보드 테스트** 현재의 최신 데이터가 대시보드에 올바르게 나왔는지 검증

4.2 데이터의 3V 검증

지금까지 단계별로 빅데이터 처리에 어떤 테스트와 검증이 있는지 알아보았다. 빅데이터는 Volume, Variety, Velocity의 3V의 특징을 가지고 있으며, 테스트는 3V에 데이터 품질과 성능 문제가 없음을 보증해야 한다.

Volume

조직의 내외부에서 들어오는 데이터는 상당하기에 이를 검증한다는 것은 어려운 일이다. 수동으로 검증하는 것은 불가능하며 스크립트를 통해 작업을 자동화해야 한다. 여기서 스크립트는 처리 데이터와 원래 데이터를 비교할 수 있는 비교 스크립트를 쓴다. 비교 스크립트는 하둡의 MapReduce 작업과 같이 병렬 처리로 모두를 검증하거나 샘플 데이터를 통해 데이터를 검증하는 방법이 있다.

다음 그림은 대용량 데이터를 어떻게 비교하는지 나타낸 것이다.

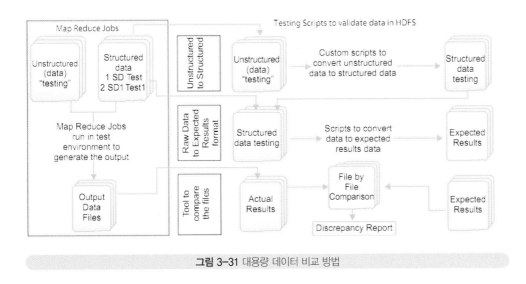

그림 3-31 대용량 데이터 비교 방법

비교 툴로 원하는 결과와 실제 결과를 비교하는 방법도 좋다. 다만, 이때는 처음 작업할 때 스크립트 생성에 시간이 걸리지만, 이후 작업은 빠르게 진행된다. 모든 데이터 검증이 어려우면 샘플 데이터로 검증한다.

Variety

최근 데이터 유형은 비구조적인 텍스트, 소셜 데이터, 위치기반 데이터와 로그 데이터 등으로 다양해졌다. 구조적 데이터에는 RDB 테이블이나 구조적 파일 등이 있으며 검증을 위해 테이블과 파일을 다룬다. 구조적 데이터는 여러 도구와 테스트를 통해 검증이 이루어진다.

비구조적 데이터는 특정한 포맷이 아닌 문서나 웹 콘텐츠 등으로 저장된다. 비구조적 테스트는 매우 복잡하고 오랜 시간이 걸린다. 이를 해결하기 위해 Pig 스크립트를 통해 비구조적 데이터를 구조적 데이터로 자동 변환하여 검증을 수행한다. Pig는 대용량 데이터 집합을 처리하는 언어이며 복잡한 MapReduce 연산을 단순화한다. 이와 관련한 내용은 이후에 살펴본다.

그림 3-32 비구조적 데이터 검증 방법

하지만 입력되는 비구조적 데이터의 형태는 매번 바뀔 수 있어서 이를 구조적 데이터로 자동화하기도 어렵다. 결국, 비구조적 데이터 검증에는 검증 시나리오 전략이 있어야 한다. 상황별로 비구조적 데이터 테스트와 실행을 어떻게 할지 전략을 정하고, 각각 다른 테스트 시나리오를 정해 검증한다.

Velocity

여러 디지털 기기의 보급과 통신망의 고속화는 데이터를 더욱 빠르게 만들고 있다. 모바일 컴퓨팅은 실시간 데이터를 주고받으며 데이터양을 증가시키고 있다. 점점 쌓이는 데이터는 기업으로 하여금 빠른 데이터 처리를 요구한다. 빅데이터 속도는 처리 시스템의 성능과 연결되며, 성능 테스트는 시스템 병목 지점 파악과 스트리밍 데이터 처리 성능 검증에 쓰인다.

4.3 비기능 테스트

이전에 우리는 빅데이터 처리 단계에서 어떻게 기능 테스트를 수행하는지 알아보았다. 기능 테스트는 주로 소프트웨어의 기능과 기능 요구 사항과 관련이 있다. 비기능 테스트는 성능, 장애 테스트 등 기능 요구 사항 외의 검증을 한다.

그림 3-33 비기능 테스트와 비기능 요구 사항

성능 테스트

어떠한 빅데이터 프로젝트라 하더라도 구조적 데이터와 비구조적 데이터를 여러 노드에서 빠르게 작업하는 것이 중요하다. 조잡한 아키텍처와 엉성한 코드는 성능을 떨어뜨린다. 실제 성능이 기대와 다르다면 하둡과 빅데이터의 본래 목적을 벗어난 것이다. 그래서 성능 테스트는 대용량 데이터와 복잡한 아키텍처에서 문제점을 파악하는 중요한 역할을 한다.

성능 문제는 주로 하둡의 MapRecude에서 분할과 이동 등의 처리 과정에서 일어나기에 최적의 시스템 아키텍처 설계와 테스트로 병목 지점을 빨리 찾아야 한다.

일부 특정 제품은 성능 테스트를 지원하며 하둡 성능 모니터링은 여러 성능 지표를 통해 주요 문제점을 파악한다. 성능 지표로는 작업 완료 시간, 작업 처리량(Throughput), 메모리 사용량 등이 있다.

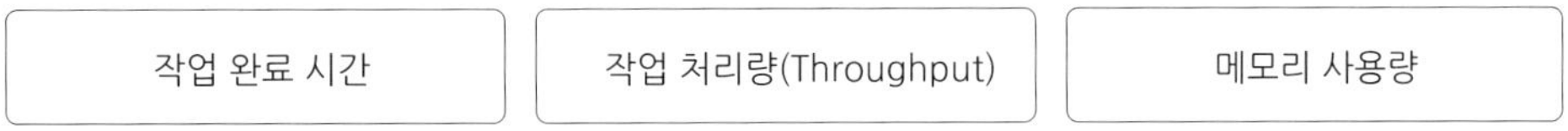

작업 완료 시간	작업 처리량(Throughput)	메모리 사용량

그림 3-34 주요 성능 지표

Throughput(처리율) 컴퓨터 시스템의 처리 능력을 나타내는 개념으로, 단위 시간당 처리할 수 있는 업무 단위량. (한국정보통신기술협회 IT 용어 사전)

장애 테스트

하둡은 네임 노드와 수백 개의 데이터 노드로 구성된 서버들로 이루어져 있다. 여기서 나타날 수 있는 장애로는 네임 노드 장애, 데이터 노드 장애와 네트워크 장애가 있다. HDFS는 이러한 장애를 파악하고 자동으로 복구할 수 있는 프로세스를 가지고 있다.

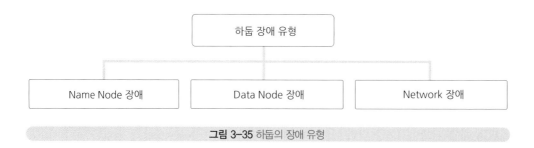

그림 3-35 하둡의 장애 유형

장애 테스트는 정상적인 복구 작업과 데이터 노드의 데이터 처리 보증을 확인하는 작업이다. 테스트는 네임 노드의 로그를 통해 설정된 시간 안에 복구할 수 있는지와 데이터 충돌이 없는지를 검증한다. 또한, 테스트는 RTO(Recovery Time Objective)와 RPO(Recovery Point Objective)에 맞게 작업을 수행하는지를 살펴본다. RTO와 RPO의 개념은 이후의 장에서 자세히 설명한다.

Name Node HDFS의 구성 요소로 파일 정보, 접근 권한 등의 관리를 수행한다.

Data Node HDFS의 구성 요소로 실제 데이터의 저장과 복제 등을 수행한다.

RTO(Recovery Time Objective) 복원하는 데 걸리는 시간

RPO(Recovery Point Objective) 복원할 때 어느 시점까지 복원할지 정한 지점

4.4 테스트 환경

빅데이터에서 대량의 데이터와 병렬 노드를 다룰 테스트 환경 구성은 매우 중요하다. 클라우드 환경 구성은 테스트의 설정과 작업을 유연하게 하며 인프라 최적화로 테스트를 짧은 시간에 처리한다. 클라우드에서 중요한 설정 몇 가지는 다음과 같다.

그림 3-36 테스트 구성 3단계

우선 첫 단계는 해당 클라우드가 빅데이터 테스트 인프라에 맞게 지원하는지 살펴야 한다. 가장 중요한 항목은 빅데이터의 처리 여부, 품질 보증(QA, Quality Assurance) 요구 사항 만족, 보안, 기본 소프트웨어 지원 등이다.

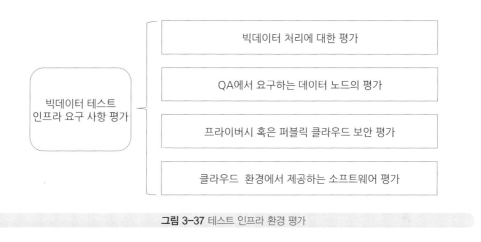

그림 3-37 테스트 인프라 환경 평가

두 번째 단계는 테스트를 위한 인프라 설계다. 하드웨어 용량과 서비스 지원, 서비스 계약, 보안 등의 작업을 설계한다.

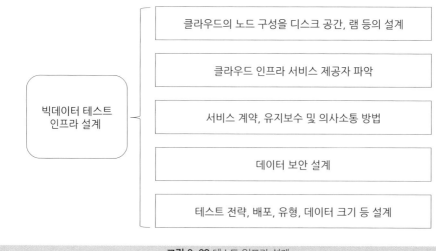

그림 3-38 테스트 인프라 설계

마지막 세 번째 단계는 실제 테스트 적용과 코드 배포 등의 수행이다.

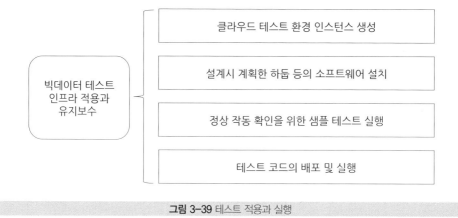

그림 3-39 테스트 적용과 실행

4.5 테스트 고려 사항

검증을 위해 테스트를 진행할 때, 조직은 다음과 같은 사항을 고려해야 한다.

그림 3-40 검증 테스트 고려 사항

데이터 품질은 데이터 유형이 서로 다르므로 반드시 고려해야 할 사항이다. 빅데이터는 기존의 구조적 데이터뿐만이 아니라 소셜 미디어, 센서 등의 다양한 데이터를 다룬다. 데이터에 대한 확인과 검증이 끝났다면 데이터 변형 로직에 대한 테스트가 이루어져야 한다.

빅데이터에서 많은 양의 데이터를 모두 검증한다는 건 쉬운 일이 아니다. 이를 위해 테스터는 핵심 비즈니스 시나리오에 영향을 미칠 데이터 집합을 파악해야 한다. 파악된 데이터 집합에서 가장 알맞은 데이터를 샘플링하는 능력이 필요하다.

그림 3-41 샘플링 과정

테스트 자동화는 빅데이터 시스템에 많은 도움을 준다. 다른 시스템과 같이 자동화는 테스트 시간을 줄이는 데 큰 역할을 한다. 빅데이터 회귀 테스트는 데이터베이스를 주기적으로 업데이트할 때 오류를 검증하는 데 도움을 준다. 자동화된 회귀 테스트는 결과물이 배포되고 나서 수행하며, 빅데이터 검증에 걸리는 시간을 매우 줄일 수 있다.

빅데이터 시스템은 기능과 비기능 요구 모두를 만족하게 해야 한다. 따라서 테스트 전략 수립은 시스템의 결함과 비용을 낮추는 데 효과적이다. 조직이 데이터 품질을 높이려면 개발과 테스트 능력을 키워야 한다.

회귀 테스트 오류를 제거하거나 수정한 시스템이나 시스템 컴포넌트, 프로그램이 오류 제거와 수정으로 인해 새로이 유입된 오류가 없는지를 확인하는 일종의 반복 시험

(한국정보통신기술협회, IT 용어 사전)

5. 빅데이터 시스템 구축을 위한 조직 구성

기업이 빅데이터 시스템을 도입하려 할 때 어려운 점은 조직을 어떻게 구성할 것인가이다. 여기서는 빅데이터를 위한 전담 조직을 어떻게 구성할지 알아보며, 마지막에는 빅데이터 조직의 실제 사례를 소개한다.

5.1 빅데이터 전담 조직

세계적 기업에서는 이미 빅데이터에 대한 전담 조직을 위해 CAO(Chief Analytics Officer)나 CDO(Chief Digital Officer)라는 직책으로 새롭게 조직을 구성하고 있다.

표 3-11 IT 분야의 총괄책임자

구분	내용
CIO	경영과 전사적으로 정보기술과 정보 시스템을 총괄하는 책임자
CAO	데이터 분석을 통해 비즈니스 의사결정을 돕는 총괄책임자
CDO	아날로그 비즈니스에서 디지털로 변환을 돕는 총괄책임자 대표적으로 모바일 기기, 소셜 미디어, 웹 기반 가상품(가상 화폐, 물건) 등 대응

과거에는 CIO(Chief Information Officer) 중심으로 정보관리와 IT 기술의 도입, 운영관리가 이뤄졌다면, 분석 기반의 환경에서는 이를 전담할 조직이 필요해짐에 따라 CAO가 등장하게 되었다. 전담 조직을 효율적으로 운영하고 전사 목표에 맞는 분석 등을 위해서는 CAO의 능력

과 조직이 중요하다.

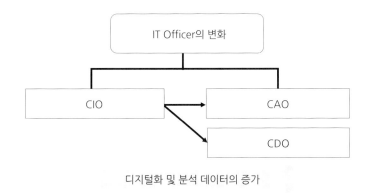

디지털화 및 분석 데이터의 증가

그림 3-42 빅데이터 시대의 새로운 조직 변화

지금까지는 특정 부서의 데이터를 기반으로 분석하고 보고하는 형태였다. 회계 부서는 부서 시각으로 데이터를 맞추고 결과를 CFO(Chief Financial Officer, 재무담당 총괄책임자)에게 보고한다. 전사 차원에서 모든 데이터를 분석하고 의사결정에 도움을 줄 수 있는 그런 조직은 없었다. CAO는 전사적으로 분석 전담 조직을 이끌고 전사 분석을 담당하는 최고 책임자다.

그림 3-43 CAO의 주요 역량

데이터 과학자가 데이터 분석을 통해 새로운 가치를 찾는 사람이라면, CAO는 이런 가치를 전사적으로 적용하고 비즈니스 의사결정을 돕는다. CAO는 이를 위해 관련 부서와의 협의와 경영진과의 의사소통이 원활해야 한다. 전사적인 업무 추진이나 의사소통을 위해서 CAO를 CEO 직속으로 두어야 영향력과 리더십을 충분히 발휘할 수 있다.[7]

7　출처 http://www.etnews.com/201309110212

5.2 빅데이터 조직 프레임워크

CAO는 전사적으로 빅데이터를 조직 내부에 녹이는 역할을 한다. 이를 위해 CAO는 각 분야의 전문가를 뽑아 조직을 구성하는데, 가장 중요한 전문가는 데이터 과학자다. 여기서는 데이터 과학자와 구성원들이 어떻게 조직으로 합쳐져야 하는지 조직 프레임워크로 설명한다.

조직 프레임워크 설명에 앞서 데이터 과학자가 일반적으로 알고 있어야 할 사항이나 기본 조건은 다음 그림과 같다.

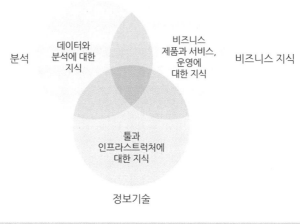

그림 3-44 데이터 과학자가 알아야 하는 분야

우선 데이터 과학자는 데이터 분석에 대해 잘 알고 있어야 한다. 즉, 통계와 데이터 마이닝, 분석 기법 등을 통해 데이터 내부를 분석할 수 있는 사람이어야 한다. 또한, 당연한 이야기겠지만 해당 비즈니스 지식에 대해서도 잘 알고 있어야 한다. 제조업체의 데이터 과학자라면 제조원가와 생산, 판매, 신제품 개발 등에 대해 잘 알고 있어야 한다. 서비스업이라면 서비스 현황과 제공 만족도, 고객 동향, 신규 서비스 등을 알아야 한다. 마지막은 이 모든 것을 IT 기술과 함께 사용할 수 있는 능력이 있어야 한다. 데이터베이스의 쿼리나 툴로 데이터가 어떤 식으로 입력되어 결과가 나오는지를 알고 있어야 한다.

CAO와 데이터 과학자가 갖춰졌다면 이제 빅데이터 조직의 프레임워크를 살펴볼 차례이다. 프레임워크는 분석 문화와 인원, 절차, 거버넌스로 이루어진다. 다음 그림은 조직 프레임워크를 통해 분석 조직 설계가 어떻게 나아가는지 나타낸다.

그림 3-45 조직 프레임워크가 제시하는 방향과 목적

프레임워크는 부서 레벨과 조직 레벨로 구성되며 각각의 사항은 다음 표와 같다.

표 3-12 조직 프레임워크 설명

구분	레벨	내용
분석 문화	부서	빅데이터와 분석을 조직 차원의 전사 기능으로 보고 있는가? 이러한 기능을 지원할 빅데이터/분석 부서가 있는가?
	조직	빅데이터와 분석이 전사 전략으로 반영되었는가? 빅데이터와 분석을 위한 CAO 등의 리더가 있는가? 가치를 창출할 만한 내외부적 데이터가 있는가?
인원	부서	분석 부서는 분석, IT 지식, 비즈니스 지식을 제대로 갖춘 인력으로 구성되었는가?
	조직	조직 내에 분석가가 알맞은 부서(빅데이터 및 분석 전담 부서 등)에 배치되었는가? 해당 인원은 분석에 대해 핵심적인 역량과 능력을 갖추고 있는가? 앞선 사항에 맞지 않는다면 요구에 맞게 인력 배치를 다시 한다.
절차	부서	분석 부서는 분석 모델, 모델의 적용, 적용에 따른 비즈니스 영향을 측정할 수 있는 분석 프로세스를 가지고 있는가?
	조직	조직은 분석 기회의 포착, 전문가에게 제공할 데이터, 분석 모델 개발, 모델 적용과 비즈니스 가치의 측정에 대한 분석 프로세스를 가지고 있는가? 정확한 분석 프로세스 지원과 관리를 위한 분석 거버넌스를 가지고 있는가?

거대한 기업이나 조직에서는 빅데이터와 분석을 위해 전담 부서를 만들어 새로운 비즈니스 기회를 만든다. 그러려면 조직은 전담 조직을 어떻게 만들고 어떤 역할을 할지 분명히 제시해야 한다. 앞선 프레임워크는 모든 조직 구성에 그대로 적용할 수는 없지만, 최소한의 구성을 위한 핵심 사항을 나타낸다.[8]

5.3 빅데이터 조직 사례

빅데이터 활용을 위해 조직 개편을 한 기업 사례를 통해 어떻게 조직을 구성하는지 살펴보자.

일본의 모바일 게임 플랫폼 사업장인 DeNA(디엔에이)는 2012년 데이터 마이닝 부서 소속의 인원을 소셜 게임 사업본부로 옮겼으며, 빅데이터 전담 부서를 새롭게 만들어 필요 인원을 옮겼다.

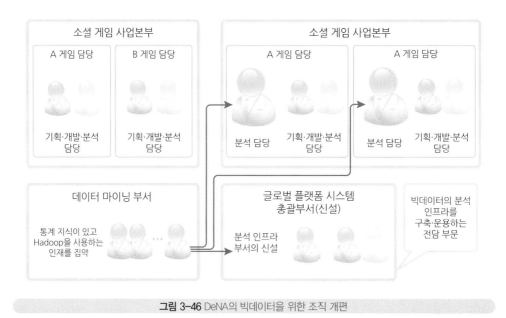

그림 3-46 DeNA의 빅데이터을 위한 조직 개편

8 **출처** Journal of Organization Design—Organization Models For Big Data And Analytics, 2014, Vol3, No1

DeNA의 특이한 점은 소셜 게임 사업본부에 전담 분석 인력을 할당하여 기획 담당자와 같은 자리에서 게임 개발과 운영에 참여하게 했다. 이는 핵심 사업에서 빠른 성과를 내고자 빅데이터 분석을 통해 개발을 진행한 것이다. 빅데이터 시스템을 구축, 운영하기 위해 전담 조직을 만드는 것도 중요하지만, 분석 인력의 현업 배치는 분석을 어떻게 활용하는지를 잘 보여준다.

전문 인력 확보도 중요하지만, 더 중요한 점은 해당 인력의 적절한 배치다. 그런 점에서 빅데이터 분석은 시스템의 문제가 아닌 사람과 의사소통의 문제이기도 하다.

이상으로 빅데이터 시스템 구축과 운영을 위한 조직 설계에 대해 알아보았다. 전사적 활용과 의사결정을 위한 CAO의 역할에 대해 알아보았으며, 데이터 과학자와 조직이 어떻게 합쳐지는지 알아보았다. 또한, 조직 프레임워크를 통해 조직 설계의 방향과 목적에 대해 살펴보았고, 마지막으로 조직 개편 사례로 빅데이터와 조직이 어떻게 활용되는지 살펴보았다.[9]

---

9 **출처** 일본 기업에서 배우는 혁신의 3원칙(1) 조직구성, 주간기술동향

04

빅데이터 시스템 구축을 위한 요소 기술

이 장에서는 빅데이터 구축을 위한 요소 기술에 대해 알아본다.

1. 빅데이터 솔루션 체계

빅데이터의 가장 큰 특징은 규모(Volume), 속도(Velocity), 다양성(Variety)으로 3V라 정의한다. 일부에서는 여기에 데이터의 진실성(Veracity), 시각화(Visualization), 가치(Value) 등을 포함하여 6V로 정의하기도 한다. 최근 빅데이터는 직관적인 판단이 가능한 시각화로 활용 범위를 넓히고 있다. 이러한 모든 요건을 충족하는 솔루션 체계의 정립은 사용자에게 더 많은 가치를 제공한다.

다음 표는 6V에 대한 간략한 설명이다.

표 4-1 빅데이터 기술의 규정 요소(6V)

구분	내용
크기(Volume)	대량의 데이터(페타바이트 수준)
다양성(Variety)	정형 데이터+반정형 데이터(XML 등)+비정형 데이터(동영상, 음악 등)

구분	내용
속도(Velocity)	실시간으로 생성되는 데이터(로그, 대화 내용 등)
진실성(Veracity)	데이터가 가지고 있는 사실성 혹은 의사결정 연관성
시각화(Visualization)	정보 이용자에게 쉽게 보여줄 수 있는 시각적 효과
가치(Value)	조직에 제공되는 실질적 가치(비즈니스, 공공정책, 방향성 제시 등)

다음 그림은 6가지 특징의 솔루션 체계를 나타낸다. 솔루션 체계는 3V 특징을 기반으로 진실성과 시각화라는 기술 요소를 통해 궁극적인 가치를 보여준다.

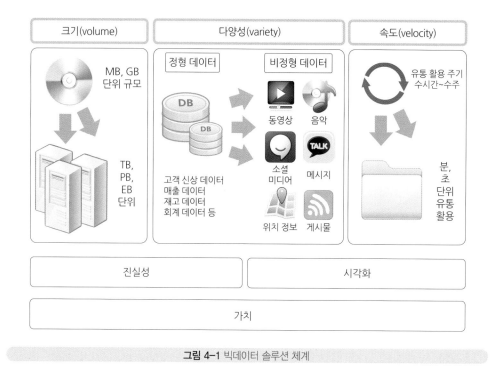

그림 4-1 빅데이터 솔루션 체계

빅데이터 솔루션 체계를 이루는 기술은 몇 가지가 있다. 이제부터 각각의 요소 기술을 알아보자.[1]

---

1 **출처** 빅데이터 활용 단계에 따른 요소 기술별 추진동향과 시사점, 한국방송통신전파진흥원

2. 빅데이터 수집 기술

빅데이터 수집 기술은 조직 내외부의 여러 데이터를 효과적으로 수집하는 기술이다. 과거에는 데이터베이스를 통해 수집, 정제, 변환 과정을 거치는 정형 데이터 중심이었으나 비정형 데이터가 등장함에 따라 대용량 수집과 저장을 위한 자동화가 요구된다. 데이터 수집은 분석에서 가장 중요하면서도 어려운 기술이다.

수집 기술은 저장 기술과 더불어 필요한 대용량 데이터를 빠르고 안정적으로 수집하여 저장한다. 수집 기술은 크게 크롤링과 RSS 수집부터 상용 기술인 Splunk와 오픈소스 계열의 Chukwa, Flume 등이 있다. 빅데이터 수집은 수집, 변환, 저장, 분석으로 이루어진 반복 과정의 시작이며 정보 제공의 첫 단계이다.

로그 수집기	크롤링
• 조직 내부에 존재하는 웹 서버의 로그 수집, 웹 로그, 트랜잭션 로그, 클릭 로그, DB 로그 데이터 등을 수집	• 주로 웹 로봇을 이용하여 조직 외부에 존재하는 소셜 데이터 및 인터넷에 공개되어 있는 자료 수집
센싱	RSS, Open API
• 각종 센서를 통해 데이터를 수집	• 데이터의 생산, 공유, 참여 환경인 웹 2.0을 구현하는 기술로 필요한 데이터를 프로그래밍을 통해 수집

그림 4-2 빅데이터 수집 기술

2.1 로그 수집기

로그 수집기는 수집 목적에 따라 달라진다. 상용 솔루션은 데이터 수집부터 분석, 리포트까지 하나의 프로세스로 처리한다. 이에 반해 오픈소스는 필터링 기능을 통해 저장하거나 데이터를 안정적으로 분산 저장한다. 로그 수집기는 특징과 목적에 맞게 선정해야 한다. 이제부터 몇 가지 로그 수집기에 대해 살펴보자.[2]

---

2 **출처** http://kimws.wordpress.com/2012/03/25/빅데이터big-data-분석의-시작-데이터-수집-그리고-로그-수/

Splunk

스플렁크는 서버 발생 데이터를 가져와서 실시간으로 인덱싱하고 조회한다. 스플렁크는 서버 발생 로그 외에도 다양한 데이터를 다루며, 여기에는 애플리케이션 데이터도 포함된다. 또한, 로그와 리소스 사용량, 메시지, 이벤트 등도 있다.

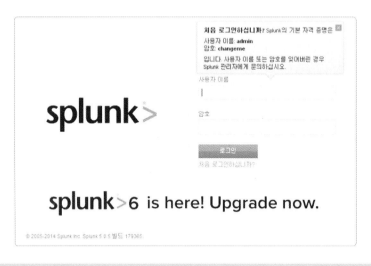

그림 4-3 스플렁크 로그인

스플렁크의 장점은 상용 소프트웨어로서 기능이나 편의성 면에서 다른 툴에 비해 직관적이다. 또한, 하둡 기반 생태계는 다양한 오픈소스 프로젝트 구조로 관리가 어렵지만, 스플렁크는 단순한 데이터 수집을 넘어 해당 데이터의 분석과 리포팅을 제공한다. 즉, 스플렁크는 단일 솔루션 체계로 인프라 관리에 편리함을 제공한다. 오픈소스에 익숙하지 않은 사용자는 스플렁크가 좋은 선택일 수 있다.

스플렁크의 특징은 간단한 UI를 통한 쉬운 제어다. 다른 툴은 리눅스 기반의 설치와 환경 설정 등 기본적으로 어느 정도 배경 지식이 있어야 한다. 스플렁크는 익숙한 윈도우나 맥 OS 등에 쉽게 설치하여 활용할 수 있다.

다음 그림은 스플렁크의 기본 구조다.

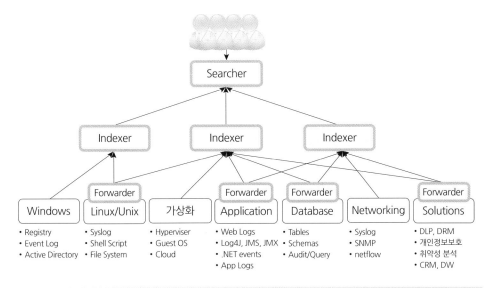

그림 4-4 스플렁크의 기본 구조

스플렁크는 검색의 효율성을 높이기 위해 모든 데이터를 인덱싱한다. 또한, 스플렁크는 빅데이터 분석 솔루션으로서 다음과 같은 기능을 제공한다.

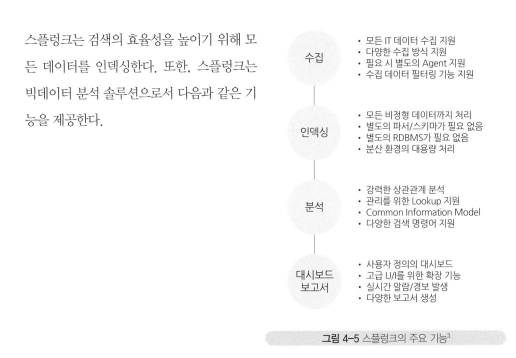

그림 4-5 스플렁크의 주요 기능[3]

---

3 **출처** http://splunk.cqcloud.com/xe/index.php?mid=Product_Overview(스플렁크 한국총판)

Flume

플룸(Flume)은 아파치 프로젝트로서 데이터를 수집하여 하둡 파일 시스템(HDFS)에 저장하는 자동화 툴이다. 또한, 로그 수집기로서 수많은 서버에 분산된 로그 데이터를 한 곳(기본적으로는 HDFS)에 모은다.

Flume은 서버 로그를 수집하여 Agent 내의 소스, 채널, 싱크를 거쳐 HDFS에 최종적으로 저장한다. Agent는 시스템의 로그를 수집하여 저장소로 보내는 역할을 한다. 다음은 Flume Agent의 3요소인 소스와 채널, 싱크에 대한 간략한 설명이다.

표 4-2 Flume의 3요소

구분	내용
Source	로그 데이터, stream, socket, DB, file 등의 데이터 소스
Channel	Source로부터 받은 데이터를 sink(target)로 넘기기 전에 데이터를 쌓아 두는 곳으로, 트랜잭션의 보장을 위한 임시 저장 공간
Sink	Target(HDFS 저장소나 다른 에이전트)으로 보내는 역할

다음은 Flume 수집 과정을 간략하게 그린 아키텍처다.

그림 4-6 Flume 아키텍처

기본적인 Flume 아키텍처는 외부 이벤트를 받아 Flume에게 맞는 포맷으로 전달하여 저장하는 구조다. 여기서 이벤트는 Flume에서 쓰이는 기본 데이터 전송 구조다. 다음 그림은 헤더와 보디로 이루어진 이벤트 구조를 나타낸다.

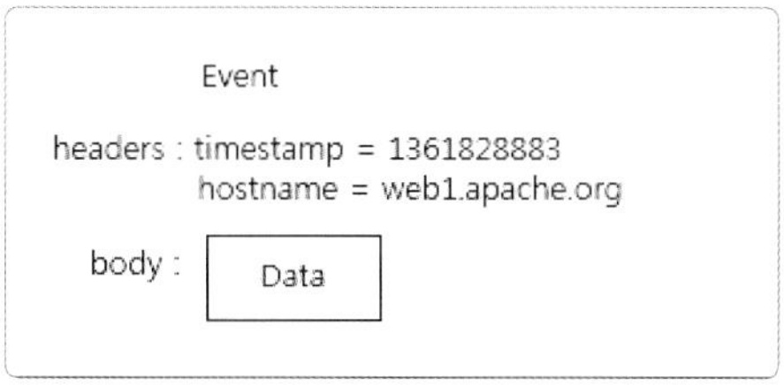

그림 4-7 Flume의 이벤트 구조

Flume은 이벤트의 여러 프로토콜을 지원하며 분산 환경에서 적합하다.

프로토콜(Protocol) 컴퓨터 간에 주고받는 통신 규칙과 약속

분산 환경에서 Flume은 이벤트를 여러 경로로 중간 혹은 최종 목적지까지 전달하여 저장한다. 또한, 환경에 따라 사용자 요구에 맞게 경로를 설정할 수 있다.

Flume의 특징은 여러 에이전트 간의 네트워크를 지원한다는 것이다. Flume은 채널에서 다음 에이전트로 전송, 혹은 저장소로 저장 등을 수행한다.[4]

다음으로 Flume의 기본적인 저장과 처리 절차를 알아보자.

Flume은 앞에서도 말했듯이 소스와 채널, 싱크라는 주요 요소를 통해 동작한다. 자세한 동작 과정은 다음 그림과 같다.

---

4 **출처** (1) http://blog.outsider.ne.kr/799

(2) http://gb-solutions.org/web/guest/wiki/-wiki/Main/Flume+-+데이터 수집 Flume+1.3+개발환경 구축

(3) http://flume.apache.org/FlumeUserGuide.html

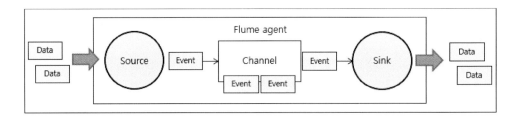

그림 4-8 Flume의 동작

소스는 외부 데이터의 Input을 담당하고, 싱크는 외부 저장소로의 Output을 담당한다. 중간의 채널은 소스와 싱크의 연결 고리이며, 대량의 데이터 유입에 따른 버퍼 기능을 한다. 전체 과정에서 소스는 이벤트를 하나 이상의 채널에 쓰며, 각 채널은 이벤트를 싱크로 넘기고자 임시로 저장한다. 마지막으로 싱크는 하나의 채널에서 이벤트를 받아 온다. 에이전트는 여러 소스와 채널, 싱크를 가질 수 있다.

Flume은 Interceptor를 통해 수집된 데이터를 변경할 수 있다. Interceptor는 이벤트를 파악하고 수정할 수 있기 때문에 일종의 Java Servlet Filter와 비슷하다. 이는 효과적인 데이터의 우선 처리를 위해 불명확한 데이터 유입을 사전에 차단한다. 이를 통해 Flume은 중요성이 높은 데이터를 먼저 처리한다.

> **Java Servlet Filter** 요청과 응답 작업에서 필터링을 수행하는 자바 객체다. 주로 인증, 로깅, 이미지 변환, 데이터 압축, 데이터 필터링 등의 작업을 수행한다. (오라클 자바 API 문서)

그림 4-9 Interceptor를 통한 이벤트 제어

채널은 수집, 변경된 데이터를 안정적으로 싱크와 연결하고 이동을 지원하는데, 크게 3가지의 형태가 있다.

표 4-3 채널의 종류

구분	내용
채널 셀렉터	가장 기본적인 채널로 데이터를 하나 이상의 채널로 이동시키는 역할 수행
Replicating 채널 셀렉터	하나의 복사본을 각각의 채널에 넣는 복제 기능 수행
Multipexing 채널 셀렉터	헤더 정보를 기반으로 서로 다른 채널로 쓰는 분산 기능 수행

마지막으로 싱크 프로세스는 장애 경로를 설정하고, 하나의 채널로부터 여러 싱크 사이에 이벤트 부하를 분산시킨다.

여러분이 분산 환경에서 다양한 프로토콜 기반의 데이터 수집을 원한다면 Flume은 좋은 선택이다. Flume은 초기 설정이 다소 어렵지만, 사용자 중심의 유연성을 제공한다.[5]

Scribe

스크라이브(Scribe)는 Facebook이 개발하여 공개한 스트림 로그 데이터 통합 서버다. Scribe는 대량의 서버로부터 실시간으로 들어오는 로그 데이터를 효과적으로 저장하고자 개발됐다. 그래서 Scribe는 대규모 노드 구성을 통해 확장할 수 있다. 각 노드에 설치된 Scribe 서버는 메시지를 통합하여 중앙 서버로 보낸다. 또한, 중앙 서버에 장애가 발생하면, 로컬의 Scribe 서버가 로컬에 저장하고 나서 복구하여 보낸다. 중앙 서버는 이를 네트워크 파일 시스템이나 분산 파일 시스템에 쓰거나 다른 Scribe 서버 계층으로 보낸다.

---

5 **출처** Apache Flume - Distributed Log

다음은 Scribe의 전체 시스템 구성을 나타낸 것이다.

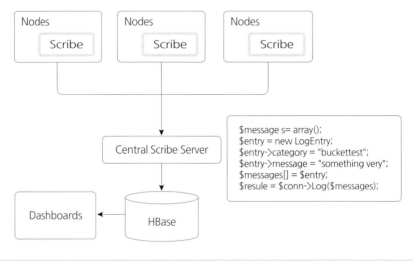

그림 4-10 Scribe 전체 아키텍처[6]

각 노드의 Scribe 서버는 노드의 데이터 로그를 중앙 Scribe 서버를 통해 HBase에 저장한다.
HBase는 대용량 저장을 위한 NoSQL 데이터베이스이며 5장에서 자세히 다룬다.

Scribe의 설계 목표는 확장성과 신뢰성 보장이다.

Scribe를 사용하려면 Thrift를 설치해야 하며 Thrift를 통해 다른 서비스와의 쉽게 호환할 수
있다. 참고로 Thrift는 다양한 언어로 개발된 서비스를 쉽게 호출할 수 있는 IDL(Interface
Definition Language)이다. 이는 RPC(Remote Procedure Call) 프레임워크의 한 종류로서 페이스북
에서 개발되어 현재는 아파치 재단에서 관리하고 있다. Thrift에 관심이 있는 독자는 공식 사

---

6 **출처** http://www.slideshare.net/AditiTechnologies/facebook-architecture-breaking-it-open

이트인 thrift.apache.org를 방문해 보기 바란다.

Scribe는 클라이언트와 서버 아키텍처 기반으로 구성되며 다음은 간략한 클라이언트와 서버 구성을 나타낸 것이다.

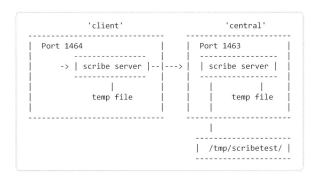

그림 4-11 Scribe의 클라이언트와 서버 구성[7]

Scribe는 카테고리를 통해 문자열 형태의 메시지를 구분한다. 카테고리는 메시지의 최종 도착지와 Scribe 서버의 특정 config를 가진다.

Scribe는 resender를 통해 장애 극복을 지원한다. 중앙 서버나 네트워크에 장애가 발생하면, 우선 로컬에 저장하고 일정 시간 후에 다시 시도해서 resender를 통해 보낸다. 이는 Scribe의 신뢰성을 보장한다.

Scribe는 그 기능의 막강함에도 불구하고 관련 자료나 커뮤니티가 부족해서 Scribe를 도입하려는 사용자로서는 다소 어렵겠지만 스스로 찾는 노력이 필요하다. 현재는 공식 사이트와 커뮤니티 그룹이 존재한다. 필자가 집필하는 현재까지 국내에서는 Scribe 개발 그룹이 따로 없기에 앞으로 많은 활성화를 기대해 본다. 참고로 Scribe 홈페이지는 다음과 같다.

URL   https://github.com/facebook/scribe

---

7 **출처**   http://tedwon.com/pages/viewpage.action?pageId=33423415#FacebookScribe−ScribeClinetServerArchitecture

2.2 웹 크롤링

웹 크롤링은 인터넷상의 정보를 효율적으로 수집하여 저장한다. 웹 크롤링을 수행하는 웹 크롤러는 웹 정보를 브라우징하여 해당 링크 정보를 모아 저장한다. 웹 크롤러는 봇(bot), 웹스파이더 등으로 불리며 검색 엔진에서 중요한 부분이다.

웹 크롤러는 방문할 URL 리스트를 통해 웹 페이지를 내려받아 해당 링크의 존재와 HTML 코드의 유효성을 검사한다. 유효성이 통과되면 웹 크롤러는 텍스트 정보와 메타 정보를 저장하고, 파싱 중에 나온 링크는 다시 리스트에 올려 스케줄링한다. 저장된 텍스트는 인덱싱되어 검색 엔진에서 빠르게 검색하여 결괏값을 내놓는다.

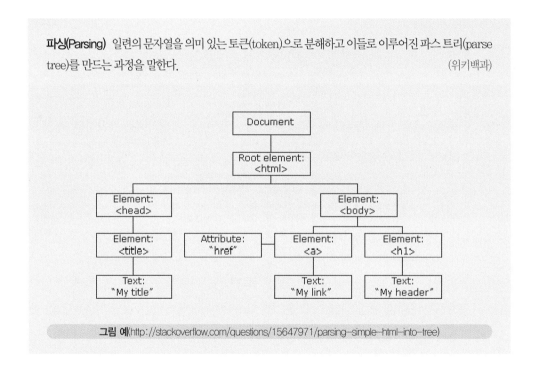

파싱(Parsing) 일련의 문자열을 의미 있는 토큰(token)으로 분해하고 이들로 이루어진 파스 트리(parse tree)를 만드는 과정을 말한다. (위키백과)

그림 예(http://stackoverflow.com/questions/15647971/parsing-simple-html-into-tree)

다음은 웹 크롤링이 수행되는 전체 아키텍처다.

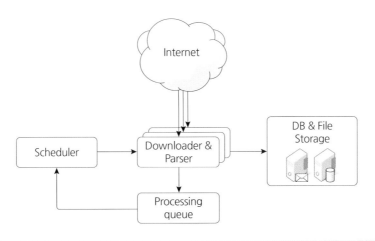

그림 4-12 웹 크롤링 아키텍처

웹 크롤러는 깊이 기반(depth-first) 방식과 너비 기반(breadth-first) 방식으로 나뉜다. 깊이 기반은 해당 링크 안의 링크를 일정 수준까지 계속 확인하는 방법이고, 너비 기반은 주어진 리스트의 1차나 2차 링크의 일정 수준까지만 확인한다.[8]

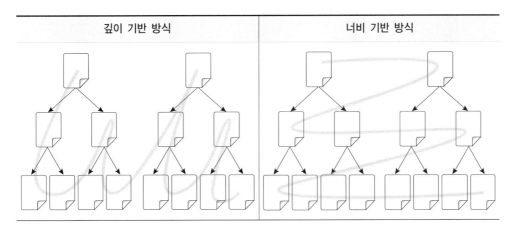

그림 4-13 웹 크롤러의 형태

---

8 **출처** (1) http://nazou.fiit.stuba.sk/home/?page=webcrawler

(2) http://ifp.uni-tuttgart.de/forschung/Geoinformatics/AutomaticMapRetrieval/index.en.html

오픈소스의 웹 크롤러로는 아파치의 너치(Nutch)가 있다. 너치는 자바로 개발된 오픈소스로, 관련 프로젝트인 루센(Lucene)과 솔라(Solr)를 통해 훌륭한 웹 스크롤링과 검색 플랫폼을 제공한다. 각각에 대한 설명은 다음과 같다.

표 4-4 너치와 솔라, 루센

구분	내용
너치	아파치 오픈소스 계열의 웹 크롤러. 웹 수집 및 인덱싱을 지원하며 너치를 통해 사용자만의 검색 엔진을 만들 수 있다.
솔라	루센의 가장 상위 검색 플랫폼이다. 너치를 통한 인덱싱을 지원한다. 솔라는 여러 형태의 데이터 검색을 지원한다. 검색 형태는 웹 페이지, full-text search 등이다.
루센	루센은 자바로 개발된 고성능의 full-text 검색 엔진 라이브러리다. 루센은 순위 검색과 여러 형태의 쿼리, 다중 인덱스 검색 등을 제공한다.

너치는 하둡의 MapReduce로 작업하며, 수행 과정은 다음과 같다.[9]

표 4-5 너치의 수행 과정

단계	설명
InjectorJob	인젝터는 필요한 URL들을 crawlDB에 추가한다. crawlDB는 너치 1.x에서 지원하는 수집된 데이터를 저장하는 디렉터리이다.
GeneratorJob	GeneratorJob은 수집을 위해 필요한 정보를 생성한다.
FetcherJob	GeneratorJob으로 생성된 정보를 통해 FetcherJob에서 URL들을 가져온다.
ParserJob	가져온 URL들은 ParserJob에서 파싱 작업을 거친다.
DbUpdaterJob	파싱이 끝난 URL들은 최종적으로 DB에 업데이트된다.
Invertlinks	인덱싱을 하기 전에 모든 링크는 인버트 작업을 거친다.
Indexing	마지막으로 수집된 URL은 솔라를 통해 인덱싱한다. 이후에 사용자는 솔라의 특정 URL을 검색할 수 있다.

루센은 자바로 개발된 검색 라이브러리다. 루센은 오픈소스로 쉬운 사용과 편리함을 추구한

---

9 **출처** Web Crawling and Data Mining with Apache Nutch - Laliwala, Zakir

다. 또한, 루씬의 핵심 jar는 불과 1MB 정도로 가볍고 의존성이 없다. 사람들이 혼란스러워하는 것은 루씬이 웹 검색 엔진이라는 것이다. 루씬은 검색 애플리케이션이 아닌 소프트웨어 라이브러리이자 툴킷임을 기억하자. 복잡한 비즈니스 룰의 애플리케이션을 제작할 때 루씬은 간단한 API를 통해 인덱싱과 검색을 지원한다. 검색은 웹 서버의 페이지 검색과 일반 워드, PDF, XML 등의 텍스트 검색이 가능하며 채팅, 이메일 등의 검색도 지원한다.

다음은 루씬을 이용한 검색 애플리케이션의 인덱싱과 검색 전체 과정을 그린 것이다. 어두운 부분이 루씬이 다루는 영역이다.

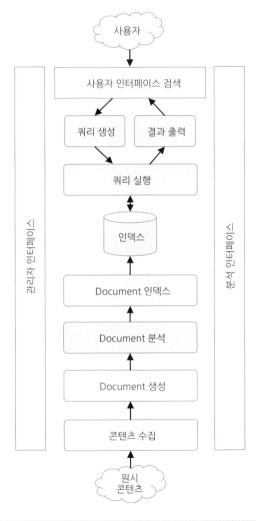

그림 4-14 루씬의 처리 과정

루센의 가장 중요한 프로세스는 인덱싱과 검색이며, 절차는 다음과 같다.[10]

표 4-6 루센을 이용한 인덱싱 과정

단계	설명
콘텐츠 수집	일반적인 자료 수집 과정은 우리가 익히 아는 Nutch 등을 통해 실행한다. Nutch 외에도 Grub, Aperture, Droids 등의 수집 툴이 있다.
Document 생성	수집된 자료는 인덱싱을 위해 가공한다. 최소 단위는 Document이며 Document는 필드 값으로 구성된다. (예: title, body, abstract, author, url) 일반 텍스트라면 구성이 쉽지만, PDF, 워드 등의 이진 파일은 Tika 등을 통해 텍스트를 추출해야 한다. 또한, RDF나 HTML 등의 불필요한 태그도 제거해야 한다.
Document 분석	Document 생성 후 원자 단위의 텍스트 분할이 있는데, 이는 토큰이라 불리는 일종의 형태소 분석 과정이다.
Document 인덱스	마지막으로는 Document를 인덱싱함으로써 루센의 인덱싱 과정은 끝난다. 검색 성능에 큰 영향을 미치는 작업이라 할 수 있다.

표 4-7 루센을 이용한 검색 과정

단계	설명
검색 인터페이스	인터페이스는 사용자가 무엇을 해야 할지 보여주며, 간단명료한 게 좋다. 일종의 검색 창이다.
쿼리 생성	사용자가 검색 요청을 하면 검색 엔진은 쿼리 오브젝트를 생성한다. 루센은 QueryParser의 검색 문법을 통해 쿼리를 생성한다.
쿼리 검색	생성된 쿼리로 검색하며 관련 Document를 찾는다. 사용자는 결과를 필터링하거나 정렬할 수 있다.
결과 출력	결과는 UI에 맞춰 최종적으로 사용자에게 보여준다.

하지만 루센으로 직접 애플리케이션을 개발하기는 어렵기 때문에 관련된 프로젝트로 솔라 (Solr)가 나왔다. 솔라는 루센 기반의 검색 서버이며, 특징은 다음과 같다.[11]

---

10 **출처** lucene_in_action_2nd_edition, Michael McCandless, Erik Hatcher, and Otis Gospodnetić
11 **출처** Apache_solr_3_enterprise_search_server, David Smiley, Eric Pugh

표 4-8 Solr의 주요 특징

구분	내용
HTTP 기반	XML과 JSON 포맷으로 HTTP를 통해 통신
설정 파일	인덱스 스키마 설정 파일을 통해 텍스트 분석을 정의
속도	검색 결과를 위한 캐시 사용
인터페이스	웹 환경의 관리자 인터페이스
쿼리 파서	Dismax로 불리는 쿼리 파서(Lucene의 native 쿼리 파서보다 좋음)
지역 검색	지역 검색 필터링과 거리 기반 정렬 지원
분산 검색	분산 검색 지원과 인덱스 복제를 통한 확장성

지금까지 오픈소스 조합을 통해 검색 기반의 자료 수집과 크롤링을 알아봤다. 정확한 데이터 수집은 중요한 과정이며, 해당 데이터의 연관성과 관계는 중요한 의미가 있다. 지금까지 살펴본 다양한 툴은 빅데이터 기반의 데이터 수집을 쉽게 하고 사용자 설정에 따라 환경을 쉽게 바꿀 수 있다.[12]

너치와 관련된 내용은 다음 튜토리얼을 참고하자.

URL http://wiki.apache.org/nutch/NutchTutorial

2.3 Open API

과거에는 폐쇄적 플랫폼으로 제삼자에게 API를 제공한다는 것은 상상하기 어려운 일이었다. 모든 API는 자사의 핵심 기술이자 자산으로 봤기 때문이다. 이제는 플랫폼 지향적 환경으로 변화했으며 API 제공을 통해 시장 장악력을 넓히려 하고 있다. 대표적인 사례가 구글의 맵 API이다. 구글은 자사의 맵 API를 제공함으로써 구글 맵의 확산에 크게 이바지하였다.

최근 국내에서도 Open API 제공으로 사용자의 편의를 크게 향상시키고 있다. 더불어 정부에서도 정부 3.0을 통해 여러 분야에서 개발자에게 API를 제공함으로써 국가 차원의 새로운

---

12 출처 http://hochul.net/blog/datacollector_sqoop_flume_scribe_chukwa/

가치를 창출하고 있다.

다음은 주요 포털과 공공 분야의 Open API이다.

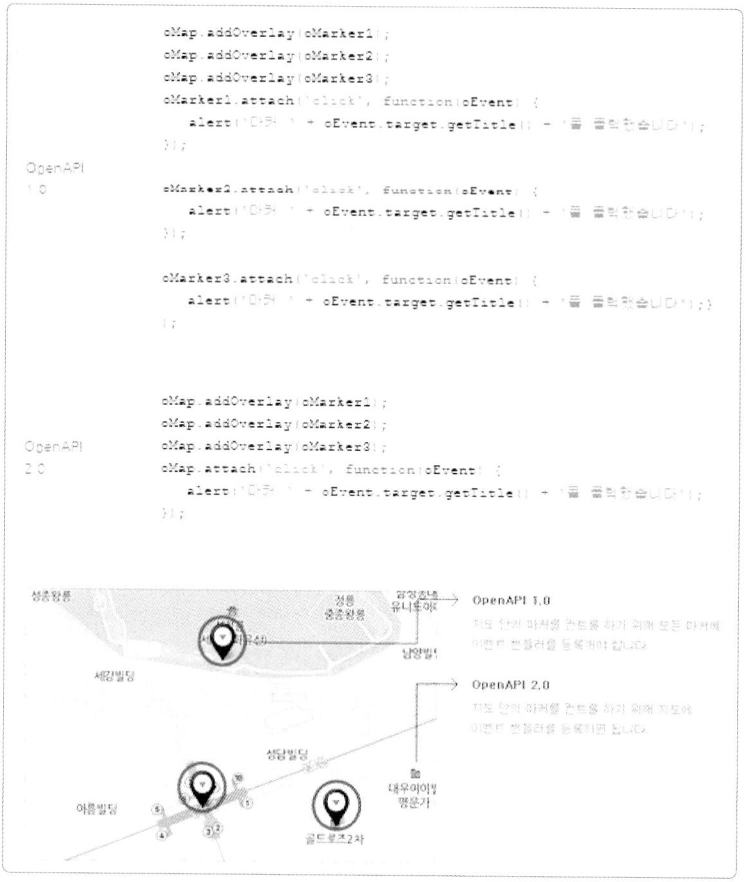

그림 4-15 네이버 지도 Open API[13]

---

13   출처 http://developer.naver.com/wiki/pages/MapAPI

그림 4-16 공공 데이터 Open API(서울 열린 데이터 광장)[14]

2.4 센서 데이터 수집

반도체 기술과 통신 기술 발달은 사물에 더 작은 칩을 장착하여 상호 간 효율적으로 데이터를 제공하게 되었다. IoT(Internet of Things)라 일컫는 이 기술은 통신 인프라를 통한 사물 간의 데이터를 교환하고 수집한다.

통신 방식의 변화를 보면 초기에는 사람과 사람의 일차적 통신 방식이었다. 대표적인 예가 전화나 영상 통화 등이다. 이차적 통신 방식은 사람과 사물의 통신으로 바코드가 그 좋은 예다. 지금은 사람의 도움이 필요 없는 사물 간의 통신이 이루어지고 있다.

---

14 출처 http://data.seoul.go.kr/openinf/develop/developer.jsp

RFID는 무선 환경을 통해 가장 대중화된 통신 기술이다. 재해 대책 부서는 교량에 RFID를 설치해 수위의 높낮이를 온라인으로 확인한다. 또한, 물류 기업은 컨테이너에 RFID를 달아 실시간으로 입출고 내역을 파악한다. 최근에는 근거리 방식의 NFC와 블루투스 센서 네트워크가 널리 쓰인다.

이러한 센서 데이터의 수집은 빅데이터 처리에서 중요한 부분이다. 요즘은 클라우드 기술과 합쳐져 원거리 저장과 사용이 가능하도록 발전하고 있다.

사물 인터넷(Internet of Things, IoT) 각종 사물에 센서와 통신 기능을 내장하여 인터넷에 연결하는 기술을 의미한다. 여기서 사물이란 가전제품, 모바일 장비, 웨어러블 컴퓨터 등 다양한 임베디드 시스템이 된다. (위키백과)

RFID(Radio-Frequency Identification) 전파를 이용해 먼 거리에서 정보를 인식하는 기술을 말한다. 여기에는 RFID 태그(이하 태그)와, RFID 판독기(이하 판독기)가 필요하다. 대표적으로 교통카드가 있다. (위키백과)

NFC(Near Field Communication) 13.56MHz의 대역을 가지며, 아주 가까운 거리의 무선 통신을 하기 위한 기술. (위키백과)

클라우드 컴퓨팅(Cloud Computing) 인터넷 기반(cloud)의 컴퓨팅(computing) 기술을 의미한다. 인터넷상의 유틸리티 데이터 서버에 프로그램을 두고, 그때그때 컴퓨터나 휴대전화 등에 불러와서 사용하는 웹에 기반을 둔 소프트웨어 서비스이다. (위키백과)

다음은 이러한 센서 데이터 수집이 어떤 식으로 활용되는지 알 수 있는 대표적 사례들이다.

온도 센서를 통한 데이터 수집

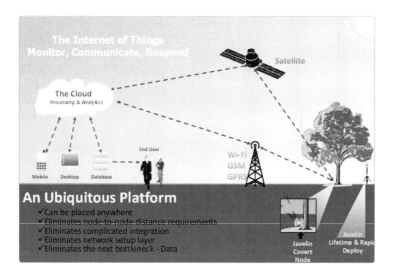

그림 4-17 온도 센서 수집의 구성도

사례는 온도 감지 센서를 통해 산불을 예방하는 구성도다. 관리자가 나무에 센서를 달면, 센서는 나무뿌리에서 바이오 에너지로 충전한다. 이 온도 센서를 통해 온도와 습도를 주기적으로 측정하여 관리자에게 전달하게 된다.[15]

실내 측위 이용

최근 국내 모 대학의 연구진은 실내 측위를 통한 응용서비스 개발 플랫폼을 완성하였다. 다음 그림에서 알 수 있듯이 스마트폰 이용자 주변의 센서와 위치 정보, 지도 정보를 통해 사용자에게 알맞은 서비스를 제공한다. 앞으로는 쇼핑몰이나 지하상가 등에서 이러한 실내 측위 기술과 고객 성향을 분석하여 정보를 제공하는 서비스가 많아지리라 예상한다.

---

15 출처 http://www.voltreepower.com/ar_higherCapacity.html

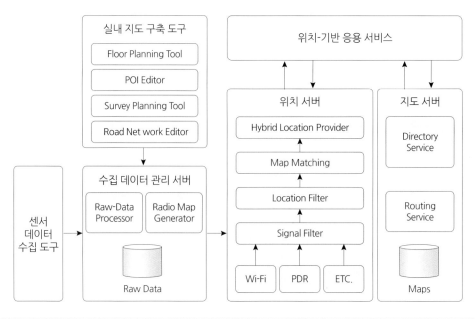

그림 4-18 실내 측위의 전체 구성도[16]

RFID 물류 이용

RFID는 대량의 품목을 효율적으로 관리하고 물류 흐름을 파악한다. RFID 데이터와 같은 센서 데이터는 빅데이터 분석의 중요한 원재료이다. 이를 통해 분석가는 물류 흐름을 최적화하고 주요 물품의 입출고 내역을 파악하여 전략에 반영하기 때문이다.

16 출처 https://kailos.io/kailos-manual

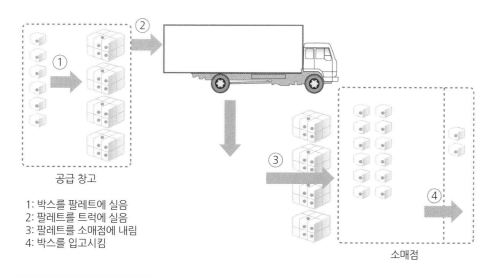

공급 창고

1: 박스를 팔레트에 실음
2: 팔레트를 트럭에 실음
3: 팔레트를 소매점에 내림
4: 박스를 입고시킴

소매점

그림 4-19 RFID를 통한 물류 흐름도

location_id	name	owner
L001	Warehouse A	Supplier A
L002	Route to retail C	Carrier B
L003	Retailer store C	Retailer C

LOCATION 테이블

sensor_epc	value	timestamp
1.255.1	1.1.1	2014-11-01 10:33:00.100
1.255.1	1.2.1	2014-11-01 10:34:00.000
1.255.2	1.2.1	2014-11-01 10:35:00.001

OBSERVATION 테이블

그림 4-20 RFID로 수집된 데이터

센서 데이터는 우리 일상생활과 멀리 있지 않다. 우리가 다니는 빌딩의 자동 출입문, 지문 인식 등 우리 주변에서 많은 센서를 통해 데이터가 쌓이고 있다. 이를 어떻게 활용할지는 새로운 발상의 전환을 통해 생각해 볼 일이다.

3. 빅데이터 저장 기술

빅데이터 저장 기술은 대용량 데이터를 효율적으로 저장하는 기술이다. 기존 저장 기술은 대부분 정형 데이터 중심이며, 설사 비정형 데이터라 하더라도 저장되는 양이 적어 일반적인 스토리지만으로 충분하였다.

그러나 하루가 다르게 폭발적으로 늘어나는 데이터는 이제 저장뿐만이 아니라 활용, 복구 등의 여러 측면에서 다루어야 한다. 그런 점에서 구글은 저장 기술에 대한 연구로 GFS(Google File System)에 관한 논문을 발표함으로써 관심을 끌었다. GFS는 대량의 데이터를 효과적으로 저장하기 위한 분산 파일 시스템이며, 관련 내용은 5장에서 자세히 설명한다. 이와 더불어 각종 트위터, 페이스북 등의 소셜 기업들은 자사 개발팀을 통해 새로운 저장 기술을 선보였다. 또한, 글로벌 포털 업체는 저장 기술과 더불어 효과적 검색 방법을 제시함으로써 대량의 데이터 접근에 한 걸음 더 다가갔다.

오픈소스 진영을 보자면 이러한 새로운 기술들이 아파치 재단을 통해 광범위한 프로젝트로 구체화되며, 각 시스템은 이를 기반으로 가치를 창출한다.

그렇다면 가치를 창출하는 빅데이터 저장 기술이란 무엇이고 어떤 것이 있는지 살펴보자. 우선 이 장에서는 NoSQL 기반의 데이터 저장 기술과 File System 기반의 저장 기술, 클라우드 기반의 저장 기술, 그리고 마지막으로 네트워크 기반의 저장 기술로 나눠 살펴본다.

> **스토리지(Storage)** 컴퓨터 네트워크에 연결된 파일 수준의 컴퓨터 저장 장치며 서로 다른 네트워크 클라이언트에 데이터 접근 권한을 제공한다. (위키백과)

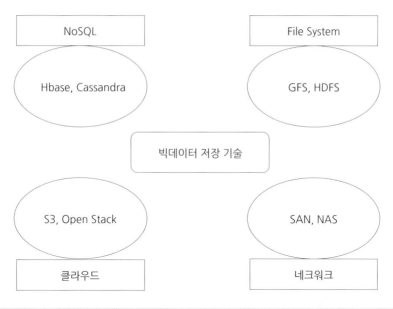

그림 4-21 여러 빅데이터 저장 기술

3.1 NoSQL 기반의 저장 기술

우리에게 익숙한 데이터베이스는 오라클, MS-SQL, MySQL 등과 같은 관계형 데이터베이스(Relational Database, RDB)다. 데이터베이스를 잘 모르는 사람도 최소한 오라클이라는 이름은 많이 들어봤을 것이다. 이러한 관계형 데이터베이스는 주로 정형 데이터를 다루는데, 정형 데이터란 모든 데이터 형태가 Integer, Character 등의 구조적 데이터임을 말한다. 어떤 의미인지 다음 그림을 통해 살펴보자. 이 그림은 기본적으로 사용하는 RDB의 테이블 구조와 데이터를 나타낸다. 그림에서 데이터 형식을 보면 varchar(40), char(12) 등으로 되어 있는데, 이는 데이터의 형태와 크기를 나타낸다. 즉, char(12)는 12자리의 일반 문자를 뜻한다.

테이블(Table) 세로줄과 가로줄의 모델을 이용하여 정렬된 데이터 집합(값)의 모임 (위키백과)

열 이름	데이터 형식	Null 허용
au_id	id:varchar(11)	☐
au_lname	varchar(40)	☐
au_fname	varchar(20)	☐
phone	char(12)	☐
address	varchar(40)	☑
city	varchar(20)	☑
state	char(2)	☑
zip	char(5)	☑
contract	bit	☐
		☐

그림 4-22 RDB 테이블의 형태

다음 그림은 앞선 테이블에 들어 있는 데이터를 조회한 화면이다.

	au_id	au_lname	au_fname	phone	address	city	state	zip	contract
1	172-32-1176	White	Johnson	408 496-7223	10932 Bigge Rd.	Menlo Park	CA	94025	1
2	213-46-8915	Green	Marjorie	415 986-7020	309 63rd St. #411	Oakland	CA	94618	1
3	238-95-7766	Carson	Cheryl	415 548-7723	589 Darwin Ln.	Berkeley	CA	94705	1
4	267-41-2394	O'Leary	Michael	408 286-2428	22 Cleveland Av. #14	San Jose	CA	95128	1
5	274-80-9391	Straight	Dean	415 834-2919	5420 College Av.	Oakland	CA	94609	1
6	341-22-1782	Smith	Meander	913 843-0462	10 Mississippi Dr.	Lawrence	KS	66044	0
7	409-56-7008	Bennet	Abraham	415 658-9932	6223 Bateman St.	Berkeley	CA	94705	1
8	427-17-2319	Dull	Ann	415 836-7128	3410 Blonde St.	Palo Alto	CA	94301	1
9	472-27-2349	Gringlesby	Burt	707 938-6445	PO Box 792	Covelo	CA	95428	1

그림 4-23 테이블을 조회한 데이터의 모습

RDB의 가장 큰 특징은 데이터를 일정 단위로 구분하여 저장한다는 점이다. 반면, 빅데이터는 데이터 단위를 구분하여 저장하기가 어렵고 처리하기도 어렵다. 빅데이터의 성장 배경이라 할 수 있는 인터넷의 폭발적인 성장과 네트워크의 발전으로 고용량 멀티미디어 데이터를 주고받을 수 있게 되었다. 그 덕분에 동영상, 음악 파일, 사진 등 대용량 멀티미디어는 우리 주변에 보편화되었고, 이를 데이터 측면에서 저장, 관리할 기술이 필요해졌다. 이를 위해 RDB는 별도의 데이터 형식에 저장하거나, 멀티미디어는 스토리지에 저장하고 물리적, 논리적 주소만을 데이터베이스에 저장한다.

그러나 RDB는 본래 저장 대상이 정제되고 일정하게 규격화된 데이터이기에 폭발적으로 증가하는 비정형 데이터 처리에 한계가 있다. 특히 RDB에 SNS 상의 대량 텍스트나 로그 등을 저장하기에는 고가의 서버 확장과 스토리지 용량 확대 등 큰 비용이 든다. 이러한 상황에서 대량의 비정형 데이터를 저장, 처리하기 위해 나온 기술이 NoSQL로 비정형 데이터 중심의 처리가 가능한 데이터베이스다. 차이점을 보면 RDB는 관계 기반의 주키와 보조키를 이용하여 두 개체를 연결하고 관계를 맺지만, NoSQL은 관계보다는 키와 값의 쌍을 저장하거나 칼럼 기반으로 저장한다. 다음 비교표를 보면 NoSQL의 특징을 잘 알 수 있다.

표 4-9 RDB와 NoSQL의 비교

구분	RDB	NoSQL
도입 용이성	변경 및 설치 용이	기존 Data 재구축
데이터	정형 데이터 처리에 유리	비정형, 반정형 데이터 처리에 유리
성능	대용량 처리 시 성능 저하	대용량 처리 지원
비용	고가 스토리지와 서버 지원	PC급 범용 하드웨어
스키마	고정된 스키마	비고정 스키마
사례	MySQL, Oracle 등	Big Table, Cassandra 등

NoSQL이 RDB에 비해 저가의 서버로 구현할 수 있다는 점과 오픈소스라는 점은 확실히 유리하다. 그렇다고 해서 NoSQL이 RDB 고유의 영역을 모두 대체할 수 있는 건 아니다. RDB는 정제된 데이터를 대상으로 하여 효과적인 쿼리로 목적 데이터를 가져오지만, NoSQL은 정제가 안 된 데이터이기에 이를 쉽게 다룰 수가 없다. 따라서 NoSQL은 데이터 마이닝과 같은 고급 데이터 분석을 통해 더 많은 정제 과정을 거쳐야 하며 데이터 신뢰성도 보장하기 어렵다. 또한, RDB 역시 병렬 구조를 통해 확장할 수 있어서 입출력 병렬화와 질의 병렬화가 가능하다.

그렇다면 선택의 기준은 무엇인가? 우선, 해당 환경에 가장 잘 맞는 데이터베이스를 쓰는 것이 무엇보다 중요하다. 기업의 인사, 회계, 영업 시스템을 위해 NoSQL을 쓰진 않으며, 대용량 동영상 데이터만을 저장하는 기업에서 RDB를 쓰진 않는다는 것이다.

참고로 다음 그림은 NoSQL과 관련된 데이터베이스들을 나타낸 것이다.

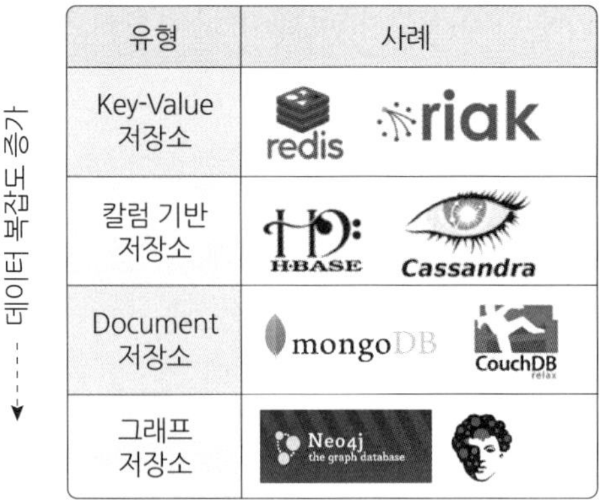
유형
사례
Key-Value 저장소
redis
riak
칼럼 기반 저장소
H·BASE
Cassandra
Document 저장소
mongoDB
CouchDB
relax
그래프 저장소
Neo4j the graph database
데이터 복잡도 증가

그림 4-24 NoSQL 데이터베이스의 종류[17]

3.2 파일 시스템 기반의 저장 기술

파일 시스템은 가장 일반적인 데이터 저장 형태이다. 보통 파일 시스템은 물리적 스토리지 장치 위에 있으며, 운영체제는 이를 통해 파일 작업을 한다. 파일 시스템은 논리적으로 '파일' 단위로 나뉘며 파일은 이름으로 지칭한다. 또한, 계층형의 내포 구조와 디렉터리가 있으며 파일에 대한 경로는 상대 또는 절대 경로가 있다.

다음은 파일명과 경로의 예이며 그림은 유닉스 운영체제의 파일 시스템 구조를 나타낸 것이다.

- **파일명** → foo.txt
- **파일 경로** → /dir1/dir2/foo.txt

빅데이터를 다룰 때 대량의 데이터를 저장하려면 파일 시스템 기반의 분산 처리가 중요하다. 이는 확장 가능한 형태로 단일 서버가 아닌 원격 서버들 간에 접근할 수 있어야 한다. 또한, 동시 접근 시 잠금(Locking)으로 쓰기 권한을 통제하여 일관성을 지켜야 한다. 이에 더해 신뢰성을 보장하기 위해 복제가 있어야 하며, 속도 향상을 위해 로컬 캐싱 등이 필요하다.

---

17 **출처** http://sqrrl.com/product/nosql/

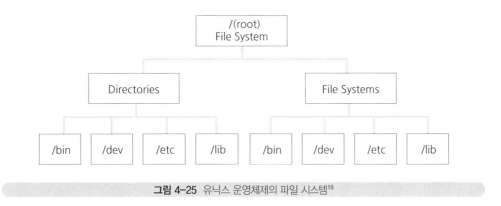

그림 4-25 유닉스 운영체제의 파일 시스템[18]

이러한 내용을 구체화한 구글의 GFS는 저렴하고 신뢰성이 떨어지는 컴퓨터를 기반으로 어떻게 하면 많은 데이터를 분산 저장할 수 있을까에 대한 고민에서 출발한다. 이를 위해 GFS는 저장뿐만이 아닌 다양한 작업 부하와 우선순위를 추가로 해결해야 했다. 이를 어떤 식으로 해결했는지 우선 다음 그림의 GFS 설계 고려 사항들을 살펴보자.

그림 4-26 GFS 설계 고려 사항

잠금(Locking) 데이터베이스 관리에서 하나의 트랜잭션이 사용하는 데이터에 다른 트랜잭션이 접근하지 못하게 하는 것. 둘 이상의 트랜잭션이 공통 데이터에 대해 동시에 접근하면, 시간 차이 때문에 잘못된 결과를 가져올 수 있다. 잠금은 이를 방지하여 병행 처리 시에 데이터 일관성을 유지하도록 한다.

(한국정보통신기술협회, IT 용어 사전)

---

18 출처 http://softsupplier.com/filesystem-in-unix-106395/

저렴한 서버는 고가의 서버를 대신하는 일반 PC들로 저렴한 대신 항상 장애 가능성을 고려하겠다는 뜻이다. 파일은 주로 대용량 데이터로 읽기 위주의 작업과 안정적인 처리를 보장해야 한다. 이를 통해 GFS는 다음과 같이 구체화한 설계 목표를 세웠다.

표 4-10 GFS 설계의 주요 목표

구분	설명
Chunk	파일은 Chunk 단위(64MB)로 저장
복제	기본 3군데 이상 저장을 통한 신뢰성 확보
단일 마스터	단일 마스터를 통한 접근 제어 및 메타 데이터의 중앙 관리
데이터 캐싱 없음	대용량 데이터 집합과 스트리밍 읽기에 따른 캐시 기능 삭제
인터페이스	단순하고 친숙한 인터페이스와 API 커스터마이징 제공

다음은 앞선 설계 목표에 따라 구현된 GFS 아키텍처이다. GFS Master는 전체 Chunk 서버와의 통신을 통해 명령 전달과 상황 모니터링, 메타 데이터 관리, Namespace 관리 등의 업무를 한다. 이후 GFS는 하둡의 HDFS에 영향을 미쳐 동작 과정이나 관리 등이 매우 비슷한 모습을 갖게 된다.

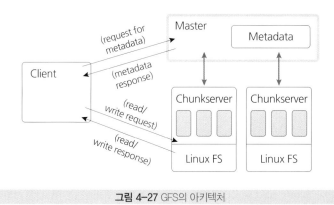

그림 4-27 GFS의 아키텍처

다음은 GFS 아키텍처의 구성 요소들이다.

- **Master** GFS의 클라이언트와 Chunk 서버의 통신 및 시스템 관리
- **Chunk 서버** 하드디스크 저장소에 대한 입출력 처리
- **클라이언트** 파일에 대한 읽기와 쓰기 애플리케이션

앞선 아키텍처에서 클라이언트가 읽기나 쓰기를 위해 마스터에게 요청하면, 마스터는 유효한 위치 정보를 클라이언트에 전해준다. 클라이언트는 받은 정보를 토대로 Chunk 서버들과 통신하며 해당 위치에서 데이터를 읽거나 쓰게 된다.

GFS는 일반 하드웨어에서 대량의 작업량을 처리하는 방법을 제시한다. 여기에 장애 극복을 위한 설계와 대용량 파일 처리 방식 등을 통해 빅데이터 저장의 큰 방향도 제시한다.[19]

> **Namespace** 개체를 구분할 수 있는 범위를 나타내는 말로, 일반적으로 하나의 이름 공간에서는 하나의 이름이 단 하나의 개체만을 가리키게 된다. (위키백과)

3.3 네크워크 기반의 저장 기술

네트워크 기반의 저장 기술로는 스토리지가 있으며, 스토리지는 초기의 DAS부터 NAS, SAN 등으로 발전했다.

그림 4-28 스토리지 저장 기술

---

19 **출처** (1) GFS, Hans Vante Hansen

(2) The Google File System, Sanjay Ghemawat, Howard Gobioff, and Shun-Tak Leung

DAS(Direct Attached Storage)는 서버의 디스크를 확장하여 파일을 공유하는 형태다. DAS는 소규모의 작은 조직에서 주로 사용하며 제한된 확장 구조를 가진다. 전형적인 로컬 애플리케이션이나 서버 애플리케이션을 통해 디스크 드라이브에 데이터를 쓰고 읽는 구조다. 이러한 구조에서 스토리지는 하나의 서버에 부착된 저장소며, 사실상 네트워크라는 개념이 없어 동시 접근이 불가능한 형태다. 서버와 스토리지 연결은 SCSI, SAS 등이 있으며, 스토리지의 저장 위치에 따라 내부와 외부로 나뉜다.

SCSI(Small Computer System Interface) 컴퓨터에서 주변기기를 연결하기 위한 직렬 표준 인터페이스로, 입출력 버스를 접속하는 데 필요한 기계적, 전기적인 요구 사항과 모든 주변 기기 장치를 중심으로 한 명령어 집합에 대한 규격을 말한다. (위키백과)

SAS(Serial Attached SCSI) 직렬 SCSI 방식으로 데이터가 단일 통로로 전송되기 때문에 기존 병렬 기술 방식의 SCSI보다 빠른 전송 효과가 있다. (위키백과)

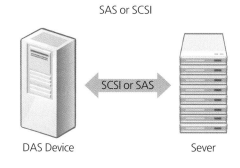

그림 4-29 DAS의 구조

DAS는 제한된 거리 때문에 확장이 어려우며, RAID 이중화를 지원한다. 이는 스토리지로서 본연의 저장 기능에 충실할 뿐, 사용자들 간의 파일 공유나 전송에는 한계가 있다.

이에 반해 NAS(Network Attached Storage)는 네크워크 파일 공유 전용의 스토리지이다. 사용자는 TCP/IP 프로토콜을 통해 LAN이나 WAN에서 스토리지를 통해 서로 파일을 공유한다. 특히 NAS는 일반적인 TCP/IP 프로토콜로 기존 네트워크 환경에 쉽게 적용한다.

RAID(Redundant Array of Independent Disks) 여러 개의 하드디스크에 일부 중복된 데이터를 나눠서 저장하는 기술 (위키백과)

다음 그림은 LAN 구간에서 스위칭을 통한 NAS 구조를 나타낸 것이다. NAS의 장점은 쉬운 구축과 저렴한 구현이 가능하다는 점이다.

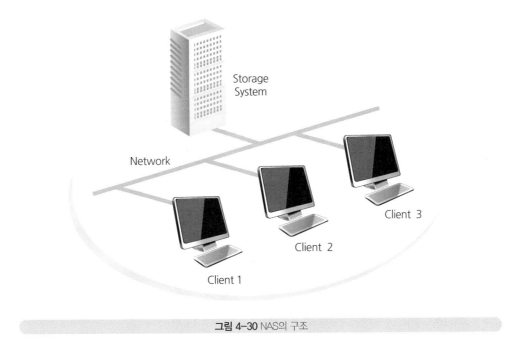

그림 4-30 NAS의 구조

NAS는 CIFS(Common Internet File System)와 NFS(Network File System) 등의 네트워크 파일 시스템을 지원한다. CIFS는 MS에서 만든 네트워크 파일 시스템으로 윈도우에 기반을 둔 무결성과 동시성을 제공한다. 또한, 접근할 때 보안과 공유 데이터를 위한 서버와 클라이언트 함수들을 제공한다.

NFS는 선마이크로시스템즈에서 설계한 OS와 특정 프로토콜에 종속적이지 않은 네트워크 파일 시스템이다. NFS는 리눅스에서 많이 쓰이며, CIFS가 윈도우 종속적인 것과는 차이가 있다.

NAS의 장점으로는 현재의 네트워크 인프라를 이용할 수 있다는 점과 상대적으로 쉬운 설치와 유지보수를 들 수 있다. 여기에 NAS는 OS 기반의 권한과 파일 잠금 등을 지원하며 성능이 우수하다. 단점으로는 단일 NAS 서버는 I/O 병목 지점이 될 수 있으며 이 경우 전체 성능에 영향을 미친다는 것이다.

마지막으로 SAN(Storage Area Network)은 서버와 스토리지 사이에 고속의 전용망을 통해 공유하는 스토리지이다. 특히 고속의 전용망은 광케이블을 이용하여 속도는 빠르지만, 구축 비용이 비싸 주로 전사 데이터 처리의 DBMS나 DW에 많이 쓰인다.

다음 그림은 Fiber Channel을 통한 스토리지 공유를 나타낸 것이다.

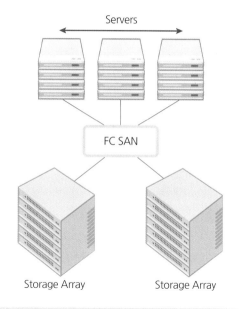

그림 4-31 SAN의 구조

SAN도 NAS와 마찬가지로 기본적인 보안 접근을 지원하며 스토리지 관리를 중앙 집중화하여 유연한 확장 구조를 가진다.

하지만 TCP/IP 기반의 NAS가 기존 네트워크와 랜카드를 모두 쓸 수 있는 반면, SAN은 별도의 Fiber Channel HBA(광채널 통신을 위한 카드)와 FC Switch(광채널 지원 스위치) 등의 부가 인프라가 필요하다.

다음 표는 각각의 스토리지 특징을 비교하여 정리한 것이다.

표 4-11 DAS, NAS, SAN의 비교[20]

	DAS	NAS	SAN
구성 요소	애플리케이션 서버, 스토리지	애플리케이션 서버, 전용 파일 서버, 스토리지	애플리케이션 서버, 스토리지
접속 장치	없음	이더넷 스위치	파이버 채널 스위치
스토리지 공유	가능	가능	가능
파일 시스템 공유	불가능	가능	불가능
파일 시스템 관리	애플리케이션 서버	파일 서버	애플리케이션 서버
접속 속도 결정 요인	채널 속도	LAN과 채널 속도	채널 속도
특징	소규모의 독립된 구성에 적합	파일 공유를 위한 가장 안정적이고 신뢰성 높은 솔루션	유연성, 확장성, 편의성이 가장 뛰어남

3.4 클라우드 기반의 저장 기술

클라우드는 인프라와 소프트웨어, 플랫폼을 사용량만큼 비용을 내며 쓸 수 있는 서비스다. 가장 대표적인 것은 포털의 메일 서비스와 저장 공간 서비스다. 구글이나 네이버, 다음 등은 자체 클라우드를 통해 사용자별로 유, 무료 저장 공간을 제공한다. 이러한 클라우드가 주목받는 이유는 자체 시스템을 구축하려면 큰 비용이 들 뿐만 아니라 실질적 효과를 검증하기 어렵기 때문이다.

예를 들어, 어떤 기업이 사용자 폭주를 막고자 엄청난 비용을 들여 시스템을 구축했지만, 실제 사용자가 없다면 실패한 것이다. 이에 반해 클라우드는 쓰는 만큼만 비용을 낸다.

---

20 출처 http://www.youtube.com/watch?v=vda6bL9qCQI, Curso de Storage / Storage Training

이러한 클라우드는 다양한 고객 서비스 중심의 퍼블릭(public)과 전용 서비스 중심의 프라이빗(private)으로 나뉜다.

- **퍼블릭 클라우드** 서비스 업체가 불특정 다수의 기업이나 개인에게 공급하는 클라우드
- **프라이빗 클라우드** 보안 등의 이유로 특정 업체만을 위해 제공되는 클라우드
  - 내부 형태에 따라서는 소프트웨어, 인프라, 플랫폼으로 구분한다.
- **SaaS(Software as a Service)** 애플리케이션을 클라우드로 서비스(예: ERP, Mail 등)
- **PaaS(Platform as a Service)** 플랫폼을 클라우드로 서비스(예: OS, 웹서버, DB, WAS 등)
- **IaaS(Infra as a Service)** 인프라를 클라우드로 서비스(예: 가상 머신, 스토리지, 서버 등)

다음 그림은 종류에 따른 클라우드 개념도를 나타낸 것이다.

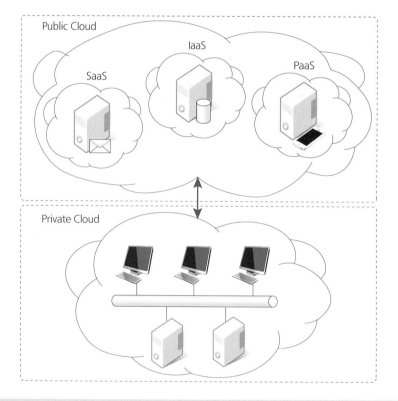

그림 4-32 클라우드 개념도[21]

---

21 출처 http://clouduser.de/grundlagen/hybrid-cloud-72

클라우드는 고객의 대량 데이터를 안전하게 보관하고 서비스해야 한다. 현재 서비스 중인 상용 클라우드로는 아마존의 EC2와 S3, 마이크로소프트의 Azure, 구글의 AppEngine 등이 있다. 특히 주목받는 클라우드 서비스는 아마존의 EC2와 S3이며, 오픈소스 클라우드로는 OpenStack의 Swift 등이 있다.

클라우드에 대해선 여기까지 살펴보고 이제부터는 클라우드 저장 기술을 알아보자. 우리가 일반적으로 쓰는 파일 시스템은 트리 구조의 디렉터리와 파일로 구성된다. 이에 반해 클라우드에서는 오브젝트 스토리지가 있으며, S3나 Swift에서는 이를 사용한다.

최근 기업이 생산하는 데이터에는 이메일과 인스턴스 메시지, 문서, 디지털 이미지 외에도 모바일 데이터, SNS 데이터 등이 있다. 인터넷과 네트워크의 발달로 기존 문서가 온라인으로 이동했으며, 디지털 데이터는 팀 협업에 중대한 영향을 미친다. 이는 다음과 같은 결과를 낳게 되었다.

- 대량 데이터의 증가
- 문서 기반의 비정형 데이터의 급증
- 스토리지 확장과 읽기 위주 데이터의 증가

더구나 읽기 위주의 데이터는 상당 기간 저장해야 할 필요까지 생겼다. 이에 대해 기업에서는 데이터 증가에 따라 IT 투자 증대와 데이터 자산 관리, 정형과 비정형 데이터의 효과적 관리, 데이터의 빠른 검색 처리 등이 필요해졌다.

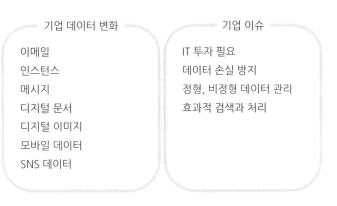

그림 4-33 기업 데이터의 변화와 새로운 이슈

기업 환경에서 비정형 데이터는 날로 급증하고 있으며 이는 다음과 같은 문제점을 일으킨다.

첫째, 조직은 비정형 데이터로부터 배경 정보(Context)를 얻기가 어렵다. 즉, 조직은 동영상이나 이미지 등 많은 비정형 데이터들이 왜, 어떻게 생성되었는지 알 수 없다. 가령 병원에서는 파일 서버에 별도 설명이 없으면 어떤 환자의 X-레이가 어떻게, 왜 올라왔는지 파악하기가 어렵다.

둘째, 비정형 데이터는 내용(Content) 파악이 힘들다. 제조 기업의 사내 공유 스토리지에 전시회를 위한 제품 데모 동영상과 유머 동영상들이 섞여 올라왔다고 가정하자. 아마 전시회 기획자는 제품 데모 동영상을 찾고자 수많은 동영상을 직접 재생하면서 찾을 것이다. 안타깝게도 이러한 문제는 우리 생활 속에도 많다. 우리는 여행을 가서 많은 사진을 찍지만, 나중에는 날짜와 사진 속 인물, 배경만 있을 뿐 어떤 추억이 있었는지 기억하지 못한다. 이는 데이터에 대한 설명이 부족하여 생긴 결과이다. 이런 점에서 기업은 파일 시스템에서 다음과 같은 한계에 부딪힌다.

표 4-12 전통적 파일 시스템의 문제점

구분	내용
복잡한 제어	NAS는 동시 접속에 대한 읽기와 쓰기 모두에 대해 잠금을 걸지만, 고정된 읽기 위주의 데이터에서는 복잡성으로 인해 효율이 떨어짐
트리 구조	데이터 증가에 따라 디렉터리 구조가 복잡해짐 저장된 디렉터리 구조를 정확히 알고 있어야 하기에 검색과 찾기가 어려움
추가 정보 없음	NAS 저장 시에는 파일명, 파일 유형, 생성일자, 변경일자 등의 기본 정보만 제공되며 Content와 Context의 메타 데이터 제공이 안 됨

이러한 문제점으로 기존 파일 시스템은 비정형 데이터를 다루기가 어려워 오브젝트 스토리지가 나오게 되었다. 오브젝트 스토리지는 메타 데이터 기반의 데이터를 오브젝트로 생성한다. 그리고 여기에 Content와 Context 메타 데이터를 붙여 정보를 전달한다.

다음 그림은 오브젝트 스토리지의 사례다.

File Name: CATSCANJQSMITH
Created By: Technician 1
Created On: 01-01-2001
File Type: .DICOM

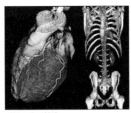

Object ID: 12345
File Type: .DICOM
Patient Name: John Q. Smith
Patient ID: 555-55-5555
Procedure Date: 01—1-2001
Physician Name: Dr. Organ
Physician Notes: .WAV File
Prior 1: XYZ.DICOM
Custom Metadata: XYZ

일반 파일   오브젝트 파일

그림 4-34 MRI 데이터 사례

앞선 그림은 파일 시스템과 오브젝트 스토리지의 환자 MRI를 비교한 것이다. 왼쪽은 파일 시스템으로 일반적인 파일명, 생성자, 생성일자와 파일 유형으로 구성된다. 이와는 다르게 오른쪽은 메타 데이터 기반의 오브젝트로 구체적인 날짜, 환자 이름, 담당 의사 등 더 명확한 정보를 보여준다. 아무런 사전 정보 없이 두 MRI를 보았을 때 어느 MRI가 더 유용할지는 금방 알 수 있다. 이러한 오브젝트 스토리지를 통한 저장은 다음과 같은 특징을 지닌다.

표 4-13 오브젝트 스토리지의 특징

구분	내용
평면 주소 공간 사용	트리 형태의 계층 구조나 디렉터리 포함 구조가 아니며 순차적 할당 지정을 통한 주소 공간 사용
Unique ID	해시 함수를 이용하여 각 오브젝트는 유일성을 보장받으며, 이는 인터넷의 URL 지정 방식과 유사함. 따라서 내부적으로 파일의 저장 지역이나 디렉터리 경로를 알 필요가 없음을 뜻함
성능	NAS보다 동시 사용(Concurrent)에 대한 읽기, 쓰기의 잠금 오버헤드가 적음
표준 프로토콜	오브젝트 스토리지는 업계 표준 인터페이스인 HTTP를 이용함에 따라 인터넷을 통한 접근 및 전송이 자유로움

해시 함수(Hash Function) 하나의 문자열을 보다 빨리 찾을 수 있도록 주소에 직접 접근할 수 있는 짧은 길이의 값이나 키로 변환하는 함수 (한국정보통신기술협회, IT 용어 사전)

오브젝트 스토리지는 데이터의 데이터, 즉 메타 데이터를 통해 비정형 데이터를 효과적으로 접근, 관리한다. 그 이유는 메타 데이터를 통한 다음과 같은 장점이 있어 데이터 관리와 분석에 유용하기 때문이다.

표 4-14 오브젝트 스토리지의 장점[22]

구분	내용
데이터 정렬	메타 데이터에 따른 저장 위치와 보호 레벨 등을 지정
단순화, 자동화	메타 데이터를 통해 규칙 등을 자동으로 적용할 수 있음
그룹화	메타 데이터를 기반으로 관련 데이터들 간의 포인터 지정으로 하나의 그림과 관련된 문서, 동영상 등 서로 다른 유형 간에 관계 설정이 가능
조직 정보화	조직 BI(Business Intelligence) 툴에 메타 데이터 적용 가능
검색	파일명을 몰라도 쉽게 검색
스마트 복제	같은 오브젝트 스토리지 ID의 복제를 통해 분산 저장이 가능하며 파일 장애 시 자동 복구가 가능
무결성 보장	해시 함수와 디지털 서명에 의한 데이터 관리로 인증과 무결성 보장
유연한 확장성	클러스터 아키텍처에서는 오브젝트 수량뿐만 아니라 용량 확장도 쉬움
비용	자동화와 관리의 용이성으로 NAS 대비 비용 절감

디지털 서명(Digital Signature) 송신자의 신원을 암호화 기법을 통해 증명하는 방법 (위키백과)

---

22 **출처** Object Storage, A Dell Point of View, 2010, December

지금까지 오브젝트 스토리지가 무엇인지 알아봤으니 이제 실제로 오브젝트 스토리지를 이용한 아마존 S3와 OpenStack Swift에 대해 알아보자.

아마존의 EC2는 Elastic Cloud Computing, S3는 Simple Storage Service의 준말이며, 이름에서 보면 알 수 있듯이 EC2는 클라우드 컴퓨팅 기술, S3는 저장 공간 기술이다. EC2가 가상화를 통해 사용자에게 클라우드 환경을 제공하고 S3는 대량의 데이터 저장 서비스를 제공한다. 여기서는 S3의 저장 기술에 대해 살펴보자.

S3는 사용량에 따라 저렴한 비용을 내고, 고가용성과 고대역폭을 보장하는 원격 데이터 스토리지다. 알다시피 클라우드의 특징은 기업이나 개인이 시스템 구축 비용 없이 쓰는 만큼만 비용을 내는 구조다. 이러한 S3는 클라우드의 한 형태로 오브젝트와 버킷 구조로 되어 있다.

- **오브젝트** 파일과 파일에 대한 메타 데이터 정보를 가진 저장 단위
- **버킷** 오브젝트를 담을 수 있는 바구니

버킷은 파일을 담는 디렉터리와 비슷하며 오브젝트에 대한 제어와 접근 로그 등을 확인한다. 다음 그림은 오브젝트와 버킷의 구성을 나타낸 것이다.

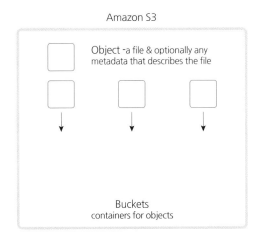

그림 4-35 S3의 오브젝트와 버킷[23]

---

23 **출처** http://www.iphonelife.com/blog/31369/unleash-your-inner-app-developer-part-38-storing-ios-images-video-amazon-s3-cloud

S3의 주요 기능은 다음 표와 같다.

표 4-15 S3의 주요 기능

구분	설명
기능	최소 1바이트에서 5테라바이트의 데이터가 포함된 오브젝트의 읽기, 쓰기
버킷	각 오브젝트는 버킷에 저장되고 관리
지역성	가장 가까운 거리에 있는 지역별 저장으로 속도가 빠름
보안	무단 접근 금지 및 오브젝트는 비공개 또는 공개로 설정 가능
인터페이스	REST 및 SOAP 인터페이스 사용으로 표준화 지원
프로토콜	내려받기는 HTTP, 대규모 배포는 BitTorrent 프로토콜 인터페이스 제공

REST(Representational State Transfer) 부가적 전송 계층 없이 HTTP 위에서 전송하기 위한 아주 간단한 인터페이스로 HTTP의 POST, GET, PUT, DELETE를 통해 자원 접근

SOAP(Simple Object Access Protocol) 분산 환경에서의 정보 교환을 위한 경량 XML 프로토콜

EC2와 더불어 S3는 클라우드 기반의 대량 데이터를 지역 데이터 센터에 저장하여 글로벌 대상의 데이터를 관리한다. 또한, S3는 보안과 안정성 면에서 우수하다. 물론 가장 큰 장점은 적은 비용으로 이용 가능하며 규모에 따라 확장할 수 있다는 점이다.

대표적인 상용 클라우드로 S3가 있다면, 오픈소스 저장 기술로는 OpenStack의 Swift가 있다. Swift도 S3와 마찬가지로 클라우드 기반 오브젝트 스토리지로 기본적인 특징은 비슷하다.

다음 그림은 OpenStack 클라우드의 구조다. 여기에는 핵심 프로젝트인 Nova, Glance, Swift가 있으며, Swift는 오브젝트 스토리지의 저장 계층을 맡고 있다.

- **Nova** 가상 서버 제공
- **Glance** 가상 머신 이미지 관리
- **Swift** 스토리지 제공

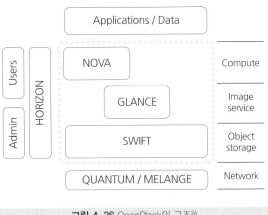

그림 4-36 OpenStack의 구조[24]

스위프트(Swift)는 다음과 같은 특징이 있다.

- **멀티 테넌트** 클라우드 기반의 사용자 공간 제공
- **확장성** 노드와 드라이브를 통해 페타바이트 급 수천 개의 머신으로 확장 가능
- **내구성** 수평적 확장으로 단일 장애 지점이 없음

단일 장애 지점(SPOF, Single Point Of Failure) 하나의 작은 장애가 전체 시스템에 큰 영향을 끼치는 중요 지점

스위프트는 처음에 RackSpace Cloud File의 엔진으로 개발되다가 2010년 아파치 재단의 오픈스택 하부 프로젝트로 넘어갔다. 오브젝트의 저장, 삭제는 S3의 버킷과 비슷한 컨테이너에서 RESTful API를 거쳐 처리한다. RESTfult API는 REST를 지원하는 API를 말한다.

---

24 출처 http://www.ibm.com/developerworks/cloud/library/cl-openstack-cloud/

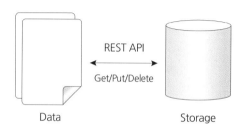

REST API

Get/Put/Delete

Data   Storage

그림 4-37 REST API를 통한 스토리지 저장과 삭제[25]

스위프트는 자체 API를 직접 쓰거나 프로그램 언어의 라이브러리를 통해 지원되며, 지원 언어로는 Java, Python, Ruby, C# 등이 있다. 앞에서 보았듯이 스위프트는 S3나 다른 오브젝트 스토리지와 비슷하다. 다음은 스위프트의 장점을 나타낸 것이다.

인터넷을 통한 데이터 접근	RESTful HTTP 인터페이스
빠른 스토리지 접근	멀티 테넌트 스토리지 시스템
애플리케이션 개발 지원	풍부한 툴과 라이브러리 제공

그림 4-38 오픈소스 스위프트의 장점

스위프트는 상용 오브젝트 스토리지와는 또 다른 다음과 같은 강력한 특징이 있다.

표 4-16 스위프트의 주요 특징

구분	내용
단일 URL	오브젝트는 하나의 URL을 가짐
메타 데이터	오브젝트는 자신만의 메타 데이터를 가짐
RESTful API	개발자는 REST API를 통해 오브젝트 스토리지 시스템과 통신

25 **출처** The OpenStack Object Storage systme, swiftstack,com

구분	내용
분산 저장	오브젝트는 클러스터 환경에서 어느 곳에나 위치할 수 있음
선형 확장	클러스터 노드의 추가로 성능 하락 없음
다운 타임	신규 노드 추가 시 다운 타임이 없으며 장애 노드 처리 가능
산업 표준	산업계 표준 하드웨어 지원

다음 그림은 스위프트의 아키텍처를 그리고 있으며, 로드 밸런스를 통한 성능의 균형과 프락시 노드와 스토리지 노드 간의 통신을 나타낸다.

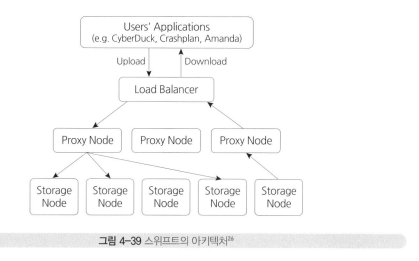

그림 4-39 스위프트의 아키텍처[26]

스위프트는 개발자나 관리자에게 REST API를 제공하여 접근을 쉽게 한다. 지금부터 기본 스위프트의 명령어를 통해 오브젝트를 저장하고 조회하는 방법을 간단히 살펴보자.[27]

스위프트 기본 사항

- **Base URL** http://swift.example.com/v1/

---

26 출처 http://www.zmanda.com/blogs/?cat=4

27 출처 The OpenStack Object Storage systme, swiftstack.com

- **계정** 계정 생성 시 인증 서버에 의해 확인된 계정을 말함
- **컨테이너** 계정 내의 오브젝트 그룹을 묶는 네임 스페이스
- **오브젝트** 스위프트 안에 실제 데이터가 저장되는 곳

GET을 이용하여 계정 내의 모든 컨테이너 리스트를 부름

```
GET http://swift.example.com/v1/account/
```

PUT을 이용하여 'new_conainer' 생성

```
PUT http://swift.example.com/v1/account/new_container
```

GET을 이용하여 컨테이너 안의 오브젝트 조회

```
GET http://swift.example.com/v1/account/container/
```

PUT을 이용하여 새로운 오브젝트 생성

```
PUT http://swift.example.com/v1/account/container/new_object
```

지금까지 클라우드 기반의 저장 기술에 대해 알아보았다. 그런데 빅데이터 저장 기술인 하둡의 HDFS와 클라우드의 오브젝트 스토리지의 차이는 무엇일까? 둘 모두 중복 기반의 빠른 네트워크를 통한 저장 구조지만, 분명한 차이가 있다. 다음 표를 통해 둘의 차이가 무엇인지 살펴보자.

표 4-17 HDFS와 Object Storage의 차이점[28]

구분	HDFS	Object Storage
메타 데이터	Name Node 중심의 중앙 집중형	클러스터 복제의 분산 저장
멀티 테넌시	멀티 테넌시 고려 사항 아님	멀티 테넌시 기반
데이터	처리 중심의 대용량 데이터	용량 크기는 상관없음
쓰기 작업	한 번의 쓰기 작업	여러 번 쓰기로 마지막 데이터가 중요
개발 언어	Java	Python

결론적으로 HDFS는 대용량 데이터를 취급하며 오브젝트 스토리지는 일반적인 다양한 크기의 데이터를 저장한다. HDFS는 5장에서 자세히 설명한다.

4. 빅데이터 처리 기술

빅데이터 처리에는 크게 다음의 두 가지가 있다.

- 대용량 데이터베이스에서 쿼리를 통해 결괏값을 얻는 방법
- 실시간 처리로 결괏값을 얻는 방법

실시간 처리는 정보 가치가 시간이 흐름에 따라 하락하는 것을 의미한다. 즉, 지금 바로 정보를 보여줄 수 없다면 그 정보는 쓸모없는 것이다. 대표적인 예가 주식과 뉴스다. 주식은 당일 현재 시점의 정보가 가장 가치 있는 것이고, 뉴스 또한 어제 뉴스가 아닌 오늘 뉴스가 더 가치 있다. 또한, 실시간 처리는 국방 분야의 고도 탄도 측위 기술과 미사일 실시간 추적 기술 등에 쓰이며, 항공과 우주, 금융 등 우리 주변 곳곳에 쓰이고 있다.

28　출처 http://www.quora.com/What-features-differentiate-HDFS-and-OpenStack-Object-Storage

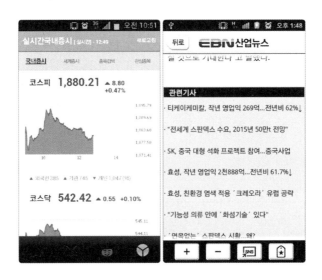

그림 4-40 실시간 정보의 주요 예인 주식 지수와 뉴스 서비스

빅데이터 이전에도 실시간 처리는 있었지만, 데이터양이 급격히 팽창하면서 얼마나 빨리 보여주는가가 더욱 중요해졌다.

이러한 예로 오늘날 SNS에서의 평가가 있다. SNS 평가는 제품 매출에 직결되는 중요한 수단이기에 기업에서는 이를 얼마나 빨리 처리하느냐가 중요한 문제다. 이미 대용량 데이터베이스의 쿼리는 많이 다룬 내용이기에 여기서는 실시간 처리에 대해 알아본다.

실시간 처리는 이벤트라는 사건의 처리를 어떻게 다루느냐에 따라 CEP(Complex Event Processing)와 ESP(Event Streaming Processing)로 나뉜다.

- **CEP** Complex라는 시간적 혹은 연관 관계가 존재하는 이벤트를 처리하는 방식
- **ESP** CEP보다 훨씬 유동적인 연속 Streaming의 이벤트 흐름을 처리하는 방식

실시간 처리에서 이벤트란 어떤 상황에서의 사건이자 변화다. 이는 실시간으로 여러 곳에서 동시다발적으로 일어나는 사건이다. 이를 이해하기 위해 다음의 예를 살펴보자.

여러분이 식당에 가서 음식을 주문한다고 하자. 웨이터가 음식을 주문받아 주방장에게 전달하면 주방장은 음식을 만들어 손님에게 내놓는다. 여기에서 일어나는 이벤트는 다음과 같다.

■ **식당에서의 이벤트** 주문, 접수, 전달 등 각 상황의 사건들

이러한 사건은 연속적으로 보거나 동시다발의 복합적으로 볼 수 있다. 전자가 연속된 이벤트 흐름의 ESP고, 후자가 동시다발적 CEP다. 이에 대한 비교는 다음 표를 참고하자.

표 4-18 CEP와 ESP의 비교

구분	CEP	ESP
내용	복합 이벤트의 분석을 통해 패턴에서 중요 정보를 제공 수직적 확장(Scale-Up) 다양한 이벤트 분석이 중요	실시간 이벤트 데이터의 빠른 분석을 통해 정보를 제공 수평적 확장(Scale-Out) 실시간 분석이 중요

수직적 확장과 수평적 확장은 서버 처리 능력을 향상시키는 점은 같지만 차이가 있다. 수직적 확장은 고용량으로 처리 능력을 늘리는 것으로 고성능 CPU들과 메모리들이 있는 구조다. 수평적 확장은 서버들을 분산 처리로 묶는 것으로 저가의 PC급 서버들을 병렬 확장한다. 빅데이터 처리는 대부분 후자의 경우이다.

다양한 이벤트 처리를 위해서는 서버 처리 능력이 중요하고 실시간 데이터 처리를 위해서는 동시 처리가 중요하다.

그렇다면 빅데이터 처리는 실시간 처리에서 어떻게 쓰일까? 실시간 처리는 시간에 따른 새롭고 유용한 정보를 제공한다. 앞의 예에서 주식을 보면 실시간으로 유입되는 주식 거래 지표를 가지고 빅데이터 처리를 통해 특정 시간 동안의 거래 동향 및 불법 투기 조작 행위를 파악할 수 있다.

또한, 기업에서는 빅데이터로 소비자의 성향을 파악하여 동선에 따라 관심 품목의 할인 정보나 이벤트들을 제공한다. 이외에도 빅데이터는 위치 정보, 경로 탐색, 선별 조건 등 여러 상황에 맞는 데이터를 취합하여 보여준다. 특히 위치 기반 서비스의 등장에 따라 더욱 실시간 처리가 중요해졌다.

기술 측면에서 볼 때, 실시간 처리는 CEP와 ESP로 나뉜다고 하였다. CEP 제품으로는 Esper, ESP 제품으로는 Strom과 S4가 있다. 다음은 각각의 주요 제품군을 정리한 것이다.

표 4-19 CEP와 ESP 처리를 위한 기술과 제품

구분	세분	내용
CEP	상용 제품군	Oralce CEP, IBM Webshere Business Event, Sybase Aleri Event Stream Processor 등
	Esper	Java와 .NET을 지원하는 CEP와 이벤트 분석 컴포넌트
ESP	Storm	분산 실시간 컴퓨팅 시스템
	S4	실시간 데이터 프로그램 개발을 위한 플랫폼

다음으로, 오픈소스 기반의 CEP와 ESP 처리에 쓰이는 기술과 제품에 대해 알아본다.

4.1 Esper

Esper는 Java로 개발된 오픈소스 CEP 엔진이다. 최근에는 .Net 버전도 출시하였고, 엔터프라이즈 기반의 상용 라이선스도 있다. 해당 제품은 esper.codehaus.org에서 받을 수 있고, 상용 버전은 www.espertech.com을 통해 내려받을 수 있다.

Esper 엔진은 일반적인 데이터베이스가 변경된 형태다. 데이터베이스에서는 데이터를 우선 저장하고 쿼리를 통해 원하는 데이터를 추출한다. 이에 반해 Esper는 필요한 쿼리를 애플리케이션에 먼저 등록하고, 데이터를 추출한다. 이를 통해 Esper는 쿼리와 조건이 맞는 데이터를 실시간 처리한다. 이러한 실행 모델은 쿼리를 보내는 데이터베이스 모델보다 실시간으로 이용할 수 있다는 점에서 훨씬 유리하다.

Esper의 특징은 SQL과 유사한 EPL(Event Processing Language)을 통해 연속 쿼리문을 작성한다는 것이다. 이를 통해 개발자는 연속 질의 API를 쉽게 사용할 수 있다.

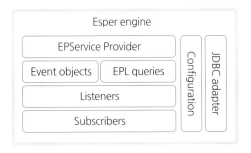

그림 4-41 Java로 개발된 Esper 아키텍처

Esper 엔진은 이벤트 처리에서 다음과 같은 2가지 메커니즘을 제공한다.

- **특정 패턴에 맞는 이벤트 처리** 이벤트의 존재 확인과 조건에 맞는 처리
- **CEP 애플리케이션에서 이벤트 분석 쿼리 작성** EPL로 합계, 조인과 분석 함수를 통해 이벤트 분석

EPL은 SQL과 유사한 언어로서 SELECT, FROM, WHERE 절 등이 있다. 스트림은 DB의 테이블이 바뀐 형태고 이벤트는 ROW가 바뀐 형태다.

그림 4-42 SQL과 EPL의 대응 관계

다음 그림은 EPL과 SQL을 비교함으로써 EPL이 어떤 식으로 데이터를 처리하는지 나타낸 것이다.

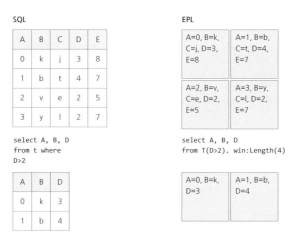

SQL

A	B	C	D	E
0	k	j	3	8
1	b	t	4	7
2	v	e	2	5
3	y	l	2	7

```
select A, B, D
from t where
D>2
```

A	B	D
0	k	3
1	b	4

EPL

A=0, B=k, C=j, D=3, E=8	A=1, B=b, C=t, D=4, E=7
A=2, B=v, C=e, D=2, E=5	A=3, B=y, C=l, D=2, E=7

```
select A, B, D
from T(D>2). win:Length(4)
```

A=0, B=k, D=3	A=1, B=b, D=4

그림 4-43 SQL과 EPL 사례[29]

Esper는 상용 제품과 비교했을 때 오픈소스의 장점을 충분히 살리는 엔진이다. 이를 통해 개발자는 이벤트 처리 애플리케이션을 개발하여 CEP 처리를 한다.

4.2 S4

S4는 Simple Scalable Streaming System의 준말로 MapReduce 모델에 영감을 받아 만들어진 분산 스트리밍 처리 플랫폼이다. S4는 Yahoo에서 개발되었으나, 2011년 9월에 아파치 인큐베이트 프로젝트로 넘어갔다. 현재는 아파치 라이선스 2.0을 따른다.

Esper가 CEP 중심의 이벤트 처리에 강하다면 S4는 목적지가 불분명한 연속된 스트리밍을 처리한다. 처음 S4가 개발된 동기는 웹상에서 사용자에게 맞는 맞춤형 광고를 제공함으로써 클릭 수를 유도하기 위해서다. 검색 엔진의 배너 광고는 큰 수익 모델인 만큼 정교한 처리 엔진이 필요했다. 또한, 많은 사용자가 대상인 만큼 대형 검색 포털에서는 효율적인 알고리즘이 필요했다.

이를 기반으로 Yahoo에서는 확장성과 고가용성의 엔진 개발을 목표로 하였다. 현재의

---

29 **출처** Complex Event Processing, Dan Pritchett

Hadoop 기반의 MapReduce가 있긴 하지만, 이는 일정 부문에 대해서는 처리할 수 있으나 배치 처리 기반이라 다소 무리가 있다. 스트리밍 환경에서는 배치 처리와는 달리 불특정 데이터들이 무분별하게 들어옴으로써 Load Shedding 작업이 필요하다. Load Shedding은 스트리밍 처리 시스템이 이벤트 흐름을 과부하 없이 처리하는 기술이다. 스트리밍에서는 이러한 점 때문에 기존 배치 작업과는 다른 접근이 필요하였고 이 때문에 S4가 개발되었다. 그럼 S4가 어떤 목표를 가지고 개발되었는지 다음 표를 통해 살펴보자.

표 4-20 S4의 주요 설계 목표와 내용

구분	내용
간략화	데이터 스트림 처리를 위한 간단한 프로그래밍 인터페이스 제공
고가용성	범용 하드웨어 기반의 수평 확장 가능
최소 지연	디스크 I/O 최소화와 로컬 메모리 사용을 통한 지연 최소화
분산 및 대칭	모든 노드의 동일한 기능과 역할, 특정 노드로의 집중화 방지
장착형 아키텍처	일반적이고 커스터마이징 가능한 장착형 아키텍처
설계방법론 지향	쉬운 프로그램과 유연성 제시

이러한 설계 목표로 개발된 S4는 액터 모델(Actor Model) 특징을 가진다. 액터 모델은 병렬 기반 스레드의 병행 제어 어려움을 해결하기 위해 나온 기법이다. 병행 제어는 병렬 기반의 스레드를 충돌 없이 병렬 처리한다. Actor Model에서는 멀티 코어에서 스레드의 병행성을 위해 프로그램을 구현할 때 일일이 병행 제어할 필요가 없다.

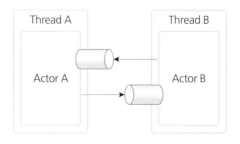

그림 4-44 액터 모델을 통한 스레드 간 통신[30]

30 출처 http://blog.florian-hopf.de/2012/08/getting-rid-of-synchronized-using-akka.html

앞선 그림과 같이 액터 모델에서는 스레드의 고유한 실행 영역을 침해하지 않고, 서로 메시지 통신을 통해서만 상태 변경 등을 한다.

S4에서는 PE(Process Element)라는 연산 단위로 사용된다. 이는 액터 모델에서와 같이 서로의 PE에 직접 접근할 수 없으며 메시지를 통해서만 가능하다. PE에서의 동작은 이벤트의 전달과 처리만이 존재한다. S4의 프레임워크는 이벤트의 적절한 PE 경로 설정과 새로운 PE 생성을 관리한다.

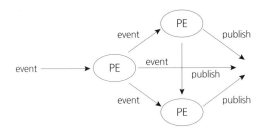

그림 4-45 PE 간의 이벤트 데이터 처리

다음 표는 S4에서 사용하는 용어를 정리한 것이다. 다음에 Strom에서 언급하겠지만, 기능이나 개념은 비슷하나 S4에서 쓰는 용어는 다르다.

표 4-21 S4의 용어

구분	세분	내용
Platform	Node	특정 작업을 수행하는 하나의 인스턴스를 지칭 소프트웨어적인 개념
	Cluster	실제 작업이 이루어지는 하드웨어 지칭

구분	세분	내용
Application	PE	Process Element 작은 수행 단위로 들어오는 데이터를 처리하고 다음 PE로 보내는 작업 수행 Hadoop의 MapReduce 혹은 Storm의 Spout, Bolt의 개념
	Event	실제로 전송되는 데이터 Key를 가지고 있으며 생성 당시의 시간을 자동으로 기록
	Stream	PE와 PE가 주고받는 Event의 흐름을 의미
	Adpater	외부 Stream을 내부 Application에 전달하는 PE를 지칭

S4의 장점은 노드들의 분산 처리로 특정 노드의 종속성에서 벗어났다는 점이다. 또한, S4는 MapReduce와 액터 모델의 장점을 모아 분산 스트림 처리에 최적화되었다. 이러한 S4는 ZooKeeper를 통해 간단하면서 효율적인 클러스터 관리 서비스를 수행한다.

4.3 Storm

Storm은 스트리밍 데이터 처리를 위한 신뢰성 기반의 분산 Fault-Tolerant 시스템이며, S4와 많이 유사하다. Storm은 트위터에서 개발하여 아파치 오픈소스로 공개되었다.

> **Fault-Tolerant 시스템** 시스템을 구성하는 부품 일부에서 결함(fault) 또는 고장(failure)이 발생하여도 정상적 혹은 부분적으로 기능을 수행할 수 있는 시스템 (위키백과)

Strom이 나오게 된 배경으로는 SNS의 엄청난 데이터 폭증을 들 수 있다. 트위터에서 전 세계 사용자가 하루에 쏟아 내는 트윗은 약 3억 5,000만 건이다(2014년 기준, http://blogmir.mireene.com/archives/591 참고). Strom 이전에는 트위터 파이어호스(트위터의 제삼자 열람 통로), 하둡 그리고 카산드라 등으로 구성되었는데, 여기에는 다음과 같은 문제점이 있었다.

- 확장의 복잡함

- 부실한 fault-tolerant

- 코딩의 어려움

- 배치 작업

특히 배치 작업은 긴 지연 시간으로 실시간성을 떨어뜨리는 주요 원인이었다. 이러한 문제점을 해결하기 위해 Strom이 등장하였고, 효과적인 스트리밍 처리와 연속 컴퓨팅이 가능해졌다.

여기서 잠깐 Hadoop과 Strom이 어떤 차이가 있는지 다음 표를 살펴보자.

표 4-22 Hadoop과 Strom의 비교

구분	Hadoop	Storm
차이점	배치 프로세싱 처리완료 기반 Job SPOF 존재	실시간 프로세싱 무제한 처리 기반 구조 SPOF 없음
공통점	확장성 데이터 무손실 보장 오픈소스	

앞선 비교에서 알 수 있듯이 Storm은 실시간 스트리밍 처리의 분산 시스템이다. 이를 위해 Storm은 여러 모듈과 플랫폼을 유기적으로 구성하여 실시간 처리한다. 다음 그림과 표는 Storm의 아키텍처와 구성 모듈을 설명한 것이다.

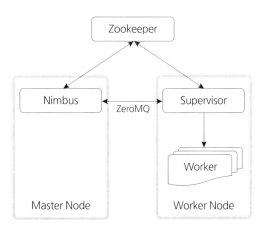

그림 4-46 Storm 아키텍처[31]

표 4-23 Storm의 모듈 구성

구성	내용
Nimbus	마스터 노드에서 실행되는 데몬으로 클러스터에 대한 코드 분산, 각 Worker 노드에 대한 작업 할당과 장애에 대한 모니터링 수행 Hadoop의 JobTracker와 유사
Supervisor	워커 노드에서 실행되는 데몬으로 실제 워커 프로세스들의 실행을 담당 하나의 토폴러지(그림 4-47)는 여러 워커 노드들에 걸쳐 실행될 수 있음
ZooKeeper	메타 데이터 저장을 담당하며 Nimbus와 Supervisor의 상태 관리 수행 Nimbus와 Supervisor 간의 모든 통신 중계 역할 수행
ZeroMQ	비동기 메시지 전송 계층으로 일종의 임베디드 네트워크 라이브러리 소켓 라이브러리와 TCP보다 빠른 전송으로 비동기 I/O를 수행
Worker	Supervisor에 의해 실행되며, Config에 의해 지정된 포트에서 실행
Task	Worker에서 스레드로 실행되는 Spout나 Bolt의 인스턴스

Storm은 튜플(Tuple)이라는 기본 데이터 단위를 사용한다. 이 튜플은 값들의 리스트며 Stream은 이러한 튜플의 연속 흐름이다. Storm은 Stream을 특정 주제에 맞게 변형하는데,

---

31 출처 http://blog.safaribooksonline.com/2013/06/13/storm-in-action/

가장 기본적인 것이 Spout와 Bolt다. 이 두 요소가 로직을 구성하는 가장 기본적인 인터페이스다.

표 4-24 Storm의 기본 인터페이스

구분	설명
Spout	스트림의 소스며 Log, API 호출, 이벤트 데이터, 큐 등을 읽어들이는 역할
Bolt	스트림을 받아 새로운 스트림을 제공 스트림 조인, API, 필터, DB 연결, 집계 등의 수행

Strom은 Spout와 Bolt로 로직을 구성하여 다양한 계산을 한다.

Storm 토폴러지는 Spout와 Bolt로 구성된 최상위 그래프며, 노드와 화살표로 어떤 볼트가 어떤 스트림을 처리하고 내보내는지 쉽게 알 수 있다. 한마디로 토폴러지는 Spout와 Bolt로 연결된 네트워크 그래프다.

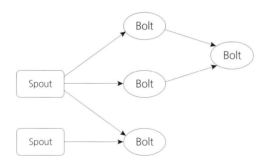

그림 4-47 Spout와 Bolt로 연결된 토폴러지의 예[32]

토폴러지는 여러 워크에 분산되어 실행함으로써 Storm을 병렬 수행한다. 즉, 각각의 Spout와 Bolt는 별개의 JVM 상의 Worker 노드에서 개별적으로 실행되며, 각 Worker는 하나의 토폴러지의 실행 단위가 된다.

---

32 **출처** http://storm.incubator.apache.org/documentation/Tutorial.html

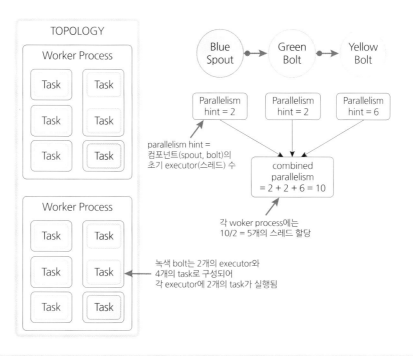

그림 4-48 Storm 토폴러지 병렬 구조[33]

이러한 실시간 처리 기반의 Storm은 앞서 얘기한 S4와는 다른 특징이 있다. 우선 공통점은 다음과 같다.

- Stream processing
- 분산 연속 계산
- Fault Tolerance
- Modular 설계

다음 표는 Strom과 S4의 주요 차이점을 나타낸 것이다.

33 **출처** http://storm.incubator.apache.org/documentation/Understanding-the-parallelism-of-a-Storm-topology.html

표 4-25 Storm과 S4의 주요 차이점

구분	Storm	S4
연산 단위	Twitter 스트림 처리 Java Class 필드가 포함된 튜플	Yahoo 검색 엔진 처리 Java Class Key Name, Key Value
데이터	튜플 Java Obect, int, string, byte array Execute(Tuple)로 실행	Java Object 직렬화 가능한 Object processEvent(Object)로 실행
분산 작업	토폴러지의 구성과 Task로의 매핑 필요 Task는 가용한 서버에 균등하게 배분 사용자에 의한 Spout/Bolt의 개수 정의	Work는 Processing Node에 균등하게 배분 각 Process Node는 PE 개수를 정하지 않음
환경 구성	Java TopologyBuilder 이용	XML 기반의 구성(파일)

Strom과 S4는 나온 배경은 달라도 실시간 스트림의 처리를 어떻게 할 것이냐에 대한 고민은 같았다. 이 둘은 기존 Hadoop 기반의 배치 처리에서 벗어나 스트림 처리를 함으로써 IoT와 더불어 더 다양한 형태의 서비스가 나오리라 예상한다.

5. 빅데이터 분석 기술

지금까지는 빅데이터 수집과 저장 기술을 살펴보았다. 지금부터는 빅데이터 분석 기술을 알아보자. 알다시피 빅데이터의 특성상 대부분 데이터가 구조적이지 않고 분류가 안 된 형태이다. 가장 대표적인 것이 텍스트다. 대표적 비구조적 데이터인 텍스트를 분석함으로써 빅데이터 분석 기술을 알아보자.

5.1 텍스트 마이닝

마이닝은 수집된 데이터에서 이제까지 알려지지 않은 새로운 지식을 탐구하는 행위를 말하며, 데이터 마이닝이 대표적이다.

일반적으로 조직은 데이터베이스를 통해 수많은 데이터를 저장하고 여기서 새로운 지식을 찾는다. 바로 이러한 데이터 마이닝은 관계형 데이터베이스 기반의 구조화된 데이터를 기반으로 새로운 지식을 탐구한다. 그에 반해 빅데이터는 비구조적 문서가 대부분이기에 텍스트 마이닝을 수행한다.

다음 표는 일반적인 데이터 마이닝과 텍스트 마이닝의 차이를 나타낸 것이다.

표 4-26 데이터 마이닝과 텍스트 마이닝 비교[34]

비교 내용	데이터 마이닝	텍스트 마이닝
대상 데이터	수치/범주화된 데이터	텍스트
데이터 구조	관계형 데이터베이스	비정형 텍스트
목표	미래 상황과 결과의 예견/예측	적합한 정보를 획득하고, 의미를 정제하고 범주화함
방법	기계학습	기계학습 포함 인덱싱, 신경망 처리, 자연어 처리, 온톨로지 등 적용 가능
성숙도	1994년 이후 광범위하게 구현	2000년 이후 광범위한 구현 시작

기계학습 (Machine Learning) 인공 지능의 한 분야로, 컴퓨터가 학습할 수 있는 알고리즘과 기술을 개발하는 분야   (위키백과)

신경망 처리 뇌기능의 특성 몇 가지를 컴퓨터 시뮬레이션으로 표현하는 것을 목표로 하는 수학 모델   (위키백과)

자연어 처리(Natural Language Process) 인간이 발화하는 언어 현상을 기계적으로 분석해서 컴퓨터가 이해할 수 있는 형태로 만드는 자연 언어 이해 혹은 그러한 형태를 다시 인간이 이해할 수 있는 언어로 표현하는 제반 기술을 의미   (위키백과)

---

34 **출처** www.saltlux.com

컴퓨터를 이용하여 사람 언어의 이해, 생성 및 분석을 다루는 인공 지능 기술

(한국정보통신기술협회, IT 용어 사전)

온톨로지 사람들이 세상에 대하여 보고 듣고 느끼고 생각하는 것에 대하여 토론으로 합의를 이룬 바를 개념적이고 컴퓨터에서 다룰 수 있는 형태로 표현한 모델. 온톨로지는 일단 합의된 지식을 나타내므로 어느 개인에게 국한되는 것이 아니라 그룹 구성원이 모두 동의하는 개념 (위키백과)

조사에 의하면 전 세계 데이터는 약 1.8 제타바이트에 이르며, 이중 약 70% 이상은 비구조적 데이터인 문서라고 한다. 즉, 1.2 제타바이트 이상이 텍스트 형태의 문서며 이 양은 실로 엄청난 것이다.[35]

Yottabyte는 얼마나 클까?

TERABYTE	1테라바이트에는 약 200,000개의 사진이나 mp3 음악을 저장
PETABYTE	약 16개의 백업 스토리지로 구성된 2개의 데이터센터 캐비닛랙에 저장
EXABYTE	도시의 한 구역을 차지하는 4층 규모의 데이터센터에 약 2,000개의 캐비닛랙에 저장
ZETTABYTE	뉴욕 맨하튼의 20%에 해당하는 약 1,000개의 데이터센터 규모
YOTTABYTE	수백만 개의 데이터센터 규모이며 이는 미국 델라웨어주 면적과 맞먹음

그림 4-49 저장의 기본 데이터 단위[36]

---

35 **출처** Abbott Analytics, Inc, 2013년

36 **출처** http://gizmodo.com/5557676/how-much-money-would-a-yottabyte-hard-drive-cost?utm_source=feedburner&utm_medium=feed&utm_campaign=Feed:+gizmodo/full+%28Gizmodo%29

텍스트 마이닝은 이러한 비구조적 데이터를 자연어 처리 기술과 문서 처리 기술을 이용하여 가공 처리해서 새로운 정보를 얻는다. 즉, 텍스트 마이닝은 포맷이 없는 데이터를 특정 포맷에 맞게 만들고 여기서 정보를 추출한다.

그림 4-50 텍스트 마이닝 주요 절차

그렇다면 구조적 문서와 비구조적 문서는 어떤 기술적 차이가 있는지 살펴보자.

표 4-27 비구조적 문장과 구조적 문장의 예

구분	내용			
비구조적 문장	빨간 컵에는 구슬 3개와 동전 10원이 들어 있고, 파란 컵에는 구슬 한 개와 40원이 들어 있고, 마지막 노란 컵에는 구슬 2개와 20원이 들어 있다.			
구조적 문장	컵	빨간 컵	파란 컵	노란 컵
	구슬	3	1	2
	동전	10원	40원	20원

앞선 표를 보면 구조적 문장은 매트릭스 형태의 스프레드시트를 연상케 한다. 이는 우리에게 익숙한 엑셀 데이터나 관계형 데이터베이스의 테이블과 비슷하다.

하지만 비구조적 문장은 어떤 특정한 측정 기준에 따라 분류할 수 없는 문장 형태의 나열이다. 이를 종합하면 비구조적 데이터와 구조적 데이터는 다음과 같이 정의할 수 있다.

표 4-28 구조적 데이터와 비구조적 데이터의 차이점

구분	내용
구조적 데이터	1) 스프레드시트로 로드 가능 – 행과 열 – 각 셀은 채워져 있거나 채워질 수 있음 – 데이터는 일관되고 유일성을 만족함 2) 데이터 마이닝에 적합
비구조적 데이터	1) 각종 워드 문서, HTML, PDF 등 – 프레젠테이션 문서도 비구조적 텍스트 – XML은 반구조적, 혹은 반정형 텍스트 2) 셀 형태로 만들기가 어려움 – 가변적 레코드 길이(노트, 자유 형태의 설문조사 작성 등) – 텍스트는 상대적으로 일관적이지 않고, 유일하지 않음

텍스트 마이닝의 처리는 바로 이러한 문장을 특정 측정 기준에 따라 구조화된 데이터로 바꾸는 것이다. 처리 과정을 나타내면 다음 그림과 같다.

그림 4-51 텍스트 마이닝 처리 절차

파싱(Parsing)

파싱은 문장을 형태소 분석하여 매트릭스 형태로 바꾼다. 파싱에서 중요한 것은 단어 인식과 어원 분석이다. 단어 인식은 'He is coming.'에서 'He, is, coming'으로 나누는 것이며, 어원 분석은 coming을 동사원형인 come으로 인식하는 것이다.

다음은 여러 문장을 각 단어와 언급 회수를 체크하여 매트릭스화한 예다.

문장 1 : sentence linguistic unit one words
문장 2 : sentence subject predicate
문장 3 : sentence one word noun

표 4-29 비구조적 문장을 n×m 행렬로 표현한 모습

문장과 단어	문장 1	문장 2	문장 3
Sentence	1	1	1
Linguistic	1	0	0
Unit	1	0	0
One	1	0	1
Subject	0	1	0
Predicate	0	1	0
Word	0	0	1
Noun	0	0	1

가중치(Weight)

가중치는 행렬에 중요도를 부여하여 더 정확한 단어 관계를 나타낸다. 가중치는 지역적 가중치와 전역적 가중치가 있다. 지역적 가중치는 앞서와 같이 특정 단어가 문장에서 나타나는 횟수(frequency)를 나타내는데, 여기에는 다음과 같은 문제가 있다. 가령 페이지 분량이 다른 경제 관련 문서 A와 B가 있는데, A가 B보다 페이지 수가 훨씬 많다고 하자. 우리는 이것이 어떤 문서인지 모른 상태에서 특정 단어의 반복 횟수를 뽑아 문서를 판단한다. '경제'라는 단어를 뽑는다면 당연히 페이지 분량이 많은 A 문서에서 더 많이 나올 것이다. 즉, 같은 경제 관련 문서임에도 불구하고 페이지가 많은 A 문서가 경제 관련 문서가 되고, B는 일반 문서로 분류된다.

이는 단순히 지역적 가중치로 frequency가 잘못 쓰인 결과이다. 이를 해결하기 위해 전역적 가중치라는 것이 도입되었다. 전역적 가중치는 전체 문장에 걸쳐 단어의 분포도를 고려함으로써 행렬에 대한 지역적 가중치를 해결한다.

변환(Transformation)

앞선 예제의 행렬은 3×8 행렬로 전체 24개의 셀에서 카운팅된 셀은 11개에 불과하다. 이 숫자는 전체 행렬 중 절반이 안 되는 수치다. 이런 비경제적인 구역은 행렬의 차원을 쓸데없이 크게 하여 계산 부하를 준다. 이를 제거하고자 텍스트 마이닝에서는 특이값 분해(SVD)라는 차원 축소 기법을 사용한다. 이 기법으로 불필요한 '0' 값의 셀을 빼고 순수 카운팅된 셀만을 계산한다.

> **특이값 분해(Singular Value Decomposition, SVD)** 행렬을 특정한 구조로 분해하는 방식으로, 신호 처리와 통계학 등의 분야에서 자주 사용된다. (위키백과)

지금까지 텍스트의 매트릭스화를 통해 비구조적 문장이 구조화되는 과정을 살펴보았다. 구조화된 데이터는 일반 데이터 마이닝 기법을 통해 마이닝을 수행하며, 결국 텍스트 마이닝은 데이터 마이닝을 위해 비구조적 데이터를 구조화하는 과정이다. 이 과정에서 형태소 분석이 중요하지만, 아무리 정확한 형태소 분석이라 하여도 문장의 고유 어감을 구조화하기는 어렵다.

하지만 이러한 사항은 감성 중심인 SNS 등의 분석을 위해 앞으로 더 연구되고 활발해지리라 본다.

5.2 오피니언 마이닝[37]

오피니언 마이닝(Opinion Mining)은 최근에 주목받는 학문으로 정보 검색(IR), 자연어 처리 등의 기법을 이용하여 의견을 추출하는 분석 기술이다.

> **정보 검색(IR, Information Retrieval)** 집합적인 정보로부터 원하는 내용과 관련이 있는 부분을 얻어내는 행위를 말한다. 이를 위해 메타 데이터나 색인을 사용할 수 있다.　　　　　(위키백과)

오피니언 마이닝이 중요한 이유는 텍스트에서 단순한 의견 추출뿐만이 아닌 감성 추출도 가능한 일종의 감성 분석이기 때문이다. 다소 어려운 주제지만 이것이 어떤 것인지 살펴보자.

우선 오피니언이 무엇이고 어떤 특징이 있는지 알아보자. 오피니언은 사실에 대한 주관적인 느낌이나 이해라고 볼 수 있으며, 감성(Sentiment)과 동의어다. 오피니언의 주요 특징은 다음과 같다.

- 유명인사가 아닌 평범한 한 사람의 의견은 별 도움이 안 됨
- 여러 사람의 의견을 분석할 필요가 있음

오피니언은 여러 사람의 의견을 말하고 오피니언 마이닝은 이러한 의견을 분석하는 것이다. 대상 오피니언이 주로 비구조적 데이터이기에 여기에서 중요 정보를 추출한다는 것은 결국 사람들이 생각하는 것을 관리 가능하게 데이터화한다는 의미이다. 이것은 서비스 민첩성, 품질, 가치 등에 영향을 미치는 것으로 오피니언 마이닝은 사람의 의견이나 생각을 분석하는 기술이자 비즈니스 분석이다.

이해를 돕고자 다음과 같이 우리가 물건을 사는 과정을 살펴보자.

---

37 **출처** Opinion Mining_Exploiting the Sentiment of the Crowd, Diana Maynard, Adam Funk, Kalina Bontcheva

- **구매 예정자** 가격 등 사용자 리뷰와 댓글 참조
- **구매자** 사용 후기(품질, AS, 편의성, 내구성)를 작성
- **제조자** 고객의 피드백을 받아 제품을 개선하고 마케팅 전략을 수립

오피니언 마이닝은 여기서 구매 예정자나 구매자 등이 남기는 글에 관심을 둔다. 조사에 의하면 92%의 구매자는 영업사원이나 다른 것보다 온라인 정보를 훨씬 신뢰한다고 한다(Wall Street Journal, 2009년 1월). 오피니언 마이닝은 꼭 상품 의견 분석을 떠나 어떤 주제에 대한 반대, 찬성, 중립 의견을 구분한다. 이는 오피니언 마이닝이 여러 의견을 이해하고 통찰한다는 것이다.

감성 분석은 오피니언 마이닝의 요소 기술로써 소비자의 평가 주제를 찾는 게 아니라 해당 평가가 좋고 나쁘냐를 찾는다. 이러한 기법은 문장 내에서 키워드 중심이 아닌 추상적 개념을 찾는 과정이기에 복잡하다. 다음은 오피니언 마이닝을 위한 주요 기술들을 설명한 것이다.

- **콘텐츠 분류(Content Categorization)** 사전에 분류할 정보를 정의하고, 정의된 항목 중 글의 내용에서 관련 항목을 분류한다. 예를 들어, 평판 주제라면 기업의 이미지, 상품 등에 대한 각각의 만족도 수준(매우 만족~매우 불만)을 의미에 따라 자동으로 분류한다.
- **온톨로지 관리(Ontology Management)** 문장 내에서 사용한 단어에 가중치를 부여하여 문장별로 중요도에 대한 점수표를 만들어 가장 중요한 문장(가중치가 가장 높은 문장)을 추천한다.
- **감성 분석(Sentiment Analysis)** 문장의 의미를 파악하여 글의 내용에 대하여 긍정과 부정, 좋고 나쁨을 기준으로 분류하거나 만족과 불만족에 대한 강도를 지수화한다. 지수를 기반으로, 고객의 감성 트렌드를 시계열로 분석하여 고객 감성 변화에 기업이 신속하게 대응하고, 부정적인 의견 확산을 방지한다.
- **텍스트 마이닝(Text Mining)** 수많은 문서를 분석하여 문서 내에서 핵심 키워드를 찾아내고 키워드 간의 관계 정보를 생성한다. 이후 관계 정보를 사용하여 전체 문서 내용을 대략 신속하게 확인할 수 있도록 한다.

이러한 기술들이 있지만 대상이 대부분 비구조적 텍스트이며 스팸이나 노이즈가 많기 때문에 완벽한 마이닝은 어렵다.

그렇지만 인간의 감성을 분석하여 거기에 맞는 서비스를 제공한다는 것은 매우 흥미로운 기술이다. 인간의 감정을 이용하는 이러한 기술은 빅데이터의 중요한 요소 기술이다.

5.3 소셜 분석

소셜 네트워크 분석(Social Network Analysis, SNA)은 소셜 사이언스와 네트워크 분석, 그래프 이론 등 폭넓은 분야에 걸쳐 있다.

> **소셜 사이언스(Social Science, 사회과학)** 인간과 인간 사이의 관계에서 일어나는 사회 현상과 인간의
> 사회적 행동을 탐구하는 과학의 한 분야 (위키백과)

네트워크 분석은 어떤 네트워크로 구성된 문제에 대한 솔루션과 공식이다. 그래프 이론은 그래프에 대한 추상적 개념과 그래프 분석에 대한 방법을 제공하며, 대표적으로 오일러의 쾨니히스베르크 다리 문제가 있다. 이 문제는 모든 길을 한 번씩만 거쳐서 원래의 자리로 돌아오는 경로를 찾는 것이다. 오일러는 홀수점(이어진 선 개수가 홀수인 점)이 0개거나 2개일 때가 아니면 해가 없다고 증명하여 이 문제를 해결하였다.

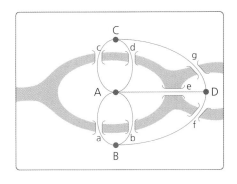

그림 4-52 쾨니히스베르크 다리 문제

SNA는 방법론이 아닌 어떻게 사회 기능이 이루어지는가에 대한 관점을 보여준다. 즉, 개인과 연결된 사회 조직 간의 관계 규명이다. 이러한 SNA의 활용 범위는 다음과 같다.

표 4-30 SNA의 활용 범위

구분	내용
비즈니스	조직과 고객, 파트너와의 의사소통 분석 및 향상
범죄	범죄와 위험 단체 식별 및 주요 주동자 파악
페이스북	잠재적 친구 식별 및 추천(친구 추천)
공공	기관과 이익 단체 간의 공모 및 검은 거래 추적
네트워크 사업자	사업자(전화, 케이블, 모바일) 네트워크의 구성 및 가용률 최적화

SNA는 다음과 같은 기본 개념이 있다. 각각에 대해서 자세히 알아보자.

표 4-31 SNA의 기본 개념

구분	내용
Network	다양한 소셜 네트워크를 표현하는 법
Tie Strength (유대 강도)	네트워크 내의 강하고 약한 연결 고리를 식별하는 법
Key Player	네트워크 내에서 key/중심 노드를 식별하는 법
Cohesion (응집력)	전체 네트워크 구성을 측정

Network

네트워크로 관계 표현을 어떻게 하는지 살펴보자. 우선 다음과 같은 어느 조직의 비상연락
망 체계가 있다고 가정하자.

예제 4-2 비상연락망을 통한 1, 2, 3, 4의 연락 체계

1 : 2와 3에게 연락
2 : 3과 4에게 연락
3 : 연락만 받음
4 : 3에게 연락

SNA에서 앞선 내용을 그림으로 표현하면 다음 그래프와 같다. 그래프에서 노드는 정점(Vertex), 링크는 간선(Edge)이라 한다.

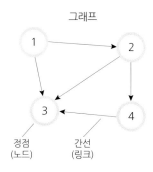

그림 4-53 비상연락망을 표현한 그림

여기서는 간선(링크)에 지시 방향이 있지만, 지시 방향이 없을 수도 있다. 방향은 입출력을 일으키는 형태로 신용 대출, 서비스 의뢰 등이 있다. 방향이 없는 형태에는 회식 모임, 스터디 그룹 등이 있다.

그래프는 시각적 효과를 나타내며, 여기서 데이터를 추출한다. 데이터 형태는 크게 링크 리스트(edge list)와 인접 행렬(adjacency matrix)이 있다. 링크 리스트는 각 노드에서 보낸 링크들의 리스트며, 인접 행렬은 각 노드와 연결된 노드들을 나타낸다. 인접 행렬에서는 노드 간 관계가 존재하면 1을 넣고 아니면 0을 넣는다. 다만, 여기서는 방향을 가진 노드를 대상으로 하며 이를 유향(Direct) 그래프라 한다.

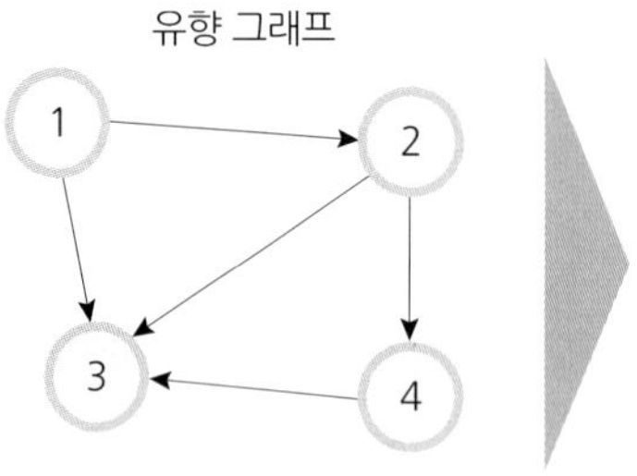

링크 리스트

정점	정점
1	2
1	3
2	3
2	4
3	4

유향 그래프

인접 행렬

정점	1	2	3	4
1	-	1	1	0
2	0	-	1	1
3	0	0	-	0
4	0	0	1	-

그림 4-54 유향 그래프에서의 데이터 형태

무향(Undirect) 그래프에서 링크 리스트는 유향 그래프와 같지만, 인접 행렬에서 다음과 같은 차이가 있다.

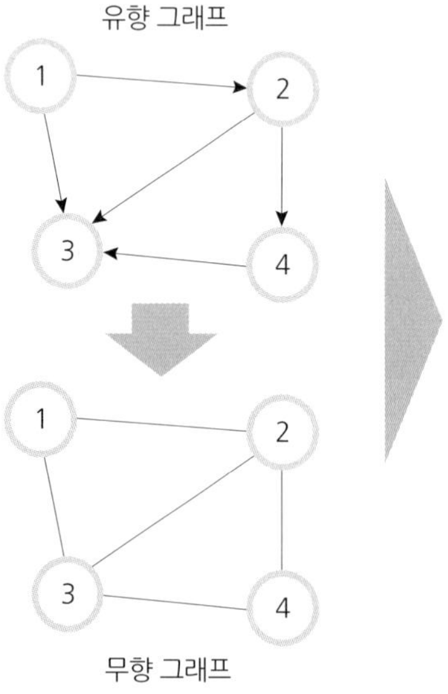

유향 그래프

무향 그래프

동일한 링크 리스트

정점	정점
1	2
1	3
2	3
2	4
3	4

대칭형 인접 행렬

정점	1	2	3	4
1	-	1	1	0
2	1	-	1	1
3	1	1	-	1
4	0	1	1	-

그림 4-55 무향 그래프에서의 데이터 형태

무향 그래프는 방향이 없는 링크로 관계를 맺으며, 인접 행렬이 서로 상호 대칭인 형태를 보인다.

Tie Strength

유대 강도(Tie Strength)는 네트워크의 노드 사이 연결 강도를 나타낸다. 강도는 일종의 관찰 시간 동안 상호 유대 작용의 빈도다. 이는 관계의 밀접한 정도를 나타내며 의사소통의 정도라 볼 수 있다.

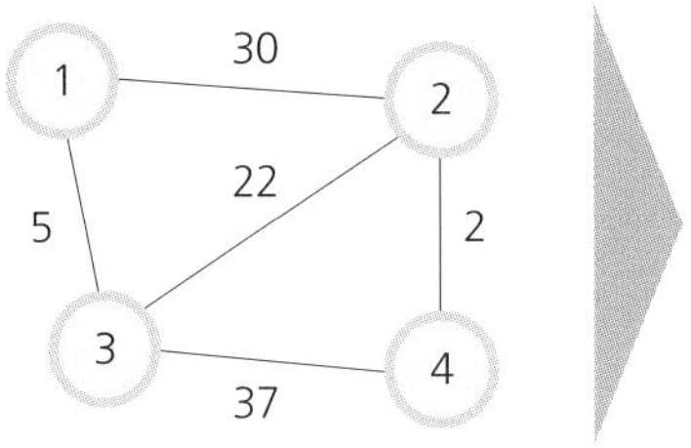

링크 리스트: 가중치 항목 추가

정점	정점	가중치
1	2	30
1	3	5
2	3	22
2	4	2
3	4	37

인접 행렬: 1대신 가중치 적용

정점	1	2	3	4
1	-	30	5	0
2	30	-	22	2
3	5	22	-	37
4	0	2	37	-

그림 4-56 간선(링크)에 가중치를 넣은 그림

입력 방법은 Network에서 관계가 있을 때 1을 넣는 대신 가중치를 넣는다. 이를 통해 노드 사이에 상호 긴밀도, 정보나 상품의 흐름, 유대감 혹은 사회적 관계 등을 표현한다. 여기에서 상호 긴밀도는 크게 동종애와 이종애로 나뉜다.

표 4-32 동종애와 이종애

동종애	이종애
강한 유대 관계	약한 유대 관계
같은 부족 내에서만 교류	다른 부족 간의 연결과 교류
폐쇄적	개방적
유대감이 높음	유대감이 낮음
예) 동창회, 동기 모임 등	예) 당구 모임, 자동차 모임 등

동종애와 이종애는 사회적 네트워크 구성의 특징을 보여준다. 동종애는 내부적으로 유대감은 강하지만 다른 그룹과의 교류가 어렵다. 반면 이종애는 그룹 내 유대는 약하지만, 다른 그룹과 관계 연결이 쉽다. 동종애는 조건에 맞는 특정 부류의 그룹이며 이종애는 누구나 참여할 수 있는 개방형 그룹이다. 결국, 이 그룹 간의 소통이 전체 사회적 네트워크를 형성한다.

Key Player

키 플레이어(Key Player)는 네트워크에서 가장 중심이 되는 노드를 찾는 것이다. 이는 가장 많은 링크를 가진 노드와 핵심적인 노드를 찾는 것이다. 다음은 연결 정도 중심성(Degree Centrality)을 통해 가장 중심이 되는 노드를 찾는 방법이다.

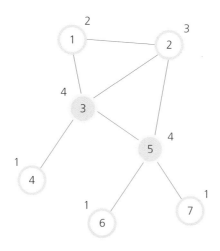

그림 4-57 연결 정도 중심성

연결 정도 중심성은 노드가 가진 링크 개수를 통해 연결 정도(Degree)를 파악한다. 앞의 그림에서는 노드 3과 5는 4개의 똑같은 링크 수를 가지고 있으며 가장 높은 연결 정도를 가진다.

하지만 연결 정도 중심성이 높다고 해서 모두가 키 플레이어가 되는 것은 아니다. 다음 그림은 이에 대한 예다.

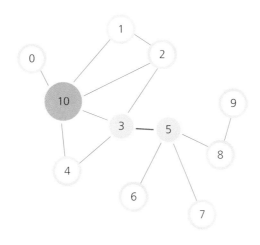

그림 4-58 키 플레이어 찾기

그림에서 노드 10은 5개의 링크로 가장 높은 연결 정도 중심성을 갖지만, 만약 3과 5의 연결 링크가 끊어지면 2개의 고립된 서브 네트워크가 된다. 여기서 노드 3과 5는 전체 네트워크를 구성하는 가장 중요한 노드들로서 Key Player Set가 된다. 키 플레이어는 전체 네트워크에서 가장 중요한 핵심 노드를 찾는 방법이다.

Cohesion

응집력(Cohesion)은 전체 네트워크의 노드 간 연결 정도를 뜻하며, 호혜성(상호성), 밀도, 클러스터링 등을 측정한다. 여기서는 호혜성과 밀도 측정을 살펴보자. 호혜성은 노드 간 상호 관계성을 파악한다. 호혜성 측정의 예는 다음과 같다.

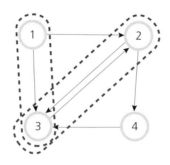

그림 4-59 호혜성 측정

그림에서 노드 1과 3, 2와 3은 쌍방 관계인데, 호혜성은 전체 네트워크에서 이런 쌍방 관계를 파악한다. 여기서 연결 링크 수는 5개이고, 쌍방 관계 수는 2개이므로 호혜성은 다음과 같이 얻는다.

네트워크 호혜성＝쌍방 관계 수/연결 링크 수

앞선 공식에 해당 수치를 대입하면 다음과 같다.

2/5 = 0.4

즉, 앞선 그림의 네트워크 호혜성은 0.4를 갖는다.

밀도는 전체 네트워크에서 연결 가능한 링크 중에 실제 연결된 링크를 파악하여 네트워크의 밀도를 측정한다. 무향(Undirect)과 유향(Direct) 그래프에서 약간의 차이가 있으며 다음 표는 이를 나타낸 것이다.

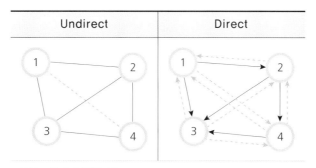

Undirect	Direct

실선 : 실제 연결된 링크
점선 : 연결 가능한 링크

그림 4-60 무향과 유향 그래프의 밀도 측정

밀도 측정은 우선 전체 연결 가능한 링크 수를 계산한다. 무향 그래프의 전체 네트워크 연결 공식은 n(n-1)/2이고, n은 네트워크에서 노드의 개수를 말한다. 유향 그래프는 여기에 2를 곱한다. 그러면 결과로 앞선 예는 무향 그래프는 6, 유향 그래프는 12가 나올 것이다. 각각 연결된 링크(실선)에서 연결 가능 링크(점선)를 나누면 해당 네트워크의 밀도가 나온다.

무향 그래프 밀도 = 5/6 = 0.83

유향 그래프 밀도 = 5/12 = 0.42

앞선 예제에서는 무향 그래프의 밀도가 유향 그래프 밀도보다 높게 나왔다. 밀도는 각각의 네트워크를 비교할 때 유용하며 같은 네트워크에서도 다른 지역과의 밀도 차이를 비교할 수 있다.

소셜 분석은 쉬운 그래프 작성과 분석을 위해 툴이 필요하다. 대표적인 툴로는 NodeXL, Pajek, R packages for SNA 등이 있으며, 이를 통해 시각화와 분석을 수행한다.

5.4 클러스터 분석

클러스터 분석(Cluster Analysis)은 유사한 그룹을 묶어 새로운 지식과 가치를 얻는 방법이다. 대표적으로 병원 환자들을 유형별 그룹으로 묶음으로써 그들에게 어떤 처방과 치료를 할지 알 수 있다. 또한, 쇼핑몰에서는 고객을 나이대로 묶어 각 그룹에게 맞는 마케팅을 수행한다. 만일 매출 증가에 20~30대 여성이 주요하다면 분석가는 20~30대 여성이 찾는 제품을 찾아 마케팅 전략과 포인트 적립 등을 제시한다.

이와 비슷한 분석으로 판별 분석(Discriminant Analysis)이 있으며, 이때 목적에 맞는 분류 규칙을 이끌어 내려면 그룹 내 정보가 있어야 한다. 반면 클러스터 분석은 대상들을 내부 정보 없이 묶는다. 심지어 클러스터 분석에서는 무엇이 어느 그룹에 속해야 하는지를 전혀 알 수 없는 상태이며, 그룹 개수도 모른다.

클러스터 분석은 크게 계층형과 비계층형으로 나뉘며, 다시 여러 형태로 구분된다. 다음 그림은 클러스터 분석의 종류를 나타낸 것이다.

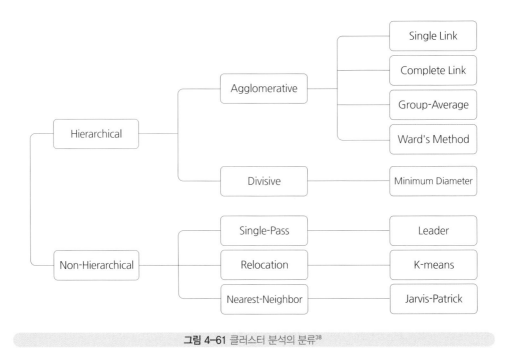

그림 4-61 클러스터 분석의 분류[38]

---

38 출처 http://www.daylight.com/meetings/emug96/john_barnard/emug96.html

여기서는 계층과 비계층적 클러스터 분석에 대해 알아본다. 계층과 비계층의 차이점은 자료 크기다. 계층적 클러스터 분석은 자료 크기가 제한적이며, 비계층적 클러스터 분석에서는 자료 크기에 제한이 없다.

계층적 클러스터 분석

계층적 클러스터 분석은 병합 방식과 분할 방식이 있다.

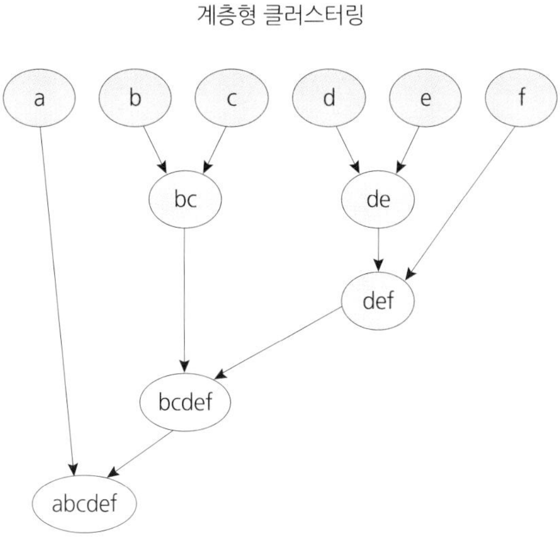

계층형 클러스터링

그림 4-62 계층적 클러스터 분석

병합 방식은 각각의 문자가 제일 아래의 'abcdef'로 합쳐지는 과정이고, 분할 방식은 반대로 하나의 문자들로 나뉘는 과정을 말한다.

다음으로 계층적 클러스터 분석에서 유클리드 거리를 이용한 최단 연결법에 대해 알아보자.

다음 그림은 x, y 좌표를 가진 5개의 원소를 나타낸 것이다.

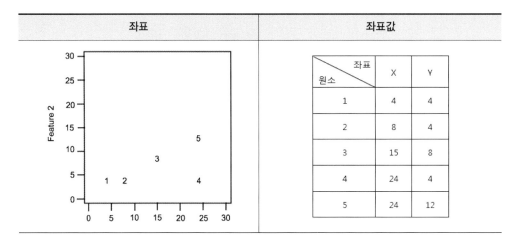

좌표		좌표값		

<table>
<tr><th colspan="2" rowspan="2">원소   좌표</th><th>X</th><th>Y</th></tr>
</table>

원소 ＼ 좌표	X	Y
1	4	4
2	8	4
3	15	8
4	24	4
5	24	12

그림 4-63 X, Y 좌표상의 5개 원소와 좌표값

우리는 유클리드 거리를 이용하여 각 원소 간 최단거리를 계산해보자. 앞선 좌표에서 두 점 사이의 거리는 다음과 같이 측정한다.

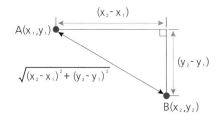

그림 4-64 2차원 좌표계에서의 두 거리

유클리드 거리 공식을 이용하여 두 점 사이의 거리를 구하면 다음 표와 같다.

표 4-33 유클리드 거리 측정

숫자	1	2	3	4	5
1	–	*4.0*	11.7	20.0	21.5
2	4.0	–	8.1	16.0	17.9
3	11.7	*8.1*	–	9.8	9.8
4	20.0	16.0	*9.8*	–	*8.0*
5	21.5	17.9	9.8	*8.0*	–

기울임체의 굵은 수치는 각 점에서 가장 가까운 점까지의 거리를 나타낸다.

다음 예제는 5개의 원소가 X, Y 좌표 위에 배치되어 있을 때, 각각의 유클리드 거리를 구해 거리 기반으로 묶는 과정이다.

알고리즘은 처음에는 각자의 원소를 가지는 5개의 클러스터로 시작한다. 이후 가장 가까운 2개의 클러스터로 병합된다. 병합 순서는 두 숫자 간의 거리가 가장 짧은 순서다.

표 4-34 군집 병합 순서

단계	병합 순서
1	{1, 2}, {3}, {4}, {5}
2	{1, 2}, {3}, {4, 5}
3	{1, 2, 3}, {4, 5}
4	{1, 2, 3, 4, 5}

다음 그림은 최종적으로 클러스터를 마친 트리를 나타낸 것이다.

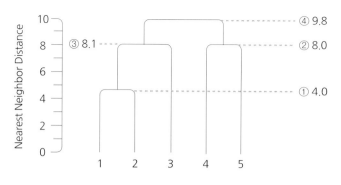

그림 4-65 최단 연결법 클러스터의 완성[39]

비계층적 클러스터 분석

비계층적 클러스터 분석의 대표적인 방법은 K-means이다. K-means는 주어진 원소를 사전 정의된 K개의 클러스터로 묶는 알고리즘이다. 이때, 군집별 중심값에서 중심과의 거리를 기반으로 데이터를 묶는다.

다음은 비계층적 클러스터 과정을 나타낸 것이다. 검은 원은 해당 군집의 중심값이다.

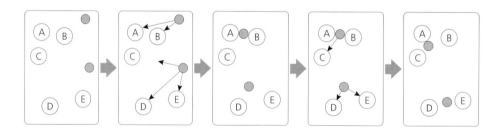

그림 4-66 K-means 수행 과정[40]

---

39 출처 http://www.aistudy.com/pattern/clustering_gose.htm

40 출처 http://courses.casmlab.org/snafall2012/clustering-unmasked/, oreilly.com

표 4-35 K-means 단계

단계	내용
1	임의의 클러스터 중심을 할당
2	데이터와의 거리를 측정하여 측정값들을 가장 가까운 군집의 중심에 할당
3	새로운 군집의 중심 계산
4	재정의된 중심값 기준으로 다시 거리 기반의 계산 시행
5	군집 재분류
6	군집 중심이 변경되지 않을 때까지 반복

K-means는 빅데이터 분석 이전에 데이터마이닝에서 많이 사용하는 방식이다. 주로 성향이 불분명한 시장을 분석하는 데 쓰인다. 또한, 개체가 불규칙적이고 개체 간 관련성을 정확히 알 수 없는 분류 초기 단계에도 쓰인다.

빅데이터 분석은 기존의 데이터 분석 기법을 함께 사용함으로써 다양한 방면에 쓰일 수 있다.

6. 빅데이터 표현 기술

표현 기술은 무분별한 데이터의 패턴을 쉽게 찾을 수 있는 데이터 시각화 기술이다. 여기에는 그림과 차트, 그래프, 사진 등 직관적으로 우리가 볼 수 있는 요소들로 구성된다. 시각화 기술에는 단순한 데이터 분석만이 아닌 시각적 효과를 높일 수 있는 미적 요소가 필요하다. 따라서 디자인은 이 부문의 중요한 요소다.

과거에도 데이터 시각화는 있었으며 지금도 광범위하게 쓰인다. 다만, 과거에는 정보 전달의 보조 수단으로 쓰였을 뿐이다. 빅데이터 이전에는 수치 그래프, 바 차트 등 우리가 프레젠테이션에서 흔히 볼 수 있는 그래프가 있었다. 오늘날 빅데이터 시대에는 방대하고 수시로 변하는 데이터를 쉽게 볼 수 있는 시각화 기술이 주된 분야로 떠오르고 있다. 사용자는 시각화를 통해 빅데이터를 이해하고 분석하여 앞을 예측하며, 이는 비즈니스에 새로운 인사이트를 제공한다.

빅데이터 시각화는 다음의 3가지를 요구를 만족시킨다.[41]

- **요약**(Summarization)
- **입자감**(Granularity)
- **노이즈 필터링**(Noise filtering)

요약(Summarization)을 통해 대량의 데이터를 쉽게 한눈에 볼 수 있다. 대량의 데이터에서는 그 많은 양을 효과적으로 시각화하여 핵심을 전달해야 한다. 이때, 대량의 데이터를 색상을 통해 직관적으로 이해할 수 있게 한다. 대표적인 예는 인구센서스 통계다. 기본 데이터양이 천만 단위가 넘어가는 통계를 다음 그림과 같이 보여준다.

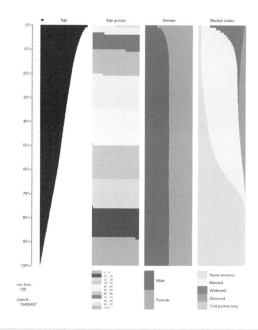

그림 4-67 요약의 한 예인 인구 센서스 통계

---

41 **출처** Big Data Visualization, Edwin de Jonge

그림은 약 1,700만 명의 인구센서스 통계에서 나이, 나이 그룹, 성별, 결혼 여부를 파악한 시각화 자료다. 다양한 색상을 통해 우리의 시각적 이해를 돕는다.

Granularity는 입자감이라 했는데, 이는 데이터를 속성별로 분류하여 보여주는 시각화 방법이다. 전체 데이터에서 각 속성은 입자이고 이를 잘 표현하는 것이 Granularity이다. 이것은 조직 내의 프레젠테이션이나 각종 리포트를 제작할 때 많이 활용한다. Granularity에서는 다양한 관점별로 수치화된 통계 자료와 파이 차트를 한눈에 확인할 수 있다. 다음은 Granularity의 한 예로 어떤 가상 기업의 글로벌 판매 수익을 집계하여 나타낸 것이다. Granularity는 주제별로 묶어 시각화함으로써 효과적으로 정보를 전달한다.

그림 4-68 Granularity를 통한 전 세계 수익 분석[42]

앞선 그림은 가로의 지역별 속성과 세로의 제품별 속성을 통해 전체 수익 상황을 보여준다. 한눈에 어느 지역에서 어느 품목에 이익이 많고 적은지 파악할 수 있다.

노이즈 필터링(Noise filtering)은 필요 없는 노이즈 데이터를 제거하여 주요 데이터를 효과적으로 보여준다. 다음 예는 나이와 임금의 변화를 3차원 그래프로 나타낸 것이다. 두 그래프 모두 같은 데이터를 분석하였는데 왼쪽이 오른쪽보다 더 복잡하고 산만하다. 왼쪽의 Raw 그

---

42 출처 http://www.mckinsey.com/insights/growth/the_granularity_of_growth

래프는 Noise로 인해 전체적인 변화를 찾기 어렵지만, Data Reduction을 거친 오른쪽은 변화의 추이를 쉽게 볼 수 있다.

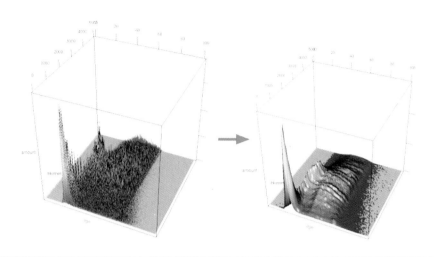

그림 4-69 Data Reduction 과정을 거친 3D 구성[43]

6.1 시간 시각화

시간 시각화는 시간의 변화에 따른 값을 표현하는 것을 말하며, 크게 막대그래프와 시계열 그래프로 나뉜다. 막대그래프는 특정 시점 또는 구간에 값을 넣어 보여주고, 시계열은 변화 값을 연속적으로 보여준다. 이 둘은 모두 일상생활에서 잡지나 기사 등에서 쉽게 볼 수 있는 형태다.

막대그래프의 예는 월별 매출 현황이나 고객 가입자 수 등이며, 시계열 그래프에는 환율 변화, 온도 변화 등이 있다.

---

43 출처 Big Data Visualization, Edwin de Jonge

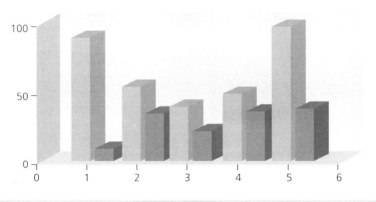

그림 4-70 막대그래프

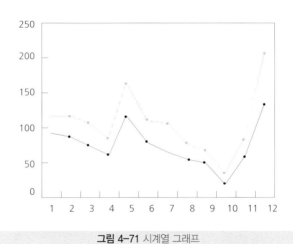

그림 4-71 시계열 그래프

6.2 분포 시각화

분포 시각화는 전체 대비 일정 부분을 보여주는 방식과 시간에 따른 분포를 보여주는 방식 두 가지가 있다. 전체에 대한 분포는 파이 차트가 가장 잘 알려진 형태고, 시간에 따른 분포는 누적 영역 그래프가 있다. 분포 시각화 그래프도 가장 일반적이면서 쉽게 볼 수 있는 그래프들이다.

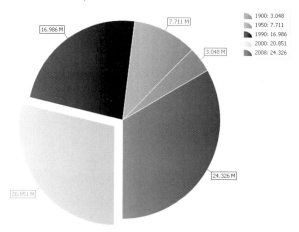

그림 4-72 파이 차트[44]

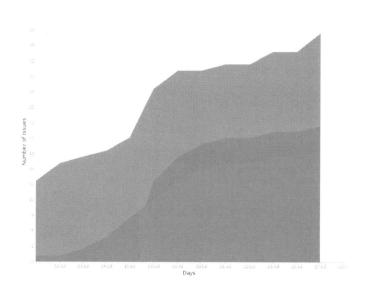

그림 4-73 누적 그래프[45]

---

44 출처 http://www.softwarecatalog.co.kr/src/Item/Itemmaster.aspx?Serial=8799

45 출처 http://confluence.goldpitcher.co.kr/pages/viewpage.action?pageId=68812928

6.3 관계 시각화

관계 시각화는 서로 다른 요소 사이에서 관계를 찾는 시각화 기술이다. 여기에는 크게 상관관계, 분포, 비교 등이 있다.

상관관계는 한 요소의 변화가 어떤 방법으로 다른 요소를 변화하게 하는지 알 수 있는 방법이다. 다음은 월별 요소에 따른 관객 수를 나타낸다. 여기서는 월 단위 변화에 따른 영화 관객 수의 변화를 볼 수 있다.

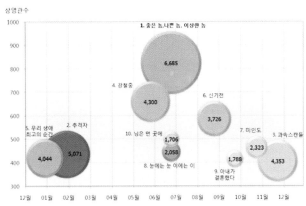

그림 4-74 월별 영화와 관객 수 간의 관계 시각화[46]

분포는 평균과 중앙값, 최빈값 등을 통해 데이터의 분포를 나타내는 것이다. 그래프를 사용하면 전체 데이터의 분포와 중심점 등을 파악하기 쉽다. 줄기잎 그래프는 입력 데이터의 처음 앞자리를 Stem으로, 나머지 뒷자리를 Leaf로 분류한다. 다음 그래프는 동물원의 뱀 길이를 재어 줄기, 잎으로 나눠 뱀 길이의 분포를 나타내고 있다. Stem 3과 Leaf 6은 36인치를 말한다.

---

46 출처 https://www.flickr.com/photos/phploveme/4154450611/in/set-72157622924951648

동물원에 있는 뱀 길이(인치)

줄기	잎		
2	4	8	
3	4	6	7
4	2	2	5
5	8		
6	2	7	7
Key: 3|6 = 36 inches			

그림 4-75 줄기잎 그래프[47]

다음은 막대그래프를 영역별로 나눠 쉽게 비교 분석할 수 있게 나타낸 것이다. 비교할 때는 너무 자세한 정보를 집어넣으면 오히려 시각적으로 혼란스럽다. 이럴 때에는 될 수 있으면 핵심 사항을 중심으로 비교 대상을 보여줘야 한다. 다음 그림은 도서 분야별로 요일에 따른 판매량을 비교하여 보여준다.

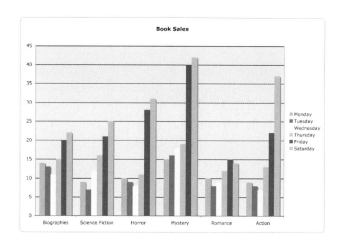

그림 4-76 비교 가능한 막대그래프[48]

47 출처 http://www.learningpod.com/question/m5-l038-q30-image-based-on-the-stem-and-leaf-plot-what-is-the-length-of-the-shortest-snake-at/cb20a0ad-63c7-45ef-be38-03d002f7ca05

48 출처 http://ed101.bu.edu/StudentDoc/Archives/ED101fa08/shann11/Charts.html

6.4 비교 시각화

비교 시각화는 여러 변수를 비교하는 방법으로, 색상 강도를 통해 어떤 부분이 많이 쓰이거나 참조되었는지 쉽게 파악할 수 있다. 다음 예는 특정 문장을 입력했을 때 가장 많이 쓰인 키보드 입력값을 나타낸 것이다.

그림 4-77 키보드 입력의 비교 시각화[49]

다음 그림은 3차원 공간을 통해 입력 데이터의 현황을 나타낸 것이다.

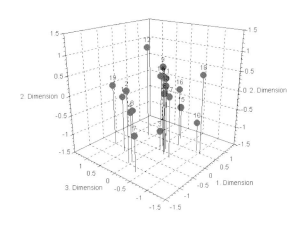

그림 4-78 3차원 공간을 통한 비교 시각화[50]

---

49 출처 http://www.patrick-wied.at/projects/heatmap-keyboard/

50 출처 http://edoc.hu-berlin.de/dissertationen/krusche-stefan-1999-12-16/HTML/krusche-appa.html

체르노프 얼굴(Chernoff Face)은 다차원 통계 데이터를 사람의 얼굴 이미지를 이용하여 시각적으로 표현하는 방법이다. 얼굴의 가로 너비, 세로 높이, 눈, 코, 입, 귀 등 각 부위를 변수로 대체하여 데이터의 속성을 쉽게 파악하려고 만들어졌다.

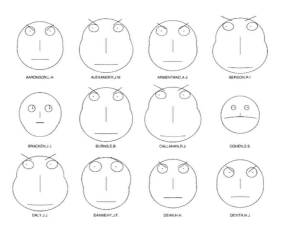

그림 4-79 12가지 사건에 대한 변호사 평가[51]

6.5 공간 시각화

공간 시각화는 지리 정보를 이용하여 해당 데이터 값을 지리 데이터와 결합하여 보여준다. 과거에는 지리 데이터가 워낙 방대하여 쉽게 매핑하기 어려웠지만, 기술의 발달로 구현하기 쉬워졌다. 다음 예는 미국의 추수 감사절을 어디서 보낼지에 대한 설문을 받아 지리 정보에 매핑하여 나타낸 것이다. 앞으로는 이러한 지리 정보와 맞물려 복합적으로 보여주는 시각화 기술이 늘어날 것이다. 현대의 시각화 기술은 빠른 네트워크 기술과 실시간 위치 추적 기술, 데이터 처리 기술 등이 합쳐진 다변적 기술이라 할 수 있다.

---

51 **출처** http://en.wikipedia.org/wiki/Chernoff_face

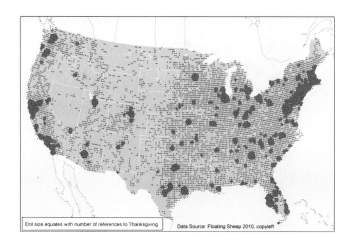

Dot size equates with number of references to Thanksgiving　　Data Source: Floating Sheep 2010, copyleft

그림 4-80 지리 정보를 이용한 공간 시각화[52]

6.6 인포그래픽

인포그래픽은 복잡하고 어려운 전문지식 또는 데이터를 보다 쉽고 명확하게 이해할 수 있도록 돕는다. 이는 그래픽과 텍스트를 균형 있게 조합하여 시각화한 방법이다. 인포그래픽을 통해 복잡한 정보를 단순화하고 창의적인 접근 방식으로 빠르게 지식을 전달한다. 요즘에는 신문이나 잡지 등에서 이러한 방법을 많이 쓰고 있다. 독자는 이를 통해 한눈에 해당 주제나 이슈 등을 쉽게 파악할 수 있다. 인포그래픽은 빠르게 다양한 정보를 단순화하는 장점이 있다.

52　출처　http://www.floatingsheep.org/2011/11/thanksgivingest-place-in-united-states.html

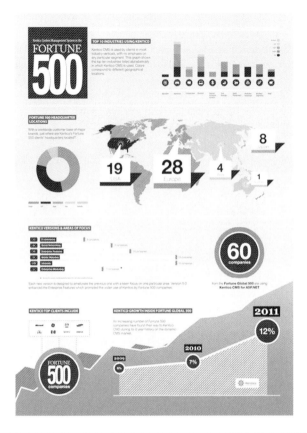

그림 4-81 주요 500대 기업의 본사 위치 분포를 조사한 인포그래픽[53]

6.7 시각화 데이터 검색 툴[54]

데이터 분석과 시각화는 새로운 것이 아니다. 이미 십여 년간 비즈니스에서는 데이터를 수집하여 다양한 BI 툴을 이용하여 분석하고 보고서를 작성했다. 이때, 수주에서 수개월간 고도의 데이터 분석가가 통계나 대시보드, 리포트를 통해 상위 보고에 필요한 적절한 수치를 뽑아내게 된다.

---

53 **출처** http://devnet.kentico.com/getattachment/fd511a92-e164-40f5-ba51-07c228a49fed/Kentico_fortun e500_infographics_FINAL.png

54 **출처** White Paper - Big Data Visualization Turning Big Data Into Big Insights, Intel IT Center

하지만 전통적 리포팅에서는 오늘날 빅데이터의 잠재적 가치를 이끌어낼 수 없다. 전통적 리포팅과 데이터마이닝 툴은 3V(volume, variety, velocity)를 다루는 데 한계가 있다.

특히, 실시간 데이터 처리에서 전통적 작업으로는 시간 내 처리가 어렵기에 중요 비즈니스 인사이트와 예측에 실패할 가능성이 크다. 또한, 과거에는 일부 전문가의 보고서에 의존하는 일이 많았다. 이제는 시각화 기반의 데이터 검색 툴을 모바일에서도 사용할 수 있으며, 이를 통해 빅데이터와 모바일 사용자 사이에 더욱 빠르게 협업할 수 있다.

표 4-36 시각화 데이터 검색 툴을 통한 3V 접근

구분	내용
Volume	전통적 BI와는 달리 대용량의 데이터를 다룸으로써 풍부한 인사이트를 얻음 데이터 홍수를 단순화하여 다룸으로써 가치 있는 의미를 찾을 수 있음
Variety	여러 데이터 소스와 구조적, 반정형, 비정형 형태의 다양한 데이터 접근과 조합에 따른 주요 의미를 발굴 버블 차트, 3D 데이터 랜드스케이프, 트리맵, 박스플롯, 히트맵, 워드 클라우드 등의 그래픽 유형을 사용하여 다양한 소스의 복합 데이터에 대한 해석, 뷰, 상호작용이 가능
Velocity	배치 작업의 한계를 벗어나 데이터 스트림을 실시간으로 파악할 수 있음 리포트 작성의 지연 시간을 최소화하여 보여주고 분석 가능하게 함

그림 4-82 3V와 시각화 툴을 통한 가치 창출

시각화 툴을 이용해 시간이 많이 들던 정적 리포트 보고에서 벗어나 사용자가 직접 데이터를 가공하여 동적으로 협업할 수 있다. 몇 가지 시각화 툴을 살펴보면 다음과 같다.

표 4-37 대표적인 시각화 툴

구분	내용
Tableau	스탠퍼드 대학교수인 팻 하나한(Pat Hanrahan)의 R&D 프로젝트에서 탄생 비주얼 쿼리 언어인 VizQLTM을 사용함 이 언어는 사용자가 데이터베이스와 상호작용하면서 그래픽/시각적인 결과를 얻을 수 있는 선언 언어임 .
구글 오픈 차트	구글에서 open API를 통해서 제공하는 데이터 시각화 도구 웹사이트에 대한 데이터 시각화를 지원하여, 간단한 파이 차트부터 복잡한 계층 트리 지도까지 다양한 형태의 그래픽 기능을 지원함
Flicker API	flicker에서 제공하는 open API를 이용하여 사용자가 원하는 사진과 관련한 데이터 시각화 기능을 구현할 수 있음
IBM Many Eyes	회사의 판매 데이터부터 풋볼시합 결과, 구조화되어 있지 않은 이메일 정보에 이르기까지 많은 양의 데이터를 시각화함으로써 알지 못했던 패턴을 발견할 수 있도록 해주는 데이터 시각화 기술
R	빅데이터 시대의 통계 분석 도구를 넘어 기업의 분석 플랫폼으로서 역할 수행 구글 Visualization Chart API로 R에서 구글과 통신하여 데이터의 고급 분석 가능 그 외에 Spotfire, Qlik View 등의 상업용 데이터 시각화 프로그램과 연동을 지원

대량의 정보화 시대에 이르러 데이터에 쉽게 접근하고자 하는 사용자 요구가 점점 늘어나고 있다. 과거에는 데이터의 범위나 크기 등이 한정적일 수밖에 없어서 시각적 접근 방법이 크게 중요하지 않았다. 하지만, 이제는 다양한 데이터 집합을 어떤 식으로 쉽게 보여주는가가 데이터 제공자나 사용자에게 필요한 부분이 되었다. 시각화 툴은 이런 의미에서 조직의 인사이트에 쉽게 접근할 수 있는 도구다.

05

빅데이터 처리와 저장의 핵심 기술, 하둡과 NoSQL

이 장에서는 빅데이터 구축을 위해 하둡과 NoSQL에 대해 알아본다.

1. 하둡이란 무엇인가?

빅데이터를 들어본 독자라면 '하둡(Apache Hadoop, High-Availability Distributed Object-Oriented Platform)'을 들어 봤을 것이다. 이미 3장에서 하둡이 무엇인지 잠깐 언급하면서 어느 정도 살펴보았지만, 단지 하둡의 구성 기술만을 설명했기에 아직은 낯설게 느껴진다.

본격적으로 하둡을 알아보기 전에 4장의 '4. 빅데이터 처리 기술'에서 나온 수직적 확장과 수평적 확장에 대해 자세히 알아보자. 일반적인 시스템 대부분은 수직적 확장이다. NAS(Network Attached Storage)의 예를 통해 이를 이해해보자. NAS는 네트워크를 통해 지원하는 스토리지 시스템이다.

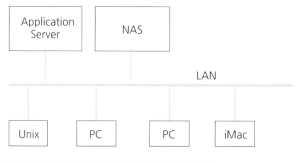

그림 5-1 NAS 기반의 네트워크 구성도

NAS는 우리에게 익숙한 LAN 환경에서 대량의 파일 시스템을 공유하는 스토리지다. 이를 위해 고속 스위치가 NAS와 클라이언트 사이의 파일 접근을 쉽게 한다. 이러한 NAS는 문서나 이미지 등이 점차 많아지고 커질 때 쉽게 사용자 간의 공유를 지원한다. 공유할 파일 양이 늘어나면 디스크 용량을 늘리거나 확장한다. 또한, NAS 접근과 처리가 많아진다면 고성능 NAS가 도입된다. 즉, 대다수 사용자는 중앙 집중 방식의 NAS 처리 용량에 절대적으로 의존할 수밖에 없다. 이것이 수직적 확장이다.

그렇다면 수평적 확장은 무엇인가? 수평적 확장은 범용 컴퓨터를 확장하여 처리하는 것이다. 확장은 일반 컴퓨터를 통해 이루어지고 모든 처리와 저장은 중앙 집중이 아니라 분산 처리된다. 하둡은 수평적 확장을 지원하는 대용량 처리 기술이자 플랫폼이다.

그림 5-2 수평적 확장의 하둡 로고

하둡은 집에 있는 일반 PC로 지속적으로 시스템을 분산 확장할 수 있으며 대량의 데이터를 저장하고 데이터를 처리한다.

하둡이 다루는 빅데이터의 가장 큰 주제는 다음과 같다.

그림 5-3 빅데이터의 2가지 주제

즉, 하둡은 빅데이터 처리를 보장하는 검증된 플랫폼이다. 하둡은 엄청난 크기의 데이터를 저장하고 처리하는데, 이것이 바로 HDFS와 MapReduce이다.

HDFS(Hadoop Distributed File System) 대용량 데이터의 분산 저장을 위한 파일 시스템

MapReduce 구글에서 분산 병렬 컴퓨팅으로 대용량 데이터를 처리하기 위한 목적으로 제작하여 2004년 발표한 소프트웨어 프레임워크 (위키백과)

1.1 하둡의 탄생과 정의

아파치 하둡은 대량의 자료 처리를 위해 컴퓨터 클러스터에서 동작하는 플랫폼이다. 본래 하둡은 너치의 분산 처리를 위해 개발된 것으로, 아파치 루씬의 하부 프로젝트였다. 4장에서 다룬 수집 기술의 하나인 너치는 여러 사이트 정보를 수집하는 웹 크롤러다. 해당 프로젝트의 목적은 다음과 같다.

- **너치** 수집과 저장
- **루씬** 자료의 인덱스화
- **솔라** 검색 엔진을 통해 검색 서비스 제공

다음은 앞선 과정을 그림으로 표현한 것이다.[1]

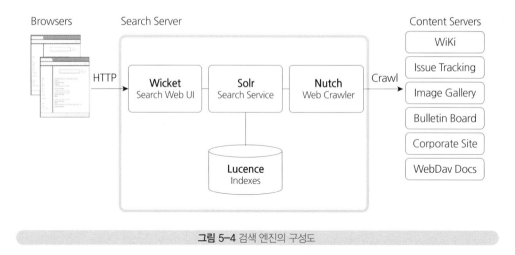

그림 5-4 검색 엔진의 구성도

하지만 여기에는 한 가지 문제가 있었다. 바로, 크롤러로 모은 데이터가 워낙 방대하여 이를 처리할 시스템이 없다는 것이다. 이러한 문제는 구글이 논문을 발표하면서 해결하였다. 어떻게 보면 이것이 지금의 구글을 있게 한 커다란 원동력이었다. 구글은 대용량 데이터 처리를 위한 파일 시스템인 'The Google File System'과 처리 함수인 'MapRecue'에 대해 논문을 발표하였다. 구글은 이처럼 새로운 기술을 발표했지만, 관련 핵심 기술들은 비공개 처리하였다.

하둡 개발 배경에는 이 두 논문이 많은 영향을 끼쳤다. 2005년 야후의 더그 커팅(Doug Cutting)과 마이크 캐퍼랠라(Mike Cafarella)는 이를 기반으로 MapReduce 기반의 하둡을 만들게 되었다.

하둡 초기에는 비용 문제로 활용도가 낮았으나, 2004년 이후 약 4년여간 야후의 프로그래머들이 하둡 개발에 참가하게 된다. 이때 이뤄졌던 개발을 통해 하둡이 급격하게 발전했으며, 야후 내부에서도 하둡을 적용하였다. 야후는 구글과 달리 폐쇄형이 아닌 오픈소스를 지향하였다. 야후는 하둡을 아파치 재단에 넘김으로써 공식적인 아파치 라이선스의 오픈소스가 되었다.

---

1   **출처** http://i-proving.com/2010/09/07/enterprise-wide-search-with-solr-lucene-and-nutch/

그림 5-5 구글의 Google File System과 MapReduce 논문

하둡이 결정적으로 빛을 발하게 된 계기는 2008년에 일어났다. 이 당시 뉴욕타임스는 130년 분량의 신문기사를 PDF로 변환하고 있었다. 당시 기술로 이를 처리하기에는 너무 큰 부담이었는데, 하둡은 24시간 만에 약 400만 개의 PDF로 변환하였다. 이 양은 일반 서버로는 약 10년이 넘게 걸리는 어마어마한 양으로 하둡의 강력한 처리 능력을 보여주었다.[2]

표 5-1 뉴욕타임스 기사의 PDF 생성을 위한 작업 진행

작업 규모	적용 기술	결과
뉴욕타임스 1851년~1980년의 약 11,000,000개 기사 이미지 스캔(TIFF)과 PDF 생성	아마존 S3: 확장 가능한 인터넷 스토리지/비동기,분산형 시스템 아마존 EC2: S3 서비스 등을 위한 가상 컴퓨팅 환경 제공 하둡: MapReduce 작업	4TB 스캔 자료의 S3 저장 EC2에서 하둡을 통한 PDF 생성 분산 작업 100개의 EC2 인스턴스, 24시간, 4TB 기사 → 1.5TB PDF 생성 완료

2　출처 Worcester Polytechnic Institute (WPI)—Applications of Map—Reduce) CS 4513—D08

1.2 하둡의 버전과 발전

하둡이 아파치 재단으로 넘어가고 나서부터 오픈소스와 상용으로 진화한다. 대표적인 상용 배포판 업체로는 더그 커팅이 이끄는 클라우데라(Cloudera)와 야후에서 분사한 호튼웍스 (Hortonsorks)가 있다.

하둡 버전은 여러 형태로 나뉘어 다소 혼란스럽다. 더구나 아파치 재단의 하둡과 상용 배포판은 이를 더욱 복잡하게 한다. 우선 하둡은 2006년 아파치 프로젝트에서 처음으로 0.1이 나온 이후로 매번 버전업 되고 있다. 현재 안정 배포판은 2009년 발표된 0.20이다.

다음 그림은 하둡의 발전 과정을 나타낸 것이다.[3]

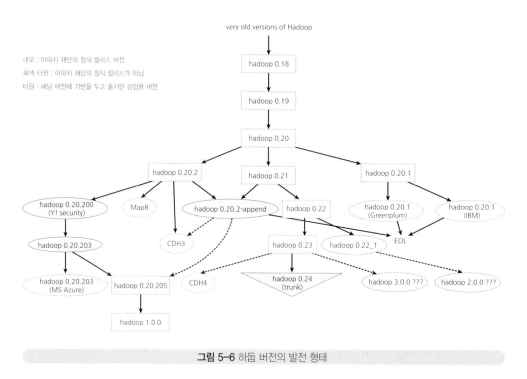

그림 5-6 하둡 버전의 발전 형태

다음 표는 버전 표기에 따른 구분을 나타낸 것이다.[4]

---

3 **출처** http://cnergis.tumblr.com/

4 **출처** http://cafe.naver.com/tanosimisekai/2317

표 5-2 버전 표기에 따른 구분

구분	설명
0.x	개발용 버전으로 추가적인 작업이 계속 진행되어 가는 버전
1.x	0.18 → 0.19 → 0.20 → 0.20.2 → 0.20.205 → 1.0 순서로 발전한 안정화 버전
2.x	0.23 버전에 기반을 두어 YARN 아키텍처가 추가된 버전

YARN(Yet Another Resource Negotiator) 하둡 1.0에는 맵리듀스 프레임워크라는 하나의 분산 처리 환경만 제공되었던 것에 반해, YARN은 차세대 분산 처리 환경으로 맵리듀스 프레임워크 이외에도 다양한 종류의 분산 처리 환경을 지원

소프트웨어 프레임워크(Software Framework) 복잡한 문제를 해결하거나 서술하는 데 사용되는 기본 개념 구조 (위키백과)

앞선 그림에서 유독 부채꼴 형태로 갈래가 나뉘는 버전이 있다. 바로 이 0.20이 여러 상용 버전과 이후 버전에 많은 영향을 끼친 릴리스다. 일반적인 테스트용이나 기본적인 환경 구성이라면 0.2x 버전이면 충분하다.

다음 표는 1.x와 2.x 버전의 차이를 비교한 것이다.[5]

표 5-3 1.x와 2.x의 비교

구분	1.x	2.x
노드 수	클러스터당 4,000노드 제한	클러스터당 10,000노드 확장
JobTracker 병목	JobTracker가 리소스 매니지, Job Scheduling, 모니터링 등을 모두 수행	JobTracker를 리소스 매니저와 애플리케이션 마스터로 분리 수행
SPOF	HDFS에 오직 하나의 Namespace 존재	HDFS 관리를 위한 다수 Namespace 지원

5 **출처** (1) http://cafe.naver.com/cloudbigdata/159

(2) Hadoop 1.x vs Hadoop 2 – Hortonworks

구분	1.x	2.x
자원 활용성	Map과 Reduce의 개별 수행으로 리소스 낭비	Map과 Reduce가 별도 슬롯 없이 컨테이너 안에서 수행
호환성	MapReduce만 수행	MapReduce 외의 다른 분산 시스템 지원 (STORM, HAMA, GIRAPH 등)

JobTracker 하둡 처리 사항을 받아 클러스터의 특정 노드에 MapReduce 작업을 수행하게 하고 관리하는 하둡 내 서비스 (위키 아파치)

TaskTracker JobTracker로부터 Map, Reduce, Shuffle 등의 작업을 받아 처리하는 클러스터 내 노드 (위키 아파치)

Job Scheduling 어떤 작업부터 시스템 내의 자원들을 실제로 사용할 수 있도록 할지를 결정한다. 작업들이 시스템에 들어오는 것을 승인하는 것이기 때문에 승인 스케줄링(Admission Scheduling)이라고도 한다. (위키백과)

1.x와 2.x의 가장 큰 차이는 YARN 프레임워크 지원이다. 하둡 2.x는 YARN을 통해 기존 MapReduce의 자원 관리를 수행하며 다른 애플리케이션을 지원한다. YARN의 리소스 매니저가 스케줄링에 집중함에 따라 더욱 빠르게 데이터를 처리한다.

다음 두 그림은 1.x와 2.x의 변화된 모습과 YARN의 확장 아키텍처를 나타낸 것이다.[6]

---

6 출처 http://ko.hortonworks.com/hadoop/yarn/

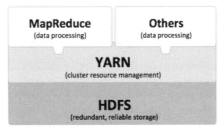

그림 5-7 1.x와 2.x의 아키텍처 비교

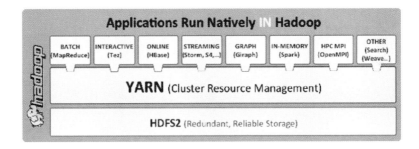

그림 5-8 YARN을 통한 확장 아키텍처

하둡은 아파치 배포판도 좋지만, 상용 배포판도 나름대로 장점이 있다. 다음은 각 상용 배포판이 가진 특징을 정리한 것이다.[7]

표 5-4 주요 상용 업체의 하둡 버전별 특징

구분	내용
Claudera	자체 배포판에 오픈소스 하둡을 활용하지만, 순수 오픈소스 제품은 아님 핵심 하둡을 고수하면서 고객 수요를 충족시키는 형태로 진행
Hortonworks	오픈소스 하둡 코드를 강력하게 고수하여 개발 업체의 종속 방지 오픈소스 코드 중심이므로 이외의 다른 특별한 기능을 추가하지 않음

7　출처　http://www.itworld.co.kr/tags/53722/클라우-데라/86608?page=0,1

구분	내용
MapR	배포판의 아키텍처와 데이터 프로세싱 능력이 우수함 핵심 하둡 외의 기능 추가를 함(NFS 지원, 재난 지원, 고가용성 지원 등)

특히 MapR은 2014년 초에 차세대 리소스 관리기술 YARN과 하둡 2.2를 포함하는 최신 MapR 배포판을 출시했다. MapR이 새로운 버전을 출시함에 따라 POSIX 데이터 플랫폼과 하둡 클러스터 사이의 데이터 공유와 이동이 훨씬 자유로워졌다.[8]

> POSIX(Portable Operating System Interface) 서로 다른 UNIX OS의 공통 API를 정리하여 이식성이 높은 유닉스 응용 프로그램을 개발하기 위한 목적으로 IEEE가 책정한 애플리케이션 인터페이스 규격
>
> (위키백과)

상용 배포판은 기존 하둡의 장점과 고객이 요구하는 사항을 더함으로써 더욱 강력한 분산시스템을 지원한다. 다만, 오픈소스의 변경에 따른 종속적 위험이 어느 정도 있기에 조직 환경에 맞는 배포판 선택이 중요하다.

이외에도 하둡을 이용한 제품은 인텔, IBM, MS 등의 세계적인 IT기업에서도 진행하고 있다.

1.3 하둡의 특징

하둡은 대용량 저장과 처리를 위해 다음과 같은 특징이 있다.

---

8 **출처** http://www.openwith.net/?p=545

빅데이터 처리	병렬 처리	범용 하드웨어
자동화	장애 극복	간결함

그림 5-9 하둡의 주요 특징

하둡은 병렬 확장으로 대량의 데이터를 빠르게 처리한다. 즉, 수평적 확장으로 분산 저장된 데이터를 처리하며, 확장할 때는 기존 High-End급 서버와는 달리 저가의 Low-End급 서버를 이용한다.

하둡은 저가의 하드웨어를 이용하므로 일반 중소기업이나 소규모 업체에서도 쉽게 빅데이터 솔루션을 도입할 수 있다. 이와 달리 일반적인 DBMS는 고가의 CPU, 고속 메모리, 디스크 등이 필요하다. 거기에 요즘은 광채널 스토리지, 재난 복구 시스템, RAID 디스크 등이 사용된다.

광채널 입출력 장치 사이의 정보 전송을 광섬유 케이블로 전송된 광신호로 실행하는 입출력 채널. 보통 전기적인 채널에 비해 원거리인 동시에 고속 정보의 전송이 가능하고 케이블이나 접속 기구 등의 공간도 줄어든다. (한국정보통신기술협회, IT 용어 사전)

재난 복구 시스템(Disaster Recovery System, DRS) 시스템에 정보를 입력하는 순간 그 내용이 백업 센터에 똑같이 저장되는 시스템. 천재지변이나 화재, 테러 등의 사고로 전산 센터가 손상을 입어도 데이터 백업 센터에 저장된 정보를 기반으로 사고 발생 후 1~24시간 안에 전체 정보를 복구, 무리 없이 정상 운용할 수 있게 한다. (한국정보통신기술협회, IT 용어 사전)

이에 반해 하둡은 저가 하드웨어, 중복 저장, 자동 복구 등 기존 시스템과는 다른 특징이 있다. 물론 업무 활용에 따라 기존 DB와 하둡은 분명히 차이가 있지만, 하둡은 중복 저장 등의 장애 극복 아키텍처를 도입하였다. 이런 점에서 하둡은 새로운 패러다임을 불러왔고, 점차

주목받기 시작했다. 여기에 하둡은 긴 시간 동안 대형 사이트에서 실제 운영되면서 신뢰성을 높였다. 이는 오랜 검증을 통해 오픈소스의 안정성을 입증하고 성능의 부정적인 면을 없앤 것이다.

그림 5-10 하둡과 일반 데이터베이스와의 비교[9]

하둡의 또 다른 장점은 자동화다. 만일 여러분이 전산 담당자로서 기존 시스템을 병렬 시스템으로 바꾸려 한다면 벌써 몇몇은 포기할 것이다. 그만큼 기존 시스템을 병렬 구조로 확장한다는 것은 고려해야 할 요소가 많다. 특히 데이터베이스는 데이터의 정확한 값을 위해 아주 많은 시간과 노력, 비용을 투자해야 한다. 이런 점에서 하둡은 병렬 분산 처리를 자동화하고 Fault Tolerance로 자동 복구를 지원한다.

개발 방법론 입장에서 하둡은 Map과 Reduce 함수의 단순한 모델이다. MapReduce 개발은 모든 작업을 두 함수 기반으로 처리해야 하기에 쉽지 않다. 이를 해결하기 위해 서브 프로젝트들이 나왔으며 이들은 하둡을 더욱 발전시켰다.

지금까지 하둡이 무엇인지 살펴보고 탄생 배경과 버전, 특징에 대해 알아보았다. 이제부터 하둡이 가진 핵심 기술이 무엇이고 어떻게 동작하는지 알아보자.

---

9 **출처** Hadoop MapReduce Computing Paradigm—WPI, Mohamed Eltabakh

1.4 하둡 프레임워크 – HDFS

하둡 프레임워크는 하둡의 가장 핵심적인 기술을 집약한 시스템으로, 데이터를 저장하는 파일 시스템과 데이터를 처리하는 모듈로 이루어진다. 하둡의 파일 시스템이 HDFS이고 데이터 처리 프로세스가 MapReduce다. 1.x는 이런 점에서 봤을 때 전형적인 프레임워크의 모습이고, 2.x는 YARN 기반의 응용 애플리케이션을 실행하기 위한 플랫폼에 가깝다.

모듈(Module) 소프트웨어에서 모듈이란 하나의 프로그램 일부분이다. 프로그램들은 하나 이상의 독립적으로 개발된 모듈로 구성되며, 이들은 해당 프로그램이 링크되기 이전까지는 결합하지 않는다.

(팀즈)

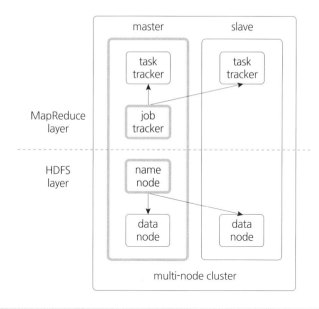

그림 5–11 하둡 프레임워크의 핵심인 두 가지 Layer[10]

앞선 그림은 하둡 프레임워크의 핵심 요소를 나타낸 것이다. HDFS layer는 대용량 분산 저

---

10 출처 Hadoop MapReduce Computing Paradigm–WPI, Mohamed Eltabakh

장을 위한 파일 시스템이고, MapReduce layer는 데이터 처리를 담당한다.

대용량 데이터를 처리하는 HDFS는 수백에서 수천 노드의 클러스터를 이용하여 기가바이트 이상의 데이터를 분산 처리한다. HDFS는 Master/Slave 아키텍처를 가지고 있으며, 모든 파일 정보는 Master의 Name Node가 가지고 있다. 그 밑 하위의 Data Node는 파일 저장과 노드 간 복제를 수행한다.

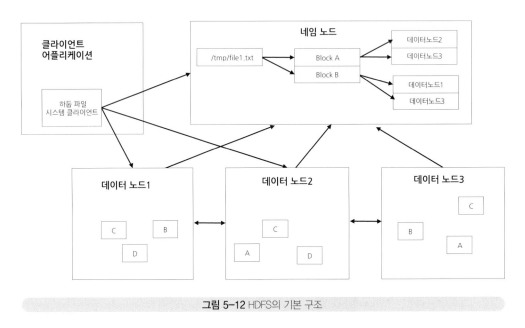

그림 5-12 HDFS의 기본 구조

HDFS는 TCP/IP 프로토콜을 통해 노드 사이에 통신한다. 처음 대용량 파일이 들어오면 HDFS에서는 블록 크기로 나눈다. 블록은 HDFS에서 사용하는 기본 저장 단위로 64MB나 126MB로 분할하여 저장한다.

> **TCP/IP 프로토콜** 인터넷 프로토콜은 인터넷에서 컴퓨터들이 서로 정보를 주고받는 데 쓰이는 통신규약(프로토콜)의 모음이다. 인터넷 프로토콜 중 TCP와 IP가 가장 많이 쓰이기 때문에 TCP/IP 프로토콜이라고도 불린다.
> (위키백과)

다음 표는 HDFS의 중요 노드에 대한 설명이다.

표 5-5 HDFS의 Name Node와 Data Node

구분	설명
Name Node	파일 시스템의 메타 데이터(파일 정보, 디렉터리 구조, 접근 권한 등) 관리 하나의 namespace와 메타 데이터를 가짐 Data Node와 주기적으로 통신하여 상태 확인 속도를 위해 Memory에서 수행 SPOF(Single Point Of Failure)
Data Node	실제 데이터 블록의 고정 크기로 저장하고, 노드 간 복제 수행 기본 3곳의 Data Node에 복제 수행 Name Node에 주기적인 상태 보고

Name Node는 성능을 위해 메모리에서 동작하는 반면에 장애가 발생하는 주요 문제 지점이기도 하다. Name Node에서는 전체적인 파일 정보를 관리하며 접근 권한과 파일의 Open, Close를 맡는다.

Data Node는 입력받은 파일의 저장과 복제를 수행하고, 복제는 기본 3군데 이상의 Data Node에 기록한다. 장애나 오류가 발생하면 이를 이용해 복구한다.

다음은 Name Node와 Data Node 간 파일의 쓰기와 읽기 과정이다.[11]

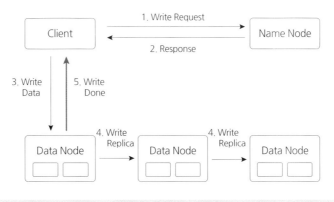

그림 5-13 HDFS 쓰기 과정

11　출처 http://redju.tistory.com/256

표 5–6 HDFS의 쓰기 단계

단계	내용
1	하둡 클라이언트는 Name Node에 파일 쓰기를 요청
2	Name Node는 메모리에 파일 경로를 생성하고 저장할 Data Node 목록을 넘김
3	클라이언트는 첫 번째 Data Node에 쓰기를 수행
4	첫 번째 Data Node는 두 번째 Data Node에 쓰고, 두 번째 Data Node는 세 번째 Data Node에 쓰기를 수행
5	복제가 완료되면 첫 번째 Data Node는 클라이언트에 완료되었음을 연락

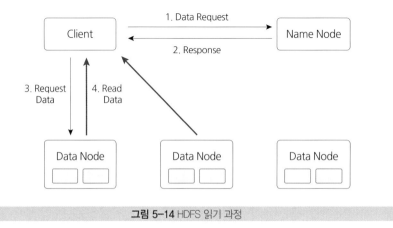

그림 5–14 HDFS 읽기 과정

표 5–7 HDFS의 읽기 단계[12]

단계	내용
1	클라이언트는 Name Node에게 해당 파일에 대한 읽기 요청
2	Name Node는 클라이언트와 가장 가까운 Data Node의 위치를 파악하여 목록을 넘김
3	클라이언트는 Data Node에 파일의 블록 정보를 요청
4	Data Node는 요청받은 블록을 전송함

---

12 출처 http://james_parku.blog.me/110188256673

HDFS는 효과적 대용량 데이터 처리를 위해 한 번의 쓰기와 여러 번의 읽기 작업에 적합하다. 또한, 결함 탐지가 쉽고 빠른 복구가 가능하다. HDFS에서는 대량의 데이터를 한꺼번에 읽으면 메모리 처리 문제가 있을 수 있다. 이 때문에 HDFS는 스트리밍 방식의 순차 읽기를 수행한다. 이런 이유로 HDFS에서는 대량 파일 처리에는 적합하지만, 작은 파일이면 성능이 비효율적이다. 한정된 메모리에서 Name Node가 작은 파일을 관리하면 너무 많은 경로 정보와 메타 데이터로 인해 성능이 떨어지기 때문이다.

HDFS는 구글의 GFS를 기반으로 만들어져서 처리 과정이 비슷하다. HDFS와 GFS는 용어만 다를 뿐 기본 프로세스는 같다. 다음 표는 HDFS와 GFS의 용어를 비교한 것이다.

표 5-8 HDFS와 GFS의 용어 비교

HDFS Name	GFS Name
Name Node	Master
Data Node	ChunkServer
Block	Chunk
FSImage	Checkpoint Image
EditLog	Operation Log

FSImage와 EditLog라는 낯선 용어가 나왔는데, FSImage는 namespace 정보와 Data Node 간의 Block 매핑 정보를 저장한다. EditLog는 HDFS에서 일어나는 모든 메타 데이터의 변경 정보를 기록한다. 이는 HDFS의 최대 취약점인 Name Node 장애 시 빠른 복구를 위한 장치이며, Secondary Name Node가 두 파일을 이용하여 복구를 수행한다.

다음은 HDFS와 GFS의 데이터 저장 과정을 나타낸 것이다.[13] 그림에서 알 수 있듯이 용어만 다를 뿐 HDFS와 GFS는 매우 비슷하다.

---

13 **출처** http://www.cs.rutgers.edu/~pxk/417/notes/16-dfs.html

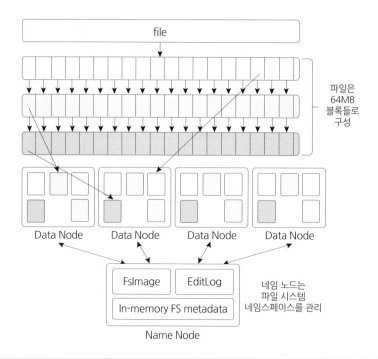

그림 5-15 HDFS에서 데이터 분산 저장 과정

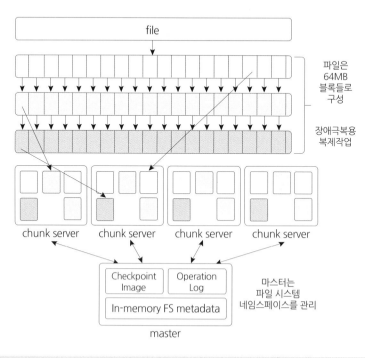

그림 5-16 GFS에서 데이터 분산 저장 과정

1.5 하둡 프레임워크 − MapReduce

지금까지 하둡 저장 기술인 HDFS에 대해 알아보았다. 이제 저장된 데이터를 어떻게 처리하는지 알아보자.

하둡 프레임워크의 하나인 MapReduce는 대용량 파일을 처리하는 핵심 엔진이다. MapReduce는 데이터를 종류별로 나누고, 중복을 제거하여 분산 처리하는 병렬 데이터 처리 프레임워크다. MapReduce의 등장 배경은 다음과 같은 기존 방식으로는 대용량 처리를 할 수 없기 때문이다.

- 저장된 데이터의 로드
- 데이터의 처리
- 처리 데이터의 저장

기존 방식은 분산 저장된 데이터를 다시 중앙으로 가져와야 하는 문제가 있다. MapReduce는 바로 이러한 대량의 데이터를 저장된 로컬에서 바로 처리할 수 있다. 대량의 데이터를 작게 분할하여 여러 노드에 분산 처리함으로써 아무리 큰 데이터라도 쉽게 분할 처리할 수 있다.[14]

다음 그림은 MapReduce의 구조를 간략하게 나타낸 것이다. 입력 데이터는 Map으로 분할하고 Reduce를 통해 결괏값을 내놓는다.

---

14 출처 http://blog.acronym.co.kr/312

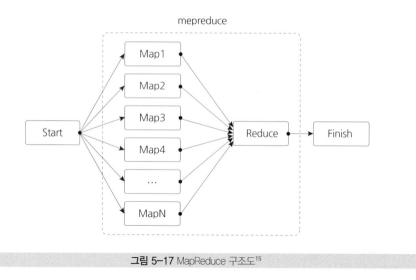

그림 5-17 MapReduce 구조도[15]

가장 핵심 함수인 Map과 Reduce는 다음과 같은 역할을 한다.

표 5-9 Map과 Reduce의 역할

구분	설명
Map	비정형 데이터를 입력받아 Reduce에서 정형화된 포맷의 키/값 쌍으로 매핑
Reduce	Map에서 입력받은 정형화된 키/값 쌍을 실제 병렬 처리하는 모듈

쉽게 말해 Map은 기존에 저장된 텍스트 등의 비정형 데이터를 정형 데이터로 만들고 이를 기반으로 Reduce가 작업하게 된다.

MapReduce의 장점은 다음과 같다.

- 간단한 API를 통한 병렬 작업
- 데이터 분산
- 로드 밸런싱
- Fault Tolerance 처리

---

15 출처 http://paulbarsch.wordpress.com/2011/11/15/bringing-sql-MapReduce-capabilities-to-life/

이 외에도 MapReduce는 수천 개의 프로세스를 통해 대용량 데이터를 쉽게 처리한다.

하둡 아키텍처는 Master/Slave 구조며, HDFS처럼 JobTracker로 TaskTracker를 제어하고 관리한다. 다음은 MapReduce와 HDFS의 관계를 나타낸 것이다.

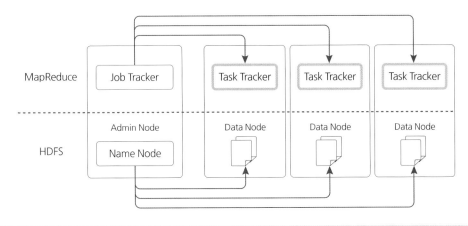

그림 5-18 HDFS와 MapReduce 구조[16]

MapReduce는 크게 JobTracker, TaskTracker와 Client Library로 구성된다. 단일 클러스터 노드에서 Tracker의 역할은 다음 표와 같다.

표 5-10 JobTracker와 TaskTracker의 역할[17]

구분	설명
JobTracker	Single 형태로 Master 역할을 하며 Name Node와 같이 위치함 Job 수행을 받음 Job을 Map과 Reduce 태스크로 분할 여러 TaskTracker에게 태스크를 나눠주며 진행 모니터링 실패한 태스크에 대한 reschedule 실행
TaskTracker	여러 개로 Slave 역할을 하며 Data Node와 같이 위치함 하층부에서 태스크를 수행 진행 사항을 JobTracker에게 보고

---

16 출처 http://asdtech.co/blog/한국어-hadoop-프레임워크-구성 요소/?lang=kr

17 출처 Understanding MapReduce with Hadoop-Tom White

이제 전반적으로 MapReduce의 아키텍처가 그려졌으니 HDFS와 결합한 하둡 아키텍처를 그려보자. 다음 그림은 하둡에서 MapReduce와 HDFS의 전체 구조를 나타낸다. 하둡 아키텍처는 전형적인 Master/Slave 구조로 Master 형태의 Name Node와 JobTracker가 있고, Slave 형태의 Data Node와 TaskTracker가 있다.

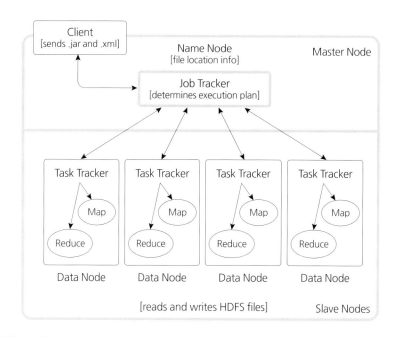

그림 5-19 Master/Slave 형태의 하둡 HDFS와 MapReduce 아키텍처[18]

이제 전체적인 구조를 파악하였으니 MapReduce가 어떤 일을 하는지 알아보자. MapReduce의 작업 과정은 다음 그림과 같다.

18 출처 http://jjeong.tistory.com/600

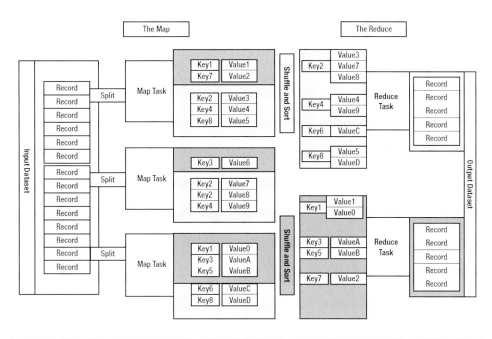

그림 5-20 Map과 Reduce 세부 과정[19]

표 5-11 MapReduce 처리 작업[20]

구분	설명
Input Dataset	임의의 상태로 HDFS에 저장된 기가바이트 이상의 원시 데이터
Split	데이터를 하나의 Map에서 작업할 수 있는 블록(64MB)으로 나눔
RecordReader	나뉜 블록을 Map에서 읽을 수 있는 Key/Value 쌍으로 구분
Map Task	코드 상의 정해진 처리를 위한 Key/Value 중간 작업을 함 실제 요구 사항의 논리적 작업을 수행하는 첫 단계
Shuffle	HTTP를 통하여 연관된 파티션(분리된 서브 Set)으로 가져가는 작업
Sort	키를 통한 그룹화
Reduce Task	Sort 값들을 필터링, 합치는 작업을 수행하여 최종 Key/Value를 내놓음
RecordWriter	최종 Key/Value를 변환하여 파일로 출력

19 **출처** http://rishavrohitblog.blogspot.kr/2013/03/MapReduce-fundamentals.html

20 **출처** https://developer.yahoo.com/hadoop/tutorial/module4.html

MapReduce의 이해를 돕고자 가장 일반적인 워드 카운트(Word Count)를 살펴보자. 워드 카운트는 특정 문서가 입력되면 MapReduce를 거쳐 각 워드별로 개수를 구한다. 문장이 입력되면 Map은 해당 문장에서 워드를 추출하여 숫자를 센다. 각 워드는 중복될 수 있으며, 여러 개의 워드가 (key, value) 쌍으로 구성된다. 다음에는 중복된 워드를 Reduce를 통해 필터링하고 합침으로써 최종적으로 각 워드를 카운트한다. 다음 그림은 이러한 과정을 나타낸 것이다.

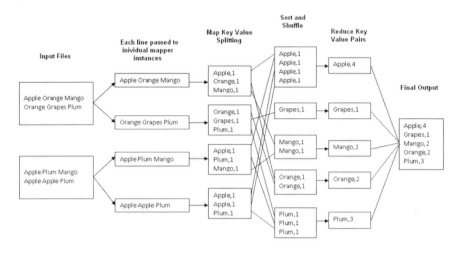

그림 5-21 입력 문장에 대해 워드별로 카운트하는 과정[21]

실제 워드 카운트는 다음 사이트에 자세히 나와 있으니 관심 있는 독자는 참고하길 바란다.

URL　http://hadoop.apache.org/docs/r1.2.1/mapred_tutorial.
html#Example%3A+WordCount+v1.0

다음으로는 Map과 Reduce 수행 과정을 알아보자. 앞에서 기본적인 사항은 모두 설명했으니 전체 과정을 그리면서 살펴보자. 이를 통해 MapReduce의 처리 절차를 이해하고 각 함수의 역할을 알아본다.

21　출처 http://kickstarthadoop.blogspot.kr/2011/04/word-count-hadoop-map-reduce-example.html

Split input

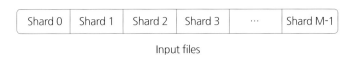

그림 5-22 Split으로 나뉘는 입력 데이터

각 조각은 split 또는 shard로 불린다. Split의 가장 큰 목적은 입력 데이터의 병렬 처리 작업이다. 또한, Split은 데이터를 일정하게 나눔으로써 각 Map의 작업 부하를 덜어낸다. M개의 map worker는 M개의 split으로 나누어 병렬 처리한다.

MapReduce는 입력 데이터를 사용자 정의 포맷이나 기본으로 지정된 포맷으로 바꿀 수 있다.

Fork 프로세스

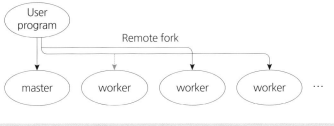

그림 5-23 리모트 실행 worker 프로세스

JobTracker(마스터)는 TaskTracker(워커)에 Job을 할당한다. 이외에도 JobTracker는 진행 사항을 추적하며 결과를 받는다. Map task는 소스 데이터에 대한 단일 Split을 처리한다. Reduce task는 Map task에 의해 생성된 중간 데이터(key/value의 intermediate data)를 작업한다.

TaskTracker는 JobTracker의 메시지를 통해 작업한다.

Fork 컴퓨터 과학에서 포크(fork)란 프로세스를 복제하는 일이다. 복제의 대상을 부모 프로세스라 하고 그 결과물을 자식 프로세스라 한다.   (위키백과)

Master와 Worker Goole MapReduce에서는 Master와 Worker라는 용어를 사용하고, Hadoop MapReduce에서는 JobTracker와 TaskTracker라는 용어를 사용한다.

작은 하둡 클러스터는 하나의 Master와 여러 Worker Node들로 구성되어 있다. Master Node는 JobTracker, TaskTracker, Name Node, Data Node로 구성된다. Slave 또는 Worker Node는 Data Node와 TaskTracker로서 작동한다.   (위키백과)

Map

그림 5-24 Map 작업

Map task는 Split에 할당된 작업을 처리한다. Map에서는 데이터를 파싱하여 목적에 맞는 (key, value) 쌍을 생성한다. 앞에서도 언급했지만, 이는 비정형 데이터를 정형 데이터로 변환하는 과정이다. Map에서는 관심 대상 데이터만 처리하기에 불필요한 데이터는 제거된다.

많은 Map worker들이 병렬 처리함에 따라, 데이터 추출 작업은 확장 처리를 통해 성능이 향상된다.

Map worker : Partition

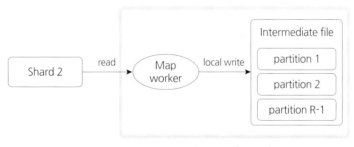

Map worker node

그림 5-25 Intermediate file 생성

각 Map worker가 생성한 (key, value) 쌍들은 메모리 버퍼 상에 있다가 주기적으로 디스크에 저장된다. 처리 과정을 보면 먼저 데이터는 파티션 함수에 의해 파티션 영역으로 구분된다. 파티션은 일정한 규칙에 따라 구분된 집합이다. 기본적인 파티션 함수는 해시 키를 R modulo 연산 처리한다. 원한다면 사용자 정의 파티션 함수를 통해 연산 처리를 변경할 수 있다.

> **Modulo 연산** 나머지를 구하는 연산. 가령 연산식이 key.hashcode( ) mod R이고 key가 9, R이 2이면 9 mod 2=1이다.

다음 그림은 앞선 Modulo 연산을 통해 중간 결괏값인 Intermediate file이 어떤 식으로 할당되는지 보여준다. 해시 함수는 키에 붙어 있는 마지막 값을 넘겨준다고 가정한다. Reduce worker는 2개이며, 각각의 Map worker 중간값을 균등하게 Reduce 작업으로 분산시킨다.

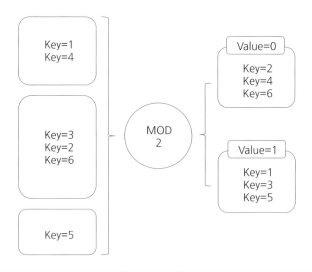

그림 5-26 MOD에 의한 2 WAY 방식의 간단한 파티셔닝

이처럼 3개의 Map worker 중간값은 파티션을 통해 2개의 Reduce worker에 할당된다.

Reduce : Sort (Shuffle)

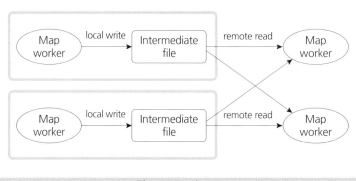

그림 5-27 Sort와 Merge

모든 Map worker가 일을 끝내고 나면 JobTracker는 Reduce worker가 일을 시작하도록 알린다. Reduce worker는 Reduce 함수가 요구하는 데이터를 얻는다. Reduce worker는 모든 Map worker에 리모트 프로시저를 통해 (key, value) 데이터를 알아낸다. 이 데이터는

키에 의해 Sort되고 Reduce worker에 매핑된다. 이 과정을 다른 말로 Shuffle이라 한다.

> **리모트 프로시저 호출(Remote Procedure Call, RPC)** 컴퓨터 프로그램을 다른 주소 공간에서 원격 제어하고자 프로그래머의 세세한 코딩 없이 함수나 프로시저의 실행을 허용하는 기술이다. 다시 말해, 프로그래머는 함수가 실행 프로그램의 로컬 위치에 있든 원격 위치에 있든 간에 반드시 같은 코드를 짜게 된다. (위키백과)

Reduce 함수

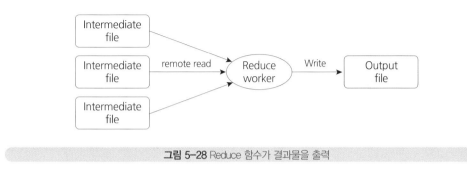

그림 5-28 Reduce 함수가 결과물을 출력

사용자의 Reduce worker는 Sort된 데이터를 읽는다. Reduce worker는 각 유일 키에 대해 한 번의 Reduce 함수를 호출한다. 함수는 두 가지 변수를 받는데 하나는 키고 다른 하나는 키값이다. 마지막으로 Reduce 함수는 결과물을 파일로 전송한다.

마무리

모든 Reduce worker가 작업을 끝내면 JobTracker는 제어권을 사용자 프로그램으로 넘긴다. MapReduce 결과물은 R개의 Reduce worker가 생성한 R개의 output 파일로 저장된다.

지금까지 우리는 하둡의 가장 핵심인 저장 구조 HDFS와 처리 함수 MapReduce에 대해 알아보았다. 이 두 가지는 하둡의 가장 중요한 처리를 담당하지만, 하둡의 이러한 단순함이 실제 여러 환경에서는 다소 부족하기도 하다. 그래서 등장한 것이 소위 하둡 에코 시스템이라는 하둡 관련 프로젝트들이다. 다음은 이러한 하둡 에코 시스템을 구성하는 여러 프로젝트와 하둡의 적용 방안에 대해 알아본다.

2. 하둡의 구성 요소와 적용 방안

하둡 에코 시스템은 하둡의 기본적인 HDFS와 MapReduce에 프로젝트를 추가하여 하둡 기반의 폭넓은 플랫폼을 제공한다. 이는 하둡의 HDFS와 MapReduce로 하기 어려운 작업을 더 쉽게 할 수 있게 한다. 대표적인 예가 Hive다. RDB에 익숙한 개발자는 하둡의 MapReduce 접근이 쉽지 않다. DBA가 데이터 입출력 과정을 모두 MapReduce 만으로 개발해야 한다고 생각해보자. 처음부터 끝까지 DBA는 데이터 흐름 관리, 제어, 파싱 등의 일에 많은 작업을 해야 한다. 이는 불과 몇 분이면 데이터를 뽑는 SQL과는 너무 비교되는 부분이다.

Hive는 이러한 기존 RDB의 장점을 하둡에 적용함으로써 간편한 데이터 핸들링을 지원한다. Hive는 SQL과 비슷한 언어를 제공하여 기존 SQL 개발자나 DBA가 데이터에 접근하기 쉽다. Hive뿐만이 아니라 여러 오픈소스 프로젝트가 하둡을 더 발전시키고 기능을 강화하는 역할을 한다.

여기서는 하둡과 관련된 주요 하부 프로젝트에 대해 알아보자.

2.1 하둡 에코 시스템

하둡 에코 시스템은 비즈니스 사용 측면에서 요구하는 관련 프로젝트들의 집합이다. 이것은 일종의 하둡 관련 필요 기술을 넣음으로써 하나의 생태계를 구성한다.

그런데 각 비즈니스 현장에서 요구하는 기술 요소가 모두 다르기에 실제로는 각자 맞는 기술을 적용해야 한다. 로그 수집의 예를 보면 다음과 같은 비즈니스 성격에 따라 수집기가 달라진다.

- 하둡 기반의 수집 → Chukwa

- 다양한 소스를 유연한 구조를 통해 수집 → Flume

척와(Chukwa) 분산된 서버에서 로그 데이터를 수집하고, 수집된 데이터를 저장하며 분석하기 위해 만들어졌다. 또한, 하둡 클러스터의 로그나 서버의 상태 정보 등을 관리할 수 있는 기능도 포함되어 있다.

[장점]

- 응용 프로그램의 로그 저장 모듈을 수정하지 않고도 로그를 수집할 수 있다.

- 수집된 로그 파일을 하둡 파일 시스템에 저장한다. 따라서 하둡 파일 시스템의 장점을 그대로 갖는다.

- 실시간 분석이 가능하다.

[단점]

- 하둡에 의존적이다. (그루비)

수집기에 대해 더 비교해보고자 한다면 다음 주소를 참조하길 바란다.

dbguide.net (데이터 수집-오픈 소스 수집기 비교)

`URL` http://www.dbguide.net/knowledge.db?cmd=specialist_view&boardUid=176130&boardConfigUid=108&boardStep=0&categoryUid=

하나의 하둡 에코 시스템이 모든 비즈니스의 빅데이터 처리에 알맞은 것은 아니다. 따라서 해당 분야별로 필요한 기술 요소를 선택하여 거기에 맞는 하둡 아키텍처를 구성해야 한다. 특히, 하둡은 기술 요소별 프로젝트가 다양하기에 목적과 방향을 고민해야 한다. 그러므로 컨설팅이나 외부 도움을 통해 조직이 원하는 방향과 거기에 맞는 플랫폼을 구성하는 것이 중요하다.

다음은 일반적으로 알려진 가장 기본적인 하둡 에코 시스템을 나타낸 것이다.

그림 5-29 기본적인 하둡 에코 시스템[22]

지금도 계속 프로젝트가 포함되거나 변경되고 있기에 어떤 하둡 에코 시스템이 가장 최선이라고 얘기할 수는 없다. 이 부분은 계속 발전하는 진행형이며 여기서는 기본 하부 프로젝트를 중심으로 알아본다.

2.2 Hcatalog

하둡은 HDFS에 대용량 파일을 저장할 수 있지만, 저장 파일은 비구조적 데이터이기에 쉽게 정보를 얻기가 어렵다.

이해를 돕고자 다음과 같은 시나리오를 살펴보자. 갑돌이는 최근 중요한 보고서를 '하나

22　출처　http://www.konantech.com/?p=1017

둘'이라는 워드로 작성한다. 같은 부서의 갑순이도 이 보고서를 수정해야 하기에 공유를 통해 수정 권한을 주었다. 문제는 보고서를 혼자가 아닌 둘이 사용하는 데서 시작된다. 갑순이는 공유된 보고서를 자신의 PC에서만 수정하고 업로드하지 않는다. 또한, 갑돌이는 공유된 보고서에 추가로 수정 작업을 계속한다. '하나둘' 보고서는 이제 2가지 버전을 가지게 되었으며 어떤 보고서로 결재할지 혼란스럽다. 즉, 갑돌이는 해당 보고서에 대한 파일의 저장 위치, 저장 형태 등을 모두 알고 있어야 한다.

다음은 파일 시스템의 몇 가지 문제점을 나타낸 것이다.

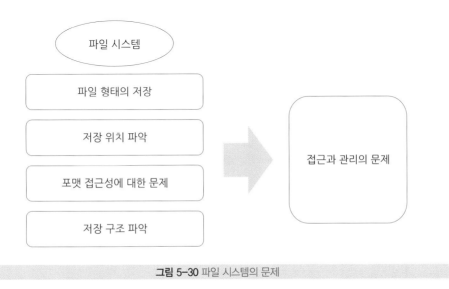

그림 5-30 파일 시스템의 문제

물론 여기에는 더 많은 장단점이 있지만 그건 일단 넘어가도록 하자.

하둡은 강력한 파일 시스템을 통해 엄청난 양의 데이터를 저장하지만, 실제 우리가 사용할 수 있는 인터페이스에는 한계가 있다. 앞선 시나리오에서 보았듯이 누가 어떤 데이터를 어디서 찾고 이용해야 할지 결정하기 어렵다.

> **인터페이스(Interface)** 사물 간 또는 사물과 인간 간의 의사소통이 가능하도록 일시적 혹은 영속적인 접근을 목적으로 만들어진 물리적, 가상적 매개체를 의미한다. (위키백과)

Hcatalog는 메타 데이터와 테이블 관리를 지원함으로써 이러한 어려움을 덜어준다. 여기에 Hive라는 SQL과 유사한 강력한 쿼리를 지원함으로써 기존 파일 시스템의 한계를 넘어 관계형 데이터베이스의 장점을 더한다. 이런 점에서 Hcatalog는 데이터베이스의 시스템 카탈로그와 비슷하다.

시스템 카탈로그 데이터베이스의 개체들에 대한 정의를 담은 메타 데이터들로 구성된 데이터베이스 내의 인스턴스다. (위키백과)

다음 그림은 이해를 돕고자 HDFS와 HCatalog의 관계를 나타낸 것이다.

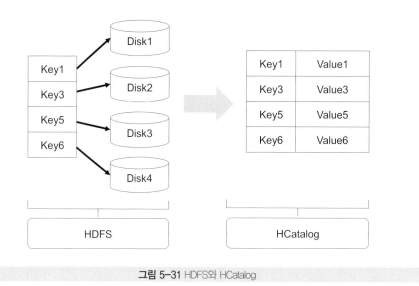

그림 5-31 HDFS와 HCatalog

저장 구조는 HDFS를 사용하고 Hive, Pig 등의 접근성을 위해 테이블 기반의 Hcatalog를 사용한다. Hcatalog는 Metadata 추상화 계층을 제공함으로써 테이블 형태의 접근을 보장한다. 추상화는 실제 저장되는 구조와 보이는 구조 간의 정보를 연결하여 쉽게 관계형 뷰를 보여준다. 다음 그림은 주변 여러 툴과 저장 파일 포맷을 연결하는 Hcatalog 추상화를 나타낸 것이다.

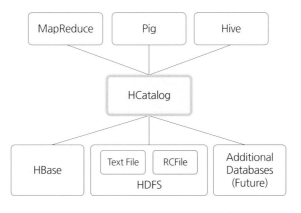

그림 5-32 Hcatalog 데이터 저장 공간의 추상화[23]

추상화(Abstraction) 복잡한 자료, 모듈, 시스템 등으로부터 핵심적인 개념 또는 기능을 간추려 내는 것 (위키백과)

추상화 계층(Abstraction Layer) 특정한 집합의 기능에서 자세한 부분을 숨기는 한 방법이다. 추상화 계층을 이용하는 소프트웨어 모델에는 컴퓨터 네트워크 통신 프로토콜을 위한 OSI 7 계층 모형, OpenGL 그래픽 드로잉 라이브러리, 바이트 스트림 입출력(I/O) 모형(유닉스가 기원이고 MS-DOS, 리눅스, 그 밖의 현대 운영 체제 대부분이 채택함)이 있다. (위키백과)

Hcatalog에서는 추상화로 동일한 스키마 정보와 테이블 정보를 보여줌으로써 여러 툴과 상호 협력을 강화한다. 기존 하둡에서는 Pig, MapReduce 등이 개별적으로 데이터를 불러왔다면 Hcatalog는 단일 추상화 계층으로 같은 데이터를 확인한다. 추상화는 파일 저장 구조나 저장 포맷, 저장 위치, 읽기 위치 등을 알 필요 없이 데이터 정보를 보여준다.

Hcatalog는 Hive metastore 위에 있고 Hive의 DDL(데이터 정의 언어)과 연동한다. 이는 쿼리를 통해 테이블의 생성, 변경 등의 작업을 가능하게 하고 Hive의 명령어 라인 인터페이스를 통해 데이터 정의 및 메타 데이터 작업을 한다.

---

23 **출처** http://ko.hortonworks.com/hadoop-tutorial/how-to-use-hcatalog-basic-pig-hive-commands/

데이터 정의 언어(Data Definition Language, DDL) SQL의 데이터 정의 언어의 문장은 관계형 데이터베이스의 구조를 정의한다. SQL에 의해 정의되는 관계형 데이터베이스의 구조는 행, 열, 테이블, 인덱스 파일 위치 등 데이터베이스 고유의 특성을 포함한다. (위키백과)

명령어 라인 인터페이스(Command Line Interface, CLI) 텍스트 터미널을 통해 사용자와 컴퓨터가 상호 작용하는 방식을 뜻한다. 즉, 작업 명령은 사용자가 컴퓨터 키보드 등을 통해 문자열 형태로 입력하며, 컴퓨터 출력 역시 문자열 형태로 나타낸다. 대표적인 것이 MS-DOS의 명령 프롬프트다. (위키백과)

다음 표는 Hcatalog의 역할을 정리한 것이다.[24]

표 5-12 Hcatalog의 역할

구분	설명
일관된 공유	다양한 하둡 툴(Pig, Hive, MapReduce)을 위해 공유된 스키마와 데이터 형식 제공 →데이터 처리 툴 간의 상호 운용성 제공 →사용자는 환경에 맞는 최상의 툴 선택 가능
추상화	사용자는 저장 위치나 저장 방법에 대해 알 필요가 없음 →관계형 데이터 뷰를 제공

다음 그림은 저장, 읽기, 명령어 라인 인터페이스에 대한 Hcatalog 아키텍처를 나타낸 것이다. HDFS와의 작업은 HcatInputFormat과 HcatOutputFormat의 두 가지 모듈을 이용하여 조회하고 저장한다.

마지막으로 하둡에서 활용하는 데이터 계층에 대해 알아보자. Hcatalog는 주변 도구를 이용하는 서비스 계층에 속한다. 가장 하위 계층인 배치 계층은 원시 데이터가 저장된 모습이고 속도 계층은 NoSQL 기반의 빠른 성능을 보여준다. 다음 그림은 각 데이터 계층에 따른 전체 구조다.

24 **출처** http://ko.hortonworks.com/hadoop-tutorial/how-to-use-hcatalog-basic-pig-hive-commands/

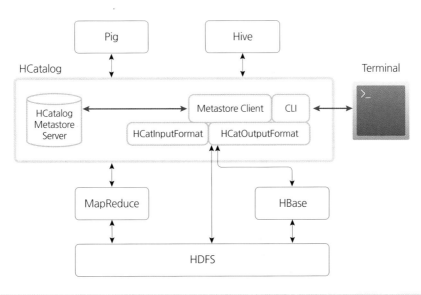

그림 5-33 Hcatalog 아키텍처

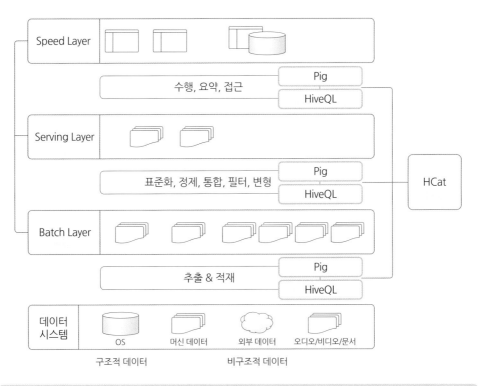

그림 5-34 하둡과 영역별 데이터 계층

다음 표는 각 계층에 대한 특징을 정리한 것이다.

표 5-13 각 하둡 데이터 계층의 특징

계층	설명
Batch Layer	원시 데이터를 다루는 계층으로 영구적 성격의 데이터 소스 주 이용자는 데이터 과학자나 분석가가 되며 디스크 기반의 접근을 통해 작업 수행
Serving Layer	비정형 혹은 반정형 데이터를 전통적인 웨어하우스의 관계형 뷰로 제공함으로써 분석의 편리함을 제공 메타 데이터가 필요하며 Hcatalog를 통해 테이블 추상화 정의로 HDFS 파일에 접근함
Speed Layer	뷰에 대한 데이터 접근의 최적화와 성능을 고려한 계층 HBASE가 주로 쓰임

각 계층을 어떻게 설계할지와 목표 사항에 맞는지는 전체 아키텍처 관점에서 살펴볼 필요가 있다.[25]

2.3 Pig

Pig는 하둡 대용량 데이터 처리를 위한 고급 언어이자 처리 엔진이다. 굳이 고급 언어라고 한 이유는 어셈블리어로 개발하기엔 너무 많은 시간과 비용이 들기 때문이다. 프로그래밍 측면에서는 기계어와 가까운 어셈블리어가 더 유리하지만, 실제 사람이 사용하는 언어와는 많이 다르다. 그렇기에 우리는 더 쉽게 이해하고 로직을 구현할 수 있는 인간 언어와 가까운 고급 언어를 선택한다.

> **어셈블리어(Assembly language)** 기계어와 일대일 대응이 되는 컴퓨터 프로그래밍의 저급 언어
>
> (위키백과)

---

25 출처 http://cloud-dba-journey.blogspot.kr/2013/06/hadoop-its-all-about-data.html

고급 프로그래밍 언어 사람이 알기 쉽도록 쓰인 프로그래밍 언어로서, 저급 프로그래밍 언어보다 가독성이 높고 다루기 간단하다는 장점이 있다.   (위키백과)

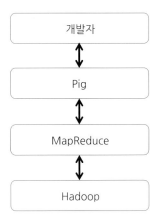

그림 5-35 Pig를 통한 개발

MapReduce는 Map과 Reduce 함수로 작업한다. MapReduce는 매우 강력하지만, 다음과 같은 두 가지 문제점이 있다.

- 자바 프로그래머가 필요하다.
- 일반적인 함수 기능을 모두 구현해야 한다. (join, filter 등)

자바 개발은 생산성과 효율성 측면에서 많은 시간과 노력을 요구한다. 가령 간단한 워드 카운트 프로그램에도 자바의 MapReduce는 거의 100라인이 넘어간다. 이를 Pig로 구현하면 단 5라인으로 끝낼 수 있다. 이러한 차이로 구글에서는 GFS와 MapReduce 간의 효과적 처리를 위해 SQL과 유사한 Sawzall이라는 언어를 개발하였다. 여기에 자극을 받아 Pig와 Hive가 새롭게 개발되었다.

하지만 이런 편리함에도 성능 차이가 있어서 이를 줄이고자 많이 노력하고 있다.

Pig는 크게 Pig 라틴, Pig 엔진, Pig 컴파일러로 구성되며, 간략히 설명하면 다음 표와 같다.

표 5-14 Pig의 구조

구분	설명
Pig 라틴(Latin)	데이터 흐름 언어로서 상위 레벨의 명령어 기반 언어 생산성을 높일 수 있음 → 100라인 Java를 5라인 Pig Latin으로 구현 → Java로 4시간 걸리는 작성을 Pig Latin으로 단 15분 만에 끝냄 비 Java 프로그래머도 작성 가능 일반적인 join, group, filter, sort 등의 기능을 지원
Pig 엔진(Engine)	하둡의 상위 단에서 Pig Latin 실행을 위한 엔진 → 하둡에 대한 튜닝이 필요 없음 → 하둡 인터페이스 변화에 영향을 받지 않음
Pig 컴파일러 (Compiler)	Pig Latin을 MapReduce로 변환 → 실행에 대한 최적화 수행

야후 개발팀에서는 하둡 처리의 약 30%를 Pig 작업으로 돌리고 있다. 실제 Pig가 쓰이는 대표적인 예는 다음과 같다.

그림 5-36 Pig가 사용되는 분야

여기서 주의해야 할 것은 Pig는 대량 데이터 처리를 지원하지만, 성능 문제로 소량 데이터 처리에는 적합하지 않다는 점이다. 이런 오버헤드는 대량 데이터 처리에 악영향을 미친다.

Pig는 작동 모드에 따라 로컬 모드와 하둡 모드로 나뉜다. 로컬 모드는 단일 JVM 상에서 동작하며 로컬 파일 시스템에서 작동한다. 로컬 모드는 주로 개발 및 프로토타이핑 시에 효과적이다. 반면, 하둡 모드는 Pig Latin을 MapReduce Job으로 변경하여 실행한다. 이를 위해 기본적인 하둡과 HDFS가 반드시 설치되어야 한다.

자바 가상 머신(Java Virtual Machine, JVM) 자바 언어로 작성된 프로그램을 해석해서 실행하는 가상 컴퓨터. 자바 언어로 기술된 프로그램은 자바 컴파일러에 의해 바이트 코드라는 중간 코드로 변환된다. 이 바이트 코드를 해석해서 실행하는 소프트웨어를 자바 가상 머신이라고 한다.

(한국정보통신기술협회, IT 용어 사전)

프로토타이핑 개발 접근법의 하나로서 개발 초기에 시스템의 모형(원형, Prototype)을 간단히 만들어 사용자에게 보여 주고, 사용자가 정보 시스템을 직접 사용해보게 함으로써 기능의 추가, 변경 및 삭제 등을 요구하면 이를 즉각 반영하여 정보 시스템을 다시 설계하고 프로토타입을 재구축하는 과정을 사용자가 만족할 때까지 반복해 나가면서 시스템을 개선해 나가는 방식이다.

(위키백과)

다음은 Pig Latin의 동작을 나타낸 것이며, 처리 과정은 관계형 데이터베이스의 SQL 파싱과 비슷하다.

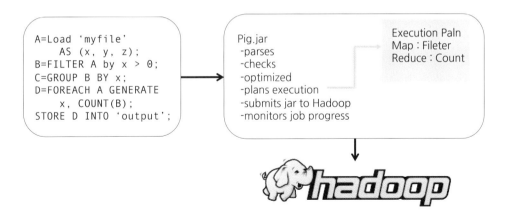

그림 5-37 Pig Latin과 Pig Engine 실행 과정

여기서는 실제 Pig Latin 사례를 통해 어떤 식으로 데이터를 다루는지 살펴보자.

예제 5-1 텍스트 파일 a.txt

```
a    1
b    2
```

```
1  $pig
2  grunt>cat /test/a.txt
3  a  1
4  b  2
6  grunt>result=LOAD '/test/a.txt' AS (letter:chararray, count:int);
7  grunt>dump result;
8  (a,1)
9  (b,2)
```

앞선 예제는 다음과 같은 작업을 한다. 예제의 Grunt는 Pig 명령어를 실행하는 인터페이스다.

2~3행 Pig Grunt로 접속한 후 a.txt 파일을 로드
6행 파일 내용을 chararry 타입(문자 타입)의 letter와 int 타입(숫자 타입)의 count 필드에 넣음
7~8행 Result라는 bag(일종의 레코드 집합)에 넣는다.

다음 예제는 실제 로그 파일을 분석한다.[26]

```
BED75271605EBD0C 970916003523  yahoo chat
BED75271605EBD0C 970916011322  yahoo search
BED75271605EBD0C 970916011404  yahoo chat
BED75271605EBD0C 970916011422  yahoo chat
BED75271605EBD0C 970916012756  yahoo caht
3F8AAC2372F6941C 970916094043  east lansing laws
3F8AAC2372F6941C 970916094111  east lansing laws
3F8AAC2372F6941C 970916185828  business homepage
3F8AAC2372F6941C 970916185908  business homepage
...
```

---

26 출처 http://svn.apache.org/repos/asf/pig/trunk/tutorial/data/excite-small.log

앞선 예제는 exite-small.log 일부분을 발췌한 것이며 원본 파일은 다음 사이트에 있다.

URL http://svn.apache.org/repos/asf/pig/trunk/tutorial/data/excite-small.log

구분자는 탭으로 되어 있고 사용자 ID, 타임스탬프, 검색 질의어로 구성되어 있다. 이제 각 사용자가 몇 번의 검색 질의를 하였는지 Pig를 통해 알아보자. 작동 알고리즘은 다음과 같다.

- 각 필드로 구분하여 구성(user, timestamp, query)
- 사용자별 그룹화
- 그룹회된 사용자의 숫자 카운팅

예제 5-5 간단한 로그 파일 카운팅

```
log = LOAD 'excite-small.log' AS (user:chararray, timestamp:long,
      query:chararry);
grpd = GROUP log BY user;
cntd = FOREACH grpd GENERATE group, COUNT(log);
STORE cntd INTO 'output';
```

마지막은 STORE를 통해 'output' 파일로 결괏값을 저장한다. 예제 5-5의 결괏값은 다음과 같다.

예제 5-6 간단한 로그 파일 카운팅 결괏값

```
002BB5A52580A8ED    18
005BD9CD3AC6BB38    18
...
```

앞선 과정은 RDB에서 SQL을 통해 테이블을 조회하거나 프로시저를 통해 레코드 값을 얻는 과정과 비슷하다. 단지 여기서는 대량의 데이터 집합이 대상이고 RDB는 테이블 대상이라는 점이 다르다.

Pig는 MapReduce의 복잡하고 많은 코드를 단순화하여 대량의 데이터를 다룬다. Hive와 더불어 하둡 데이터를 간편하게 다룸으로써 생산성과 접근성이 훌륭하다.

다음으로 SQL과 유사한 Hive에 대해 알아보자.

2.4 Hive

Hive는 데이터 요약, 쿼리, 분석을 제공하며 하둡에서 동작하는 데이터 웨어하우스 인프라 구조다. Pig의 등장 배경이 집계 함수나 필터링 등의 MapReduce 구현이 어려운 데서 나왔다면, Hive는 여기에 데이터 웨어하우스 환경을 제공하는 데 있다. 하둡의 대량 데이터 처리 능력은 RDB 이상이지만, RDB의 관리, 분석 등의 장점은 부족하다. 그런 의미에서 Hive는 RDB 장점을 하둡 아키텍처로 흡수한 것이다.

Hive는 2007년 Facebook에서 개발했으며, 오늘날은 아파치 재단의 공식 프로젝트로 진행된다. Hive는 RDB SQL과 유사한 HiveQL 언어를 제공한다. 이것이 의미하는 바는 다음과 같다.

- SQL 전문가가 빅데이터에 쉽게 접근할 수 있음
- 데이터 분석가들이 쉽게 하둡 데이터를 다룸

다음 그림은 이러한 장점이 합쳐진 하둡 데이터 웨어하우스를 나타낸 것이다.

Hive가 많은 장점이 있지만, 기존 데이터 웨어하우스나 RDB의 모든 점을 갖춘 것은 아니다. 이 때문에 Hive에서는 RDB처럼 실시간 쿼리나 빠른 쿼리를 처리하지 못한다. 심지어 작은 데이터를 조회할 때 Hive는 수 분 이상 걸리기도 한다. Hive는 실시간을 목적으로 설계되지 않았으며, 확장과 사용 편의성에 중점을 두었다. 내부적으로 보면 하둡은 MapReduce 처리가 기본이므로 Hive는 내부 쿼리를 MapReduce 태스크로 변환하여 실행할 뿐이다.

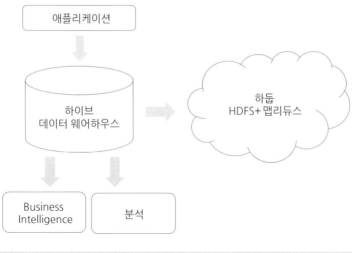

그림 5-38 Hive의 데이터 웨어하우스와 하둡[27]

그렇다면 내부적으로 Hive가 HiveQL을 통해 어떻게 변환하는지 살펴보자.

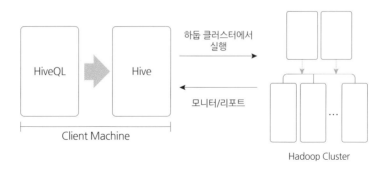

그림 5-39 HiveQL과 하둡으로의 실행[28]

앞선 그림에서 알 수 있듯이 내부적으로 Hive가 쿼리를 넘기면 실제 동작은 MapReduce를 통해 실행된다.

---

27 출처 http://www.progress.com/products/datadirect-connect/odbc-drivers/data-sources/hadoop-apache-hive

28 출처 http://www.coreservlets.com/hadoop-tutorial/

Hive는 스키마나 데이터 파티셔닝(샤딩) 등을 지원하기 위해 내부에 Derby라는 SQL 서버를 사용하여 Metastore를 저장한다. Metastore는 Hive 기반의 Metadata다. 여기에는 namespace를 관리하는 데이터베이스 정보, 테이블 정보와 파티션 데이터 정보 등을 담고 있다. 저장 공간은 Derby 외에도 MySQL 등의 일반 RDB를 지원한다.

다음 그림은 Hive의 전체 아키텍처를 나타낸 것이다.

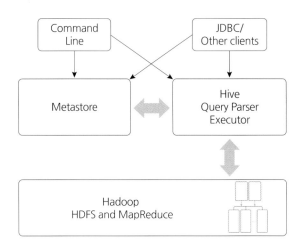

그림 5-40 Hive 아키텍처[29]

Hive 인터페이스로는 크게 CLI(Command Line Interface), JDBC, Hive 웹 인터페이스 등이 있다. 쿼리 조회에는 CLI가 쓰이고, 실제 프로그램이나 데이터 핸들링 작업은 JDBC를 통한다. 웹 인터페이스는 전체 관리를 한다. 즉, 일반적인 RDB 환경과 거의 비슷하다. 다음 그림은 이러한 특징을 잘 나타낸다.

---

29 **출처** http://www.coreservlets.com/hadoop-tutorial/

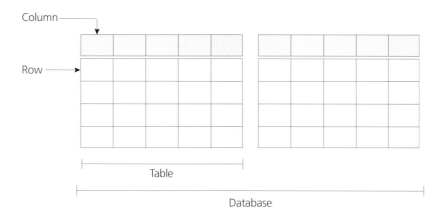

그림 5-41 Hive의 데이터 모델

Hive는 RDB로부터 많은 기본 개념을 가져왔다. 또한, Hive는 기본 RDB 구성인 데이터베이스, 테이블, Row, Column 등을 제공한다.

마지막으로는 Hive를 구성하는 요소와 역할에 대해 알아보자. 다음 그림과 표는 이제까지 언급했던 각 요소를 나타낸 것이다.[30]

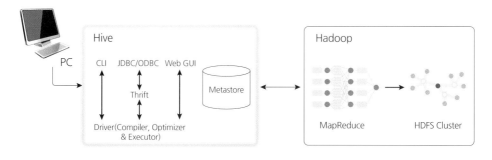

그림 5-42 전체 Hive의 구성도

---

30 출처 http://www.revelytix.com/?q=content/hadoop-ecosystem

표 5-15 전체 Hive 구성 요소와 역할

구성	설명
MetaStore	시스템 카탈로그, 테이블, 칼럼 및 파티션 등의 정보를 메타 데이터에 저장
Driver	HiveQL 문장의 라이프 사이클 관리
Compiler	HiveQL을 MapReduce 태스크로 컴파일 실행
실행 엔진	적당한 순서에 따라 컴파일러에 의해 생성된 태스크를 실행
HiveServer	Thrift와 JDBC/ODBC 인터페이스 제공

HiveQL의 사용은 기존 RDB의 SQL 문법과 비슷하다. 간단한 예제를 살펴보자.

예제 5-7 user-posts.txt Raw Data

```
user1,Funny Story,1343182026191
user2,Cool Deal,1343182133839
user4,Interesting Post,1343182154633
user5,Yet Another Blog,13431839394
```

앞선 예제는 게시판의 등록자 이름, 제목, 등록된 시간(타임스탬프)으로 구성된 텍스트 파일이다. 이제 해당 파일을 Table에 옮기고 HiveQL로 간단히 조회해 보자. 다음은 테이블을 만드는 데이터 정의 언어다.

예제 5-8 테이블 생성 DDL

```
hive > CREATE TABLE posts (user STRING, post STRING, time BIGINT)
    > ROW FORMAT DELIMITED
    > FIELDS TERMINATED BY ','
    > STORED AS TEXTFILE;
```

다음은 앞선 예제에서 작업한 내용이다.

예제 5-9 DDL 해석

1행   'user', 'post', 'time' 칼럼을 가진 'posts' 테이블 생성

2~3행	입력 파일의 구분자는 ' , '로 함
4행	저장은 텍스트 파일 형태임

다음은 앞선 테이블에 대한 기본적인 정보를 보여주는 명령어이다.

예제 5-10 전체 테이블을 보여주는 명령어

```
hive > show tables;
OK
posts
```

예제 5-11 'posts' 테이블에 대한 schema 정보를 보여주는 명령어

```
hive > describe posts;
OK
user string
post string
time bigint
```

앞선 두 명령어는 RDB 명령어와 비슷하기에 기존 SQL 개발자들도 Hive에 쉽게 접근할 수 있다.

예제 5-12 텍스트 데이터를 테이블로 로딩하는 명령어

```
hive > LOAD DATA LOCAL INPATH 'data/user-posts.txt'
    > OVERWRITE INTO TABLE posts;
```

앞선 명령어는 'user-posts.txt' 파일을 새로 생성한 'posts' 테이블로 로딩하는 명령어이다. 참고로 기존 테이블 데이터는 모두 지워진다.

예제 5-13 사용자 user2의 데이터를 조회하는 명령어

```
hive > select * from posts where user="user2";
..
OK
user2     Cool Deal     1343182133839
```

마지막으로 사용자 'user2'의 데이터를 조회하여 정확하게 데이터가 들어갔는지 확인한다. SQL을 조금만 아는 사용자라면 금방 HiveQL에 익숙해진다. Hive는 비록 데이터 웨어하우스의 실시간성과 빠른 처리를 보장하진 않지만 쉬운 접근을 제공한다.

2.5 ZooKeeper

Zookeeper는 아파치 재단의 분산 시스템 환경 프로젝트다. 앞서 하둡을 다룰 때 분산이라는 용어를 많이 언급했다. 이제 분산 관점을 애플리케이션 측면에서 바라보자. 우리가 흔히 아는 애플리케이션은 단일 CPU 컴퓨터에서 실행되는 애플리케이션이다. 내부적으로는 여러 프로세스와 스레드가 실행되지만, 기본적으로는 하나의 CPU에서 작동한다.

> **분산 컴퓨팅** 인터넷에 연결되거나 내부 네트워크에 연결된 여러 컴퓨터의 처리 능력을 이용하여 거대한 계산 문제를 해결하려는 분산 처리 모델이다. (위키백과)

하지만 빅데이터와 클라우드라는 새로운 개념이 등장함에 따라 여러 클러스터 형태의 환경에서 독립적 애플리케이션들을 어떻게 동작하게 하고 제어할지에 대한 고민이 생겼다.

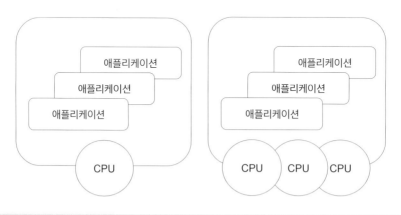

그림 5-43 단일 서버와 클러스터 환경에서 애플리케이션 실행

기존 단일 CPU 혹은 단일 서버에서는 생각지 못했던 많은 것들이 클러스터 환경에서는 고려 대상이 되었다. 분산 환경에서는 예기치 못한 네크워크나 일부 서비스 등의 장애로 전체 시스템에 문제가 생길 수 있다. 이를 해결하기 위해 분산 환경에서는 동기화, 모니터링, 신뢰성 확보의 다양한 관점이 중요하다. Zookeeper는 바로 이런 문제를 해결할 수 있는 시스템이다.[31]

Zookeeper는 말 그대로 동물 사육사로서 Zookeeper는 주변의 Hive, Pig 등을 조련한다. Zookeeper의 주요 특징은 다음 그림과 같다.

그림 5-44 Zookeeper의 주요 특징

다음 표는 Zookeeper의 특징을 정리한 것이다.[32]

표 5-16 Zookeeper의 주요 특징 설명

구분	내용
Configure Information	환경 설정 관리 각 서버들을 통합적으로 관리하여 환경 설정을 따로 분산하지 않고 주키퍼 자체적으로 관리
Group Service	장애 판단 및 복구 액티브 서버(일반 서버)에 문제가 발생하여 서비스를 지속적으로 처리하지 못할 경우 스탠바이 서버(일반 서버)가 액티브 서버로 바뀌어 기존 액티브 서버가 서비스하던 일을 처리
Synchronization	하나의 서버에서 처리된 결과를 또 다른 서버들과 동기화하여 데이터 안정성 보장

31 **참고** http://youngdeok-k.com/

32 **출처** http://youngdeok-k.com/

구분	내용
Naming	네이밍 서비스를 통한 부하 분산 하나의 클라이언트(하나의 서버)만 서비스를 수행하지 않고 알맞게 분산하여 각각의 클라이언트들이 동시 작업할 수 있도록 지원

여기에 추가로 분산 잠금, 분산 큐, 마스터 선거(election) 등이 있다. 마스터 선거는 Zookeeper의 마스터 서버인 리더에 장애가 발생할 때 다른 서버를 뽑는 것을 말한다.

큐(Que) 컴퓨터의 기본적인 자료 구조의 하나로, 먼저 집어넣은 데이터가 먼저 나오는 FIFO(First In First Out) 구조로 저장하는 형식을 말한다. 영어 단어 queue는 표를 사러 일렬로 늘어선 사람들로 이루어진 줄을 말하기도 하며, 먼저 줄을 선 사람이 먼저 나갈 수 있는 상황을 연상하면 된다. (위키백과)

전체적으로 Zookeeper는 분산 환경의 장애에 대비하여 부하 분산 및 동기화를 진행한다. 다음 그림은 이러한 작업을 하는 Zookeeper의 데이터 모델이다.

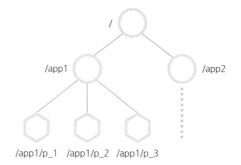

그림 5-45 Zookeeper 데이터 모델[33]

Zookeeper 데이터 모델은 전형적인 트리 계층 구조다. 각 노드는 zNode라 불리며 여기에는 잠금 정보, 서버 상태 등을 저장한다.

---

33 **출처** http://zookeeper.apache.org/doc/trunk/zookeeperOver.html

다음 표는 Zookeepr가 가지는 주요 장점을 정리한 것이다.

표 5-17 Zookeeper의 주요 장점

구분	내용
In-Memory	빠른 실행과 고가용성을 위해 메모리에서 작업하며 실패에 대비해 스토리지에 백업
분산 처리	신뢰성과 Fault-tolerance 유지를 위해 서버들 간의 자동 동기화 수행
NoSQL	파일 시스템과 유사한 트리 구조로 Key-Value로 구성 /myapp/config/var1, /myapp/username의 구조에 간단한 명령어로 읽기와 쓰기 수행

그럼 이제부터 실제 Zookeeper를 어떻게 활용하는지 알아보자. 사례 사이트는 로그를 수집하고 RDB로 Import하여 리포팅한다. 여기서 애플리케이션의 조정, 상태 유지에 Zookeeper를 사용한다.

다음은 진행하고자 하는 빅데이터의 워크플로우이다.

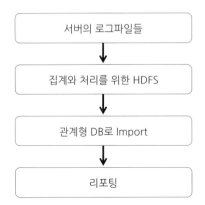

그림 5-46 로그 파일의 빅데이터 처리 워크플로우

여기서 각 단계는 다음을 고려하며 적절하게 환경을 설정한다.

- 서버에서 파일 수집은 언제 가능한가?
- 하둡에서는 집계 처리 결과물을 언제 관계형 DB로 넘기는가?
- 리포트 생성을 위한 로그 데이터 분석 처리는 언제 끝나는가?

각 단계에서 실행되는 애플리케이션은 여러 개일 수 있고, 서로 다른 언어로 개발된 것일 수도 있다. 보통 모듈 간의 관계는 느슨할수록 확장과 재사용이 좋다. 각 모듈은 상대방이 무슨 일을 하는지 알 필요 없이 결과물만 어떤 식으로 전달할지 알면 된다.

여기서는 다음의 날짜, 시간의 Zookeeper 키(zNode)를 통해 애플리케이션과 각 단계의 처리 상태를 확인한다.

```
/my-hadoop-app/jobs/current/2013/10/03/job_id_20131003_00 "done"
```

앞선 사례를 통해 Zookeeper는 단계별 진행, 성공 혹은 실패를 추적한다. ZooKeeper는 날짜와 시간이 적힌 시각을 쉽게 추적하고 zNode의 생성 시간, 수정 시간을 유지한다.[34]

2.6 Ambari

암바리(Ambari)는 하둡 클러스터의 프로비저닝, 관리 그리고 모니터링 등 하둡 관리의 편리성을 위해 개발된 소프트웨어다. 암바리는 RESTful API 기반의 웹 UI를 통해 쉽게 하둡을 관리한다.

> UI(User Interface, 사용자 인터페이스) 사람(사용자)과 사물 또는 시스템, 특히 기계, 컴퓨터 프로그램 등 사이에서 의사소통을 할 수 있도록 일시적 또는 영구적인 접근을 목적으로 만들어진 물리적, 가상적 매개체를 뜻한다. 사용자 인터페이스는 사람들이 컴퓨터와 상호 작용하는 시스템이다.　　　(위키백과)

암바리는 다음과 같은 기능을 한다.

34　출처 https://tech.federatedmedia.net/apache-zookeeper-part-1-convenient-service-servers/

표 5-18 암바리의 주요 기능

구분	내용
Provision	여러 호스트에 스텝-바이-스텝의 하둡 서비스 설치 마법사 제공 하둡 클러스터를 위한 하둡 서비스의 환경 변수 관리
Manage	전체 하둡 클러스터에 대한 서비스의 시작, 종료, 재설정의 중앙 관리
Monitor	하둡 클러스터에 대한 상태 대시보드 제공 Ganglia와 Nagios를 통한 메트릭 수집 및 시스템 경고 설정

다음은 암바리의 시스템 아키텍처를 나타낸 것이다.

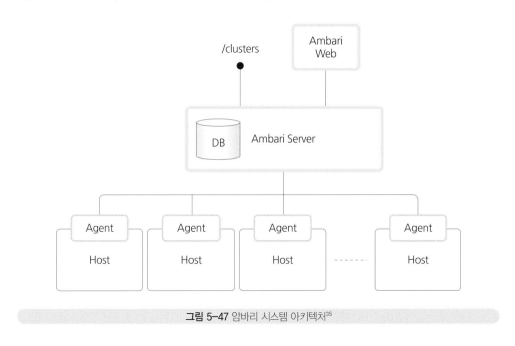

그림 5-47 암바리 시스템 아키텍처[35]

암바리는 웹 환경을 통해 하둡을 쉽게 관리하여 관리자의 효과적 관리를 지원한다.

---

35 **출처** http://www.bloter.net/archives/135077

2.7 그 외 서브 프로젝트

하둡 에코시스템의 서브 프로젝트는 기능상 필요하거나 더 쉬운 접근을 위해서 상당히 빨리 바뀐다. 현재 나와있는 프로젝트로는 Mahout과 Sqoop 등이 있다.

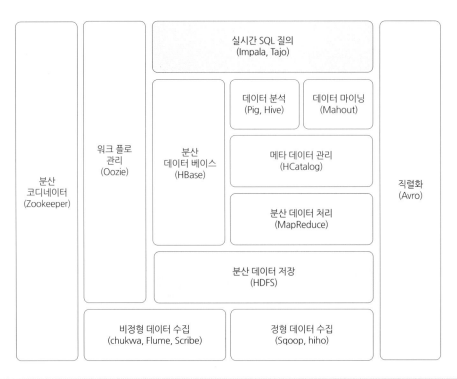

그림 5-48 새로운 하둡 에코 시스템의 하부 프로젝트[36]

Mahout은 확장 가능한 기계학습 라이브러리이자 수집된 데이터 처리를 위한 기계학습 툴이다. 대표적인 기계학습으로는 추천인 엔진(Recommender Engine)과 협업 필터링(Collaborative Filtering), 클러스터링, Classification 등이 있다.

- **Recommender Engine** 취향을 추측하여 관심 있는 분야의 새롭거나 관련 있는 아이템 추천
- **Clustering** 유사한 그룹을 묶어 그곳에서 새로운 지식과 가치를 발견
- **Classification** 일정한 집단에 대한 특정 정의를 통해 분류화 및 그룹화함(위키백과)

---

36 **출처** http://blrunner.com/18, "시작하세요! 하둡 프로그래밍" (위키북스, 2014)

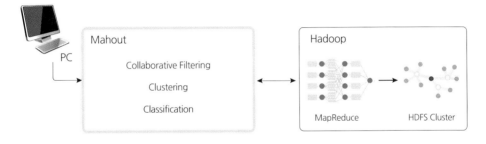

그림 5-49 Mahout의 동작 방식

Sqoop은 대용량 벌크 데이터의 전송을 위해 쓰이며, 주요 기능은 다음과 같다.

- 외부 DB에서 하둡으로 데이터를 옮김
- 주로 배치 작업을 통해 일정 간격으로 외부 DB에서 데이터를 읽어오는 데 사용

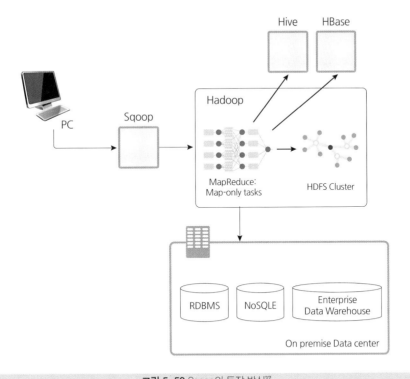

그림 5-50 Sqoop의 동작 방식[37]

---

37 **출처** http://www.revelytix.com/?q=content/hadoop-ecosystem

마지막으로 Avro는 데이터 직렬화 시스템이다. Avro는 JSON을 이용해 데이터 형식과 프로토콜을 정의하며, 작고 빠른 바이너리 포맷으로 데이터를 직렬화한다.

데이터 직렬화(Data Serialization) 컴퓨터 과학에서 직렬화라는 것은 메모리 버퍼, 파일, 혹은 네트워크로 전송하고 저장하는 데이터를 이용할 수 있는 상태로 재구성하는 것을 의미한다.

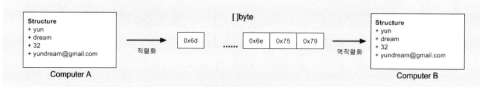

A 컴퓨터에서 구조체 데이터를 인터넷 너머에 있는 B 컴퓨터로 보낸다고 가정해 보자. 네트워크에서 데이터는 연속된 바이트의 흐름일 뿐이다. 따라서 구조체를 바이트 배열로 만들어야 하는데, 이를 직렬화라고 한다. 직선으로 쭉 나열한다는 의미로 보면 되겠다. 직렬화된 데이터를 받은 측에서 사용하려면 다시 구조체로 만들어야 한다. 이를 역직렬화라고 한다.

데이터를 직렬화하고 역직렬화하려면, 데이터 포맷을 알고 있어야 한다. 그래서 JSON, XML, YAML과 같은 문서 포맷이 주로 직렬화의 대상이 된다.

(http://www.joinc.co.kr/modules/moniwiki/wiki.php/man/12/golang/networkProgramming/
Serialisation)

3. NoSQL이란 무엇인가?

RDB는 현재 가장 많이 쓰이는 데이터베이스로서 테이블 중심으로 데이터를 저장한다. 다음은 RDB의 간략한 특징이다.

- 엄격한 룰 기반

- 중복 배제

- ACID(Atomicity, Consistency, Isolation, Durability)

ACID(원자성, 일관성, 고립성, 지속성) 데이터베이스 트랜잭션이 안전하게 수행된다는 것을 보장하기 위한 성질을 가리키는 약어이다.

- **원자성(Atomicity)** 트랜잭션과 관련된 작업들이 모두 수행되었는지 아닌지를 보장하는 능력
- **일관성(Consistency)** 트랜잭션이 실행을 성공적으로 완료하면 언제나 일관성 있는 데이터베이스 상태로 유지하는 것
- **고립성(Isolation)** 트랜잭션을 수행할 때 다른 트랜잭션의 연산 작업이 끼어들지 못하도록 보장하는 것
- **지속성(Durability)** 성공적으로 수행된 트랜잭션은 영원히 반영되어야 함을 의미 _(위키백과)_

데이터베이스로 RDB가 많이 쓰이지만 SNS의 폭발적 인기에 따라 새로운 저장 방식이 필요해졌다. 분당 수십만 건의 메시지를 RDB ACID 틀 안에서 처리 · 저장하기에는 너무 비효율적이어서 이러한 대용량 처리와 데이터베이스 기능을 위해 NoSQL이 등장하였다. NoSQL(Not Only SQL)은 기존의 RDB뿐만이 아닌 대용량 처리를 위한 새로운 해법을 제시한다. 이것은 실시간 대량의 데이터를 안정적으로 빠르게 처리 저장한다.

물론, 기존 RDB에서도 이러한 업무는 가능하다. 하지만 라이선스와 고속 처리 장치가 뒷받침되어야 하며 비용적으로도 상당한 부담이다. 이에 반해 NoSQL은 오픈소스로 저가 클러스터 환경 구성이 가능하며 비정형 데이터 처리에 비용 효과적이다.

다만, NoSQL은 RDB의 정확한 스키마 처리가 안 된다. 이런 점 때문에 NoSQL은 대량 데이터와 조직 특성에 맞게 도입해야 한다. 모든 시스템에 맞는 데이터베이스는 존재하지 않는다. 그렇기에 NoSQL이 모든 업무부터 빅데이터까지 다룰 수는 없다. 또한, 일반 시스템에서는 오히려 RDB가 훨씬 성능이 우수하다. 단지 NoSQL은 RDB보다 더 효과적으로 비정형의 대용량 데이터를 처리한다는 점이 다를 뿐이다. 그래서 모든 조직이나 기업은 각자 환경에 맞는 올바른 데이터베이스를 선택해야 한다.

빅데이터 저장 기술에는 기존의 RDB 한계를 넘는 다음과 같은 몇몇 기술적 특징이 있다.

Key Value 기반	대용량 데이터의 저장 및 랜덤 읽기
칼럼 기반	데이터의 클러스터 기반 유연한 저장

그림 5-51 빅데이터 저장 기술 특징

NoSQL은 제품이라기보다 기존 RDB와는 다른 데이터 저장 및 검색 메커니즘이다. NoSQL
과 RDB의 관계를 이해하고자 다음 CAP 이론을 살펴보자.[38]

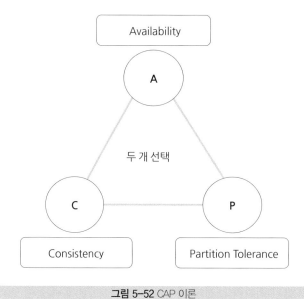

그림 5-52 CAP 이론

데이터 관리 시스템을 선택하는 기준은 크게 Consistency, Availability, Partition tolerance
의 3가지가 있다. 각각의 의미는 다음과 같다.

---

38 출처 http://blog.nahurst.com/visual-guide-to-nosql-systems

표 5-19 일반적인 DBMS의 3가지 조건

구분	내용
Consistency	각각의 데이터 이용자는 같은 데이터를 보고 있어야 한다.
Availability	모든 사용자는 항상 데이터의 읽고 쓰기가 가능해야 한다.
Partition tolerance	시스템은 일부 물리적 네트워크 장애로 인한 메시지 손실에도 정상 동작을 해야 한다.

현재 앞선 3가지를 모두 충족하는 데이터베이스는 없으며, 3가지 중 2가지만을 만족한다. RDB는 Consistency와 Availability를 만족하는데, 이는 대용량 메시지를 빠르게 처리할 수 없기 때문이다. 즉, RDB는 일부 장애가 발생할 때 메시지 저장과 정상 동작을 보장하지 않는다. 이와 반대로 HBase나 Cassandra 등은 기본적으로 Partition tolerance를 만족한다. 결국, 3가지 조건 중 어떤 2가지를 갖추느냐에 따라 데이터베이스의 특징이 구분된다.

다음은 일반적인 NoSQL의 기반 구조다.

그림 5-53 NoSQL의 구조

표 5-20 NoSQL의 기술적 특징

구분	내용
수평적 확장성	무한한의 확장성 보장, 페타바이트 수준의 데이터 처리
Simple DB	고정 스키마가 없기에 Join이 없고 무결성과 정합성을 보장하지 않음
저렴한 클러스터링	PC 수준의 하드웨어 사용

구분	내용
단순한 검색	RESTFul API를 통한 데이터 접근, Key-Value, Graph, Document 구조
오픈소스 기반	자생적 흐름으로 여러 오픈소스와 연계(Hadoop Architecture)

이제 CAP 이론이 아닌 실제 NoSQL 기반 DB에는 어떤 것들이 있는지 알아보자. 비관계형 모델에는 여러 가지가 있지만, 다음 4가지 데이터 모델이 가장 일반적이다.

표 5-21 NoSQL 기반 데이터 모델

구분	내용	유형
Key-Value 저장	KV라 불리는 이 모델은 NoSQL의 가장 단순한 형태로 유니크 키를 통해 특정한 값을 지정한다. (Hash Table, Map)	Redis, Riak, DynamoDB
Column 기반 저장	칼럼 기반 저장은 Column Family라는 칼럼들의 집합을 통해 Key-Value 형태로 저장한다.	HBase, Cassandra
Document 저장	Document 저장은 Key에 대응하는 값이 반정형 데이터(JSON, XML, BSON 등)인 저장 구조이다.	MongoDB, CouchDB
Graph 저장	그래프는 노드와 노드 간의 관계를 명시함으로써 그래프 형태로 저장한다.	Neo4j, AllegroGraph

가장 잘 알려진 칼럼 기반 DB와 관계형 DB를 비교함으로써 NoSQL의 데이터 관점을 이해해 보자. NoSQL은 가장 일반적인 관계형이라는 테이블 구조에서 벗어나 데이터 저장 관점을 Key, Value 쌍이나 칼럼 구조로 본다. 다음 예는 하나의 데이터를 관계형과 칼럼형으로 분류하여 나타낸 것이다.[39]

테이블은 관계형 데이터 구조며 Row(행) 단위 저장을 한다. 앞의 테이블은 제조국가, 제품, 매출액을 나타낸다. 앞선 그림의 Row Store에서는 각각의 칼럼 데이터가 모여 하나의 Row를 이룬다. Column 기반은 데이터 구조가 칼럼 중심이다. 이처럼 같은 데이터가 Row냐 Column이냐에 따라 데이터 관점이 바뀐다.

---

39   출처 http://www.cubrid.org/blog/dev-platform/platforms-for-big-data/

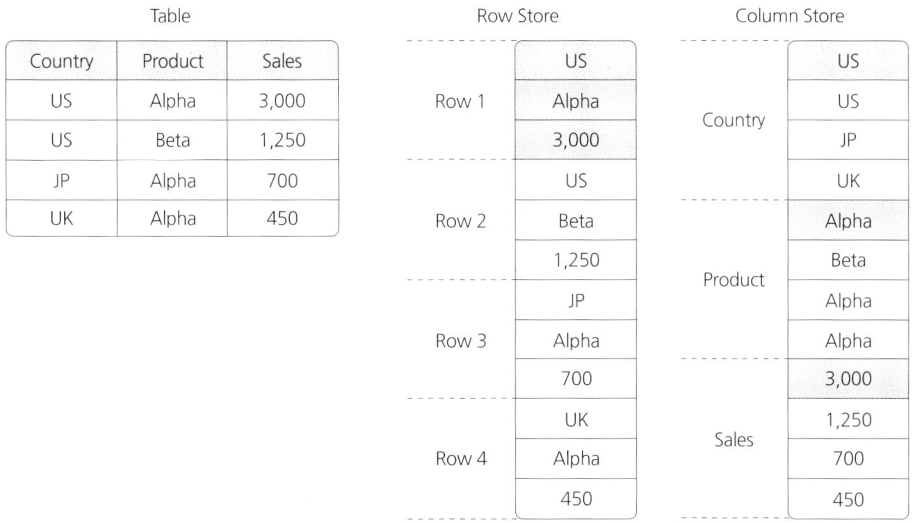

Table		
Country	Product	Sales
US	Alpha	3,000
US	Beta	1,250
JP	Alpha	700
UK	Alpha	450

Row Store

Row 1	US
	Alpha
	3,000
Row 2	US
	Beta
	1,250
Row 3	JP
	Alpha
	700
Row 4	UK
	Alpha
	450

Column Store

Country	US
	US
	JP
	UK
Product	Alpha
	Beta
	Alpha
	Alpha
Sales	3,000
	1,250
	700
	450

그림 5-54 같은 데이터의 Row-Oriented와 Column-Oriented 기반의 분류

다음으로 NoSQL의 각 분류별 대표 DB를 살펴보자.

4. NoSQL의 구성 요소와 적용 방안

여기서는 NoSQL의 주요 데이터베이스에 대해 알아본다. 기본적인 모델로는 Key-Value, Column 기반, Document, Graph가 있는데, 이들 각각의 대표 데이터베이스들을 살펴본다.

4.1 Redis

Redis는 Key-Value 기반의 데이터베이스로 트위터와 블리자드, stackoverflow 등에서 쓰이고 있다. Redis는 인 메모리 DB로 5가지 타입을 키와 맵핑하여 빠른 성능을 보장한다. 인 메모리 DB는 memcached도 있지만, Redis는 자동으로 디스크에 영구 저장한다. 저장 방법은 다음과 같은 2가지 형태다.

표 5-22 Redis의 저장 방식

구분	내용
스냅샷	Redis가 특정 시점에 저장하는 구조다.
AOF	AOF(Append-Only File)는 데이터 변경 시 명령어를 통해 직접 저장한다.

저장 방식은 성능을 고려해야 하며, Redis는 다음과 같은 5가지 타입을 지원한다.

표 5-23 Redis의 5가지 타입

타입	구분	내용
String	설명	String, Integer, Floating 지원
	명령어	GET, SET, DEL
	도해	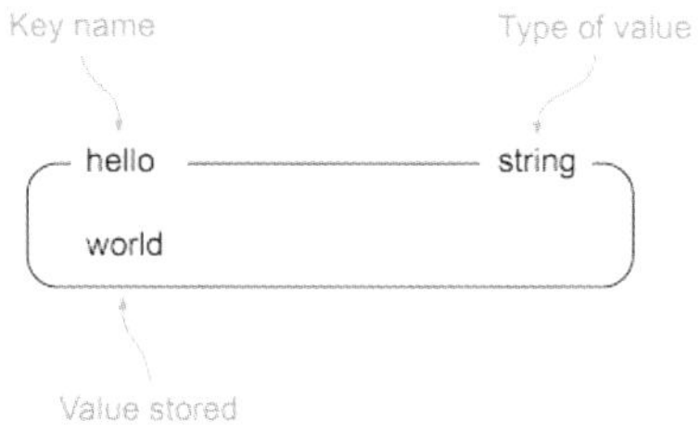
List	설명	Linked list of Strings의 배열
	명령어	LPUSH, RPUSH, LPOP, RPOP, LINDEX, LRANGE
	도해	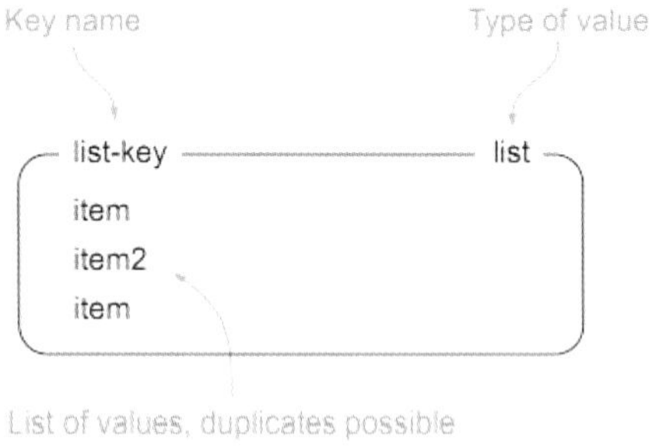

타입	구분	내용
Set	설명	정렬이 안된(Unordered) 유니크 스트링의 집합 List와 비슷하지만, 중복이 안 되는 유니크 스트링만 취급함
	명령어	SADD, SMEMBERS, SISMEMBER, SREM
	도해	 Key name / Type of value set-key — set item2 item item3 Set of distinct values, undefined order
Hash	설명	String 필드와 String 값 사이의 Map
	명령어	HSET, HGET, HGETALL, HDEL
	도해	 Key name / Type of value hash-key — hash sub-key1　value1 sub-key2　value2 Distinct keys, undefined order / Values associated with the keys
Sorted set	설명	Member라 불리는 유니크 Key와 Score라 불리는 Value의 쌍으로 Score 기반 sorting을 제공
	명령어	SADD, SMEMBERS, SISMEMBER, SREM
	도해	 Key name / Type of value zset-key — zset member1　　728 member0　　982 Named members, ordered by associated score / Scores, ordered by numeric value

Redis는 Master/Slave 복제를 지원하며, 따로 Master/Master 복제는 지원하지 않는다. 복제 명령어는 다음과 같다. 그림은 Redis의 연쇄 복제(Chained Replication)를 나타낸 것이다.[40]

```
slaveof <masterIp> <masterPort>
```

그림 5-55 Redis의 Chained Replication

Redis는 성능 향상을 위해 Sync 복제 대신 Async 복제를 지원한다. 다음 그림은 이 두 가지 형태를 나타낸 것이다.

그림 5-56 Redis Async 모델

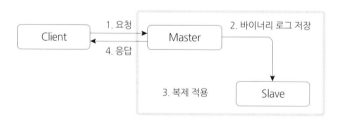

그림 5-57 Redis Sync 모델

40　출처 http://wizrator.wordpress.com/2012/07/

바이너리 로그(Binary Log)는 DB 변경 내역을 저장한 로그다. Async는 일정 주기로 로그를 저장하고 Sync는 데이터 변경이 있을 때마다 저장한다. Async는 Sync보다 성능은 좋지만, 무결성을 보장하지 않는다. 그래서 이러한 성능과 무결성의 문제점을 보완하기 위해 Semi-sync 모델이 나왔다.

그림 5-58 Semi-Sync 모델

바이너리 로그(Binary Log) 트랜잭션 로그(Transaction Log) 또는 데이터베이스 로그(Database Log)라고도 하며 데이터베이스에서 충돌이나 하드웨어 고장이 있어도 DBMS의 ACID 특성을 보장하기 위한 조작 이력을 가리킨다. 로그는 전원이 끊겨도 데이터를 저장할 수 있는 보조 기억 장치에 파일로 출력되는 경우가 많다. (위키백과)

Redis의 복제 기능은 memcached에 비해 안정적이고 장애 대비에 철저하다. 메모리 기반 데이터베이스는 휘발성 메모리 작업으로 항상 복제와 복구에 신경 써야 한다. DB 운영을 성능 중심으로 할지, 안정적 위주로 할지는 적용 환경과 목표에 맞게 구성해야 한다.[41]

마지막으로 다음은 Redis의 공식 사이트다.

URL http://redis.io/

---

41 **출처** Redis in Action, Josiah L. Carlson

4.2 Cassandra

카산드라는 구글의 빅테이블과 Dynamo의 영향을 받아 Facebook에서 개발한 데이터베이스다. 이후 아파치 프로젝트에 이전되고, Datastax라는 상용 DB로까지 발전하였다.

> **빅테이블** 구글의 대용량 데이터의 읽기와 쓰기를 위한 분산 저장 시스템

카산드라는 HBase와 더불어 칼럼 기반 DB로 가장 잘 알려졌다. 카산드라의 특징은 분산 형태의 비중앙 구조다. 카산드라는 다른 NoSQL과 같이 여러 머신에서 구동하면서 대용량 데이터를 처리한다. 차이점은 다른 DB는 Maser와 Slave의 복제 과정이 복잡한 데 비해 카산드라는 다음과 같은 링 구조다.

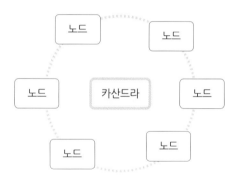

그림 5-59 카산드라 링 아키텍처[42]

이에 따라 각 노드는 안정적인 데이터 유지를 위해 peer-to-peer와 Gossip 프로토콜을 사용한다. 이를 통해 카산드라는 노드 간 동기화와 노드의 Alive와 Dead 상황을 파악한다.

---

42 출처 http://www.novedea.com/wordpress/demystifying-cassandra-a-no-sql-database/

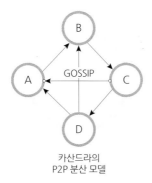

카산드라의
P2P 분산 모델

그림 5-60 카산드라 peer-to-peer 모델[43]

카산드라는 Name-Value의 데이터 구조를 가지며 형태는 다음과 같다.

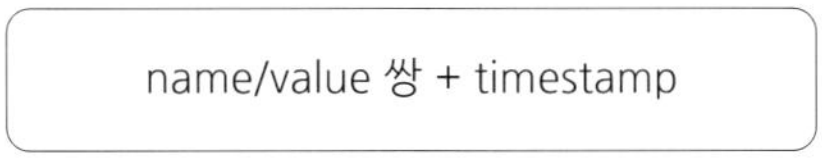

name/value 쌍 + timestamp

그림 5-61 카산드라 Data 구조

카산드라에는 RDB 테이블과 비슷한 Column Family가 있다. 이해를 돕고자 주소록의 Column Family를 보자. 주소록에는 이름, 전화번호, 이메일, 주소 등의 정보가 있다. 주소록은 사람들의 정보를 묶은 하나의 그룹으로 Column Family가 된다. 각 주소록의 이름은 Row Key가 되며, 각 Row Key에는 전화번호, 이메일, 주소 등이 name/value 쌍으로 저장된다.

43　출처　https://krazysql.wordpress.com/2014/06/08/a-look-at-cassandra-in-a-nutshell-and-beyond/

그림 5-62 주소록 Column Family

Super Column Family는 Column Family를 합친 상위 개념의 Column Family다. 만일 주소록에 그 사람의 직장, 직급 등의 다른 Column Family를 합친다면 하나의 커다란 인사 정보가 될 것이다. 이 인사 정보가 바로 Super Column Family다.

다음 그림은 이와 같은 카산드라의 데이터 구조 관계를 나타낸 것이다.

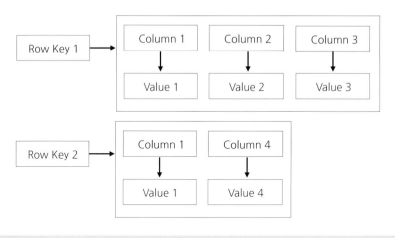

그림 5-63 카산드라의 데이터 구조 관계

다음 예는 JSON 형태의 Column Family 구조와 Row, name/value pair 형태를 보여주고 있다.

```
Employee :                              Column Family 1
   홍길동  :                            Row Key
      email : hgd@comany.com,           Column Name : Value
      dept : IT Support                 Column Name : Value
   허생 :                               Row Key
      email : hs@company.com            Column Name : Value
```

카산드라는 링 형태의 구조를 통해 데이터를 복제하며 peer-to-peer 프로토콜로 통신한다. 이는 기존 중앙 집중식의 Mater/Slave에서 벗어나 노드 간 같은 관계를 유지한다.

카산드라의 Keyspace는 카산드라의 가장 바깥의 데이터 컨테이너로서, RDB의 'database'와 비슷하다. Row는 Value의 집합으로 Row Key(unique key)를 가진다. 예제의 주소록에서는 이름이 Row Key가 된다.

카산드라는 4차원 Hash와 비슷한 [keyspace] [column family] [key] [column]의 형태도 있다. 다음 예는 Hotel을 Column Family로 하는 Key, Column을 가진 데이터를 나타낸 것이다.

```
Hotel {
  key : AAA_012 { name : Peter Peak, phone : 032-123-1111,
                  address : 200 GilJu, city : Inchoen, zip: 001001}

  key : AAB_013 { name : GongJu Hotel, phone : 02-2022-2222,
                  address : 321 NamBu, city : Seoul, zip: 031401}

  key : CAB_023 { name : Karl Hotel, phone : 042-212-3333,
                  address : 700 BuHeung, city : DaeJeonl, zip: 543341}
}
```

카산드라의 Column은 RDB의 사전 정의된 칼럼에 데이터를 쓰는 구조가 아닌 Keyspace에 Column Family만 정의되면 사용자에 의한 칼럼 생성이 가능하다.

다음 그림은 카산드라의 칼럼 구조를 보여주며, 내부적으로 timestamp 값을 쓴다.

그림 5-64 Column의 구조

```
{
 "name" : "email",
 "value" : me@aaa.com,
 "timestamp" : 1234567890123456
}
```

카산드라의 System Keyspace에서는 메타 데이터를 통해 노드 정보, 클러스터 네임, 키스페이스 및 스키마 정의 등을 저장한다.

카산드라의 장점은 Peer-to-Peer 구조의 링 구조로 장애에 대해 안정적이란 점이다. 또한, 쉬운 노드 구별과 환경 설정으로 구축이 쉽다.[44]

4.3 MongoDB

몽고(Mongo) DB는 Document 기반의 데이터베이스다. 다른 NoSQL 데이터베이스와 같이 몽고 DB는 확장이 쉽고 상황에 맞는 스키마 추가와 삭제가 쉽다. 몽고 DB는 Document의 키와 값의 타입, 크기가 고정적이지 않으며, 개발자의 목적에 따라 쉽게 데이터 모델을 적용할 수 있다.

---

44 **출처** Cassandra-The Definitive Guide, Eben Hewitt

다음 표는 RDB와 몽고 DB의 특징을 비교한 것이다.[45]

표 5-24 관계형 DB와 MongoDB의 특징 비교

RDBMS	MongoDB
Table, View	Collection
Row	JSON Document
Index	Index
Join	Embedded & Linking across Document
Partition	Shard
Partition Key	Shard Key
Primary Key	_ID 필드

참고로 앞선 표의 파티셔닝과 샤딩은 DB에서 대량의 데이터 처리를 위해 데이터를 수평 분할로 저장하고 조회하는 방법이다. 대량의 데이터는 조회 및 쓰기 I/O가 성능의 핵심이다. 디스크의 RAID에서 쓰듯이 대용량 DB에서는 이와 유사한 개념으로 분할 저장하여 빠르게 조회한다.

> **Primary Key(주키)** RDB에서 데이터베이스 테이블 내의 특정 열을 바로 구별할 수 있는 키 필드. 대표적으로 주민번호가 있음.   (한국정보통신기술, IT 용어 사전)

다음은 몽고 DB의 전체적인 아키텍처를 나타낸 것이다.

---

45 **출처** Building Web Applications with MongoDB Presentation, Roger Bodamer

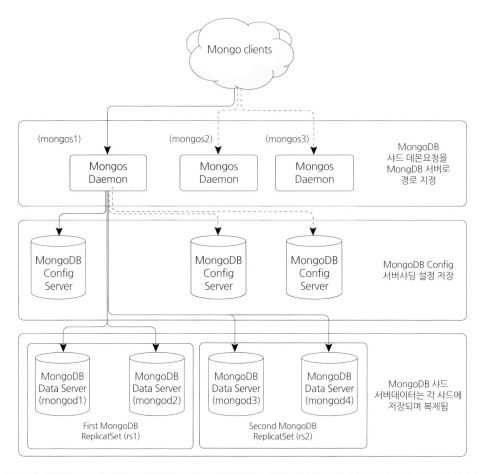

그림 5-65 몽고 DB의 계층형 아키텍처[46]

다음으로 몽고 DB의 기본 구조에 대해 알아보자.

Document는 몽고 DB가 지원하는 가장 기본인 데이터 단위다. Document는 키와 값의 쌍 조합으로 이루어진다. 몽고 DB는 JSON 포맷 지원과 Javascript shell 지원으로 Document 데이터 처리가 쉽다. 저장 형태는 BSON(Binary JSON)으로 저장되어 빠르고 효율적이다.

46　**출처** http://blog.sileht.net

```
{ "key1" : "value1" }
```

Document는 대소문자를 구분하고 키는 String(UTF-8)이며, 값은 String이나 Integer가 온다.

```
{ "key1" : "value1", "key2" : 2 }
```

Collection은 Document 집합이며, RDB에서 Document가 행이라면 Collection은 테이블에 비유된다. 몽고 DB는 스키마가 필요 없는 데이터 모델이며, 따라서 Collection을 다음과 같은 Document로 구성할 수 있다.

```
{ "key1" : "value1" }
{ "key2" : 2 }
```

다음으로 몽고 DB의 특징에 대해 알아보자. 일반적으로 RDB의 장점 중 하나는 SQL 쿼리이다. 몽고 DB는 SQL 쿼리는 아니지만, Key-Value의 모델에 맞춰 간단한 쿼리를 지원한다. 또한, 조회는 인덱스를 기반으로 하며 주키와 보조키를 생성하여 성능에 큰 영향을 미친다.

복제 기능은 몽고 DB의 중요한 기능 중 하나다. 몽고 DB는 Replica Set 아키텍처를 통해 노드를 구성하며, 노드는 하나의 Primary와 두 개의 Secondary로 나뉜다. Primary가 실패하면 하나의 Secondary가 Primary를 승계하고 동기화한다. 이후 원래 Primary가 복구되면 Secondary로 다시 참여한다. 다음 그림은 이 같은 복구 과정을 나타낸 것이다.

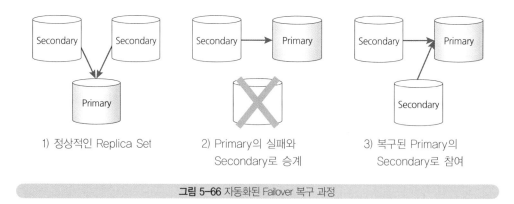

1) 정상적인 Replica Set   2) Primary의 실패와   3) 복구된 Primary의
                             Secondary로 승계   Secondary로 참여

그림 5-66 자동화된 Failover 복구 과정

몽고 DB는 기본적으로 수평적 확장을 제공하며, Javascript 셸을 지원한다. 또한, 몽고 DB 의 드라이버는 여러 언어로 개발할 때 쉽게 접근할 수 있는 공통 인터페이스를 제공한다.

4.4 Neo4j

Neo4j는 그래프 데이터베이스로 다음과 같은 형태다.

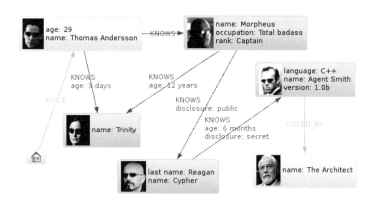

그림 5-67 그래프 데이터베이스의 사례[47]

---

47 **출처** http://oss.infoscience.co.jp/Neo4j/wiki.Neo4j.org/content/The_Matrix.html

그래프 DB는 노드와 화살표를 사용하여 관계를 나타낸다. RDB는 주키 등을 통해 테이블 간 관계를 설정한다. 그래프 DB의 장점은 직관적 이해로 관계 분석이 쉽기에 이를 이용하여 새로운 가치를 찾을 수 있다는 점이다.

Neo4j는 자바로 개발된 오픈소스이며, 커뮤니티 버전과 상업용 버전으로 나뉜다. 두 버전의 차이는 다음 사이트에서 확인할 수 있다.

URL http://www.neotechnology.com/price-list/

다음으로 Neo4j의 구성에 대해 알아보자.[48]

노드

노드와 관계는 Neo4j의 가장 기본인 데이터 단위이며, 둘은 Property를 가진다. 노드는 엔티티를 표현한다. 다음 그림은 노드, 관계, Property를 그린 그래프이다.

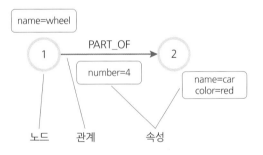

그림 5-68 노드와 관계, Property의 그래프

---

48 **출처** (1) Neo4j.org

(2) neotechnology.com

엔티티(Entity, 개체) 인간의 개념 또는 정보의 세계에서 의미 있는 하나의 정보 단위이다. 사물의 본질적인 성질을 속성이라고 하며, 관련 있는 속성들이 모여서 의미 있는 하나의 정보 단위를 이룬 것이 바로 개체에 해당한다. 파일 시스템이나 데이터베이스에서의 레코드가 개체에 해당한다. 개체들 사이의 연관성을 관계라고 하며, 개체와 관계를 나타낸 모델을 개체-관계 모델이라고 한다. (위키백과)

다음은 하나의 Property를 갖는 노드를 표현한 것이다.

그림 5-69 하나의 Property를 가진 노드

관계

관계는 노드 사이의 관련을 나타내며, 이를 통해 관련 데이터를 찾을 수 있다. 다음은 관계가 표현할 수 있는 사항을 그래프로 나타낸 것이다.

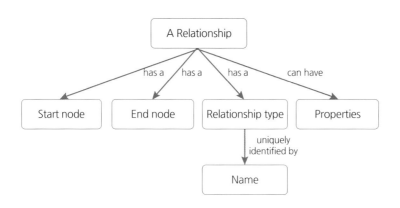

그림 5-70 관계를 나타낸 그래프

관계는 기본적으로 2개의 노드를 연결하지만, 자기 자신의 노드로도 구성할 수 있다. 관계의 방향은 들어오는 관계와 나가는 관계가 있다. 다음 그림은 이것을 나타낸 것이다.

그림 5-71 들어오는 관계와 나가는 관계

관계는 단방향으로만 표현하는 게 좋으며, 성능상 양방향은 표현하지 않는다.

Property

노드와 관계는 키와 값으로 된 Property를 가질 수 있다. 키는 String, 값은 String이나 Boolean, Integer 등이 온다.

Path

하나의 Path는 하나 이상 노드의 쿼리나 순회의 결과이며, 노드와 노드의 관계는 길이가 1인 Path다.

순회

순회는 Rule에 따른 노드 접근을 의미한다. 순회를 통해 원하는 노드 간의 관계를 찾는다. Neo4j는 순회 API로 순회 접근 규칙을 통해 결괏값을 찾는다.

Neo4j는 다른 NoSQL DB처럼 확장성이나 대량의 데이터 처리에는 맞지 않지만, 직관적 그래프 구조를 통해 데이터 간 상호 관계를 쉽게 찾을 수 있다. 그런 의미에서 시각화가 중요한 빅데이터에서 Neo4j는 이해하기 쉬운 데이터베이스다.

이처럼 빅데이터의 저장 기술은 제각각 특징이 있기에 미리 목적에 맞는 DB를 선정하는 것이 중요하다. NoSQL이라는 큰 개념에서는 비슷한 기능을 제공하지만, 확장성과 가용성, 성능 등 제품마다 추구하는 방향이 다르다. 그렇기에 각각의 DB 특징을 파악하는 게 무엇보다 중요하다.

4.5 NoSQL 적용 방안

여기서는 실제 NoSQL의 적용 사례를 통해 어떻게 NoSQL을 적용하는지 알아본다. 다음은 일본의 라인 개발 사례다.

라인은 모바일 메신저 서비스 앱으로 여러 사용자 사이의 온라인 소통에 쓰인다. 일본의 라인은 개발 초창기에 메인 데이터베이스로 Redis를 선택하였으며, 다음과 같이 예상하여 진행하였다.

- 빠른 메시지 교환과 약 100만 명에 달하는 사용자 예상

Redis는 In-memory DB로 주기적인 디스크 스냅 샷과 복제 관리가 장점이며, 초기에 개발 팀은 3노드의 클러스터로 출발하였다.

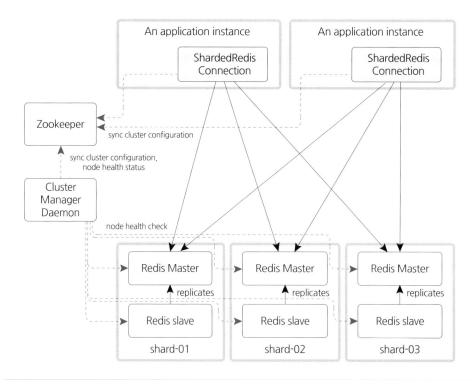

그림 5-72 일본 라인의 초기 Redis를 통한 구성

하지만 서비스 이후 폭발적인 사용자 증가로 인 메모리 데이터를 위한 영구 데이터 저장소가 훨씬 많이 필요해졌다. 문제는 얼마나 확장을 해야 할지 가늠하기 어렵다는 것이다. 스냅 샷과 복제를 이용하려면 Redis VM(Virtual Memory)이 도움 되지만, 성능에 영향을 미치고 스케일아웃의 타이밍을 놓쳐 고가용성과 고확장성에 대해 검토를 하게 된다.

다음 두 그림은 당시 사용자의 증가와 저장 공간의 증가세를 보여준다. 눈여겨볼 사항은 사용자는 비슷한 비율로 선형 증가하는 데 비해, 저장 공간은 지수 증가로 확장 폭이 훨씬 크다는 점이다.

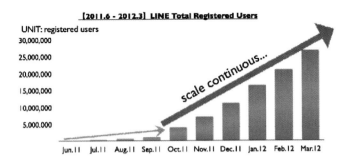

그림 5-73 라인 사용자의 증가 추세

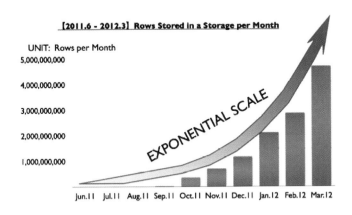

그림 5-74 라인 저장 공간의 증가 추세

개발팀은 시나리오별로 몇 가지 데이터 요구 사항을 분석하여 다음과 같은 예상 시나리오를 내놓는다.

표 5-25 시나리오에 따른 주요 포인트 사례

구분	내용
시나리오 1	단순 확장 가용성과 확장성 중심 Workload: 빠른 랜덤 읽기
시나리오 2	복합 확장 확장성과 대용량 중심 Workload: 빠른 순차 쓰기(추가만), 최근 데이터의 빠른 읽기

이를 통해 각각의 NoSQL 데이터베이스에 대한 장단점을 파악하여 다음 표와 같은 결론을 냈다.

표 5-26 후보 NoSQL의 장단점 평가

구분	세분	내용
HBase	장점	요구 사항 만족, 쉬운 운영
	단점	랜덤 읽기와 삭제가 다소 느림, 가용성이 다소 떨어짐, 몇몇 SPOF 존재
Cassandra	장점	가장 최근의 Workload를 다루기에 적합, 고가용성(중앙집중이 아닌 분산형 구조)
	단점	무결성의 취약으로 고도의 운영 필요
MongoDB	장점	자동 샤딩, 자동 장애복구, 풍부한 운영 범위
	단점	타임라인 workload에 맞지 않음(B-tree 인덱스), 효과적이지 않은 디스크와 네트워크 활용

그리고 각각의 데이터베이스 분석을 거쳐 최종적으로 HBase를 채택하게 된다. 다음은 HBase를 선택한 후의 구조 변화를 나타낸 것이다.

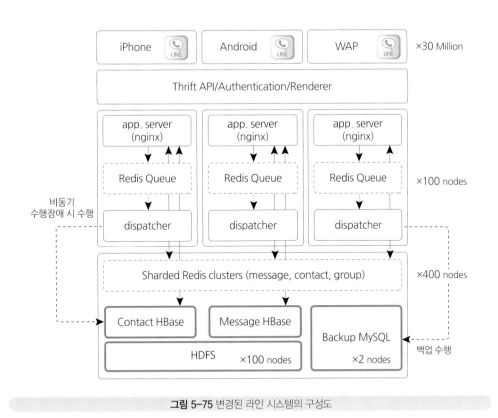

그림 5-75 변경된 라인 시스템의 구성도

표 5-27 구성도 컴포넌트 설명

구분	내용
단일 Redis	비동기 잡과 메시지 큐잉 Redis 큐와 큐 디스패처는 각각 함께 애플리케이션 서버에서 구동
샤딩 Redis	확장과 대용량 중심 데이터: 프론트 엔드 캐시 데이터 가용성 중심 데이터: 메인 스토리지
Backup MySQL	보조 스토리지(백업, 통계용)
HBase	지수 증가 데이터: 메인 스토리지 100~1,000대의 클러스터에는 수백 테라바이트의 데이터 저장을 가정

앞선 예는 하나의 NoSQL이 아니라 역할이 다른 Redis와 HBase를 어떻게 적용하여 서비스를 안정적으로 제공하는지 보여준다. 이는 실제 대용량 데이터를 처리하는 과정에서 생기는 문제를 어떻게 해결했는지 보여준 좋은 사례다.[49]

---

49 **출처** http://developers.linecorp.com/blog/?p=1420

06

빅데이터를 통한 가치 창출, 데이터 분석 기술

이 장에서는 빅데이터를 통해 가치를 창출하는 분석 기술에 대해 알아본다.

1. 어떤 데이터 분석 기술을 활용하는가?

데이터 분석은 과거부터 꾸준히 연구되고 발전해 온 분야이다. 빅데이터가 등장하여 뭔가 특별한 분석이 필요한 것 같지만, 빅데이터 분석도 전통적인 데이터 분석에 기반을 둔다. 다만, 기존 정형 데이터 중심의 분석 기술보다 비정형 데이터 기반 기술이 더 쓰이고 대량의 데이터를 처리한다는 점이 다르다.

데이터 분석 기술로는 데이터 마이닝을 빼놓을 수 없다. RDB가 나온 이래로 데이터 웨어하우스와 같이 오랫동안 쓰인 기술이다. 데이터 마이닝은 분석을 위한 가장 기본적인 방법을 제공하고 있으며, 이는 기계학습과 다른 분석에도 많이 쓰인다.

이와 더불어 전통적인 통계 분석은 중요한 계량 분석을 통해 명확하게 수학적, 확률적으로 접근한다. 이외에도 자연어 처리 기술, 정보검색(IR), 시맨틱웹 기술 등이 있다.

시맨틱웹(Semantic Web) 컴퓨터가 사람을 대신하여 정보를 읽고 이해하고 가공하여 새로운 정보를 만들어 낼 수 있는, 이해하기 쉬운 의미로 된 차세대 지능형 웹 　(한국정보통신기술협회, IT 용어 사전)

시맨틱웹 사례

[현재의 웹 : ⟨em⟩바나나⟨/em⟩는 ⟨em⟩노란색⟨/em⟩]

예제의 ⟨em⟩ 태그는 단지 바나나와 노란색이라는 단어를 강조하기 위해 사용된다. 이 HTML을 받아서 처리하는 컴퓨터는 바나나라는 개념과 노란색이라는 개념이 어떤 관계인지 해석할 수 없다.

[시맨틱 웹]

XML에 기반을 둔 시맨틱 마크업 언어를 기반으로 한다. 가장 단순한 형태인 RDF는 ⟨Subject, Predicate, Object⟩의 트리플 형태로 개념을 표현한다. 앞선 예를 트리플로 표현하면 ⟨urn:바나나, urn:색, urn:노랑⟩과 같이 표현할 수 있다. 이렇게 표현된 트리플을 컴퓨터가 해석하여 'urn:바나나'라는 개념은 'urn:노랑' 이라는 'urn:색'을 가지고 있다는 개념으로 해석하고 처리할 수 있게 된다.

(위키백과)

빅데이터 분석에는 과거 전통적 분석 기술과 웹 2.0, 클라우드 기술 등 모든 기술이 융합된 분석이 쓰인다.

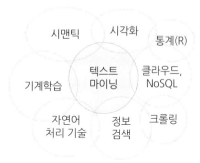

그림 6-1 여러 가지 분석 기술1

---

1 **출처** http://www.saltlux.com/blog-ko/product/트루스토리-시즌1-정치인트루스토리-빅데이터-분석

웹 2.0 모든 사람이 제공되는 데이터를 활용하여 다양한 신규 서비스를 생산해 낼 수 있는 플랫폼으로서의 웹(Web as Platform) 환경. 분산되고 사용자 중심의 커뮤니티에 의존하는 동적인 열린 공간으로서의 웹이자 비즈니스 모델이다. 기존 웹에서는 포털 사이트처럼 서비스 업자가 제공하는 정보와 서비스를 일방적으로 수신만 하는 형태였으나 웹 2.0 환경에서는 제공되는 응용 프로그램과 데이터를 이용하여 사용자 스스로 새로운 서비스를 창출할 수 있도록 하고 있다. 웹 2.0의 대표적인 예를 들면, 구글이 제공하는 구글맵 응용 프로그램 인터페이스(API)를 개인 홈페이지에 연결하여 부동산이나 여행 안내 사업을 하는 것을 들 수 있다. (한국정보통신기술협회, IT 용어 사전)

2. 빅데이터 분석 기술의 기반 지식, 기계학습

2.1 기계학습이란

기계학습은 데이터를 이용해 컴퓨터에게 세상에 대한 접근 방법을 가르치는 것이다. 이 분야는 인공지능과도 연관되며 상당히 오래전부터 논의됐다. 최근 빅데이터를 기반으로 한 기계학습은 데이터를 통해 새로운 패턴을 찾는다.

기계학습은 다음과 같은 질문을 통해 근본적으로 접근할 수 있다.

- 컴퓨터 시스템이 경험을 통해 개선하고, 학습 과정을 배울 수 있는 기본 원리는 무엇일까?

앞선 질문은 과연 컴퓨터가 인간처럼 학습 과정을 거쳐 스스로 개선할 수 있는가이다. 이런 점 때문에 기계학습은 인공지능의 중요한 기술적 이론과 원리를 제공한다.

여기서 얘기하는 학습이 무엇인지 잠깐 알아보자. 사이먼(Simon)은 학습을 다음과 같이 정의하였다.

- 같은 작업이나 같은 영역 내의 비슷한 작업을 반복할 때, 처음보다 나중에 하는 작업 효율이 높아지도록 시스템을 변화시키는 것

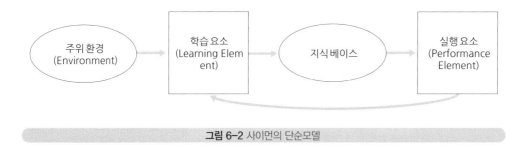

그림 6-2 사이먼의 단순모델

즉, 시스템을 개선해서 같거나 유사한 작업을 더 효율적으로 한다면 그것은 기계학습이라 할수 있다.

> **허버트 사이먼(Herbert Simon)** 의사결정 모델에 관한 이론으로 1978년 노벨 경제학상을 받은 미국의 심리학자이자 경제학자, 인지과학자다. RAND의 시스템 연구소에서 오랜 연구 파트너인 앨런 뉴얼(Allen Newell)을 만나 1956년 인지과학(Cognitive Science)의 탄생에 지대한 역할을 한다. 그는 매우 다재다능한 인물로 경영학, 조직학, 컴퓨터 과학, 인공지능, 인지과학, 경제학 등 다양한 분야에 막대한 영향을 준 학자로 평가받고 있다.   (위키백과)

기계학습의 석학인 카네기 멜론 대학의 톰 미첼(Tom M.Mitchell) 교수는 기계학습을 다음과 같이 말한다.

- **작업 T, 측정할 수 있는 성능 P, 경험 E**
  T의 P가 E에 의해서 향상된다면, 컴퓨터 프로그램이 E로부터 T에 관해서 학습한다고 말한다.

기계학습은 컴퓨터 과학, 통계학과 밀접한 연관이 있으며 다른 분야와도 관련이 있다. 가장 대표적인 분야가 데이터 마이닝이다. 기계학습은 입력된 데이터 집합을 통해 가장 알맞은 패턴을 찾으며 여기에 데이터 마이닝 기법을 많이 쓴다.

다시 첫 질문으로 돌아오면, 과연 컴퓨터가 학습할 수 있는지는 분야별로 바라보는 시각이 다르다. 우선 컴퓨터 과학에서는 프로그래밍 입장이다. 즉, 컴퓨터가 경험과 몇몇 초기 구조로부터 스스로 프로그램을 할 수 있는 능력으로 본다.

통계학에서는 가정을 통한 신뢰성 중심의 모델로 접근한다. 통계학은 이것을 효과적인 데이터 수집, 저장, 검색, 병합 등을 통한 컴퓨터 아키텍처와 알고리즘으로 본다.

기계학습의 사례는 우리 주위에 흔히 있으며, 몇 가지 사례는 다음과 같다.

스팸 처리	장바구니 분석
얼굴 인식	내비게이션
글씨 인식	친구 추천

그림 6-3 기계학습 주변 사례

스팸 처리는 기계학습의 가장 대표 사례다. 기계학습 이전의 초기 스팸 처리는 특정 단어의 필터링이었다. 관리자가 메일 서버에 특정 문구를 입력하면, 서버는 해당 문구가 들어간 메일을 스팸 처리한다. 여기에 약간의 정규 표현식을 넣어 스팸 처리하기도 한다.

정규 표현식(Regular Expression, regexp 또는 regex) 특정한 규칙을 가진 문자열의 집합을 표현하는 데 사용하는 형식 언어이다. (위키백과)

정규식은 다음과 같은 작업에 쓰인다.

– 문자열 내에서 패턴 찾기

– 텍스트 교체

– 패턴 일치에 따라 문자열에서 부분 문자열 추출 (MSDN)

문제는 전체 문맥을 보고 스팸 여부를 판단하는 게 아니라 단순히 특정 문구의 삽입 여부에 따라 처리된다는 점이다. 이는 정상적인 메일도 스팸 처리할 가능성이 크고 해당 문구 회피로 스팸이 통과될 가능성이 크다. 이에 기계학습은 단순 문장 비교가 아닌 전체 문맥을 파악하여 스팸 여부를 처리한다. 즉, 스팸 데이터 집합을 통한 패턴 분석과 텍스트 마이닝 등의 기반 기술을 통해 스팸 처리한다.

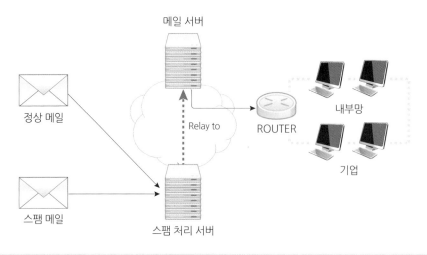

그림 6-4 안티 스팸 시스템의 사례2

또 한가지 사례로는 내비게이션의 알람 기능이 있다. 내비게이션은 특정 위험구간, 과속 방지턱, 신호, 안전운행 구간 등 모든 데이터의 패턴을 인식한다. 운전자가 습관에 따라 과속하거나 주변 상황을 모를 경우 내비게이션은 이를 주기적으로 경고한다.

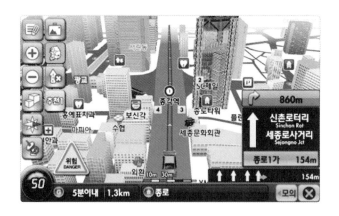

그림 6-5 3D 내비게이션 실행 화면

2   출처 http://www.jnisystem.com/product_antispam.html

이외에도 소셜 분석이나 랭크 분석 등을 통해 SNS 친구 추천이나 새로운 내용을 소개한다. 이 같은 많은 예가 기계학습을 이용해 이루어지고 있다.

그런데 기계학습과 빅데이터는 무슨 연관이 있는 걸까? 일반적으로 작은 데이터 집합은 미래 추론이나 예측에 사용하기에는 그 양이 적다. 이것은 신뢰성과 데이터양과의 관계이다. 만약 신뢰할만한 데이터 집합이 충분하다면 예측 가능성 또한 훨씬 높아진다. 대표적으로 구글 번역기를 예로 들 수 있다. 구글 번역기는 자연어 처리, 텍스트 마이닝과 번역 알고리즘을 적용한다.

그림 6-6 빅데이터와 기계학습의 사례

이전에도 많은 번역기가 나왔지만 왜 구글 번역기가 비교적 정확한 것일까? 번역 알고리즘이나 번역 기술은 크게 차이가 없다. 가장 큰 차이는 바로 데이터양이다. 과거의 패키지 기반 번역기는 한정된 문장, 단어 등 그 활용 데이터 크기가 제한적이었다. PC에 번역기를 설치했을 때 번역기가 활용할 수 있는 데이터가 얼마나 될지 생각해 보라. 기껏해야 기가바이트 정도다.

하지만 빅데이터 기반의 구글 번역기는 엄청난 양의 데이터를 활용하여 가장 완성도가 높은 번역을 한다. 그 차이는 활용 가능한 데이터양에 있다.

빅데이터와 관련된 기계학습 사례를 하나 더 살펴보자. 애플의 SIRI(Speech Interpretation and Recognition Interface)는 잘 알려진 음성인식 기술로, 음성 명령을 인식하여 답변하는 음성인식 서비스다. SIRI는 학습인식 기능을 탑재해 사용자의 목소리를 학습한다. 여기에 데이터양이 충분히 많으면 인식률을 높이고 더 정확한 답변을 하게 된다. 이러한 음성인식 기술은 스마트폰 데이터 통신 기술과 맞물려 피처폰의 한계를 넘는다. 예전에도 이와 비슷한 음성인식 기술이 있었지만, 현재와 같이 많은 양의 데이터 참조와는 비교되지 않는다.

다음 그림은 SIRI의 인터넷을 통한 음성인식 기술을 설명한 것이다.

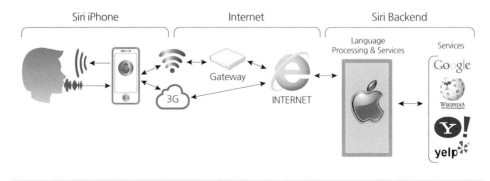

그림 6-7 SIRI의 기본 아키텍처

결국, 알고리즘 기반의 기계학습이 축적된 빅데이터와 만나면서 더 가치 있는 기술로 변했다. 비단 음성인식이나 번역뿐만이 아닌 기계학습과 빅데이터의 만남은 문자인식, 얼굴인식 등 그 활용 분야가 점점 커지고 있다.

지금까지 우리는 기계학습과 빅데이터가 어떻게 시너지 효과를 내는지 알아보았다. 기계학습을 활용한 사례를 통해서도 데이터 활용이 과거 정형 데이터에서 비정형 데이터로 옮겼음을 알 수 있다.

다음으로 기계학습의 기본 원리를 알아보자.

2.2 기계학습 알고리즘

기계학습 알고리즘에는 여러 알고리즘이 포함되어 있어 다소 이해하기가 어렵다. 여기서는 기본적인 알고리즘을 소개하고 단순 모형을 통해 기계학습 과정을 살펴본다. 다음 그림은 기계학습 알고리즘의 종류를 나타낸 것이다.

신경망	사례기반 추론
데이터 마이닝	패턴 인식
의사결정 트리	강화학습
유전자 알고리즘	

그림 6-8 기계학습 알고리즘

각각의 알고리즘에 대한 설명은 다음 표와 같다.

표 6-1 기계학습의 여러 알고리즘 유형

구분	내용
신경망 (Neural Network)	신경망은 생명체의 신경조직을 본떠서 모델화하였으며, 외부로부터 받은 입력 데이터에 대한 동적 반응을 통해 출력을 얻는다.
데이터 마이닝 (Data Mining)	데이터 마이닝은 대량의 데이터에 숨겨진 새롭고 의미 있는 정보나 지식을 추출한다.
의사결정 트리 (Decision Tree)	의사결정 트리는 관심 분야를 체계적으로 분류하여 트리 구조의 그래프로 표현한다.
유전자 알고리즘 (Genetic Algorithm)	유전자 알고리즘은 자연계 생물의 유전(Genetics)과 진화(Evolution) 메커니즘을 공학적으로 모델화하였다.
사례기반 추론 (Case Based Reasoning)	사례기반 추론은 과거의 유사한 문제 해결 과정을 통해 새로운 문제에 접근하고 해결 방안을 찾는다.
패턴 인식 (Pattern Recognition)	패턴 인식은 데이터에서 중요한 특징이나 속성을 추출하여 입력 데이터를 구별할 수 있게 분류한다.
강화학습 (Reinforcement Learning)	강화학습은 보상(Reward)을 통해 행동함으로써 지식을 키워나간다. 잘된 행동에 대한 칭찬과 잘못된 행동에 대한 벌은 이러한 대표적 사례이다.

트리 구조 그래프의 일종으로, 여러 노드가 한 노드를 가리킬 수 없는 구조이다. 간단하게는 순환하는 회로가 없고, 서로 다른 두 노드를 잇는 경로가 하나뿐인 그래프를 트리라고 부른다. 다음은 트리 구조의 하나인 이진 트리를 나타낸 것이다.   (위키백과)

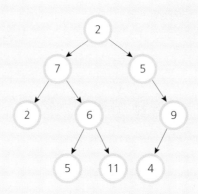

기계학습 알고리즘은 크게 지도학습(Supervised Learning)과 비지도 학습(Unsupervised Learning)으로 나뉜다. 지도학습은 기계학습을 통해 알고자 하는 것을 명시(Labeled Data)하고 이에 맞는 데이터 집합을 넣어 훈련한다. 레이블(Label)은 최종 분류하고자 하는 클래스이다. 훈련된 기계는 예측모델을 만들어 새로운 데이터를 입력받는다. 기계는 학습 된 내용을 기반으로 입력 데이터를 분류(Classification)한다. 이에 반해 비지도 학습은 분류 항목이 없는 데이터(Unlabeled Data)를 기반으로 이것이 어떤 데이터인지 스스로 알아낸다. 비지도 학습은 입력 데이터에 대한 목표가 없다는 게 특징이다. 비지도 학습의 예로는 클러스터링(Clustering), 연관성 규칙 등이 있다.

연관성(Association) 동시에 발생한 사건 간의 관계를 정의한다. 예 장바구니 안에 동시에 들어가는 상품들의 관계 규명   (위키백과)

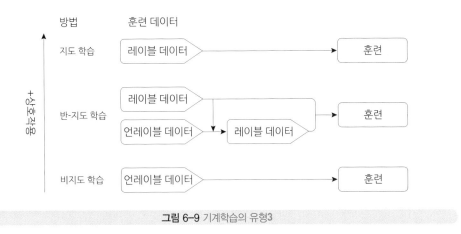

그림 6-9 기계학습의 유형[3]

그럼 이제 지도학습과 비지도 학습에 대해 자세히 알아보자.

우선 지도학습은 훈련 데이터와 레이블을 같이 준다. 훈련 데이터는 기계를 학습시키기 위한 일종의 샘플 데이터다. 레이블은 분류 클래스이자 최종 목표다. 여기에 Feature라는 해당 데이터의 특징을 넣어 전체 데이터를 레이블에 맞게 분류한다. Feature는 데이터베이스 속성을 나타내는 칼럼과 비슷하다.

다음은 이에 대한 간단한 예다.

표 6-2 기계학습의 간단한 예

	구분	레이블	내용
훈련 데이터	데이터	동물	개, 원숭이, 사자, 상어 등
		식물	민들레, 사과나무, 갈대, 엉겅퀴 등
	Feature	동물	움직인다
		식물	안 움직인다

앞서와 같이 학습한 기계는 '기린-움직인다.'라는 새로운 데이터를 입력하면 기존 훈련 데이

---

3 **출처** http://bitsearch.blogspot.kr/2011/02/supervised-unsupervised-and-semi.html

터와 Feature를 근거로 동물로 판단한다.

그런데 앞선 분류의 Feature는 약간 명확하지 않다. 왜냐하면 '미모사'나 '파리지옥'처럼 움직이는 식물이 있기 때문이다. 이런 데이터를 넣는다면 기계는 혼란에 빠질 것이다. 그럼 동물과 식물을 확실히 구분하는 Feature를 추가한다면 더 명확해지지 않을까? 다음과 같이 바뀐 Feature를 보자.

표 6-3 추가된 Feature

	구분	레이블	내용
훈련 데이터	데이터	동물	개, 원숭이, 사자, 상어 등
		식물	민들레, 사과나무, 갈대, 엉겅퀴 등
	Feature	동물	움직인다, 소화기관
		식물	안 움직인다, 광합성

이제 기계는 동물과 식물을 더 잘 구분하도록 개선되었다. 예제처럼 Feature가 여러 개일 때는 Vector Future라 한다. 앞선 Vector Future는 2개의 벡터를 가진 2차원 벡터다. 여기서 중요한 점은 Feature를 어떻게 구성하느냐에 따라 앞선 예제처럼 지도학습의 성능이나 효과가 달라진다. 이러한 이유로 Feature 선정은 훈련 데이터와 입력 데이터의 레이블 분류를 위한 중요한 요소이다.

지도학습은 처음에 훈련 데이터를 통해 기계에게 데이터에 대한 모든 것을 지도(Supervised)하여 기계가 학습하게 하는 방법이다. 지도학습은 한정된 데이터로 기계를 훈련해 예측 모델을 만든다. 이후 신규 데이터를 넣으면 기계는 목표에 맞게 처리한다. 지도학습은 지도 선생님의 능력에 따라 좋은 알고리즘이 결정되기에 훈련 데이터 질이 기계학습에 영향을 끼친다. 예를 들어, 훈련 데이터에 장난감 자동차가 있다면 이건 분류 기준을 어떻게 정해야 할지 혼란스러워진다. 지도학습은 훈련 데이터를 통해 Feature와 레이블 관계를 파악한다. 이후 실제 데이터를 입력받으면 이를 분류한다. 이때, 기계는 사전에 학습 된 목표, 분류 방법, 특징 등 관련 사항을 통해 판단한다.

다음 그림은 지도학습을 나타낸 것이다.

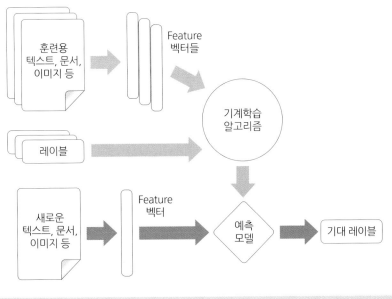

그림 6-10 지도학습4

그런데 이처럼 기계학습에서는 Feature를 늘리면 좀 더 명확하고 좋지만, 꼭 장점만 있는 것은 아니다. Feature가 필요 이상 많아지면 노이즈로 인해 정확한 인식이 어렵다. 더구나 비지도 학습은 지도 학습보다 훨씬 복잡하기에 성능에 영향을 미친다.

비지도 학습(Unsupervised Learning)은 자율학습으로 불린다. 앞선 지도학습은 선생님이 지도하는 학습인데 반해, 비지도 학습은 지도 없이 스스로 하는 학습이다. 어떻게 보면 비지도 학습은 가장 인간의 두뇌와 비슷한 구조로 최근에 많이 쓰이고 있다. 비지도 학습은 기존의 레이블 없는 데이터를 통해 학습하고 신규 데이터를 처리한다.

앞선 그림에서는 지도학습의 레이블이 빠졌다. 예에서 보면 비지도 학습에서는 어떤 데이터가 어떤 Feature를 가진 어느 레이블인지 알려주지 않는다. 데이터와 Feature를 분석하여 스스로 판단해야 한다.

4　**출처**　http://www.astroml.org/sklearn_tutorial/general_concepts.html

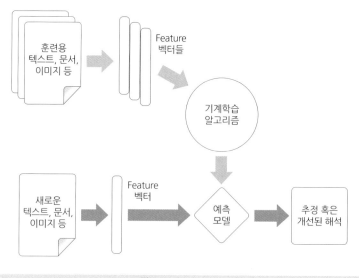

그림 6-11 비지도 학습

지도학습과 비지도 학습의 또 다른 차이는 수학적 검증에 있다. 지도학습 알고리즘은 수학적 검증이 되지만 비지도 학습은 수학적 검증이 어렵다. 비지도 학습은 인간 두뇌 인식과 비슷하기에 어떠한 현상에 대한 인지를 수학적으로 검증한다는 것은 어려운 문제다. 결국, 인간의 인지와 사고 능력은 수학적 검증만으로 증명될 사항이 아니기도 하다.

기계학습은 컴퓨터 과학과 통계학의 접점을 넘어 생체공학, 사회과학 등과도 접하며, 앞으로 이 분야는 계속적 연구를 통해 더 나은 분야에 응용되리라 본다.[5]

2.3 빅데이터의 기계학습 Mahout

아파치 Mahout은 하둡 에코시스템에 포함된 MapReduce를 확장한 기계학습 알고리즘 라이브러리다. Mahout은 초기 Lucene의 하부 프로젝트로 시작하고 이후 독립 프로젝트로 탄

---

5 **출처** (1) http://enginius.tistory.com/277

(2) http://www.crazymind.net/28

생하였다. Mahout은 자바 라이브러리로 구성되며, 기존 알고리즘의 대용량 처리와 확장을 할 수 있다. 빅데이터가 HDFS에 저장되면, Mahout은 저장된 빅데이터 집합에서 자동으로 의미 있는 패턴을 찾는다. 한마디로 Mahout은 빅데이터를 빅인포메이션으로 빠르고 쉽게 바꾸는 것을 목표로 한다. Mahout은 다음과 같은 작업을 지원한다.

표 6-4 Mahout의 지원 사항

구분	내용
Collaborative filtering	사용자 행동을 파악하여 제품 추천(고객의 구매정보나 이력을 보고 연관된 제품을 추천) 나와 비슷한 선호도를 가진 사람이 구매한 아이템 추천
Clustering	구체적인 특성을 공유하는 군집을 찾음. 군집화는 미리 정의된 특성에 대한 정보를 가지지 않는다는 점에서 분류와 다름
Classification(분류)	일정한 집단에 대한 정의를 통해 분류와 구분을 추론 (예: 경쟁자에게로 이탈한 고객)
Frequent itemset mining	장바구니 분석을 통해 장바구니에 어떤 물건과 함께 나타날 다른 물건을 예측 분석(예: 기저귀를 사면 발진 크림을 산다.)

빅데이터의 대용량 데이터 집합에서는 정제된 데이터의 데이터 마이닝보다 Mahout과 같은 확장성을 지원하는 툴이 필요하다. 다음 그림은 Mahout과 하둡의 관계를 나타낸 것이다.[6]

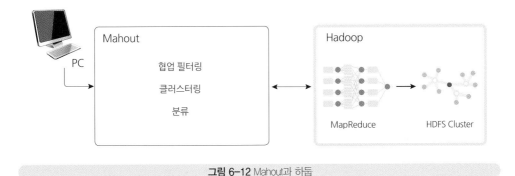

그림 6-12 Mahout과 하둡

6 **출처** http://harish11g.blogspot.kr/2012/05/hadoop-mapreduce-hive-hbase-sqoop.html

Mahout은 빅데이터 기반의 확장과 대용량 기계학습을 돕는 자바 라이브러리다. 이를 이해하고자 Mahout의 내부 구조와 특징을 살펴보자. 다음 그림은 하둡과 기계학습 알고리즘을 지원하는 Mahout 아키텍처를 나타낸 것이다.

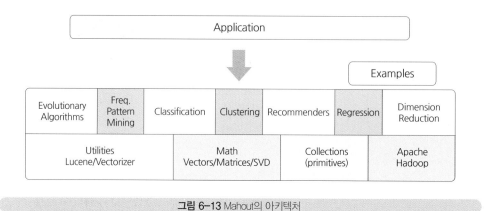

그림 6-13 Mahout의 아키텍처

확장을 지원하는 Mahout의 특징은 다음과 같다.

표 6-5 Mahout의 특징

구분	내용
규모의 확장성	규모의 확장성을 통해 처리가 용이
Dual-Mode	순차 처리와 MapReduce 처리가 가능
데이터 소스	신규 NoSQL 변수를 포함한 여러 데이터 소스 지원
자바 라이브러리	자바 기반의 Framework 툴
성능	성능 지향의 자바 Colletion Framework 적용

Mahout에는 'Taste'라는 추천 시스템을 통합하였으며, 추천 시스템은 Mahout이 제공하는 주요 알고리즘이다. 추천 시스템은 사용자의 과거 행동과 선호도를 기반으로 사용자 입맛에 맞는 아이템을 추천한다. 가장 대표적인 것이 영화 추천 앱이다. 이 앱은 사용자의 영화 성향을 파악하여 사용자가 보지 못한 영화 중 가장 즐길만한 영화를 추천한다. 어떤 영화를 볼지 고민하는 사용자는 이 앱을 이용해 자신이 가장 좋아할 만한 영화를 찾을 수 있다.

다음 다이어그램은 Mahout 추천 시스템의 컴포넌트 관계도이다.

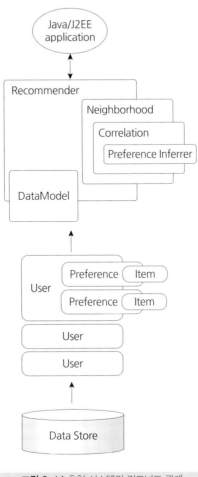

그림 6-14 추천 시스템의 컴포넌트 관계

표 6-6 추천 시스템의 주요 컴포넌트[7]

구분	내용
Data Model	사용자 선호 정보의 접근 인터페이스 제공
User Similarity	사용자 간의 유사성을 파악하여 정의

---

7 출처 http://mahout.apache.org/users/recommender/recommender-documentation.html

구분	내용
User Neighborhood	주어진 사용자와 가장 유사한 이웃 그룹 추천
Recommender	모든 컴포넌트를 활용하여 사용자에게 아이템 추천

추천 시스템은 유사계수(Similar Coefficient)를 통해 객체 간의 유사도를 계산한다. 유사계수는 집합 내의 각 원소 간의 유사도를 나타낸다. 유사계수에는 여러 가지가 있지만 여기서는 타니모토 계수(Tanimoto Coefficient)를 예로 든다.

사례는 좋아할 만한 영화를 추천하는 시스템으로 A 영화를 좋아한 사람에게는 그와 유사한 B 영화를 추천하는 식이다. 다음 그림은 9명의 인원이 참여하여 4개 영화 중 각자 좋았던 영화를 추천한 것이다. 복수 추천이 가능하므로 참여자는 최대 4개의 영화를 추천할 수 있다.

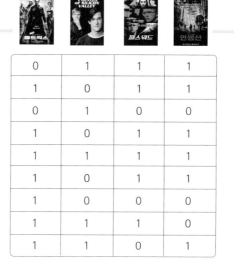

Alice	0	1	1	1
Bob	1	0	1	1
John	0	1	0	0
Jane	1	0	1	1
Bill	1	1	1	1
Steve	1	0	1	1
Larry	1	0	0	0
Don	1	1	1	0
Jack	1	1	0	1

그림 6-15 좋아하는 영화에 대한 평가

- **첫 번째 영화** 매트릭스(MATRIX, 1999)

- **두 번째 영화** 실리콘 밸리의 악동들(Pirates of Sillicon Valley, 1999)

- **세 번째 영화** 패스워드(Anti-trust, 2001)

- **네 번째 영화** 인셉션(Inception, 2010)

a와 b의 유사도를 나타내는 타니모토 계수는 다음과 같다.

$$T(a,b) = \frac{N_c}{N_a + N_b - N_c}$$

수식 6-1 타니모토 계수

타니모토 계수는 두 집합 간의 유사도를 측정하는 지표로 앞선 공식을 이용해 a와 b 간의 유사도를 측정한다.

- N_a a에 속해 있는 항목 수

- N_b b에 속해 있는 항목 수

- N_c a와 b 모두 속해 있는 항목 수

이 공식을 통해 영화 '매트릭스'와 '실리콘 밸리의 악동들'의 타니모토 계수를 구해보자.

- N_a '매트릭스'를 추천한 사람 = 7명

- N_b '실리콘 밸리의 악동들'을 추천한 사람 = 5명

- N_c '매트릭스'와 '실리콘 밸리의 악동들' 모두를 추천한 사람 = 3명

$$\frac{N_c}{N_a + N_b - N_c} = \frac{3}{7 + 5 - 3} = 0.33$$

앞서 평가한 영화 추천 표를 이 공식에 대입하면 다음과 같은 행렬이 나온다.

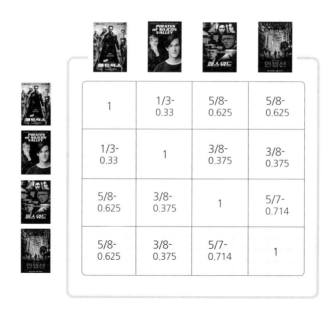

1	1/3-0.33	5/8-0.625	5/8-0.625
1/3-0.33	1	3/8-0.375	3/8-0.375
5/8-0.625	3/8-0.375	1	5/7-0.714
5/8-0.625	3/8-0.375	5/7-0.714	1

그림 6-16 타니모토 계수의 입력값

타니모토 계수는 0과 1 사이의 값을 가지며 1은 완전히 같다는 뜻이고 0은 전혀 유사성이 없다는 뜻이다. 타니모토 계수가 1에 가까울수록 유사성이 높기에 이를 추천한다. 단, 기준값이 얼마 이상일 때 유사성이 높다고 판단하는 것은 또 다른 문제다. 앞선 예제에서는 1에 가장 가까운 조합은 0.714의 《Anti-trust》와 《인셉션》이다. 그러므로 세 번째 영화인 《Anti-trust》를 본 관객은 네 번째 영화인 《인셉션》을 추천하는 게 가장 좋은 결과다.[8]

이상으로 기계학습과 기계학습의 기본 알고리즘 그리고 마지막으로 Mahout을 살펴보았다. 빅데이터는 일반 데이터와 다른 특징을 가지고 있어서 여기에 맞는 알고리즘과 확장성을 살펴보는 게 중요하다. 다음은 전통적 데이터 마이닝에 대해 알아본다.

8 **출처** (1) Mahout:Scalable Machine Learning Library

(2) http://www.nicklib.com/algorithm/1710

3. 빅데이터의 핵심 분석 기술, 데이터 마이닝

3.1 데이터 마이닝이란?

데이터 마이닝은 대량의 데이터에서 알려지지 않은 정보와 패턴을 찾는 지식발견 프로세스다. 데이터베이스 시스템은 정형 데이터를 쌓아 정보화 서비스를 제공한다. 데이터베이스는 가장 직관적인 데이터를 보여주며 정보를 제공한다. 1980년대 많은 기업이나 조직은 경쟁적으로 DBMS를 구축하여 데이터를 축적하기 시작하였다. 다음 그림은 데이터베이스와 SQL을 통한 데이터 작업을 나타낸 것이다.

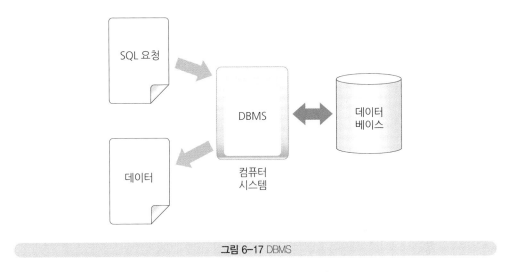

그림 6-17 DBMS

대부분 조직이 이와 같은 구성을 통해 많은 데이터를 축적하였지만, 시간이 지남에 따라 그양도 점차 많아졌다. 문제는 이러한 데이터들을 쌓아 놓기만 했지 여기에 대해 중요한 분석은 하지 않았다. 기업에서는 급속히 증가하는 데이터 환경에서 데이터를 더 효과적으로 분석하고자 했다. 특히 마케팅에서는 고객을 세분화하여 잠재고객에 대한 차별화된 접근이 필요하였다. 더불어 통계학, 컴퓨터 과학, 인공지능 등의 발달은 데이터 마이닝에 대한 필요성을 강조하였다.[9] 다음 그림은 여러 분야에서 데이터 마이닝의 위치를 나타낸 것이다.

---

9 **출처** "비즈니스 인텔리전스를 위한 데이터 마이닝" (사이텍미디어, 2012)

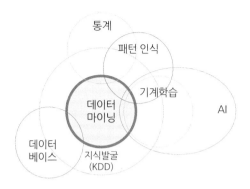

그림 6-18 데이터 마이닝 개념도10

앞선 그림에는 이전에 학습한 기계학습과 데이터 마이닝이 겹치고 있다. 차이점은 기계학습은 훈련 데이터를 통해 배운 지식을 기반으로 예측하는 반면에, 데이터 마이닝은 데이터베이스 내의 숨은 지식 발견을 목적으로 한다는 것이다. 그림에 대한 설명은 다음 표를 참고하자.

표 6-7 데이터 마이닝과 관계된 여러 분야

구분	내용
KDD	Knowledge Discovery in Databases 숨겨진 지식을 탐구하는 과정을 얘기하며, 데이터 마이닝은 이것의 한 분야이다.
패턴 인식	데이터베이스에서 특정 패턴을 찾는 기법
통계학	수량적 비교를 통해 집단현상을 관찰, 처리하는 학문
뉴로컴퓨팅	Neurocomputing 신경망 등과 관련된 분야를 연구

다음은 데이터 마이닝의 주요 기법에 대해 알아본다.

---

10 **출처** http://www.vorlesungen.org/de/node/1381

3.2 데이터 마이닝 기법

데이터 마이닝에는 주로 쓰이는 몇 가지 기법이 있다. 몇몇 기법은 기계학습이나 소셜 네트워크 분석 등에서도 쓰이며, 일부는 4장에서 잠깐 설명하였다. 여기서는 4장에 언급된 기법은 제외하고 다룬다.

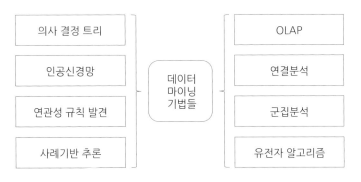

그림 6-19 데이터 마이닝의 기법

의사결정 트리

의사결정 트리(Decision Tree)는 단순하면서 명료한 특징이 있다. 의사결정 트리는 목적 집합을 Yes 혹은 No의 선택으로 나누거나 선택형 항목인 1항, 2항, 3항 등을 통해 그룹화한다. 초기 무분별한 집합은 선택이 진행됨에 따라 분류를 명확히 한다.

다음 그림은 의사결정 트리의 예이다. 시스템 문제가 발생했을 때 해당 문제를 해결하는 과정을 보여준다.

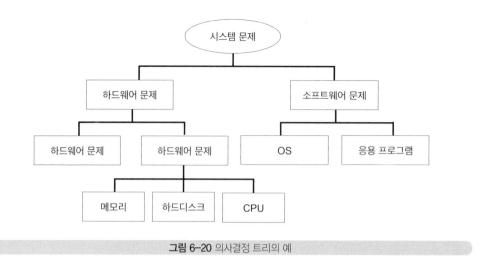

그림 6-20 의사결정 트리의 예

의사결정 트리는 여러 분야에 쓰이며, 대표적으로 대출심사에 쓰인다. 대출심사에서는 나이와 직업을 기준으로 월 급여, 대출 여부 등 여러 데이터를 통해 분류한다. 또 다른 경우로는 과정을 설명할 때 쓰이기도 한다. 가령 신제품 개발과 기존 제품의 개선이라는 시장정책을 선택해야 할 경우 분야별로 데이터를 분류한다. 의사결정 트리에서는 레벨이 더 깊어질수록 분류 이유와 목적이 더 명확해진다.

이러한 이유로 의사결정 트리는 데이터 마이닝뿐만이 아니라 유사한 모델을 통해 아키텍처 설계나 논리적 문제 해결에도 쓰인다.

인공 신경망

신경망 분석은 뇌의 상호작용과 경험 기반의 생물학적 활동을 모형화한 것이다. 인간의 뇌가 경험적 학습을 활동으로 연결하듯이 신경망 분석은 데이터 학습을 통해 패턴을 찾는다. 이 기법은 매우 복잡하게 얽힌 데이터 사이에서 패턴을 찾는다. 학습과정을 통해 패턴을 찾는 것은 앞서 설명한 기계학습과 연관된다. 신경망 분석의 특징은 다음 그림과 같다.

그림 6-21 신경망 분석의 특징

신경망 분석은 데이터 내의 관계 찾기에 도움되지만 내부적 설명이 부족하다. 즉, 인간의 뇌 작용에 대한 수학적 증명이 어렵듯이 신경망 분석도 이와 비슷하다. 신경망 분석에서는 내부적인 작업을 알기 어려우며 단지 결과물을 제공할 뿐이다. 이 때문에 신경망 분석은 앞서 나온 의사결정 트리와 달리 정확히 예측하는 것이 더욱 중요하다.

다음 그림은 자연 신경망(a)과 인공 신경망(b) 분석 모형을 나타낸 것이다.

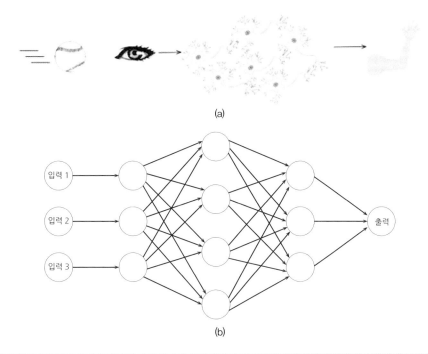

(a)

(b)

그림 6-22 신경망 분석 비교

덧붙이자면 입력층에서 입력 변수를 받으며, 가운데 은닉층은 입력층 변수를 처리하고 출력층으로 전달한다. 출력층은 목표 변수에 대응하는 곳으로 최종 예측 값을 낸다.

다음 신경망 구조는 대출 평가를 위한 개인의 신용 평가를 나타낸 것이다. 최종 결과가 어떻게 나오는지 분명하지는 않지만, 입력층의 직업, 나이, 월수입, 부양가족 수 및 기대 출금의 변수를 통해 신용 등급을 내놓는다.

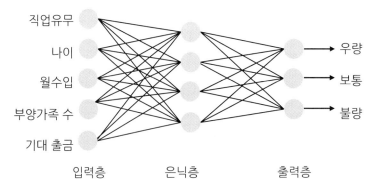

입력층   은닉층   출력층

그림 6-23 대출 신용을 위한 신경망 분석

신경망 분석은 주로 인공지능 분야에서 중요한 역할을 하며 음성 인식, 문자 인식, 이미지 인식 등 비정형 데이터 식별에 많이 쓰인다. 이제는 빅데이터를 명확하게 하는 하나의 분석 도구로써 이용하며, 특정 패턴 추적에 유리하다.

사례기반 추론

사례기반 추론(Case Based Reasoning)은 과거 유사한 사례를 통해 문제를 해결하는 방법이다. 이 방식은 결과 추정이 매우 어려운 경우, 과거 비슷한 사례를 분석하여 가장 근접한 결과를 내놓는다. 시스템 프로젝트의 예를 들자면 특정 프로젝트의 비용 산정이 어려운 경우가 아주 많다. 이렇게 비용 추정이 어려울 때에는 과거 유사한 프로젝트의 비용 산정을 참고한다. 여기에 물가 인상률과 인플레이션 요소를 고려하여 전체 비용을 산정한다. 이렇게 유사 사례를 통해 산정하는 이유는 정확한 비용 산정에 너무 많은 노력이 들기 때문이다. 즉, 정확한 비용을 위해 모두 따지다 보면 거기에 드는 비용과 시간, 노력이 훨씬 많다는 것이다.

다음 그림은 사례기반 추론의 과정을 나타낸 것이다.[11]

---

11   **출처**   http://www.intechopen.com/books/advances-in-industrial-design-engineering/design-for-automotive-panels-supported-by-an-expert-system

그림 6-24 사례기반 추론 과정

주의할 점은 해당 사례가 얼마나 비슷한지를 살펴야 하며, 이를 알려면 근접 이웃 방법론 (Nearest-Neighbor Method)이라는 유사성 측정을 수행해야 한다. 또한, 유사 사례를 찾으려면 사례에 대한 데이터가 잘 나와 있어야 하고, 유사성 측정이 잘 이루어져야 한다.

> **근접 이웃 방법론** 속성값 사이의 유사성 정도를 측정할 수 있는 속성 유사성 함수를 정의하여야 하고, 이를 이용하여 과거 사례의 속성값들과 해결하고자 하는 문제의 속성값들에 대한 유사성 정도를 측정한다. 그리고 이를 속성의 중요도에 따라 가중합계하여 사례들 사이의 유사도를 측정하게 된다.
>
> (위키백과)

연관규칙

연관규칙은 장바구니 규칙이라고 하며, 데이터 마이닝의 가장 기본적인 기법이다. 연관규칙은 발생한 정보의 확률적 빈도를 분석하여 데이터 구성 요소 간 연관관계를 파악한다. 이는 상품 혹은 서비스 간의 관계를 분석하여 숨겨진 정보를 찾는 방법이다. 상품을 예로 들면 연관규칙에서는 동시에 구매할 수 있는 상품을 찾아 매출이나 마케팅에 이용할 수 있다. 우리가 흔히 마트나 시장에서 볼 수 있는 원플러스원 상품이나 맥주와 땅콩 묶음 상품이 대표적이다.

특히, 연관규칙은 전문지식이 크게 필요하지 않기에 상품 간 비교와 평가가 쉽다.

| Item A | | Item B |

그림 6-25 연관규칙의 장바구니 분석

장바구니 분석의 핵심은 상품 A를 구매할 때 상품 B를 구매한다는 것이다. 즉, 어떤 사건 A가 일어나면 사건 B가 일어나는 것을 찾는 것이다. 이러한 분석을 위해서는 과거 데이터가 신뢰할 수 있는 정보여야 하며 이를 기반으로 신뢰도를 측정한다.

연관규칙에는 지지도, 신뢰도, 향상도라는 측정 지표가 있으며, 이를 정리하면 다음 표와 같다.

표 6-8 연관규칙의 각 지표

구분	설명
지지도(S)	A와 B가 함께 구매되는 확률이며 높을수록 의미가 있다. $S = P(A \cap B) = (A, B$ 동시 거래$)/($전체 거래 수$)$
신뢰도(C)	A 구매 시 B가 구매되는 조건부 확률이며 높으면 연관성이 높다. $C = P(B \vert A) = P(A \cap B)/P(A)$
향상도(L)	신뢰도를 B의 거래 비율로 나눈 것으로, A와 B의 상관관계를 통해 독립적인지 종속적인지 판단한다. $L = P(B \vert A)/P(B) = P(A \cap B)/(P(A) * P(B))$ 1이면 독립관계이고 1보다 크면 양의 상관관계, 작으면 음의 상관관계이다.

앞선 식만으로는 이해가 어렵기에 예제를 통해 살펴보도록 하자. 다음 예제는 마트 구매자들의 거래 내역이며, 여기서는 맥주와 땅콩의 연관관계를 파악해보자.

거래번호: 1		거래번호: 2		거래번호: 3		거래번호: 4	
제품명	코드	제품명	코드	제품명	코드	제품명	코드
땅콩	A001	감자	C001	참치	D001	참치	D001
맥주	B001	마늘	C002	땅콩	A001	쌀	C003
우유	B002	참치	D001	맥주	B001	수박	E001
		맥주	B001			휴지	F001

맥주를 구매한 고객이 땅콩을 구매할 연관성 분석

그림 6-26 상품 거래 내역

앞선 내역에서 A 사건은 맥주 구매이며, B 사건은 땅콩 구매이다. 이를 기반으로 각각 지지도, 신뢰도, 향상도를 나타내보자. 각각을 수식에 대입하여 얻은 결과는 다음 표와 같다.

표 6-9 각 사례를 통한 측정값 도출

개별확률		지지도(Support)	신뢰도(Confidence)	향상도(Lift)
P(A)	P(B)	P(A∩B)	P(B|A)	P(B|A)/P(B)
0.75	0.5	0.5	0.67	1.34
3/4	2/4	S(맥주→땅콩)= P(동시거래/전체거래)= 2/4	C(맥주→땅콩)= P(동시거래)/P(맥주)= 0.5/0.75	0.67/0.5

연관규칙은 품목 수와 데이터에 의존적이기에 품목 수보다 데이터가 적으면 결과를 신뢰하기 어렵다는 단점이 있다.

3.3 데이터 마이닝 활용 분야

이제까지 우리는 데이터 마이닝과 대표 기법이 무엇인지 알아보았다. 여기서는 데이터 마이닝이 주로 쓰이는 활용 분야를 알아보자.

데이터 마이닝은 마케팅에 주로 활용되며, 연관규칙에서 보았듯이 상품의 장바구니 분석이 많이 쓰인다. 이렇게 상품분석을 통해 고객 성향을 파악하여 목표 마케팅에 활용된다.

병원이나 제조업에서는 품질개선 측면에서 위험관리 수단으로 쓰인다. 병원에서는 과다청구의 원인을 분석하여 개선하거나 사망률이 높은 환자군을 분석하여 치료법을 개선한다. 제조업에서는 불필요한 불량품의 발생 원인을 추적하고 감소시켜 수요와 판매를 촉진한다.

금융권에서는 신용평가나 담보대출에 따른 위험도를 파악하여 개인이나 기업의 신용등급을 판단한다. 또한, 은행권에서는 특정 사기 패턴을 찾아 미래 위험을 원천 차단한다. 통신회사에서는 고객 이탈을 방지하며, 장기 고객에 대해 알맞은 서비스를 제공한다.

이외에도 천문학이나 보안 분야에서도 쓰이며, 앞으로는 빅데이터 분석에도 중요한 역할을 할 것이다.

4. 실무 활용이 높은 통계 분석 기술

4.1 통계 분석의 이해

여기에서는 데이터 분석을 위한 기본 통계 기법을 설명한다.

통계학은 계량 자료를 수집하여 분석, 설명하고 결과를 제시하는 학문이다. 특정 집단인 모집단의 성격과 특성을 파악하기 위해 표본을 추출하여 전체 특성을 추론한다. 모집단의 특성 파악을 위해 가장 좋은 방법은 전체를 조사하는 것이다. 그렇지만, 그러기에는 너무 큰 비용과 시간이 들어 현실적으로 불가능하다. 그렇기에 통계 분석에서는 효율적 방법으로 표본을 뽑아 모집단의 특성을 추측한다. 전체적인 이해를 돕고자 모집단과 표본과의 관계를 다음과 같은 그림으로 나타내었다.

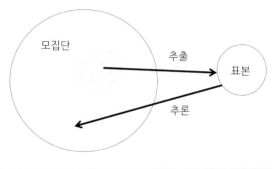

그림 6-27 모집단과 표본

모집단과 표본의 가장 대표적 예는 선거의 출구 조사다. 출구 조사는 투표를 마친 유권자를 대상으로 설문조사를 통해 선거 결과를 미리 알아보는 것이다.

통계학은 적용 분야에 따라 기술 통계학과 추측 통계학으로 나뉜다.

- **기술 통계학(Descriptive Statistics)** 모집단에서 표본을 추출하여 정리, 요약하여 결론을 냄
- **추측 통계학(Inferential Statistics)** 정리, 요약, 결론을 통해 모집단 특성을 추론

여기서 주의할 점은 표본을 통한 추론은 항상 오류나 오차가 있음을 가정하고, 분석 과정에서 오차 범위를 나타내야 한다. 다음 표는 기술 통계학과 추측 통계학의 대표적 분석 기법을 정리한 것이다.

표 6-10 기술 통계학과 추측 통계학

기술 통계학	추측 통계학
빈도 분석, 평균값 분석, 산포도 분석	교차 분석, ANOVA, 상관 분석, 회귀 분석

통계에서 자료 형태는 크게 범주형과 수치형으로 나뉜다. 간단히 말해 범주형은 사칙연산이 불가능한 자료고, 수치형은 사칙연산이 가능한 자료다. 다른 말로 범주형은 질적(Qualitative) 혹은 비계측(Nonmetirc) 자료라 하고, 수치형 자료는 양적(Quantitative) 혹은 계측(Metric) 자료라 한다.

참고로 범주형 자료는 교차분석에 쓰이는데, 교차분석은 범주형 변수 간의 연관성을 파악하는 분석 방법이다. 다음은 각 자료의 예다.

- **범주형 자료** 성별, 거주지, 연령대 등
- **수치형 자료** 키, 몸무게, 비율 등

통계에 쓰이는 실험이나 모델에는 독립변수와 종속변수가 있다. 독립변수는 입력이나 원인을 나타내며, 종속변수는 결과물이나 효과를 나타낸다. 다음 공식은 이를 수학적으로 풀어 쓴 것이다.

$$y=f(x) \qquad x: 독립변수, y: 종속변수$$

통계 분석은 자료형과 변수로 조합된다. 가령 '성별에 따른 지지 정당'이라면 성별은 남녀로 나뉘는 범주형, 지지 정당도 A당, B당, C당으로 나뉘는 범주형이다. 여기에 성별은 독립변수고, 지지 정당은 종속변수가 된다. 만일 여기서 설문 사항이 '성별에 따른 정당 지지율'이라고 한다면, 독립변수는 범주형이 되고 종속변수는 수치형이 된다.

다음으로는 추측 통계 분석의 방법들에 대해 알아보자.

빈도 분석(Analysis of Frequency) 분류형(범주형) 변수에 대한 빈도표를 작성하고 그에 적절한 그래프(바 차트, 파이 차트 등)를 그리는 분석 방법이다.

평균값 분석 평균값 분석의 대표적 예는 산술 평균이다. 이것은 관측치의 모든 값을 더해 관측치 수(n)로 나눈 값이다.

(한남대 통계학과 권세혁 교수, http://wolfpack.hnu.ac.kr/Book/SURVEY/freq_survey_wolfpack.pdf)

산포도(Statistical Dispersion) 자료의 수치가 얼마나 떨어져 있는지를 나타내는 값이다. 분산, 표준편차, 평균편차 등이 있다.

(위키백과)

4.2 분할표와 가설 검증

두 개의 변수 간 관련성을 보고 싶을 때는 분할표(Contingency Table)를 작성한다. 다음 분할표
는 범주형 변수와 변수 간 관측값을 넣은 표다. 다음 예제는 '성별 지지 정당'이라는 범주형
과 범주형 자료 간의 분할표다.

표 6-11 성별 지지 정당에 따른 분할표

	A당	B당	C당	합계
남	28	9	7	44
여	21	17	18	56
합계	49	26	25	100

이러한 분석에 앞서 우리는 가설과 분석을 통해 가설이 맞는지 아닌지를 판단한다. 통계 분
석에서는 귀무가설(Null Hypothesis, H0)과 대립가설(Alternative Hypothesis, H1)이 있다. 영가설이
라고도 불리는 귀무가설은 차이가 없거나 의미가 없는 가설을 말한다. 대립가설은 차이가 있
음을 밝히려는 가설이다. 다시 말해 귀무가설은 가설검증에서 진실이라고 가정하는 가설이
며, 대립가설은 귀무가설이 기각될 때 진실로 받아들이는 가설이다.

- **귀무가설** 기존에 일반적인 사실로 받아들이는 내용
- **대립가설** 귀무가설과 반대되는 새롭게 검증하고자 하는 주장

이해를 돕고자 다음 예를 살펴보자.[12]

> 모 과자 회사의 A 제품은 오랫동안 나트륨 1mg 이하를 사용하여 생산되었는데,
> 이것이 사실인지 검증하기로 한다.
> · 귀무가설(H0): 나트륨은 1mg이거나 더 작다.
> · 대립가설(H1): 나트륨은 1mg보다 크다.

---

12 **출처** http://socialinnovation.tistory.com/133

앞서 언급했듯이, 통계 분석에서 가설을 세울 때는 귀무가설과 대립가설이 있다. 귀무가설은 일반적인 사실로 받아들이는 옳다라는 가설이고 대립가설은 반대로 틀리다라는 가설이다. 이것을 수학적으로 검증하는 것이 카이 제곱이다.

카이 제곱에서는 가설의 기각과 채택을 위해서 유의확률과 유의수준을 사용한다. 유의확률은 p-value로 표기하며, 귀무가설이 맞는데 틀렸다고 할 확률을 말한다. 분석자는 처음에 자신의 가설을 대립가설로 세우고 귀무가설을 기각하면 본인의 대립가설이 채택되길 원한다. 당연히 유의확률 자체가 작을수록 귀무가설을 잘못 기각할 확률이 적기 때문에 대립가설을 더 지지하게 된다.

유의확률과 유의수준

통계처리를 할 때 대개는 모집단의 분산, 평균을 알기가 어렵다. 모집단 자체를 전수 조사하기가 어렵고 모집단의 정확한 범위를 알지 못하기 때문이다. 그래서 실제 모집단에서 표본을 추출하여 그것의 분산(표본분산)이나 평균(표본평균)을 낸다.

특히, 표본 수가 크지 않을 때에는 표본분산(표본 표준편차)을 사용한 t-분포를 이용한다. 이것을 t-test라 한다.

두 개 모집단의 모평균이 서로 같은가 아닌가를 검정할 때 귀무가설과 대립가설을 세운다.

귀무가설 H0 두 개의 모평균이 같다.

대립가설 H1 두 개의 모평균은 다르다.

유의수준(Significance Level)은 보통 1%(0.01), 5%(0.05), 10%(0.1) 세 개를 주로 사용하는데, 그중에서도 1%와 5%를 많이 사용한다. 유의수준 0.05라 함은 두 개 집단의 모평균은 실제 같은데 잘못해서 귀무가설을 기각하게 될 확률(모평균이 같지 않을 것으로 판단할 확률)을 의미한다. 이것이 소위 "1종 오류"를 범할 확률이다.

달리 말하면, 5%(0.05)의 유의성이란 테스트 결과가 "사실이 아닐 확률"이 5% 또는 "사실일 확률"이 95%라는 뜻이다. 정확히 말하면 이와 같은 테스트 방법을 100번 사용할 때 95번 정도만 제대로 맞게 검정한다는 뜻이다.

유의확률은 p-value라 하며 귀무가설을 기각할 수 있는 최소한의 확률을 의미한다. 유의확률이 0.009로 도출되었다고 하자. 유의확률은 앞선 유의수준보다 정확히 계산한 것으로 귀무가설을 잘못 기각할 확률이 0.9%밖에 안 된다는 뜻이다.

1% 이내냐 5% 이내냐를 얘기하는 것이 유의수준이고, 실제 테스트를 했더니 잘못될 확률이 정확히 얼마인지를 계산한 것이 유의확률이다. 여기서는 0.009(0.9%)니까, 5%는 물론 1%의 유의수준에서 귀무가설을 기각할 수 있다는 뜻이다.

즉, 두 모집단의 모평균이 서로 같다는 귀무가설을 잘못 기각할 확률이 1% 이하(정확히 말하면 0.9%)라는 뜻이다. (쉽게 말해, 두 개의 집단 간 모평균이 다를 확률이 99.1%라는 것이다.)

(출처: http://economia.tistory.com/20)

그런데 여기서 도대체 p-value가 어느 수준이 되어야 기각할 수 있을까? 여기서 유의수준을 a라고 정하자. 그러면 분석자가 정한 a 범위 안에 유의확률 p-value가 포함되면, 귀무가설은 기각된다. 다음 그림은 이를 표현한 것이다.

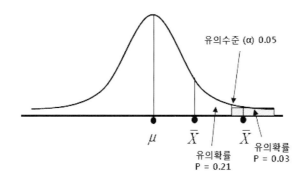

유의확률(0.03) 〈 유의수준(0.05) → 귀무가설 기각
유의확률(0.21) 〉 유의수준(0.05) → 귀무가설 채택

그림 6-28 유의확률과 유의수준13

다음 예를 통해 유의확률과 유의수준을 자세히 이해해보자.

---

13 **출처** http://www.spss.co.kr/artyboard/mboard.asp?strBoardID=BOARD_LETTER_DETAIL&exec=view&intSeq=6349&intPage=&intCategory

초등학교 시험을 앞둔 A군은 다음과 같은 객관식 문제를 받았다.

문제) 호주의 수도는 어디인가?

1) 시드니   2) 캔버라

A군이 문제를 맞힐 확률은 50%이며, 운이 좋아 찍어서 맞힐 확률 또한 50%이다. 즉, 답은 모르지만, 우연히 맞혀 똑똑한 우등생이 될 수 있다. 이것이 유의확률이다. 만약 선생님이 앞선 예제를 사지선다로 바꾸면 유의확률은 25%가 된다. 그렇다면 다음과 같은 가설을 세울 수 있다.

귀무가설: 초등학생 A군은 우등생이 아니다. (다른 학생과 별반 차이가 없다.)

대립가설: 초등학생 A군은 우등생이다. (다른 학생과 차이가 있다.)

유의확률이 50%인 경우에는 선생님은 이 아이가 우등생인지 아닌지 판단할 근거가 부족하다. 그럼 선생님은 유의확률을 어디까지 줄여야 할 것인가? 선생님이 5%로 정했다면 5%는 유의수준이 된다. 즉, 유의확률이 유의수준 5% 안에 들면(작으면), A군은 우등생이 아니라는 귀무가설이 기각된다. 유의수준은 이처럼 연구자가 정하고 실제 확률 p를 기반으로 비교 분석한다. 당연히 연구자가 유의수준을 작게 하면, 귀무가설 기각이 어려워지고, 너무 크면 그만큼 오류 확률이 높아 분석 결과 신뢰성이 떨어진다.[14]

4.3 기타 분석

t 검증(t-test)

카이 제곱이 두 집단 간의 비율을 통해 연관성을 검증한다면, t 검증은 두 집단 간의 평균 차를 통해 검증한다. 독립변수로 집단은 2개의 집단이어야 하며 종속변수는 연속변수, 즉 사칙연산이 가능한 변수여야 한다.

---

14   출처 http://blog.naver.com/medicalstat/220002207701

t 검증은 두 집단 간의 평균 차이를 통해 통계적 의미를 살펴본다. 가령 남녀 학생 간의 영어 성적 차이라든지 학위에 따른 연봉 차이 등을 분석한다. 결론적으로 t 검증은 두 집단의 속성을 알아보는 데 있어 평균 차이를 이용한다.

ANOVA(Analysis of Variance)

분석의 기본은 나누어 살펴보는 것이다. 지금까지는 일반적인 두 집단 사이를 비교하고 연관성을 살펴보았다. 그렇다면 집단이 3개 이상일 때 통계 분석은 어떻게 할 것인가? 세 집단이면 비교할 대상이 많지가 않아 6가지 경우의 수만 따지면 되지만, 집단 수가 10개, 20개 등으로 증가할 때는 비교 대상이 기하급수적으로 늘어난다.

ANOVA(분산분석)는 다음과 같이 분석할 때 쓰인다. 영어 공부를 하는 학생 집단을 다음과 같이 세 집단으로 나눠 그 영향을 알아보고자 한다.

- **A 집단** 책으로만 공부
- **B 집단** 온라인으로만 공부
- **C 집단** 실제 강의만 들음

ANOVA는 이러한 세 집단의 차이를 알아보는 데 쓰인다. 예에서 영어 교수법에 따른 영향을 알아보기에, 독립변수가 하나이므로 이를 일원배치 분산분석이라 한다. 만약 여기에서 집단이 학습시간을 연속 1시간과 30분씩 나눠 진행한다면, 독립변수가 두 개가 되며 이것을 이원배치 분산분석이라 한다.

상관분석(Correlation Analysis)

상관분석은 두 변수 간에 관계가 있는지를 상관계수로 나타내는 것이다. 주의할 점은 상관계수는 단순히 관계의 정도만을 알 수 있으며, 두 변수 간 인과관계까지 설명하진 않는다. 이러한 인과관계를 나타내는 데는 회귀분석이 쓰인다.

상관계수로 많이 쓰이는 방식은 피어슨 상관계수와 스피어만 상관계수가 있다. 피어슨 상관계수는 보편적으로 가장 많이 쓰는 방식이며, 스피어만 상관계수는 순서를 이용한 관계 분석을 한다.

회귀분석 (Regression Analysis)

회귀분석은 통계 분석에서 많이 쓰이는 분석법이다. 회귀분석은 독립변수의 영향이 종속변수에 어떤 영향을 미칠지 파악한다. 상관분석에서는 연관성의 강도만을 확인하지만, 회귀분석에서는 변화의 크기를 파악한다. 즉, 회귀분석에서는 변수 x에 의해 변할 수 있는 변수 y의 변화를 살펴본다. 그런 의미에서 두 변수는 방향성이 있어야 하며, 이를 통해 예측도 가능하다.

회귀분석은 단순 회귀분석, 다중 회귀분석, 위계적 회귀분석으로 구분된다.[15]

4.4 R

R은 데이터 분석 소프트웨어이자 통계 분석을 위한 개발 플랫폼이다. R은 오픈소스로 최신 알고리즘과 라이브러리를 제공하는 막강한 분석 툴이다. R은 1993년 뉴질랜드의 통계학 교수들이 개발하였으며, 그 근본은 벨연구소의 S Language에 있다. 다음 그림은 맥 OS에서 실행 중인 R의 화면이다.

---

15 **출처** http://blog.naver.com/soulfree90/50168997196

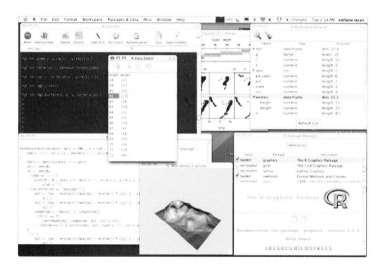

그림 6-29 맥에서 R의 실행 화면16

R은 전통적인 상용 통계 소프트웨어인 SAS와 SPSS 등에서도 지원한다. 또한, R은 구글과 페이스북에서 자사의 분석 플랫폼으로 사용 중이며, 이외에도 IBM, Oracle의 분석 엔진에 사용되고 있다. 이처럼 R이 강력한 이유는 다음과 같은 특징에 있다.

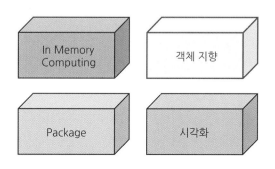

그림 6-30 R의 주요 특징

SAS나 SPSS가 R을 지원하는 가장 큰 이유는 최신 알고리즘 지원과 강력한 시각화로 Chart, Map, Plot 등을 제공하기 때문이다.

---

16 출처 http://www.r-project.org/

R은 오픈소스의 장점을 활용하여 전 세계 커뮤니티와 개발자를 통해 지속적인 개선과 최신 알고리즘이 빠르게 적용된다. 최근에는 빅데이터의 고급 분석 요구가 높아짐에 따라 하둡 연계를 위한 노력이 이루어지고 있다. RHIPE, RHdoop, RHive 등이 새롭게 나옴에 따라 R은 빅데이터 분석의 핵심 툴로 쓰인다.

그림 6-31 R과 Hive와의 만남, RHive17

R은 오픈소스로 쉽게 접근할 수 있으며, 지속적 업그레이드 덕분에 빅데이터 분석을 위한 좋은 툴이다.

---

17 출처 http://blog.fens.me/finance-rhive-repurchase/

07

빅데이터와 보안

이 장에서는 빅데이터와 보안에 대해 알아본다.

1. 빅데이터와 프라이버시

IT 기술은 스마트폰을 넘어 이제 웨어러블 기기로 확장 중이다. 소셜 네트워크 서비스(SNS)는 너무나 보편화하였고 웨어러블 기기를 통한 서비스로 발전 중이다. 궁극적으로는 4장에서 잠깐 설명한 사물 인터넷인 IoT(Internet of Thing)로 발전하고 있다. 우리 주변의 모든 기기가 서로 통신하며, 사람과 교류하는 것이다. 여기에는 엄청난 양의 빅데이터가 있으며 다양한 목적을 위해 수집, 분석, 활용된다. 더구나 최근 몇 년 사이에 정부는 공공 데이터 열람과 활용을 목표로 데이터를 개방했다. 또한, 기업에서는 고객 데이터를 통해 성향 분석은 물론 행동 기반의 예측 분석을 한다.

하지만 이러한 정보 수집은 개인정보와 밀접한 관련이 있다. 빅데이터 분석을 위해서는 기본적인 개인정보를 수집, 분석하게 되는데, 이 과정에서 개인의 성향, 취미 등 극히 사적인 부분이 노출된다. 기업에서는 개인별 맞춤형 서비스를 통해 개인 취향에 맞는 서비스를 제공할 수 있지만, 사생활이 데이터로 저장된다는 불안함이 있다.

최근에는 이러한 문제로 빅데이터를 부정적으로 보고 우려하는 사람도 있다. 여기서는 이러한 빅데이터와 사생활에 대해 알아본다.

웨어러블 컴퓨터(Wearable Computer, Wearable Device) 착용형 컴퓨터로 불리기도 하는 웨어러블 기기는 안경, 시계, 의복 등과 같이 착용할 수 있는 형태로 된 컴퓨터를 뜻한다. 궁극적으로는 사용자가 거부감 없이 신체 일부처럼 항상 착용하고 사용할 수 있으며 인간의 능력을 보완하거나 배가시키는 것이 목표다. 기본 기능들로는 언제 어디서나(항시성), 쉽게 사용할 수 있고(편의성), 착용하여 사용하기에 편하며(착용감), 안전하고 보기 좋은(안정성/사회성) 특성이 요구된다. 이는 단순히 액세서리처럼 전자기기를 몸에 착용하는 것이 아니라, 사용자 신체의 가장 가까운 위치에서 사용자와 소통할 수 있는 전자기기를 말한다. 웨어러블 기기의 장점은 주변 환경에 대한 상세 정보나 개인의 신체 변화를 실시간으로 끊이지 않고 지속적으로 수집할 수 있다는 것이다. 예를 들어, 스마트 안경은 눈에 보이는 주변의 모든 정보를 기록할 수 있으며 스마트 속옷은 체온, 심장박동과 같은 생체신호를 꾸준히 수집할 수 있다. (위키백과)

1.1 개인정보와 사생활 침해

우선 개인정보와 프라이버시의 관계에 대해 알아보자. 개인정보는 개인을 알 수 있는 정보이며, 프라이버시는 인격권으로 비공개권을 말한다. 다음의 해당 용어에 대한 정의를 보자.

표 7-1 개인정보와 프라이버시[1]

구분	설명
개인정보	직, 간접적으로 각 개인을 식별할 수 있는 정보 개인을 식별할 수 있는 기록된 정보 중 주로 체계적으로 관리되고 이용되는 정보
프라이버시	사생활이니 사적인 일, 또는 그것을 남에게 간섭받지 않을 권리 사생활로 번역되지만, 프라이버시는 권리를 포함한 더 큰 범주에 속함

---

1 **출처** 위키백과

하나 더 이야기하자면, 개인정보에는 주민등록번호뿐만이 아닌 개인을 알아볼 수 있는 통합적인 정보도 포함된다. 다음은 개인정보의 일부 예다.

- 이메일, 전화번호, 주소

- 위치정보, IP 정보, CCTV에 찍힌 정보, 녹음된 음성 정보

- 지지 정당, 정치적 신념, 과거 병력, 재산 정보, 계좌

- 홍채, 지문

개인정보는 이처럼 넓고 다양하다. 이에 비해 프라이버시의 개념은 시대별로 조금씩 변해왔다. 다음은 이러한 변화 과정을 나타낸 것이다.

표 7-2 프라이버시 개념의 변화[2]

산업사회(~1960년대 이전)	산업/정보화 사회(1960~2010년)	유비쿼터스(2010년 이후)
물리적 공간에 의한 제약 존재	시공간에 의한 제약 존재(일부 해소)	실제 사회와 가상 사회의 통합
프라이버시는 사전적, 소극적 의미	프라이버시는 소극적 의미	프라이버시는 적극적 의미
물리적 침해로부터 자유로울 권리(Free from physical infringement)	내 정보가 침해로부터 자유로울 권리(Free from information infringement)	내 정보의 가치를 보호받을 권리(Protection of the value of information)

개인정보와 프라이버시의 관계는 개념적으로는 다소 다르지만, 이 둘은 가까운 사이다. 개인정보 보호는 프라이버시 권한과 관련되어 있다.[3]

그림 7-1 개인정보와 프라이버시의 관계

---

2 **출처** http://cafe.naver.com/nsis/64259
3 **출처** 빅데이터 시대의 프라이버시 보호 NIA, 2012.12.24

과거에만 하더라도 문서 중심 사회에서는 개인정보가 그리 큰 문제가 아니었다. 이후 정보통신 발달과 인터넷의 등장은 새로운 패러다임을 만들었고, 여기에 추가로 개인정보 문제가 불거지기 시작하였다.

과거의 개인정보	인터넷 시대의 개인정보
문서 중심의 개인정보	데이터 중심의 개인정보
오프라인 중심	온라인 중심
대량 유통의 한계	대량 유통
부분적 영향력	규모의 영향력

그림 7-2 과거와 현재의 개인정보 차이

이처럼 개인정보가 쉽게 유통되는 원인은 개인 식별 데이터의 축적에 있다. 인터넷 초창기에 많은 기업은 자사 홈페이지와 서비스 포털 등을 통해 고객들을 유치하였으며, 기업에서는 주민등록번호와 같은 가장 확실한 고객 정보를 원하였다. 주민등록번호는 고객을 식별하는 아주 좋은 데이터이자 기업이 바라는 중요한 정보가 되었다. 기업은 주민등록번호를 통해 고객의 성별, 나이, 생년월일과 같은 기본 정보를 쉽게 파악하여 마케팅에 활용했다. 또한, 주민등록번호는 그 특성상 데이터베이스에서 개인을 쉽게 식별할 수 있는 유용한 수단이다.

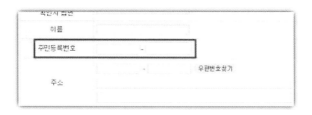

그림 7-3 주민등록번호를 요구하는 사이트의 예[4]

---

4 출처 http://kcats.tistory.com/63

하지만 이러한 데이터가 모인 개인정보가 기업체나 조직 등에서 유출됨에 따라 개인 권리인 사생활이 쉽게 침해되었다. 최근에는 이러한 문제로 정부는 특정 목적 외의 주민등록번호 수집을 원천적으로 금지하고 있다.

개인 식별은 주민등록번호처럼 직관적으로 구분할 수 있는 식별 정보와 간접 정보 조합으로 알 수 있는 비식별 정보가 있다. 빅데이터에 대한 우려는 개인정보와 관계된 비식별 정보를 대량으로 확보하여 사용자를 알아낸다는 것이다. 또한, 빅데이터는 적극적 데이터 수집을 요구하므로, 개인정보를 보호하자는 현재 추세와 충돌한다.

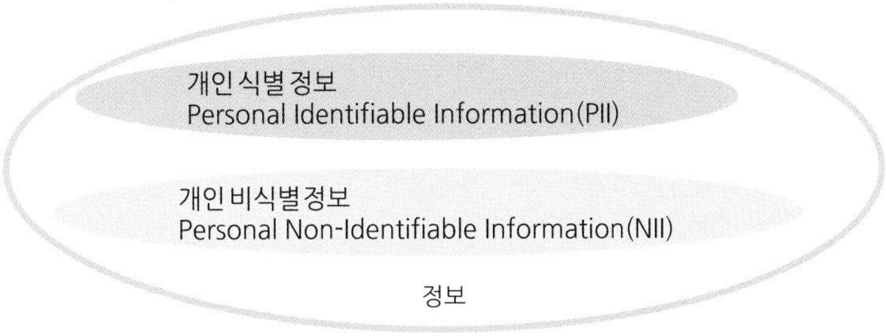

개인 식별 정보
Personal Identifiable Information(PII)

개인 비식별정보
Personal Non-Identifiable Information(NII)

정보

그림 7-4 개인 식별 정보(PII)와 개인 비식별 정보(NII)

개인 식별 정보에는 주민등록번호, 여권 번호, 얼굴, 지문 등이 있으며, 개인 비식별 정보에는 학교, 직장, 범죄 기록 등이 있다. 비식별 정보는 다른 여러 정보와 결합하여 개인을 식별한다.[5]

이전까지는 개인 식별 정보 중심의 데이터 축적이었다면 앞으로는 개인 비식별 정보 중심으로 데이터가 수집된다. 이는 분석을 통해 개인을 알아볼 수 있기에 또다시 개인정보와 연관된다. 최근에는 유비쿼터스 사물 인터넷과 웨어러블 기기를 통해 개인 측정 데이터가 증가하고 있다. 이에 대한 전통적 개인 식별 정보와 측정 데이터의 차이를 살펴보자.[6]

---

5 **출처** Wikipedia
6 **참고** http://www.acrofan.com/ko-kr/consumer/content/main.ksp?mode=view&cate=0105&wd=20140806
&ucode=0001050301

전통적 개인 식별 정보	유비쿼터스 데이터
누가?	무엇을? 어디서? 언제?
이름	구매 이력
주민등록번호	찾아간 장소
주소	사건이 일어난 시간
전화번호	검색 및 측정 정보

그림 7-5 개인 식별 정보의 변화

유비쿼터스(Ubiquitous) 시간과 장소에 구애받지 않고 언제나 정보통신망에 접속하여 다양한 정보통신서비스를 활용할 수 있는 환경을 의미한다. 또한, 여러 기기나 사물에 컴퓨터와 정보통신기술을 통합하여 언제, 어디서나 사용자와 커뮤니케이션할 수 있도록 해 주는 환경이다.　　　　　(위키백과)

각종 SNS나 쇼핑몰 등에서 사용자가 남긴 메시지, 장소, 구매 기록 등을 집중적으로 분석하여 개인의 행적을 추적할 수 있다. 특히, 스마트폰은 개인 이력 추적에 많이 쓰인다. 스마트폰의 위치 정보 서비스는 사용자 위치를 파악하는 최고의 기능이다. 다음 예를 통해 그 과정을 살펴보자.

- 스마트폰을 통한 교통결제 및 물건 구매, 위치 정보를 통한 서비스 사용
- 이용자 패턴 인식 및 프로파일링 작성
- 맞춤형 서비스 제공

기업에서는 개인화된 서비스나 광고를 위해 이러한 개인정보를 활용하고 분석한다.

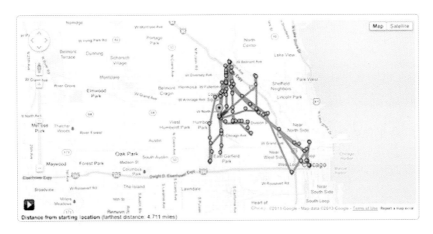

그림 7-6 구글의 위치 추적 서비스[7]

위치 추적은 유비쿼터스 기반의 RFID에서도 가능하다. RFID 태그가 장착된 사물을 가진 개인도 위치 추적이 가능하며 대표적인 것이 교통카드다. 또한, 여러분이 언제, 어디에 갔는지, 카드 결제 사이트에서 쉽게 확인할 수 있다. 이러한 추적 기술을 통해 개인은 프로파일링 되어 사생활 침해 위협에 놓인다.

개인정보가 완벽하게 보호된다면 아무 문제가 없다. 그러나 기업의 이윤 추구와 사용자 서비스 개선을 위해 이들 정보는 재가공 되고 분석된다. 이 정보를 이용해 기업은 개인별 온라인 광고와 추천 서비스를 제공한다.

눈을 밖으로 돌려 다른 나라를 살펴보자. 다음은 각국의 사생활에 대한 인식이다.

- **유럽과 우리나라** 사생활을 기본 인권으로 인식
- **미국** 일정 범위에 한해 개인정보를 상업적 거래 가능

이는 SNS를 보면 알 수 있다. 페이스북은 개인정보를 통해 인적 교류를 하는 가장 유명한 소셜 플랫폼이다. 여기에서는 개인의 비식별 정보를 기반으로 누구나 참여, 공유, 확산할 수

---

7 **출처** http://blog.en.uptodown.com/just-a-reminder-google-can-trace-your-location-through-your-smartphone/

있다. 내가 아는 사람의 주변 사람을 친구로 추가하거나 주변 친구들을 볼 수 있다. 이에 반해 유럽에서는 개인정보에 대한 의견이 확고하여 이런 소셜 플랫폼이 등장하기가 어렵다. 법률적 규제와 더불어 개인정보는 사고파는 개념이 아니라는 사회적 인식으로 새로운 소셜 플랫폼 모델이 등장하기 어렵다.

그림 7-7 개인 사생활과 소셜 미디어

비단 페이스북만이 아니라 Linked In이나 트위터 등도 결국은 개인정보와 생각이라는 자산을 통해 성장하였다. 추구하는 목적은 다르지만, 개인 성향과 글, 직장, 경력, 감정 등 개인의 모든 정보가 인터넷에 기록되며 이를 수집하고 재가공함에 따라 영향력이 커진다.

빅데이터는 경제적, 사회적 가치를 창출한다는 점에서 데이터 수집과 가공은 필수이다. 다만, 이러한 개인정보와 사생활 보호 문제는 계속 고민해야 할 숙제이다.

1.2 데이터 유출

데이터 유출은 개인정보 유출로 그 파급 효과가 크다. 정보 통신 발전과 가상화 기반의 클라우드 서비스의 등장은 새로운 서비스 가치를 창출한다. 이와 더불어 해킹과 보안 취약점은 새로운 보안 위협으로 등장하고 있다.

데이터 중심의 IT 환경에서는 몇천만 건의 데이터가 쉽게 유출될 위험이 있다. 다음은 최근 몇 년간 발생한 개인정보 유출 사례이다.

표 7-3 개인정보 유출 사례[8]

사례	시기	유출규모
T사	2014년 3월	113만 명 회원정보
K사	2014년 3월	1,200만 명 고객정보
카드사	2014년 1월	1억 400만 명 개인정보
금융권	2013년 12월	대출정보 13만 건
C사	2013년 2월	198만 명 고객정보
K사	2012년 7월	휴대전화 고객 873만 명

대부분 백만 건 이상 유출되었으며 빅데이터 시대에는 더 많은 데이터 유출 위협에 처해 있다. 또한, 단순한 유출이 아니라 이제는 2차 피해가 우려되는 상황이다. 소위 스미싱 기법 등이 사용되면서 데이터 유출 피해는 커진다. 그나마 최근에 법적 제한으로 모든 주민등록번호 수집을 금지하여 데이터 축적을 막고 있다.

그림 7-8 주민등록번호 수집 금지 시행[9]

---

8 출처 http://blog.naver.com/khm3801/90194808700
9 출처 http://www.privacy.or.kr/archives/5073

하지만 개인정보와 더불어 기업 데이터의 유출 문제도 심각하게 다뤄야 한다. 클라우드 기술이 상용화되면서 기업 내부에서는 데이터 유출에 대한 우려로 클라우드 서비스 도입이 미뤄지고 있다. 이는 다음의 설문 응답 결과를 통해서도 알 수 있다.[10]

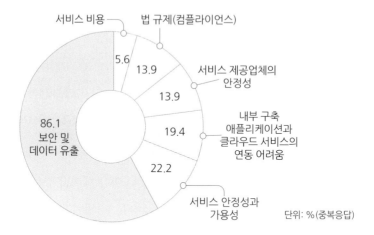

그림 7-9 퍼블릭 클라우드 도입 시 우려점

기업 데이터는 이윤 추구를 위한 가장 핵심적인 사항인 만큼 보안이 중요하다. 클라우드 데이터가 사이버테러나 해킹 등으로 개인정보처럼 유출된다면 그 피해는 감당하기 어렵다. 설문조사에서도 이러한 우려 때문에 기업 대부분이 클라우드 서비스 도입을 주저하고 있다.

퍼블릭 클라우드는 저비용으로 PPU(Pay Per Use) 기반의 플랫폼을 활용한다. 초기 막대한 비용 투자 없이 기업은 쓰는 만큼 비용을 내는 퍼블릭 클라우드를 도입하여 기업 IT 환경을 개선한다. 이런 장점에도 데이터 유출 문제로 도입이 어렵다면 새로운 환경 개선이라는 목표는 물거품이 된다.

PPU(Pay Per Use) 사용량에 따라 요금을 지급하는 유틸리티 컴퓨팅의 가격 제도

(한국정보통신기술협회, IT 용어 사전)

---

10 **출처** http://ciobiz.etnews.com/news/special/cover/2537109_1805.html

다음 그림은 퍼블릭 클라우드의 대표 기업인 salesforce.com의 아키텍처다.

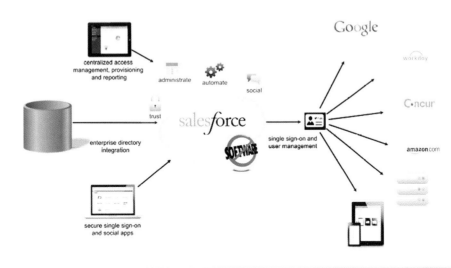

그림 7-10 퍼블릭 클라우드 salesforce.com의 아키텍처[11]

이와 더불어 또 하나 짚고 넘어가야 할 부분이 지식 재산권 문제다. 지식 재산권(Intellectual Property)은 발명, 상표, 디자인 등의 산업 재산권과 문학, 음악, 미술 작품 등에 관한 저작권의 총칭이다. 아직은 온라인 저작권이 크게 이슈화되고 있지 않지만, 미국, 독일 등을 중심으로 온라인 저작권에 대한 논쟁이 일고 있다. 온라인 서비스가 저작권으로 보호를 받게 되면, 빅데이터도 자유롭지 않다. 지식 재산권을 어디까지 적용하느냐에 따라 빅데이터 활용 범위가 줄어들 수 있다.

가령, 카페 글이 저작권에 해당하는지에 따라 데이터 수집 과정에서 필터링될 수 있다. 저작권 문제로 폐쇄적 정보 방침을 갖는다면 데이터 수집이 어려울 것이며 분석 과정의 신뢰성이 떨어진다. 결국은 부족한 수집으로 데이터 활용이 어렵게 된다. 반대로 저작권을 무시한 무차별 수집은 침해 소송으로 이어지며, 이는 온라인 저작권에 대한 첨예한 논쟁으로 이어질 것이다.[12]

---

11 **출처** https://developer.salesforce.com/page/Identity
12 **출처** 특허청 공식 블로그 http://blog.naver.com/kipracafe/220055574769

그림 7-11 지식 재산권과 빅데이터 수집

1.3 데이터 트래픽과 해킹

과도한 데이터 증가는 네트워크 부하를 일으킨다. 아직은 DDoS 공격 외에 빅데이터 트래픽으로 인한 장애는 없지만 늘어나는 데이터양에 대한 관리는 필요하다.

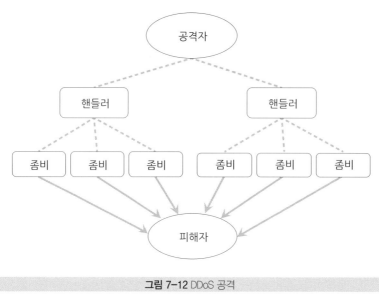

그림 7-12 DDoS 공격

서비스 거부 공격(Denial of Service attack, DoS) 시스템을 악의적으로 공격해 해당 시스템의 자원을 부족하게 하여 원래 의도된 용도로 사용하지 못하게 하는 공격이다. 특정 서버에 수많은 접속 시도를 만들어 다른 이용자가 정상적으로 서비스를 이용하지 못하게 하거나, 서버의 TCP 연결을 바닥내는 등의 공격이 이 범위에 포함된다.   (위키백과)

특히, 스마트폰을 통한 동영상, 이미지 등의 서비스는 비정형 데이터를 급증시켜 네트워크 부하 장애를 발생시키기에 지속적인 망 관리가 필요하다. 더구나 대용량 빅데이터는 내부적으로 악성코드 유입 및 해킹 수단으로 이용될 우려가 있다. 이러한 시나리오는 빅데이터 내부 해킹을 통해 데이터 무결성과 신뢰성을 파괴하여 상당한 경제적 손실로 이어진다. 기본 인프라 없는 무분별한 빅데이터 도입은 보안에 더 취약해지며 예측하기 어려운 위험이 발생한다. 따라서 보안에 대한 확실한 검증이 필요하다.

2. 빅데이터를 활용한 보안 침해 사례

빅데이터를 활용한 보안 침해 사례는 기존 침해 사례와 비슷하다. 보안으로 이슈화되고 있는 피싱, SNS, 위치 추적 기술과 프라이버시를 통해 어떤 식으로 침해가 이루어지는지 살펴보자.

2.1 피싱을 통한 보안 침해

피싱(Phishing)은 인터넷 발달과 더불어 가장 많이 이루어지는 보안 침해다. 그 유형은 IT 트렌드에 따라 조금씩 달라지지만 여기서는 가장 중요한 3가지 피싱을 살펴본다.

피싱은 침해자가 금융기관을 사칭하는 다수의 이메일을 보내 금융정보를 빼내는 범죄행위다. 방식은 개인정보를 이용한 메일 전송이나 금융기관과 똑같은 위조 사이트로 피해자를 속인다. 다음 그림은 침해자가 피싱을 통해 정보를 탈취하는 과정을 나타낸 것이다.

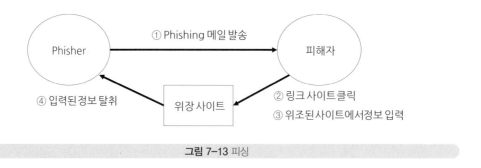

그림 7-13 피싱

사용자는 금융기관과 똑같은 사이트를 진짜로 생각하고 여기에 금융정보를 입력한다. 입력된 정보는 곧바로 탈취자에게 넘어가 계좌를 통해 인출한다. 초기에는 이러한 방식이 많았지만, 최근에는 피싱 대신 보이스 피싱과 스미싱이 증가하는 추세다.

보이스 피싱은 전화로 금융기관, 경찰 혹은 검찰 등 국가기관으로 속여 금전을 탈취한다. 보이스 피싱 콜 센터는 국내보다는 국외에 거점을 두고 전화를 걸어 상대방을 현혹하여 입금하도록 한다. 다음 그림은 보이스 피싱 과정을 나타낸 예다.

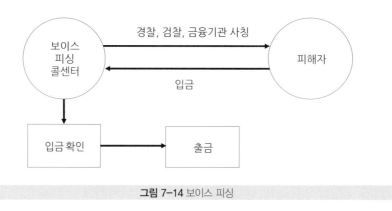

그림 7-14 보이스 피싱

보이스 피싱과 더불어 스마트폰 보급과 함께 급증한 것이 스미싱이다. 다음은 스미싱의 한 예로 어떤 식으로 정보를 탈취하는지를 보여주는 기사다.

스미싱 사례 기사[13]

주민등록번호 6,000만 개를 수집해 이를 스미싱 범죄에 활용한 혐의로 고교 중퇴생이 구속됐다. 중복을 제해도 3,000만 개가 넘는다. 개인이 불법 수집한 주민등록번호 수량으로는 역대 최대치인 것으로 알려졌다.

서울중앙지검 개인정보유출범죄 합동수사단(단장 이정수)은 세월호 침몰사고를 이용해 사람들을 속인 스미싱 문자 발송에 가담한 혐의(정보통신망 이용촉진 및 정보보호법 위반)로 ㄱ군(17)을 구속했다고 6일 밝혔다.

검찰이 압수한 ㄱ군 컴퓨터에서는 6,000만 명의 이름과 주민등록번호가 쏟아져나왔다. 텍스트 파일인데도 정보량이 2.3GB에 달해 파일이 잘 열리지도 않았다고 한다. 검찰 관계자는 "중복된 것을 빼도 3,000만∼4,000만 명의 주민등록번호가 ㄱ군 컴퓨터에 저장돼 있었다. 한국의 성인 주민등록번호의 90%가량이 ㄱ군 컴퓨터에 있었다고 보면 된다. 이 때문에 주민등록번호를 바꿔야 한다면 모든 주민등록번호를 새로 발급해야 할 수준"이라고 말했다.

> *실시간속보세월호침몰 사망자
> 25명 늘어 더보기 http://
> p**8***.h*b**.net/***.apk

세월호 참사를 악용한 스미싱

ㄱ군은 함께 스미싱을 한 일당에게서 주민등록번호를 건네받아 보관만 했다고 진술한 것으로 전해졌다. 검찰은 ㄱ군의 역할이 악성 앱을 유포하는 한편, 악성 앱으로 피해자 정보를 빼낸 공범들이 개인정보 확인을 요청하면 주민등록번호 데이터베이스와 대조해 실명을 확인해주는 것이었다고 보고 있다. 검찰은 ㄱ군이 직접 인터넷 사이트를 해킹해 빼낸 개인정보는 없는지 수사 중이다.

검찰은 4월16일 세월호가 침몰한 직후 '여객선(세월호) 침몰사고 구조현황 동영상'이라는 문구와 함께 인터넷주소 링크가 담긴 문자메시지가 다량 발송된 사실을 확인하고 수사를 벌여왔다. 링크를 누르면 스마트폰에 악성 앱('구조현황 apk 파일')이 다운로드 돼 자동으로 설치되는데, 이를 통해 기기 정보, 문자메시지, 통화기록, 사진 등 스마트폰에 담긴 모든 정보가 빠져나간다. 검찰은 세월호 스미싱 주범들이 중국에 있는 것으로 파악하고 중국 공안에 수사 협조를 요청하는 방안을 검토 중이다.

스미싱은 SMS를 이용한 피싱 기법으로 소액결제 및 결제정보를 유도한다. 다른 피싱 기법과 다른 점은 악성코드를 앱에 담아 실행하여 정보를 탈취한다는 점이다. 다음은 스미싱 과정을 나타낸 것이다.[14]

---

13 출처 한겨레신문 http://www.hani.co.kr/arti/society/society_general/641230.html
14 출처 http://news.donga.com/Issue/List/08170000000000/3/08170000000000/20130403/54157440/1

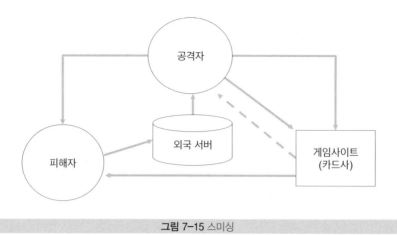

그림 7-15 스미싱

표 7-4 스미싱의 단계별 과정

단계	설명
① 배포	스미싱 문자 발송과 악성 앱 설치
② 정보 유출	스마트폰 정보 유출(전화번호, 이통사)
③ 정보 탈취	스마트폰 정보 취득
④ 결제 시도	모바일 결제 시도(전화번호, 이통사, 주민번호 입력 후 인증번호 요청)
⑤ 인증번호	인증번호 가로채기
⑥ 결제 완료	가로챈 인증번호 입력
⑦ 결제 청구	결제 금액 청구

2.2 SNS 보안 침해[15]

스마트폰과 SNS가 보편화함에 따라 이 둘을 통한 보안 침해 사례가 늘고 있다. 특히, SNS 데이터는 빅데이터 활용을 위한 주요 데이터 소스이기에 이에 대한 보안 침해를 이해하는 것은 중요하다. 다음 사례는 SNS를 통해 어떤 식으로 개인정보가 탈취되어 사용되는지 유형별로 나타낸 것이다.

---

15 **출처** SNS Privacy 침해 위협, 정보처리학회지 2011년 11월

디지털 문서철 집적(Digital Dossier Aggregation)은 SNS에 공개된 이용자 정보를 제삼자가 저장하여 범죄에 악용하는 수법이다. 일례로 홍길동은 여름휴가를 맞아 일주일간 국외여행을 간다는 내용을 SNS에 올리자 이를 본 범인은 해당 거주지를 찾아 범죄를 일으킨다. 이는 자기 정보관리 통제권 상실로 인한 정보 유출로 스팸이나 협박용으로도 쓰인다. 최근에는 유명인이 올린 내용을 SNS 사용자가 반박을 넘어 악성 댓글로 협박하기도 한다.

자기정보 관리 통제권 또는 개인정보 자기 결정권 자신에 관한 정보를 보호받고자 자신에 관한 정보를 자율적으로 결정하고 관리할 수 있는 권리 (위키백과)

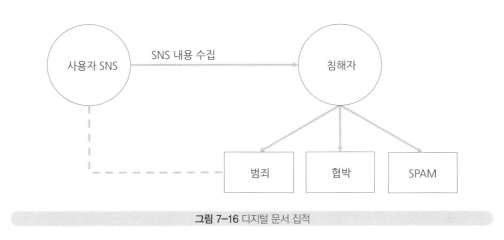

그림 7-16 디지털 문서 집적

디지털 문서 집적을 막으려면 아는 사람에게만 최소한의 정보를 공개하거나 공개를 하지 않아야 한다. 따라서 자기정보 통제를 통해 최소한의 정보 공개 원칙을 지키는 것이 중요하다.

2차 데이터 수집(Secondary Data Collection)은 제품 이용자 정보가 인터넷 서비스 제공자나 네트워크 업자에게 수집되어 맞춤형 광고 등으로 활용되는 것이다. 이용자가 특정 제품이나 상품 평가 그룹에 참여하거나 팔로잉을 하게 되면 그에 대한 유사한 제품 소개나 홍보 메시지 등이 온다. 구매 의향이 있는 이용자에게는 좋지만, 무차별 스팸 마케팅의 희생자가 될 수 있다.

얼굴 인식(Face Recognition)은 단순히 SNS를 넘어 파장 효과가 아주 크다. 과거와는 다르게 인식률이나 정확도가 점점 높아져서 이미지 기반 인물 식별에 큰 도움이 된다. 페이스북은 2014년 초에 딥페이스(Deep Face)라는 기술을 선보였다. 이 기술은 정확도가 97.25%인데, 인간의 인식 정확도는 97.53%이다. 정확도만 봤을 때 거의 인간과 흡사한 얼굴 인식이 가능하다는 얘기이다.[16]

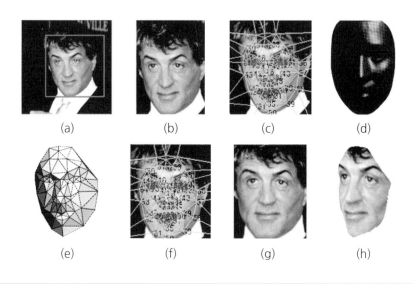

그림 7-17 Deep Face의 얼굴 인식 과정[17]

SNS에는 수많은 사진이 업로드되어 있으며, 페이스북은 가장 많은 이미지를 보유한 SNS 중 하나이다. 얼굴 인식의 정확도가 높아짐에 따라 SNS에서 이미지 속 인물을 쉽게 식별한다면 이것은 또 다른 개인정보 유출이다.

이에 더해 CBIR(Content-Based Image Retrieval)은 이미지에 포함된 특정 콘텐츠를 기반으로 검색하는 기술이다. 우리가 영화에서나 보던 이미지에서 특정 정보 파악이 가능하다. 예를 들면 사진 속 인물을 통한 신원정보, 장소, 시간 등의 추적이 가능하다.

16 **출처** http://www.huffingtonpost.kr/2014/03/21/story_n_4996658.html?ir=Korea&utm_hp_ref=korea
17 **출처** Deep Face Closing the Gap to Human-Level Performance in Face Verification-페이스북 연구 논문

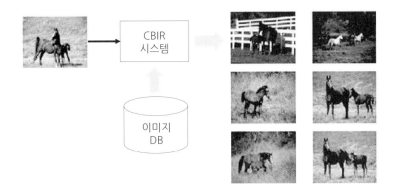

그림 7-18 CBIR을 통한 이미지 검색[18]

CBIR이나 얼굴 인식 기술은 축적된 빅데이터 양이 많을수록 향상된 결과를 내놓는다. 문제는 이러한 기술로 개인 신상이 쉽게 노출되면 많은 범죄나 프라이버시 침해로 연결된다는 것이다. 만약 이런 기술이 CCTV나 동영상 등의 인물 정보와 관계되면 엄청난 영향이 예상되며, 개인 프라이버시 문제는 더 큰 논란이 될 것이다.

결국, 이러한 기술 발전과 데이터 접근은 법률적, 기술적, 관리적인 측면에서 다각적으로 접근해야 한다. 유럽에서는 잊힐 권리(The Right To Be Forgotten)에 대한 문제를 제기하면서 법적 구속력을 갖고자 노력하고 있다. 잊힐 권리는 우리가 인터넷상에 남긴 기록을 삭제할 수 있는 자기 권리 및 정보 통제권을 말한다. 즉, 우리가 SNS나 카페 등 인터넷에 남긴 글, 사진 등 모든 것을 자기 통제하에 삭제할 권리를 말한다.

잊힐 권리의 대표적 사례는 개인 동영상 유출이다. 의도치 않은 유출은 인터넷을 통해 수많은 사람에게 전파되고 피해자는 돌이킬 수 없는 상황에 놓인다. 정보의 생산은 간단하지만, 이를 삭제하려면 많은 노력과 시간이 필요하다. 일부에서는 정보에 유통기한을 둬야 한다고 주장한다. 아직까지 우리나라에서는 유럽처럼 입법화 진행은 없지만 계속 논의와 연구가 진행 중이다. 이와 더불어 최근에는 고인의 인터넷 자취를 없애는 디지털 장의사라는 직업도 생겼다.

---

18 **출처** http://umsmultimediatechgroup007.blogspot.kr/

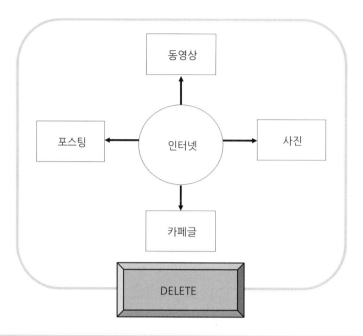

그림 7-19 인터넷에서 나의 정보 지우기-잊힐 권리

SNS을 통한 또 다른 악용 행위로는 프로파일 스쿼팅(Profile-squatting)이 있다. 이것은 SNS에서 유명인 행세를 통해 제삼자에게 명예훼손이나 사기 등의 피해를 주는 방법이다. 대표적으로는 인터넷 정보를 통해 유명 연예인으로 행세하면서 주위 사람들에게 물건 판매, 돈 입금 등의 행위를 유도한다. 아직 이러한 부분까지 법적인 규제나 강제가 어려운 상황이기에 사용자가 조심해야 한다.

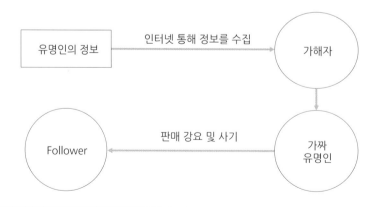

그림 7-20 SNS에서 유명인 행세를 통한 범죄 행위

신상 털기는 인터넷상에서 축적된 데이터를 검색해 피해자의 정보를 캐내는 방법이다. 인터넷에 올라와 있는 ID나 이메일 주소는 개인을 식별하는 중요한 정보며, 이를 통해 포털 등으로 검색한다. 검색된 결과로 피해자가 남긴 카페 글, SNS 주소, 사진, 개인 신상 등 모든 것을 알 수 있다. 만약 이러한 검색이 한 사람이 아닌 여러 사람에 의해 이루어진다면 신상 정보는 더 빨리, 더 정확히 나온다. 다음 그림은 일반적인 신상 털기의 순서다.

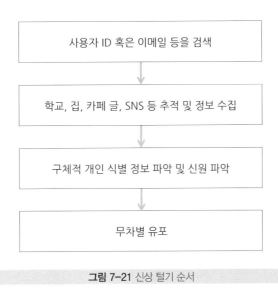

그림 7-21 신상 털기 순서

이는 마치 여러 사람에 의한 퍼즐 조각 맞추기와 같다. 인터넷에 흩어진 개인의 데이터 파편을 하나하나 모아 개인 특성, 신상 등의 정보를 맞춘다. 이는 SNS 발달의 어두운 이면이다. 가장 위험한 것은 사건의 단편적인 모습만을 보고 감성에 호소하여 선의의 피해자가 나오는 것이다. 당시 상황을 모르는 네티즌은 올라온 SNS나 포털 글에 분노하여 움직인다. SNS 특성상 이슈화된 사건은 금세 퍼져 네티즌은 가해자를 신상 털기로 응징한다. 검증되지 않은 인터넷 정보가 순식간에 마녀사냥으로 바뀌는 순간이다.

SNS 프라이버시 침해의 특징은 기술적인 접근만으로는 해결할 수 없다. 여기에는 정책적, 사회적, 법률적, 문화적 결합으로 접근해야 한다. 기본적으로 서비스 제공자는 개인정보 보호를 위한 기술적 방안과 보호 조치를 해야 한다. 그리고 이용자는 자기정보 통제권으로 최소한의 정보만을 노출하도록 한다.

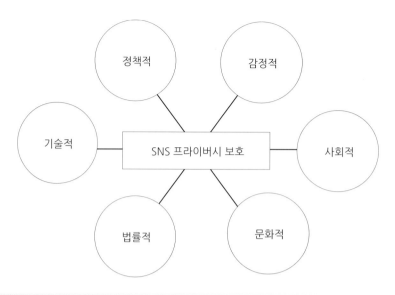

그림 7-22 SNS 프라이버시 보호를 위해 필요한 다각적인 시각

신규 사업자는 기획 시점부터 프라이버시를 고려한 설계를 통해 플랫폼을 도입하고 검토하여야 한다. 이제는 개인정보를 생각하지 않고는 모든 서비스를 구현하기 어려운 만큼, 프라이버시 보호를 위한 최소한의 투자가 있어야 한다.

2.3 모바일 광고를 통한 추적[19]

스마트폰 등장과 데이터 통신의 발전은 새로운 서비스 제공으로 이용자에게 혜택을 주지만, 때론 예상치 못한 프라이버시 노출로 이어질 수 있다. 여기서는 아마존에서 3년 전 획득한 모바일 광고 추적 기술 특허 내용을 통해 개인 위치 추적에 대해 이야기한다.

우선 모바일 광고의 특징은 다음과 같다.

---

19 **출처** 스마트폰 개발 루머 아마존, 위치 추적 기반 광고기술 특허 등록, 주간기술동향 2011.12.30

위치 측정 기반	개인화 광고
경로의 추적 및 예측	디지털 사이니지 활용
목적지 관련 광고 전송	최근 방문 정보 기반 분석

그림 7-23 모바일 광고의 특징

모바일 광고의 핵심은 위치 측정과 경로 추적이다. 사용자의 위치 기반 서비스를 기반으로 모바일을 통해 광고한다. 다음 그림은 아마존의 위치 추적 모바일 광고 서비스의 개념도다.

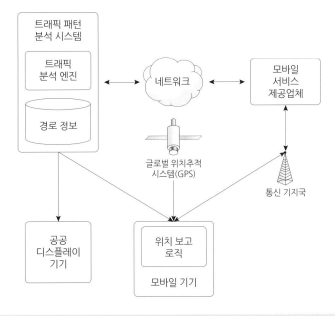

그림 7-24 위치 추적 기술의 개념도

위치는 GPS를 통해 지속적으로 추적되고 분석된다. 여기서는 위치 추적을 통해 어떻게 모바일 광고를 노출하는지 알아보자.

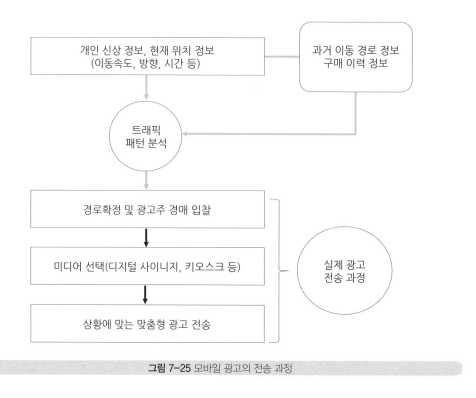

그림 7-25 모바일 광고의 전송 과정

디지털 사이니지(Digital Signage) 기업들의 마케팅, 광고 및 고객 경험을 유도할 수 있는 커뮤니케이션 툴로 공항이나 호텔, 병원 등 공공장소에서 방송 프로그램뿐만 아니라 특정한 정보를 함께 제공하는 디지털 영상 장치. 기존 상업용 디지털 정보 디스플레이(DID)에 주요 기능을 제어할 수 있는 소프트웨어나 관리 플랫폼까지 종합적으로 공급하는 것을 특징으로 한다. (한국정보통신기술협회, IT 용어 사전)

키오스크(KIOSK) 정부기관이나 지방자치단체, 은행, 백화점, 전시장 등 공공장소에 설치된 무인 정보단말기로 동적 교통정보 및 대중교통정보, 경로 안내, 요금 카드 배포, 예약 업무, 각종 전화번호 및 주소 정보 제공, 행정절차나 상품 정보, 시설물의 이용 방법 등을 제공한다.

(한국 지능형교통체계협회, IT 용어 사전)

모바일 광고는 우리가 익히 아는 기술로 위치를 측정하고 추적한다. 스마트폰에서는 쇼핑몰이나 통신사에서 설치한 에이전트 앱을 통해 주기적으로 사용자 모바일 패턴을 기록하여 전송한다. 사용자가 오프라인의 백화점, 마트 혹은 길거리를 지나면 기지국이나 주위 센서는 모바일 신호를 감지하여 추적한다. NFC 모바일 결제를 통한 구매 내역은 자연스럽게 기록되며 이동 경로를 추적한다. 건물 내부에 있을 때에는 Wi-Fi 등의 네트워크와 실내 측위 기술로 사용자 위치를 파악하여 어디로 갈지 예측한다.

차량 내비게이션 데이터, 모바일 데이터, 대중교통 카드 내역 등 우리 주변에서 사용자와 관련된 모든 데이터가 수집된다. 시스템은 이를 분석하여 사용자의 경로를 예측한다. 다행히 아마존 특허는 아직 상용화되지 않았지만, 이러한 기술의 발달로 개인정보와 프라이버시가 더 쉽게 노출될 수 있는 것만은 확실하다.

2.4 빅데이터 처리에 따른 개인정보와 프라이버시[20]

여기서는 개인정보와 프라이버시의 침해 유형을 살펴보고, 빅데이터 처리에 따른 침해 가능 유형을 살펴봄으로써 최소한의 보안 요건이 무엇인지 알아보자.

빅데이터 분석 과정에서 나온 개인정보 처리는 다음과 같다.

표 7-5 빅데이터 처리와 개인정보 처리 유형

구분	내용
분석 목적 처리	빅데이터 처리 시 직접적 연관이 있는 활동(수집, 분석, 활용 등)
관리 목적 처리	빅데이터 처리 시 프라이버시 보호를 위한 조치 등(열람, 폐기 등)

빅데이터는 많은 개인정보를 기반으로 수집, 분석, 처리함으로써 프라이버시를 침해할 우려가 있다. 이러한 침해 유형은 다음과 같다.

---

20 **출처** 빅데이터 시대의 프라이버시 보호 NIA, 2012.12.24

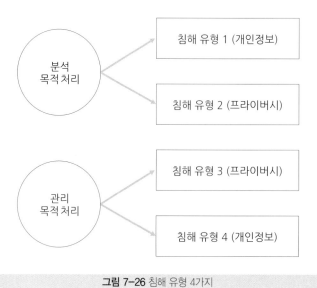

그림 7-26 침해 유형 4가지

개인정보와 프라이버시에 대해서는 이미 앞에서 설명하였기에 이 부분은 생략한다. 여기서 개인정보와 프라이버시의 차이는 구체적 권리의 보장 여부로 나뉜다. 분석 목적은 개인정보 활용이고 관리 목적은 프라이버시 침해 방지다. 그런데 각 목적에 따라 의도치 않거나 의도를 가지고 개인정보를 침해할 수가 있다. 이러한 각 유형을 살펴보자.

침해 유형 1은 분석이 구체화 됨에 따라 의도치 않게 개인정보를 침해하는 경우이다.

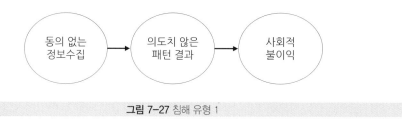

그림 7-27 침해 유형 1

이는 수집 과정에서 본인 동의 없이 구매 내역 등 의도치 않은 정보로 새로운 개인정보를 생성하여 침해된다. 빅데이터는 대량의 데이터 수집과 분석을 통해 의미 있는 지식을 얻는 과정이기에 어떻게 개인정보가 활용될지 알 수 없다. 이러한 이유로 수집기관은 사전에 정보 주체의 동의를 얻지 못한다. 이렇게 의도치 않게 수집된 정보를 기반으로 패턴을 찾아 정치

성향이나 모임 활동 등의 개인정보를 식별함으로써 사회적 불이익을 받을 가능성 있다.

침해 유형 2는 분석 목적이 프라이버시를 침해하는 경우이다.

그림 7-28 침해 유형 2

침해 유형 2는 악의적 분석이 있을 수 있기에 문제가 되며, 수집 주체는 각종 사생활을 무단 수집하여 사생활을 침해한다. 예를 들면 악의적 침해자가 트위터나 블로그 등의 SNS 정보를 무차별 수집, 분석하여 범죄에 이용할 수 있다. 더구나 수집된 정보는 법적 책임이 없기에 아무런 문제가 없다.

침해 유형 3은 관리 목적에 따른 프라이버시 침해이다.

그림 7-29 침해 유형 3

수집된 사생활 정보는 관리 부재나 소홀로 방치되어 불특정 다수에 의해 불법적으로 침해되는 경우이다. 이러한 예는 소규모 사업장의 개인 회원 정보 관리다. 법률적 규제가 약한 영세업체는 사생활에 대한 규정이 없어 절차적 관리가 불분명하다. 여기서는 어떤 경로로 프라이버시가 침해되었는지 알 수 없고 수정이 어렵기에 관리자 도움 없이는 파기할 수 없다.

침해 유형 4는 관리 목적의 개인정보 침해다.

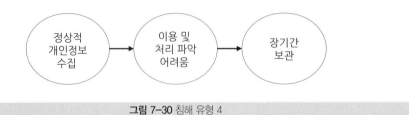

그림 7-30 침해 유형 4

침해 유형 4는 개인정보 수집은 정상적이지만 처리 내용을 정보 주체가 파악하기 어렵다. 수집기관은 데이터 분석을 위해 필요 이상 오랜 기간 보관하기에 유출 위험이 있다. 더구나 새롭게 생성된 개인정보는 정보 주체가 파악하기 어렵고 자기정보 통제권 행사도 어렵다.

지금까지 개인정보와 프라이버시에 대한 침해 유형을 살펴보았다. 언급한 침해에 대한 대응책은 이후에 설명한다.

2.5 영상을 통한 프라이버시 침해[21]

범죄 예방과 재난 안전이라는 공익적 목적을 위해 공공에서는 우리 주변에 많은 CCTV를 설치 운영한다(공공 부문 2012년 기준 46만 1,746대). 민간부문에서도 CCTV의 활용이 늘어남에 따라 우리는 주변에서 하루에 최소 한번 이상은 CCTV에 기록된다. CCTV는 본래 목적이나 도입 취지는 좋지만, 보안 측면에서 개인 초상권과 사생활 침해가 우려된다. 특히 과거 아날로그 방식에서 벗어나 고화질 디지털 HD CCTV가 보급됨에 따라 이러한 우려는 더욱 현실화된다.

비단 CCTV만의 문제가 아니다. 우리 주변을 한 번 돌아보자. 스마트폰을 가진 사용자는 누구나 사진과 영상을 촬영할 수 있고 이를 통한 몰카는 새로운 사생활 침해 수단이다.

---

21 **출처** Internet & Security Focus 2013년 10월, CCTV 설치 운영에서 위반 사례의 분석

그림 7-31 CCTV의 경고 안내판[22]

우리가 이용하는 대중교통에서도 블랙박스와 CCTV는 항상 있다. 도서관, 쇼핑센터, 공항, 식당 심지어는 회사에도 있다. 공부하는 학생의 모습을 감시하기 위해 부모는 자식의 공부방에도 설치할지 모른다. 우리가 느끼지 못하지만, 주변에는 이처럼 엄청난 이미지와 영상 데이터가 쌓이고 있다.

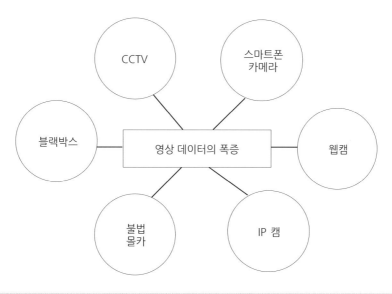

그림 7-32 여러 형태의 영상 촬영 기기

---

22 출처 http://blogs.swa-jkt.com/swa/11167/2013/11/29/

과거 80, 90년대만 하더라도 무빙 카메라는 얼리어답터나 소수의 전유물이었다. 2000년 이후 디지털 기기의 폭발적 발전과 비용 하락은 영상 기기 대중화에 이바지했다. 카메라가 장착된 휴대전화의 등장은 영상 데이터 폭증을 예고하게 된다. 카메라는 초기 낮은 해상도에서 벗어나 이제는 HD급 고화질이 지원되며 디지털 작업도 수월하다.

CCTV는 '개인정보 보호법' 제2조에서 규정하는 영상정보처리기기다. 행안부에 따르면 우리나라는 2012년 현재 약 300만 대의 CCTV를 운영하는 것으로 추산되고 있다. 이중 민간부문에서 설치된 CCTV가 2/3 이상인 것으로 추정하고 있다.

CCTV의 디지털 데이터는 빅데이터의 수집, 저장, 분석에 쓰이며, 대량 데이터의 특성상 분산 저장된다. 이렇게 수집된 데이터는 항상 유출 위험에 놓여 있고 열람 및 조회, 파기 등의 기본적인 절차 없이 운영된다면 사생활 침해 위협은 높아진다.

동영상 개인정보는 특성상 SNS이나 인터넷 등을 통해 수집된 개인정보와는 다르며, 대응 방식도 다르다. 우선 CCTV의 초기 녹화와 수집 및 저장이 법률적 혹은 제도적 가이드라인에 적합해야 한다. 원본 데이터 생성 과정이 투명해야 빅데이터 수집, 처리, 분석에서 개인정보의 침해가 최소화될 수 있기에 CCTV에 대한 설치 및 운영에 대한 규정이 중요하다.

그림 7-33 동영상 빅데이터 처리를 위한 기본 사항

원본 데이터 생성은 다음 장에서 CCTV 설치 및 운영 가이드라인을 통해 살펴보자.

개인정보 보호법 개인정보의 수집 · 유출 · 오용 · 남용으로부터 사생활의 비밀 등을 보호함으로써 국민의 권리와 이익을 증진하고, 나아가 개인의 존엄과 가치를 구현하기 위하여 개인정보 처리에 관한 사항을 규정함을 목적으로 하는 대한민국의 법률이다(시행 2013년 3월 23일, 법률 제11690호). 개인정보 보호법에서는 구 공공기관의 개인정보 보호에 관한 법률과 달리 공공기관뿐 아니라 법인, 단체, 개인 등으로 개인정보처리자의 범위가 확대되었다. (위키백과)

개인정보 보호법 제2조
7. "영상정보처리기기"란 일정한 공간에 지속적으로 설치되어 사람 또는 사물의 영상 등을 촬영하거나 이를 유 · 무선망을 통하여 전송하는 장치로서 대통령령으로 정하는 장치를 말한다. (위키 문헌)

3. 안전한 빅데이터 시스템 구축 방안

안전한 빅데이터 시스템은 크게 2가지로 나뉜다. 하나는 인프라 기반의 보안 시스템이고, 또 하나는 개인정보 기반의 보안 시스템이다.

그림 7-34 안전한 빅데이터 시스템의 범주

인프라 기반은 MapReduce나 Hadoop 등 기술적 측면의 보안 시스템 구축이고, 개인정보 기반은 프라이버시와 개인정보 침해 최소화를 위한 시스템 구축이다. 우선은 인프라 기반 시스템을 설명하고 개인정보 보호 시스템을 살펴보자.

3.1 인프라 기반의 안전한 빅데이터 시스템[23]

MapReduce 프레임워크의 안전한 처리

하둡의 MapReduce는 대용량 데이터 집합을 분할하고 chunk(블록) 단위 파일로 분할 작업을 한다. 여기서 Mapper는 입력 데이터를 받아 key/value 쌍의 결과물을 내놓는다. 문제는 Mapper의 불안정한 진행으로 데이터 신뢰가 깨질 수 있다는 점이다.

고객 행동 패턴을 추적하는 기업에서는 빅데이터를 기반으로 잠재 고객에게 마케팅 활동을 하려 한다. 하둡 기반의 MapReduce에서 의도적이든 아니든 불안정한 Mapper는 고객의 주요 식별 수단을 삭제하고 다음 단계로 진행한다. 이러한 주요 식별 키의 분실은 Reduce 이후로는 정보 가치가 없는 불충분한 결과물을 내놓는다.

예를 들어, MapReduce에서 고객 정보를 수집하고 분석하는 과정에서 개인정보 보호를 위해 유일한 식별 수단인 주민등록번호를 삭제하고 진행한다면 주민등록번호 외에 개인을 파악할 수 있는 데이터 추출이 필요하다.

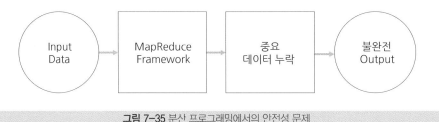

그림 7-35 분산 프로그래밍에서의 안전성 문제

NoSQL의 안정성

NoSQL은 빅데이터의 저장과 분석을 위한 DB다. NoSQL은 종류도 많고 특징도 제각각이며, 지금도 계속 발전 중이지만, 검증된 상용 관계형 DB보다 보안과 안정성 문제로 전문가로부터 많은 지적을 받는다. 또한, 이를 위한 솔루션 도입이 미흡한 상태이기에 이에 대한

---

23 **출처** Top Ten Big Data Security and Privacy Challenges, 2012.11, Cloud Security Alliance

검증이 필요하다.

이에 대한 방안으로 NoSQL에 보안 기능을 전담하는 미들웨어가 있어야 하고, 조직에서는 해당 보안 정책을 반드시 검토해야 한다.

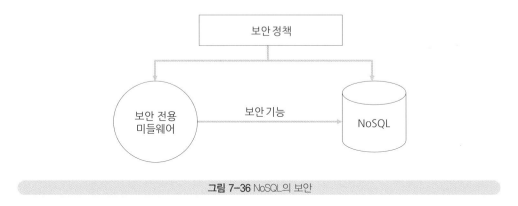

그림 7-36 NoSQL의 보안

데이터 생명주기 보안

조직 데이터는 사용 가치와 시간에 따른 정보 생명주기를 가진다. 소규모 데이터는 관리자가 직접 1차 스토리지에서 2차 스토리지로 옮길 수 있지만, 빅데이터의 대용량 데이터를 관리자가 직접 일일이 작업할 수는 없다. 이에 HSM(Hierarchical Storage Management)의 자동화 도구를 통해 데이터를 이전하게 된다.

문제는 저급의 하위 스토리지로 내려갈수록 보안 문제가 커지고 접근 제어가 되질 않는다는 점이다. 주로 이러한 데이터는 R&D로 활용되며, 통합된 데이터의 보안 취약성으로 기업에서는 이에 대한 분명한 보안 정책을 제시하여야 한다.

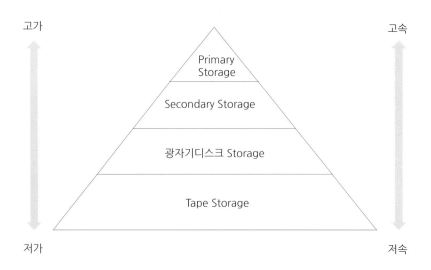

고가

고속

Primary
Storage

Secondary Storage

광자기디스크 Storage

Tape Storage

저가

저속

그림 7-37 Hierarchical Storage Management의 구조

HSM(Hierarchical Storage Management) HSM은 일정기간이 흐르거나, 또는 사용자가 지정한 내용에 따라 값이 비싼 저장매체인 하드디스크에 저장되어 있던 파일들을 자동으로 값이 싼 다른 저장매체로 옮겨주는 시스템이다. HSM은 하드디스크와 같은 고속 저장장치가 광디스크나 자기테이프 드라이브 등과 같은 저속 저장장치보다 단위 저장용량당 가격이 훨씬 더 비싸다는 데에 착안하여 생긴 개념이다. 물론, 모든 데이터를 고속 저장장치에서 항상 사용할 수 있게 하는 것이 가장 이상적이겠지만, 그렇게 하려면 대개 많은 조직이 엄두를 내지 못할 만큼 비싼 가격을 내야만 한다. 그 대신 HSM 시스템은 데이터를 저속 저장장치에 저장했다가, 그 데이터를 사용할 때에만 더 빠른 디스크 드라이브로 데이터를 복사하는 것이다.

(텀즈)

입력 데이터 검증과 필터링

빅데이터는 수많은 소스로부터 데이터가 수집되지만 수집된 입력 데이터의 무결성을 어떻게 검증할지가 문제다. 예를 들면, SIEM(Security Information and Event Management System: 네트워크와 보안 장비로부터 정보를 모으고 분석하여 결과를 제시하는 시스템)에서는 전사 네트워크를 통해 하드웨어 장치와 애플리케이션 로그를 수집한다. 여기서 수집된 데이터는 무결성을 위해 악성 코드가 없어야 하고, 필터링으로 걸러져야 한다. 최근 모바일 기반 업무가 증가하여 회사 내에서 자신의 스마트폰으로 업무를 수행하는 BYOD(Bring Your Own Device)가 도입되면서 이러한 위협에 더 노출된다.

> **BYOD(Bring Your Own Device)** 회사 업무에 개인 모바일 기기를 활용하는 것으로, 2009년 인텔이 처음 도입했다. BYOD 환경에서는 직원들이 업무용과 개인용을 구분해 여러 기기를 가지고 다녀야 하는 불편이 없고 회사는 기기 구입 비용을 줄일 수 있다. 그러나 개인 모바일 기기 사용으로 기업의 보안유지가 어렵고, 이것을 이유로 보안을 강화하면 개인의 사생활 침해가 될 수도 있다. (매일경제, 매경 닷컴)

다음 그림은 유비쿼터스 환경에서 센서가 보낸 데이터를 불법 가상 센서의 데이터로 데이터 무결성을 해치는 경우이다. 이를 방지하려면 중간에 적절한 필터링으로 불순한 데이터를 차단하고 대용량 데이터 집합을 검증할 수 있는 알고리즘이 필요하다.

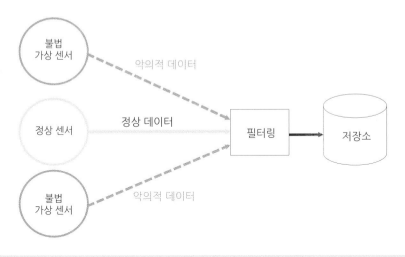

그림 7-38 필터링을 통한 불순한 데이터 유입의 차단

PPDM과 분석

빅데이터의 가장 큰 문제점 중 하나는 의도치 않게 개인정보를 열람하거나 사생활을 침해한다는 것이다. 기업이나 공공기관에서는 대량의 개인정보를 보관, 활용한다. 만일 악의적 내부 관리자가 대량의 개인정보를 탈취한다면 이는 또 다른 문제가 된다. 설사 악의가 없더라도 업무상 개인정보를 조회하여 마이닝 작업 등을 수행한다.

데이터 마이닝 기법 중에는 PPDM(Privacy Preserving Data Mining) 기법이 있으며, 이는 소유자의 프라이버시를 침해하지 않으면서 데이터에 있는 지식이나 패턴을 발견한다. 빅데이터 분석에서는 개인정보와 처리 과정에서 생성된 새로운 개인정보의 보호를 위해 PPDM 기법이 적극적으로 필요하다.

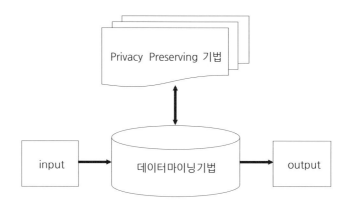

그림 7-39 프라이버시 보호를 위한 PPDM 기법

암호화 지원

민감한 개인 데이터 접근을 위해서는 end-to-end 간의 기밀유지와 허가된 개체 접근을 위해 접근 제어 정책에 기반을 둔 암호화 지원이 필수다.

하지만 빅데이터는 대량의 데이터에 대한 성능을 고려한 암호화와 복호화가 쉽지 않기에 특별한 암호화 기법이 필요하다. 새롭게 주목받는 기술이 속성 기반 암호화(Attributed-Based Encryption, ABE)이며, 규모가 있는 환경에서 적합한 효율적인 암호화 기법이다. 또한, ABE는 세분화된 속성을 기반으로 접근을 제어하므로 접근 제어 정책 적용에도 유리하다.

ABE는 특정 속성을 가진 사용자에게만 해당 데이터에 접근할 수 있는 권한을 준다. 다음 그림에서 Client 1은 {A, B, D}라는 속성을 부여받고 서버의 {A, B, D}와 일치하는 개체에만 접근 가능하다. 반대로 Client 3은 {C, E} 속성을 부여받았지만 이와 일치하는 서버 접근 권한이 없다. 쉽게 얘기하면 {영업, 재고} 권한을 가진 사원이 {인사, 급여, 회계} 서버에 접근을 못 하는 것이다. 빅데이터에서는 성능 지향적 보안 기술이 필요하며, ABE는 이에 적합한 기술이다.

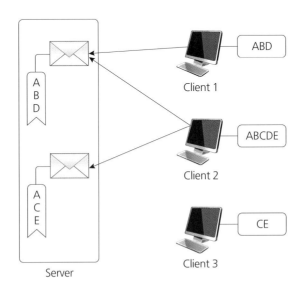

그림 7-40 ABE를 이용한 접근 제어[24]

접근 제어 컴퓨터 보안에서 접근 제어는 사람이나 프로세스가 시스템이나 파일에 읽기, 쓰기, 실행 등의 접근 여부를 허가하거나 거부하는 기능을 말한다.

접근 제어 시스템은 식별 및 인증, 인가, 책임(Accountability)의 기본 서비스를 제공한다. 식별 및 인증은 시스템에 로그온할 수 있는 사람을 결정하고, 인가는 인증된 사람이 생기는 것을 결정하며, 책임은 해당 사용자가 무엇을 하였는지를 밝힌다. (위키백과)

---

24 **출처** http://siis.cse.psu.edu/attribute.html

세분화된 접근 관리

빅데이터 분석과 클라우드 컴퓨팅은 점점 늘어나는 다양한 데이터 집합, 스키마와 보안 요구 사항을 충족해야 한다. 또한, 법률적 규제 준수로 연관 데이터에는 특정 사용자만 접근할 수 있도록 해야 한다. 모든 접근을 원천 봉쇄하는 폐쇄적 시스템에서는 정보 공유가 원활하지 않기에 사용자 요구에 맞는 정책과 접근 제어를 해야 한다.

세분화된 접근 관리(Granular Access Control)는 다양한 서버와 DB, 스토리지, 고객 데이터 등에 유형별로 구분하여 접근하게 한다. 다음 그림은 세분화된 접근 관리를 나타낸 것이다.[25]

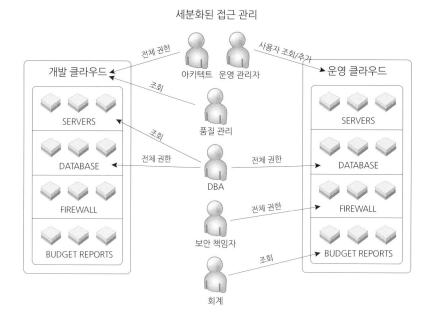

그림 7-41 세분화된 접근 관리의 예

데이터 출처 관리

몇몇 중요 보안 애플리케이션에는 생성된 날짜 등 자세한 디지털 기록이 필요하다. 특정 단계에서 보안 애플리케이션은 이를 통해 원본 데이터를 찾아 신뢰성을 확보한다. 시간에 민감

---

25 출처 http://www.cloudswave.com/blog/access-management-for-the-cloud/#.U_LkEqP1C1M

한 이러한 데이터 추적을 위해서는 메타 데이터가 있어야 하며, 데이터 출처 관리는 법률적 규제나 감사 등에 쓰인다.

3.2 개인정보 보호와 빅데이터 시스템

자기정보 통제권과 개인정보 보호

범람하는 SNS 개인정보와 가입 사이트의 정보 입력은 개인정보 노출에 위협적이기 때문에 사용자는 자신의 정보가 누구에게 어디까지 공개되는지 확인해야 한다. 자기정보 통제권은 자신의 정보를 보호하기 위하여 정보 공개 여부를 자율적으로 결정하고 관리할 수 있는 권리다.

일차적으로 서비스 제공업체는 개인정보를 관리할 수 있는 페이지를 제공해야 하며, 이차적으로 서비스 이용자는 이를 통해 본인의 정보 공개 범위를 적절히 조정해야 한다. 이용자 대부분은 개인정보에 대한 인식이 부족하여 SNS에 무분별하게 전체를 공개하는 경우가 많다. SNS를 통한 정보 유출이 점점 문제가 되는 만큼 이용자는 자신의 정보를 인터넷에서 어떻게 관리하고 보호해야 할지 정해야 한다.

다음 그림은 페이스북에서 개인정보 공개를 설정하는 페이지다.

그림 7-42 페이스북의 공개 설정

스스로 정보 공개 범위를 정하기 어려운 이용자는 다음의 개인정보 보호 수칙 안내를 참고하기 바란다. 다음 내용은 SNS 이용 시 권고하는 사항이다.

SNS 이용자의 개인정보 보호 수칙[26]

01 SNS에 올린 개인정보, 사진, 영상 등의 정보는 누구나 볼 수 있고 악용될 수 있으니 신중히 선택하여 공개하세요!

02 가족, 친구 등 타인의 개인정보도 나의 개인정보 못지않게 중요하므로 함부로 게시·공개하거나 확산시켜서는 안 돼요!

03 SNS는 기본적으로 많은 개인정보를 공개하도록 요구하는 경향이 있으므로 반드시 공개설정 범위를 직접 확인하고 재설정하세요!

04 SNS에서 타인과의 네트워킹은 자신의 정보를 광범위하게 공개하는 것으로 주의해야 하며, 신뢰할 수 있는 사람만 친구로 추가하세요!

05 SNS에 업로드한 개인정보나 게시글은 퍼 나르기나 검색엔진 등을 통해 빠르게 확산해 삭제가 쉽지 않다는 위험이 있다는 것을 잊지 마세요!

06 SNS 이용 시 나의 행동 정보가 원치 않는 맞춤형 광고나 마케팅에 이용될 수 있으므로 개인정보 활용에 동의하실 때는 신중하세요!

07 SNS를 통해 나의 위치정보와 이동경로가 노출되어 악용될 수 있으니 활용하지 않을 때는 반드시 서비스를 꺼두세요!

08 아동·청소년이 SNS를 이용하면서 자신과 타인 정보를 무분별하게 공개하거나 부적절한 내용의 글 등을 게시하는 것을 방지하기 위해 부모님과 선생님들께서 관심을 두고 지도해 주세요!

09 누구나 자신의 개인정보를 보호받을 권리를 가지고 있다는 점을 잊지 말고 SNS상에서 내 개인정보를 지키기 위한 권리를 적극적으로 행사하세요!

10 SNS 이용 시 내 개인정보가 유·노출 또는 오·남용된 사실을 알게 된 때에는 e콜센터에 도움을 요청하세요!

최근 주민등록번호 유출은 심각한 사회 문제를 일으키는 만큼 주민등록번호의 대체 수단인 아이핀과 마이핀에 대해 알아보자.

아이핀(I-PIN, Internet Personal Indentification Number)은 인터넷 개인 식별 번호를 의미하며, 홈페이지에서 회원가입 시 주민등록번호 대신 본인임을 확인할 수 있는 개인정보 보호 서비스다.

---

26 출처 개인정보 보호 포털, http://www.i-privacy.kr/intro/howto4.jsp

이와 별도로 마이핀(My-PIN)은 인터넷이 아닌 일상생활에서 사용할 수 있는 본인 확인 수단으로 개인정보를 포함하지 않는 무작위 번호이다.

그림 7-43 I-PIN과 My-PIN

주민등록번호는 법적으로 수집이 금지되므로 온 오프라인에서 본인 확인을 위해서는 해당 서비스에 가입하여 이용하는 게 바람직하다.[27]

CCTV와 사생활 보호

CCTV 설치 비용이 하락하여 민간부문에서도 많이 쓰이고 있지만, 실제 법률적 근거에 의하여 제대로 설치, 운영되는 곳은 그리 많지 않다. 빅데이터 수집을 위해서는 원본 데이터로 디지털 영상물이 필요한 만큼 관리자는 다음을 참고하기 바란다.

예외적인 경우를 제외하고는 누구에게나 공개된 장소에 CCTV를 설치할 수 없다. 이에 따른 CCTV 설치 금지구역과 예외 규정은 다음과 같다.[28]

27 **출처** http://www.g-pin.go.kr/center/main/index.gpin
28 **출처** 개인정보 보호법 주요 내용 및 침해사례, 키스피&NIA, 행안부 민간분야 영상정보처리기기 설치 운영 가이드라인

표 7-6 CCTV 설치 금지구역

구분	내용
공개 장소	광장, 공항, 주차장, 놀이터, 지하철역 등의 공공장소 백화점, 대형 마트, 상가, 놀이공원 등의 시설 버스, 택시 등 누구나 탑승할 수 있는 대중교통 병원 대기실, 접수대, 휴게실(치료 목적 공간은 제외)
사생화 침해 장소	목욕탕 등

표 7-7 CCTV 설치 예외 규정

구분	내용
CCTV 설치 예외 규정	법령 범죄예방 및 수사 교통정보 수집 시설안전 및 화재예방 교통단속

또한, 적법한 절차에 따라 CCTV를 설치했을 때에도 설치자는 안내문구를 반드시 부착하여 일반인으로 하여금 알아볼 수 있도록 해야 한다. 이외에도 유의사항으로는 설치 목적을 벗어난 카메라 임의조작과 녹음은 금지해야 한다. 또한, 운영(위탁 포함) 관리 지침 마련 및 안전성 확보 조치가 있어야 한다. 설치 안내 문구는 다음과 같다.

CCTV 설치 안내

◆ 설치목적 : 범죄 예방 및 시설안전
◆ 설치장소 : 출입구의 벽면/천장, 엘리베이터/각층의 천장
◆ 촬영범위 : 출입구, 엘리베이터 및 각측 복도(360도 회전)
◆ 촬영시간 : 24시간 연속 촬영
◆ 관리책임자 : 홍길동 (02-000-0000)

그림 7-44 CCTV 설치 안내문

설치 규정이 있음에도 주변의 많은 CCTV가 사생활을 위협한다. 이에 행안부에서는 '민간분야 영상정보처리기기 설치 운영 가이드라인'을 만들어 CCTV 설치 시 주의해야 할 사항을 설명하고 있다.

앞으로 빅데이터 기반 영상 데이터 처리가 많아짐에 따라 법률적 혹은 제도적 범위에서 데이터를 어떻게 수집하고 운영할지는 해결해야 할 과제이다.

개인정보 보호를 위한 기술

개인정보 보호를 위해 금융권을 중심으로 DB 암호화가 도입되고 있다. DB 암호화는 대량의 데이터를 빠르게 암복호화해야 하며 방식마다 장단점이 있다. DB 암호화에는 다음과 같은 3가지 유형이 있다.[29]

첫 번째는 API 방식으로 애플리케이션 레벨에서 암호 모듈(API)을 적용하는 애플리케이션 수정 방식이다. DB에 추가 모듈 설치가 필요 없으며, 특정 DB에 종속되지 않는다는 장점이 있다. 하지만 애플리케이션이 많은 경우에는 수정에 많은 시간과 비용이 든다.

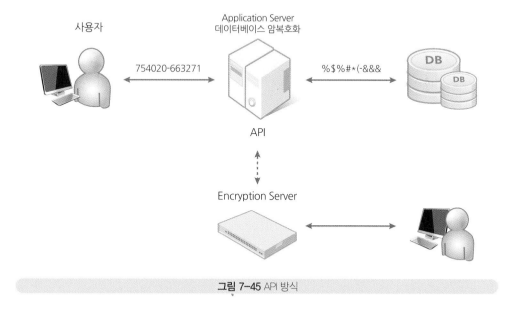

그림 7-45 API 방식

---

29 **출처** http://www.dbguide.net/db.db?cmd=view&boardUid=152808&boardConfigUid=9&categoryUid=216
         &boardIdx=147&boardStep=1

두 번째는 Plug-in 방식으로 DB 프로시저 기능을 이용하여 DB에 plug-in 모듈로 동작하는 방식이다. 애플리케이션 수정이 없다는 장점이 있지만, DB 내에서의 처리로 부하가 많다는 단점이 있다.

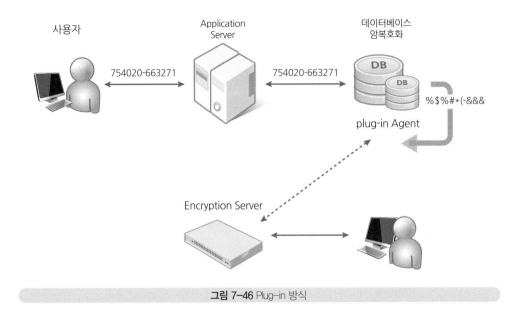

그림 7-46 Plug-in 방식

마지막 세 번째는 API 방식과 Plug-in 방식을 결합한 형태로 중간에 어플라이언스가 존재한다. 하이브리드 방식이라고 하며, DB 부하를 줄이고 암복호화 성능이 우수하며 별도 애플리케이션 수정이 필요 없다.

그림 7-47 어플라이언스와 에이전트의 하이브리드 방식

어플라이언스(Appliance) 운영체제(OS)나 응용 소프트웨어의 설치, 설정 등을 행하지 않고 구입해서 전원을 접속하면 곧바로 사용할 수 있는 정보 기기. 특히 인터넷 접속 시에 특화한 어플라이언스 제품이 많으며, 기구나 장치 정도를 의미한다. 또 곧 기능을 발휘하는 조립 부품을 지칭하는 때도 많다.

(한국정보통신기술협회, IT 용어 사전)

기업은 무분별하게 고객 정보를 수집하여 고객 성향을 분석하려 하기에 항상 문제가 될 우려가 있다. CRM이라 불리는 고객관리 시스템은 개인정보 수집으로 마케팅에 사용된다.

고객 관계 관리(Customer Relationship Management, CRM) 소비자들을 자신의 고객으로 만들고, 이를 장기간 유지하고자 하는 경영 방식이다. 이는 기업들이 고객과의 관계를 고객 확보와 관리를 비롯하여 판매인과 협력자, 내부 정보를 분석하고 저장하는 데 사용하는 광대한 분야를 아우르는 방법이다.

(위키백과)

최근 개인정보 문제로 CRM이 아닌 VRM(Vender Relationship Management) 고객관리 기술이 주목받고 있다. VRM은 기업이 고객 정보를 수집하는 CRM과 반대로 개인이 기업에 개인정보 선호도를 관리하는 방법이다. 다음은 VRM의 과정을 간략히 나타낸 것이다.

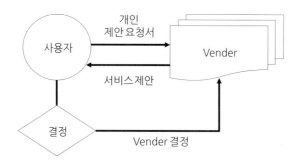

그림 7-48 VRM 개념도

1   사용자는 개인정보 제공에 따른 혜택을 여러 기업에 제안 요청한다.

2   기업들은 혜택 서비스를 사용자에게 제안한다.

3   사용자는 여러 서비스를 비교하여 자신에게 맞는 기업을 선택한다.

4   사용자는 해당 기업에 본인의 개인정보를 제공하고 그에 따른 서비스를 받는다.

빅데이터 처리에 따른 개인정보와 프라이버시[30]

빅데이터 처리에 따른 개인정보와 프라이버시 보호를 위해 OECD에서는 다음과 같이 데이터 처리에 대한 가이드라인을 제시한다. 앞서 살펴본 침해 유형 4가지를 OECD의 가이드라인과 연관지으면 다음 그림과 같다.

30 **출처** 빅데이터 시대의 프라이버시 보호 NIA, 2012.12.24

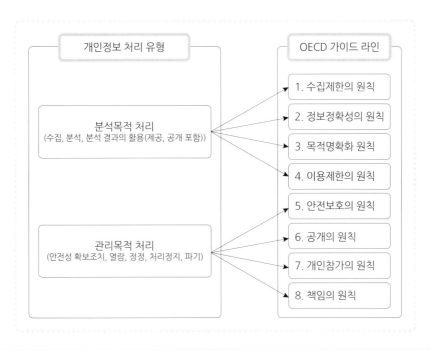

그림 7-49 OECD 가이드라인 준수와 빅데이터 처리

앞선 8가지 원칙을 기반으로 한 침해 유형별 대응 방안은 다음 그림과 같다.

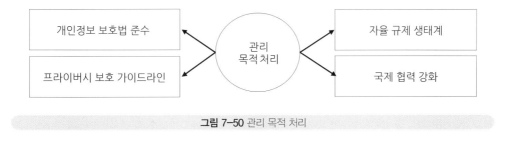

그림 7-50 관리 목적 처리

첫 번째로 개인정보 보호법이 2012년 전면 개정됨에 따라 개인정보 처리 단계별 의무사항을 준수할 필요가 있다. 빅데이터는 데이터 수집, 저장 및 분석에 대한 단계가 있으며 개인정보 생명주기에 따른 규제 정보를 이해해야 한다. 다음 표는 이에 대한 간략한 설명이다.

표 7-8 개인정보 생명주기와 법령 규정

처리 단계	개인정보 보호 법령 규정
수집 이용	개인정보 수집 · 이용 개인정보 수집의 제한(필요한 최소한의 정보 수집 등) 민감 정보 및 고유 식별 정보 처리 제한
저장 관리	인터넷상 주민번호 이외의 회원 가입 방법 제공 영상정보처리기기 설치 · 운영, 개인정보 처리 방침 공개 개인정보 보호책임자 지정 개인정보 안전성 확보 조치
제공 위탁	개인정보의 제삼자 제공, 목적 외 이용 제공 금지 개인정보 처리 위탁, 영업 양도 등 개인정보 이전
파기	개인정보 파기

두 번째는 프라이버시 보호를 위한 가이드라인 제시이다. 프라이버시는 법제화가 곤란하기에 빅데이터 이용에 따른 가이드라인을 제작해야 한다. 주요 내용으로는 개인정보 수집, 알고리즘, 분석 방법론과 분석 결과에 따른 피해 방지를 위한 방안 등이 있어야 한다.

세 번째는 법적 규제의 한계를 넘어 사회적으로 자율규제를 할 수 있는 생태계가 마련돼야 한다. 이를 위해서는 정부와 민간, 빅데이터 전문가들이 세미나와 협회 차원의 자율규제 논의가 활발히 이루어져야 한다.

마지막으로 국가 간 데이터의 실시간 이동이나 개인정보 침해에 대한 협조를 위해 국제적 협력 체계가 있어야 한다. 세계가 인터넷으로 연결된 현재에는 자유로운 데이터 거래가 가능하므로 개인정보는 특정 국가만의 문제가 아니다. 이에 대한 국가 간 상호 협력이 필요하다.

이제 개인정보를 뺀 빅데이터는 얘기할 수 없다. 그것이 민간이든 공공이든 개인정보 보호는 선택이 아닌 필수다. 따라서 도입 초기부터 이를 고려하여 설계하는 것이 가장 효과적이다.

08

빅데이터 시스템 구축 가이드라인

이 장에서는 빅데이터 시스템 구축을 위한 가이드라인에 대해 알아본다.

1. 인프라 측면의 가이드라인

빅데이터 인프라에 앞서 IT 인프라가 무엇인지 생각해 보자. IT 인프라는 전사 IT 환경의 운영과 관리, 서비스를 위한 소프트웨어와 하드웨어, 서버, 네트워크 등의 자원을 일컫는다. 그렇다면 빅데이터 인프라는 전사조직에서 빅데이터 서비스와 운영을 위한 IT 인프라로 정의할 수 있다.

빅데이터 인프라는 시스템과 더불어 스토리지, 네트워크, 백업 등 여러 측면에서 고려해야 한다. 여기서는 빅데이터 도입을 위해 전사조직이 갖추어야 할 IT 인프라를 설명한다.

그림 8-1 빅데이터 인프라의 구성

1.1 시스템 측면의 다양한 접근

빅데이터 시스템은 기존 전통 방식으로 접근하면 확장이나 성능 문제에 부딪힐 우려가 있다. 더구나 CEP는 데이터 저장 후 처리가 아닌 처리가 우선이기에 빅데이터와 Fast Data에 대한 2가지 관점을 가져야 한다.

이전에 언급했었지만 CEP는 복잡한 환경에서 이벤트를 빠르게 분석하여 결과를 도출한다. CEP는 빠른 처리가 핵심이기에 성능에 맞는 시스템을 구성해야 한다.

MapReduce 분산 파일 시스템(DDS, Distributed Data Store)은 서버 노드의 컴퓨팅 작업으로 데이터와 I/O를 분산 처리한다. 규모에 따른 확장은 제한이 없고, 데이터는 실시간 분석 처리를 위해 변형되며, 변형된 데이터는 빠른 접근을 위해 DB에 저장된다.

빅데이터 I/O 성능은 전통적인 하드디스크 어레이 구조에서 플래시 메모리의 AFA(All-Flash-Array, 플래시 메모리 어레이)로 변경함으로써 개선된다.

디스크 어레이(Disk Array) 디스크의 I/O 성능을 높이려고 여러 개의 디스크로 병렬 I/O를 수행한다. 대표적으로 RAID가 있으며 다음 그림은 'RAID-0'을 나타낸 것이다. 입력되는 데이터를 A, B, C 등으로 쪼개어 두 개의 디스크에 나눠 저장함으로써 성능을 향상시킨다.

(http://www.ladenterprizes.com/raid.htm)

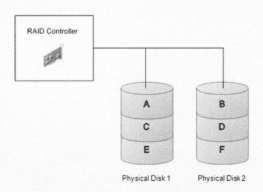

플래시 메모리 메모리 칩 안에 정보를 유지하는 데 전력이 필요 없는 비휘발성 메모리이다. 게다가 플래시 메모리는 읽기 속도가 빠르며 하드디스크보다 충격에 강하다. (위키백과)

그림 8-2 I/O 성능 개선의 예

빅데이터 시스템의 DDS는 마스터 노드와 슬레이브 노드로 구성되며, 마스터 노드는 데이터 분산과 태스크 프로세싱을 처리하고 슬레이브 노드는 데이터의 저장을 담당한다. 슬레이브 노드는 충분한 저장 공간과 함께 에너지 효율적이어야 한다. 또한, 관리자는 효율적 시스템 구성을 위해 하드디스크와 네트워크 구성을 잘 알아야 한다. SSD는 MapReduce 알고리즘을 처리하기에 좋지만 높은 비용이 문제다.

반도체를 이용하여 정보를 저장하는 장치로 반도체 드라이브라고도 한다. SSD 는 순수 전자식으로 작동하므로 기계식인 하드디스크 드라이브의 문제인 긴 탐색 시간, 반응 시간, 기계적 지연, 실패율을 크게 줄여 준다.　　　　　　　　　　　　　　　　　　　(위키백과)

하둡 기반 오픈소스 시스템에서는 슬래이브 노드의 분산 처리를 노드 간에 복제함으로써 가용성이 좋다. 다만, 슬래이브 노드와 메타 데이터, 분산 데이터를 관리 책임지는 마스터 노드는 이중 복제가 안 된다. 따라서 마스터 노드는 RAID, 전력 공급장치, 주요 부품에 대한 이중화로 고가용성을 갖춰야 하며, 알맞은 용량과 성능을 통해 수많은 슬래이브 노드를 적절히 다루어야 한다.

다음 그림은 전사조직에서 기존 시스템과 빅데이터 시스템을 더한 구조다.

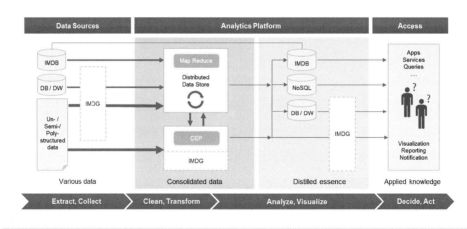

그림 8-3 기존 시스템과 빅데이터 시스템의 구성[2]

CEP 처리와 MapReduce 수행을 위한 시스템은 몇 가지 성능 구성을 고려해야 한다. 전사조직에서는 메모리 기반 구성이 효과적으로 대용량 데이터를 처리한다. 이에 따라 DB에서는 기존 디스크 대신 IMDB(In-Memory DB) 형태의 메모리 DB를 사용한다. 기존 DB와의 차이는

2　**출처**　White paper-Infrastructure Products from Fujitsu-Ideal for Big Data, Fujitsu

디스크와 메모리 버퍼 간의 I/O를 전부 메모리로 올림으로써 불필요한 디스크 접근을 방지한다는 것이다. 다음 그림은 이 두 가지 차이점을 나타낸 것이다.

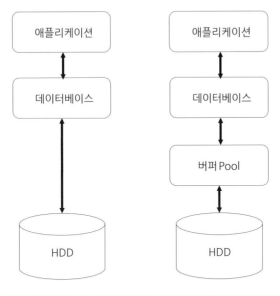

그림 8-4 디스크 기반과 메모리 기반 DB 구조

> **인 메모리 DB** 데이터 스토리지의 메인 메모리에 설치되어 운영하는 방식의 데이터베이스 관리 시스템이다. 디스크에 설치되는 방식에 비해 처리 속도가 빠르다. (위키백과)

기존 DB 기술을 디스크 기반에서 메모리로 전환하여 속도를 향상하는 것이 이 기술의 핵심이다. 상용 제품으로는 SAP HANA와 알티베이스 등이 있다.

하지만 인 메모리 DB는 모든 데이터를 메모리에 올리므로 안정성에 문제가 있다. 이를 해결하기 위해 나온 기술이 IMDG(In-Memory Data Grid)이다. IMDG는 메모리 저장 기술과 병렬 기술을 더해 안정성과 성능을 동시에 추구한다.

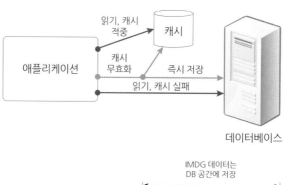

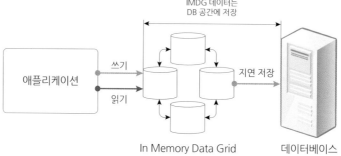

그림 8–5 전통 방식과 IMDG 방식[3]

IMDG는 인 메모리 기술과 병렬 기술을 더해 고가용성과 분산 환경을 구현한다. IMDG에서는 테라바이트급의 데이터를 메모리로 로딩하여 빅데이터를 처리한다. IMDG의 또 다른 특징은 오브젝트의 Key–Value 기반 저장으로, 키를 여러 곳에 분산 저장하여 가용성을 높인다. 여기에 SSD에 데이터와 로그 파일 등을 영구 저장함으로써 성능을 향상시킨다. SSD와 메모리 용량 간의 구성 비율은 3:1을 추천한다.

CEP는 메모리와 프로세서 증대로 강력한 성능이 필요하다. CEP 워크로드가 증가함에 따라 로딩된 데이터를 각각의 프로세서에 할당하며 빠른 처리를 해야 한다.

NoSQL DB에서는 분야별로 차이가 있으니 DB 선정 시 이를 고려해야 한다. Document, Key–Value, 칼럼 기반 DB는 대용량 로컬 디스크와 듀얼 소켓 x86 서버가 적당하지만, 그래프 기반 NoSQL DB는 다르다. 그래프 DB는 오브젝트 간 교차 결합이 매우 중요하며, 대

---

3 **출처** http://aragozin.wordpress.com/tag/in–memory–data–grid/

표적으로는 웹사이트의 사이트맵, 페이스북의 친구 관계, 스트리트 맵 등이 있다. 이것은 오브젝트 간의 빠른 연결과 순회를 해야 하기에 클러스터 기반 수평적 확장(Scale-Out)보다는 빠른 처리의 수직적 확장(Scale-Up)이 중요하다. 그래프 기반 NoSQL 도입 시에는 인 메모리의 멀티 프로세서 시스템이 효과적이다.

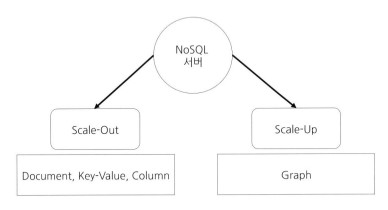

그림 8-6 NoSQL 서버 선정 가이드

Scale-Up과 Scale-Out 비교

	Scale-Up	Scale-Out
개요	기존 스토리지에 필요한 만큼의 용량 증가	용량과 성능 요구 조건에 맞추고자 node 단위(스토리지)로 증가시키고 하나의 시스템처럼 운영
용량	하나의 스토리지 컨트롤러에 붙일 수 있는 Device가 한정되어 있기 때문에 용량 확장에 제약 있음	Scale up 형태의 스토리지보다는 용량 확장성이 크지만, 무한대로 확장하지는 않음
성능	–	Multiple storage controller의 IOPS, 대역폭 등이 합친 성능이 나옴
복잡성	단순한 구성	상대적으로 복잡
가용성	–	노드가 추가될수록 가용성이 높아짐

(http://kindstorage.tistory.com/69)

1.2 데이터 스토리지

스토리지 종류는 기본적으로 DAS, NAS, SAN이 있으며 각각은 이미 앞선 4장의 '3. 빅데이터 저장 기술'에서 설명하였다. 여기서는 각 시스템 구축에 맞는 스토리지 선정 가이드를 제시한다. 비용적인 측면이나 운영관리 측면에서 보면 DAS, NAS, SAN의 순으로 합리적이다.

그림 8-7 비용과 운영 측면의 스토리지 효율성

각 스토리지 선정 기준은 다음과 같다.

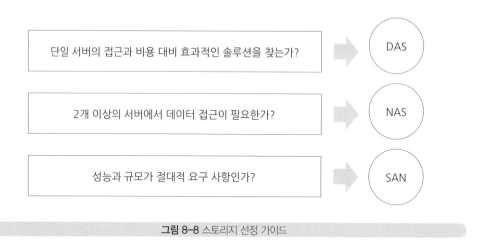

그림 8-8 스토리지 선정 가이드

선정 기준으로 활용 목적별 스토리지 조합을 정리하면 다음 표와 같다.

표 8-1 목적에 따른 스토리지의 조합

목적	Data 스토리지 옵션
RDBMS/DW	SAN, NAS, DAS
Distributed Data Store(HDFS)	DAS(SAS, SATA)
MapReduce의 Local File System	DAS(SAS, SATA, SSD)
하둡 마스터 노드의 메타 데이터	DAS, NAS
NoSQL DB	DAS, NAS, SAN
IMDB의 Persistent Layer	DAS, NAS, SAN
IMDG의 Persistent Layer	DAS
CEP 엔진의 히스토리 로그	DAS, NAS, SAN

물론 앞선 사항은 절대적인 기준과 분류가 아니기에 구축 환경에 따라 변할 수 있다.

1.3 백업

빅데이터 시스템의 가용성 보장을 위해 데이터 백업과 복구는 중요하다. 기존 DB와 DW는 백업 시스템을 통해 안정적으로 유지관리되지만, 빅데이터 시스템은 분산 저장으로 고려해야 할 사항이 많다. 다음은 빅데이터 시스템 백업 시 고려 사항을 나타낸 것이다.

빅데이터에서는 백업 보유기간이 서로 달라 이에 대한 백업 데이터 관리도 중요하다. 모든 빅데이터를 고가 온라인 스토리지에 둘 수 없으며 데이터 활용도에 따라 점차 오프라인으로 이전해야 한다.

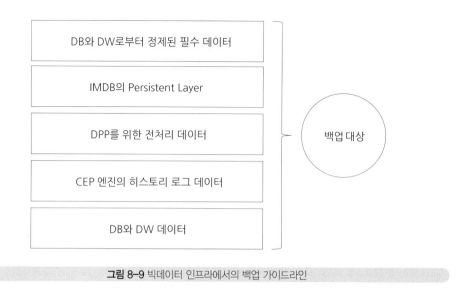

그림 8-9 빅데이터 인프라에서의 백업 가이드라인

ILM(Information Lifecycle Management)은 데이터 생명주기별로 저장 장치의 사용을 효과적으로 관리하여 비용대비 효율적인 저장 공간을 제공한다.

> **정보 생명주기 관리(Information Lifecycle Management, ILM)** 생성, 활용, 저장, 백업, 삭제 등 전체 정보 생명주기의 모든 단계에서 최소 비용으로 최대 가치를 제공하기 위한 솔루션. 사람, 생태계, 기술, 기업들은 모두 도입기, 성장기, 성숙기, 쇠퇴기로 이어지는 생명주기의 한 단계에서 시간의 흐름에 따라 다음 단계로 이동한다. 이러한 생명주기의 단계별로 정보의 가치는 높아지기도 하고 낮아지기도 한다. 정보 생명주기 관리(ILM)는 네트워크 저장 장치 기술과 저장 장치 플랫폼, 소프트웨어 그리고 서비스를 연계 통합하여 정보를 보다 효율적이고 안정적으로 관리, 보호, 공유할 수 있도록 지원한다. [2]
>
> (한국정보통신기술협회, IT 용어 사전)

---

2   **그림 출처** http://www.dba-scripts.com/articles/ocp-flashcards/ocp-12c-information-lifecycle-management-and-storage-enhancements/

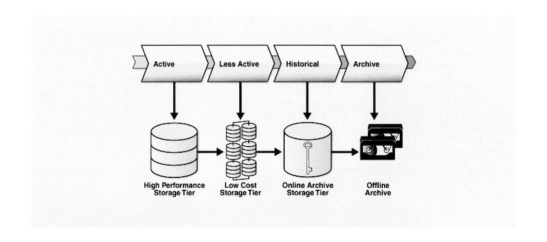

다음 그림은 계층적 저장 장치를 통한 데이터 저장 구조를 나타낸 것이다.

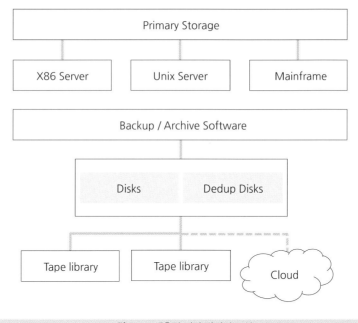

그림 8-10 계층적 저장 장치의 구성

1.4 네트워크

전통적인 네트워크 구조는 수직 형태의 서버-클라이언트 간의 North-South 트래픽 위주였다. 하지만 빅데이터 시대에 접어들면서 노드와 노드 사이의 트래픽이 점점 증가하면서 East-West 트래픽이 중요해졌다.

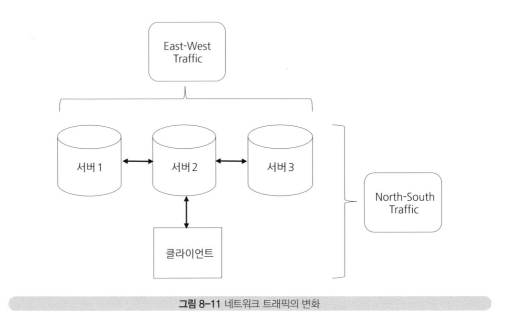

그림 8-11 네트워크 트래픽의 변화

이와 더불어 빅데이터 네트워크의 특징은 다음과 같다.

표 8-2 빅데이터 네트워크의 특징

구분	내용
Data locality	하둡에서는 분산 작업을 함에 따라 East-West 트래픽이 하부 네트워크의 중요한 성능 포인트가 되었다. 예) shuffle, order 동작의 MapReduce 작업
Scale out	작은 저가 클러스터의 Scale out 확장은 빅데이터 환경을 이해하는 중요한 부분 이에 따라 분산 클러스터 간 끊김 없는 하둡 확장 지원과 성능 유지는 중요한 네트워크 아키텍처다.

구분	내용
East-West 트래픽 증가	트래픽 범위는 1:1, 1:n, n:1, n:m으로 패턴화 하둡 병렬 환경에서 노드 간 패킷 흐름이 조합되면서 발생 하둡 노드 간 효율적 통신을 위해 높은 대역폭과 지연 시간 최소화 요구

결론적으로 네트워크 아키텍처에서 지역성 중심의 고성능 서버 Scale-out과 서버 노드 간 직접 연결이 중요하다. 여기서 지역성이란 데이터 접근이 시간적, 혹은 공간적으로 가깝게 일어나는 것을 뜻한다. 또한, 계층 간 노드 홉(Hop) 최소화는 지연 시간은 줄이고 성능은 높인다. 홉은 네트워크 경로에 있는 중간 노드(라우터)를 말한다. 이를 위해서는 전체적으로 3-tier 이상의 네트워크를 2-tier나 1-tier 구조로 단순화해야 한다.[4]

다음 그림은 3-tier에서 2-tier 구조로 네트워크를 단순화한 예다. 네트워크 계층을 줄임으로써 네트워크 성능과 데이터 신뢰성을 높인다.

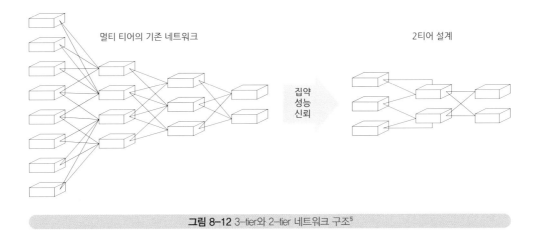

멀티 티어의 기존 네트워크   2티어 설계

집약
성능
신뢰

그림 8-12 3-tier와 2-tier 네트워크 구조[5]

---

4 **출처** Introduction to big data　infrastructure and networking considerations_juniper networks
5 **출처** http://www.computerworlduk.com/slideshow/networking/3239700/ultimate-guide-to-the-flat-
   data-centre-network/

다음 그림은 네트워크 계층을 가장 단순화한 1-tier 구조다. 여기서 한가지 주의할 점은 구성 노드 간 속도 차를 줄이고자 계층을 줄임으로써 네트워크 장비 성능이 중요해진다. 계층을 줄임에 따라 스위칭은 더 많은 데이터와 노드를 처리해야 하므로, 1-tier에서는 모든 노드를 지탱할 수 있는 고성능 스위칭이 필요하다. 즉, 단순히 계층을 없앤다고 문제가 해결되는 게 아니라는 점을 참고하기 바란다.

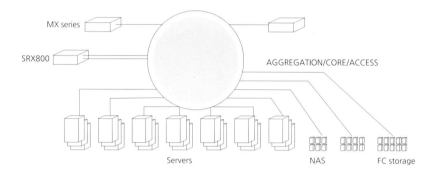

그림 8-13 1-tier 네트워크 구조[6]

결국, 빅데이터를 처리하려면 네트워크 계층을 줄이고 노드 간 통신이 원활해야 한다. 그러려면 어느 정도 네트워크 장비 성능이 보장돼야 한다.

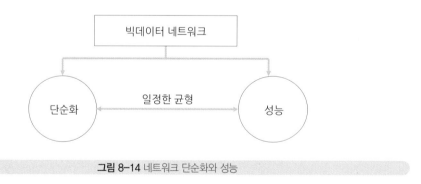

그림 8-14 네트워크 단순화와 성능

---

6 출처 http://www.computerworlduk.com/slideshow/networking/3239700/ultimate-guide-to-the-flat-data-centre-network/

2. 솔루션 측면의 가이드라인

2.1 빅데이터 솔루션 유형

빅데이터 솔루션은 크게 3가지로 나뉜다. 순수 오픈소스, 오픈소스의 3rd 파티 배포판, 그리고 상용으로 나뉜다. 각각의 솔루션은 장단점이 있으며, 대규모 전사조직에서는 요구충족을 위해 3가지 모두를 쓸 수도 있다. 대규모 조직에서는 흩어져 있는 데이터를 통합하기 위해 여러 솔루션을 쓰기 때문이다.

그림 8-15 빅데이터의 솔루션 유형

솔루션 선정에서는 컴포넌트 통합 방법과 상호 간 연결 방법을 파악해야 한다. 적합한 조합을 위해 전사조직은 내부 요구 사항을 평가하고 나서 관리 조직의 기술적 역량과 솔루션을 평가한다. 각 솔루션에 대한 장단점을 알아보면 다음과 같다.[7]

순수 오픈소스 솔루션

순수 오픈소스는 기술적 역량이 뛰어난 전사조직에 적합하다.

---

7 **출처** Open Data Center Alliance   Big Data Consumer Guide

표 8-3 순수 오픈소스의 장단점

구분	장점	단점
라이선스	라이선스 비용 없음	유지보수 문제
이식성	이식성이 좋음	관련 교육의 부재
유연성	유연성이 좋음	직접 버그 수정과 패치 작업
커스터마이징	커스터마이징 가능	적용과 배포의 어려움

오픈소스 3rd 파티 배포판

표 8-4 오픈소스 서드파티의 장단점

구분	장점	단점
라이선스	패키지 형태와 업데이트 지원	라이선스 비용
이식성	이식성이 나쁨	벤더 중심의 기술지식
유연성	버그 수정 및 패치 지원	신규 수정과 적용 지연
유지보수	교육과 훈련 프로그램 지원	특정 솔루션에 종속 우려

서드파티 오픈소스는 초급 엔지니어와 분산 정보 아키텍처의 대규모 조직에 적합하다. 이는 운영관리에 직결되는 사항이기에 중요하다. 이 부분은 이후 '5. 빅데이터 서비스 측면의 가이드라인'에서 살펴본다.

상용 솔루션

상용 솔루션은 일괄 형태의 솔루션을 사용하고자 할 때 적합하다.

표 8-5 상용 솔루션의 장단점

구분	장점	단점
라이선스	전문 개발팀과 유지보수 플랫폼 존재	라이선스 등의 비용
이식성	전문적 특징과 추가적 기술	벤더 기반 전문 지식
유연성	쉬운 배포 및 설치	특정 솔루션 종속 우려
유지보수	다양한 환경 지원 교육 훈련 지원	특정 솔루션 종속 우려

2.2 솔루션의 특징

다양한 솔루션 중에서 조직에 맞는 솔루션을 선정한다는 것은 결코 쉬운 일이 아니다. 또한, 운영해 보지도 않고 각 솔루션의 장단점을 모두 안다는 것도 어렵다. 대신 매뉴얼, 커뮤니티, 제품 사이트 등을 통해 최대한 솔루션의 특징을 파악해야 한다. 필요하다면 외부 컨설팅의 협조를 얻는다.

다음 그림은 빅데이터 솔루션에 대한 전체 현황이다.

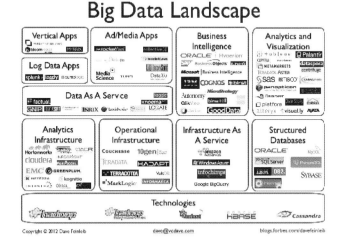

그림 8-16 빅데이터 솔루션 현황[8]

---

8 출처 http://www.forbes.com/sites/davefeinleib/2012/06/19/the-big-data-landscape/

서드파티 오픈소스는 클라우데라, 호튼웍스와 Map R이 있다. 각 서드파티 오픈소스가 가진 특징과 내용에 대해 알아보자.

클라우데라는 가장 오래되었으며 다른 배포판에 비해 안정적이다. 클라우데라는 빠르게 신규 하둡 배포판을 적용하고 버그 수정을 한다. 클라우데라는 CDH의 배포판과 CDH의 환경관리 및 모니터링을 위한 클라우데라 매니저가 있다.

그림 8-17 클라우데라 매니저 대시보드

클라우데라는 무료 버전과 엔터프라이즈 버전으로 나뉘며, 차이는 노드 확장 여부와 부가적인 서비스 지원 등이다.

호튼웍스는 자사 플랫폼 관리도구로 Ambari를 사용하며, 이는 오픈소스 관리도구다. 호튼웍스는 자체 솔루션을 제공하지 않고 교육과 지원을 통해 수익을 낸다. 다음 그림은 호튼웍스 관리 센터의 구성도다.[9]

---

9 출처 http://www.zdnet.co.kr/news/news_view.asp?artice_id=20130503081937&type=det

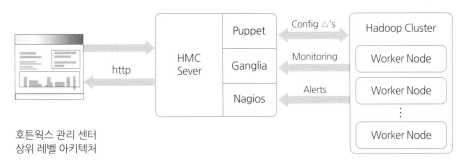

호튼웍스 관리 센터
상위 레벨 아키텍처

그림 8-18 호튼웍스의 관리 센터

마지막으로는 Map R은 가장 혁신적인 제품을 제공한다. Map R은 MapReduce의 아키텍처를 수정하고 자신만의 파일 시스템을 제공한다. Map R–FS라 불리는 이 파일 시스템은 다른 배포판에 비해 빠른 성능을 지원한다. 다음 그림은 다른 배포판과 Map R 아키텍처를 비교한 것이다.[10]

단순화한 아키텍처

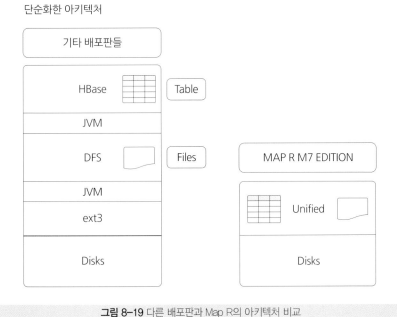

그림 8-19 다른 배포판과 Map R의 아키텍처 비교

---

10 **출처** (1) Hadoop Distributions A Detailed Comparison–whitepaper, Flux7

(2) 주기동 빅데이터의 핵심 플랫폼, 기업용 하둡 동향(2013.2.13)

Map R 배포판이 다른 배포판에 비해 굉장히 간단하다는 것을 알 수 있다.

다음으로 세계적인 IT 기업의 빅데이터 지원 동향에 대해 알아보자. 다음 표는 각 기업의 빅데이터 동향을 정리한 것이다.

표 8-6 세계적인 IT 기업의 빅데이터 동향[11]

구분	내용
EMC	데이터 저장, 관리, 분석까지 빅데이터 관련 서비스 제공을 위한 솔루션 업체 인수 빅데이터 스토리지 솔루션(아이실모, 아트모스), 콘텐츠 관리 솔루션(다큐멘텀)
HP	BI 솔루션 업체와 기업용 검색 엔진 업체 인수 이를 통해 빅데이터 분석 시장에 진입
IBM	분석용 데이터 저장 관리 업체, 데이터 통합 업체 및 분석 솔루션 업체 등 인수 빅데이터 솔루션으로 InfoSphere Biginsight, InfoSphere Streams가 있음
Oracle	오라클 빅데이터 어플라이언스 제품 출시
SAS	고급 분석을 위한 방법론 제시 IT, 분석, 비즈니스 통합 플랫폼 구현(Solution MAP)
Teradata	'애스터 MapReduce 플랫폼' 제시

이상으로 빅데이터 오픈소스 배포판과 상용 제품에 대해 알아보았다. 오픈소스와 상용 제품의 선택과 조합은 전체 전사조직에 맞는 구성이 중요하기에 구축 대상 환경을 잘 이해해야 한다. 또한, 운영관리 부분도 중요하기에 빅데이터 담당 조직과 인력에 맞는 솔루션 선택이 중요하다.

---

11 **출처** 빅데이터 기업의 솔루션 및 서비스 추진 현황 1-NIA, 빅데이터 전략연구센터

3. 시스템 측면의 가이드라인

빅데이터 시스템 설계 시 제일 중요한 것은 요구 사항 분석을 통해 최적의 접점을 찾는 것이다. 도입 관점은 상위 레벨과 하위 레벨 2가지가 있다. 상위 레벨은 주로 3V 특징과 관련이 있다.

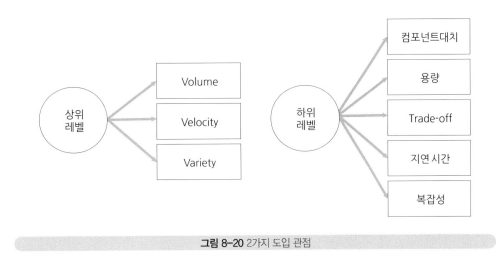

그림 8-20 2가지 도입 관점

3V는 가장 대표적인 빅데이터 특징으로 다음과 같은 질문을 통해 데이터를 확인한다.

표 8-7 빅데이터의 3V 확인

구분	내용
Volume	분석 수행에 사용할 데이터의 크기는 어느 정도인가?
Velocity	예상되는 데이터의 속도는 어느 정도인가?
Variety	데이터는 어떻게 변하는가? 변하는 수준은 어느 정도인가? 데이터 소스의 다양성은 어느 정도인가?

추가로 전사 환경에서는 데이터에서 어떤 가치를 찾고 어떻게 도출할지 결정한다. 이는 처음 빅데이터 도입 시 가장 중요한 사항이며 원하는 것이 분명해야 도입 방향이 결정된다.

하위 레벨에서는 다음 사항을 결정한다.

- 어떤 시스템 컴포넌트를 교체하고 무엇을 보완할 것인가?
- 용량 계획은 어떻게 할 것인가?
- Trade-off를 통한 요구 사항, 성능, 보안, 기능 등의 합의
- 요구되는 지연 시간은 얼마인가?
- 솔루션 복잡성(설치, 유지보수, 모니터링, 관리)은 어느 정도인가?

3.1 교체와 보완

빅데이터 도입을 원하는 많은 기업이나 기관은 어느 정도 정보 시스템이 구축되어 있다. 가장 대표적인 것이 ERP, CRM, SCM 등이며, 기업의 BI를 위해 OLAP, DM, DW 등도 있다. 제품으로는 오라클, MySQL 등의 RDB와 리포트 툴, 데이터 변경 프로토콜과 분석 툴 등이 있다.

> **ERP(Enterprise Resource Planning, 전사적 자원 관리)** 기업의 경영 및 관리 업무를 위한 컴퓨터 시스템이다. 인사, 재무, 생산 등 기업의 전 부문에 걸쳐 독립적으로 운영되던 각종 관리 시스템의 경영자원을 하나의 '시스템 통합(System Integration, SI)'으로 재구축함으로써 생산성을 극대화하려는 경영혁신기법을 기반으로 하고 있다. (위키백과)
>
> **OLAP(Online Analytical Processing, 온라인 분석 처리)** 의사결정 지원 시스템 가운데 대표적인 예로, 사용자가 같은 데이터를 여러 기준을 이용한 다양한 방식으로 바라보면서 다차원 데이터 분석을 할 수 있도록 도와준다. (위키백과)

빅데이터 프로젝트에서는 빅데이터 인프라가 기존 시스템을 모두 대체하는 게 아니다. 단지 현존하는 시스템을 통합하며 일부 몇몇 시스템 구성 컴포넌트만을 대체한다.

그림 8-21 빅데이터 시스템과 기존 시스템의 관계

문제 해결 과정에서 흩어져 있는 시스템 컴포넌트들을 전부 다시 구성하고 재배치하기는 굉장히 어렵다. 그렇기에 교체와 보완 측면에서 빅데이터 솔루션을 가져가야 한다. 솔루션으로는 비록 하둡이 일반적이긴 하지만, 전사적 입장에서는 몇몇 다른 솔루션들을 섞거나 통합할 수 있다. 이유는 하둡 외의 벤더사나 오픈소스 솔루션이 저마다 유일한 특징을 가지고 있기 때문이다. 즉, 이들 솔루션은 필요 기능을 상호 보완한다.

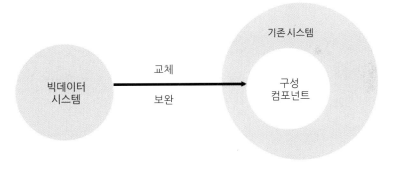

그림 8-22 교체와 보완을 통한 빅데이터 시스템과 연계

예를 들면, HBase는 Redis나 Mongo DB로 대체할 수 있다. 이 부분은 5장 '4.5 NoSQL 적용 방안'을 참고하자.

솔루션 선택에는 다음과 같은 선정 기준이 있다.

그림 8-23 솔루션 선정 기준

3.2 용량 계획

운영 시스템과 더불어 전사조직은 현재와 신규 도입 인프라의 용량을 파악한다. 어떤 데이터 시스템은 고용량의 하드웨어, 서로 다른 유형의 스토리지와 다른 네트워크 설정이 필요하다. 만약 빅데이터 솔루션이 클라우드 기반이라면, 운영 데이터 센터와는 반대로 클라우드 환경 툴을 선정한다.

빅데이터에서 잊기 쉬운 사실은 데이터 크기다. 전통 DW 환경에서는 기가바이트급 저장 공간을 요구하지만, 빅데이터에서는 최소 테라바이트 이상의 저장 공간을 갖추어야 한다. 인프라 구축 시 빅데이터 팀은 DW 솔루션과는 다른 다음 사항을 알고 있어야 한다.

- 데이터 수집 방법
- 데이터 처리 방법
- 데이터 저장 방법
- 쿼리 방법
- 레코드 단위 반복 작업 등

3.3 Trade-off

특정 빅데이터 솔루션은 여러 속성을 가진다. 빅데이터 팀에서는 명확한 프로젝트 기준으로 속성 간 적당한 Trade-off를 한다.

Trade-Off 어느 것을 얻으려면 반드시 다른 것을 희생하여야 하는 경제 관계. 예를 들어, 시스템에서는 평문 전송이 성능 면에서는 좋지만, 보안성이 떨어지는 것과 같다.

대표적인 예는 'CAP 이론'이다. 앞서 NoSQL을 다룰 때 살펴보았듯이 CAP은 Consistency, Availability, Partition tolerance 간 균형을 말한다. CAP 이론에서는 3가지 속성을 모두 갖출 수 없으며 다음과 같은 2가지 속성만을 만족한다.

CA or AP or CP

CAP를 모두 만족하려면 큰 비용이 들고, 사실상 가능하지도 않다.

NoSQL 시스템은 매우 빠르지만, 항상 일관성을 보장하진 않는다. 대신에 Eventual 일관성(Eventual Consistency: 시간이 지나면 데이터 정합성이 자연스럽게 맞춰지는 속성)을 보장한다. 특정 시점에는 노드에 대한 복제 일관성이 불일치할 수 있지만, 결국에는 모든 노드가 같은 값으로 업데이트된다. 이를 지원하기 위해 NoSQL은 구조화된 key-value 저장소를 제공한다.

특정 프로젝트에서는 대시보드 리포팅을 통한 가용성이 일관성보다 더 중요하다. 이와 반대로 금융거래에서는 가용성보다 일관성이 매우 중요하다.

대시보드 BI, DW, ERP, NMS 등 기업정보 시스템이 요구하는 사용성과 확장성, 생산성을 충족하는 풍부한 양방향의 Flex 기반 대시보드로, 업무관리도구, 통보, 경고, 특정 비즈니스 상황 등을 요약, 디스플레이 하는 데 사용된다.

(http://www.dashboard.kr/)

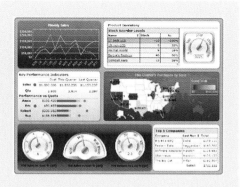

빅데이터 플랫폼 구축 시 고려해야 할 또 다른 속성은 탄력성, 가용성, 확장성이다. 탄력성은 워크로드가 증가나 감소하면 시스템이 효율적 자원 사용을 위해 동적으로 움직이는 것이다. 탄력성은 특히 가상 시스템에서 매우 중요한 역할을 하는데, 가상 시스템에서는 최대한 머신들의 idle(대기 시간)을 최소화해야 하기 때문이다. 특정 시점의 보고 데이터, 월말 자금 집계 등은 탄력성의 중요한 예다.

가용성은 중복성을 말한다. 만약 인프라에서 일부 문제가 있으면 솔루션은 가용성 지원 정도에 따라 다음과 같이 처리한다.

- 솔루션은 시스템에 최소한의 영향을 주며 서비스를 내린다.
- 솔루션은 중복 데이터를 활용하여 자가 복구를 한다.

24시간 안정적인 서비스를 원한다면 자가 복구를 해야 한다. 이러한 가용성을 보장하기 위해서 빅데이터 팀은 인프라의 SPOF을 식별하고 백업 시스템으로 위험을 최소화한다. 확장성은 워크로드가 증가함에 따라 리소스를 얼마나 쉽게 확장할 수 있는지를 말한다.

3.4 지연 시간

빅데이터 시스템은 시간적 처리에 따라 다음과 같이 나뉜다.

- 대량 데이터를 순차적으로 처리하는 배치 프로세싱
- 대시보드와 분석가에 의한 상호 쿼리 기반 실시간 시스템

각 시나리오에 대한 툴의 접근은 상당한 차이가 있다. 그렇기에 시스템이 요구하는 지연 시간이 무엇이냐에 따라 인프라 구성이 달라진다. 당연히 실시간 시스템이 높은 사양의 인프라 구성을 요구한다.

3.5 복잡성(설치, 유지보수, 모니터링, 관리)

빅데이터 팀은 역량에 따라 혹은 비용에 따라 툴을 선정한다. 보통은 기술 트렌드를 따라서 선정하지만, 다음과 같은 주요 체크 사항을 놓치면 안 된다. 전사조직에서 도입과 운영관리에 있어 가장 중요한 사항은 설치, 유지보수, 모니터링, 관리다.

설치

- 셋업이 어려운가?
- 시스템 환경은 어떻게 설정하는가?
- 환경 설정은 어떻게 변경하는가?

유지보수

- 가동과 업데이트는 어떻게 하는가?
- 관리자 접근과 사용자 접근 제어는 어떻게 하는가?
- 모든 접근은 관리자를 통해 하는가?
- 사용자에게 너무 많은 권한을 주진 않는가?

모니터링

- 시스템 상태를 볼 수 있는 툴이 있는가?
- 툴은 자체 제공인가, 별도 구입인가?
- 핵심 리소스 한계를 넘으면 경고가 있는가?
- 누가, 무엇을 하는지 알려주는 실시간 모니터링이 있는가?
- 라이선스 관리를 지원하는가?

관리

- 지속적인 변경 관리에 어려움이 없는가?
- 자동화가 가능한가?

참고로, 대규모 전사조직에서는 약 1,000개 이상의 노드 변경 시 이를 자동으로 처리할 툴을 도입하는 게 효과적이다.[12]

4. 유지보수 및 장애관리 차원의 가이드라인

시스템 유지보수는 구성과 변경 관리가 되어야 한다. 빅데이터 시스템은 요구 사항에 맞는 여러 오픈소스와 솔루션 등 복합적으로 이루어져 있다. 따라서 구성 관리와 변경 관리가 얼마나 표준화되었느냐에 따라 적절히 유지보수할 수 있다.

4.1 빅데이터 시스템 구성 관리

구성 관리는 관리 대상을 정확히 식별하여 사용자 요구를 충족시킨다. 식별된 대상은 표준화된 방법과 절차에 따라 진행되며 이를 관리할 수 있는 조직과 인원이 있어야 한다.

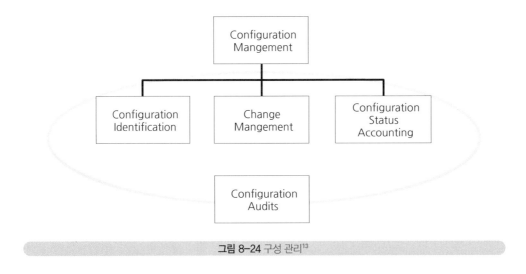

그림 8-24 구성 관리[13]

---

12 **출처** Open Data Center Alliance　Big Data Consumer Guide
13 **출처** http://ntl.bts.gov/lib/jpodocs/repts_te/14284_files/chapter_10.htm

앞의 그림은 구성 관리에 대한 전반적인 개념도다. 빅데이터 시스템은 다양한 오픈소스로 환경 설정, 설치 등이 매우 까다롭기에 최적화 설정이 어렵다. 3rd 파티 오픈소스나 상용 제품이 아니라면 관리상 문제가 있기 때문에 사전에 구성 관리를 잘해야 한다.

오픈소스는 대부분 리눅스를 지원하며 저가의 x86 시스템에서도 충분히 활용된다. 시스템의 구성 관리 설정은 유기적이기에 전체 시스템에 영향을 미친다. 하둡과 연계된 전사시스템에서는 각기 다른 데이터 소스와 기간 시스템이 얽혀 있어 구성 관리가 중요하다.

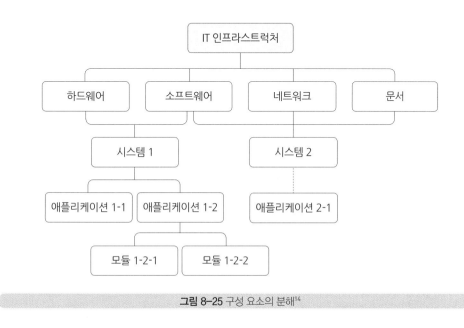

그림 8-25 구성 요소의 분해[14]

효과적 구성 관리를 위해서는 다음과 같은 절차를 수행한다.

그림 8-26 구성 관리의 절차

---

14 **출처** 정보 시스템 구성 및 변경 관리 지침–국무조정실, 지식경제부

표 8-8 구성 관리의 절차 설명

구분	설명
① 구성 관리의 계획	구성 관리의 계획은 빅데이터 시스템의 목적과 범위 등을 고려하여 수립 구성 관리 프로세스와 관리를 위한 담당자 선정 구성 관리 정책 및 절차, 범위, 구성 요소 명명 규칙을 정의
② 구성 관리 요소의 식별 및 제어	명확하게 식별할 수 있는 단위로 지정 추가나 수정 등이 적절하게 반영되어야 함
③ 구성 관리 요소의 보관 및 유지	관리되는 문서, 하드웨어 및 시스템 소프트웨어 관련 요소 정보를 보관, 관리 상용 패키지 솔루션은 매뉴얼, 제품 등을 보관하고 버전 및 적용 내용을 보관
④ 구성 관리 요소의 상태 기록 및 보고	시스템의 변경에 따른 정보를 추출하는 작업 일정 주기로 상태 변화를 기록(그림 8-27 참고)
⑤ 구성 관리 요소의 검증 및 점검	정기적, 비정기적으로 구성 요소가 지속적으로 업데이트 및 관리되는지를 확인 향후 구성 요소 데이터 검증은 구성 요소의 무결성과 영속성을 보장
⑥ 구성 관리의 절차 평가	구성 정보의 만족도, 감사 보고서 등을 통해 변경이 필요하면 보완 작업을 수행

다음은 구성 관리의 시간에 따른 주요 활동을 나타낸 것이다.

(그림 출처: 정보 시스템 구성 및 변경 관리 지침-국무조정실, 지식경제부)

그림 8-27 구성 항목 상태 모니터링

4.2 빅데이터 시스템 변경 관리

변경 관리는 지속적인 변경 사항을 추적함으로써 변경 사항의 장애를 최소화하고 사용자 요구를 충족시킨다. 변경 관리는 절차적인 수행으로 개발자나 의뢰자에게 불편할 수 있지만, 신뢰성 있는 시스템 유지관리를 위해 필요하다.

다음 그림과 표는 변경 관리에 대한 절차를 설명한 것이다.

그림 8-28 변경 관리 절차

표 8-9 변경 관리 절차 설명

구분	설명
① 변경 계획	변경 관리를 수행할 조직과 운영자 지정 변경 관리 수행 활동 및 도구, 기술, 방법 및 통제 요소 명시 변경 관리 대상 식별
② 변경 요청 접수	변경 요청은 문서화해야 함 변경할 구성 요소, 문서 이름, 개정 상태 변경 요청자 이름, 조직, 요청 일자 및 이유와 내용, 긴급 정도 명시
③ 변경 검토 및 우선순위 할당	변경 요청 사항에 대해 기술적 타당성, 상호운용성, 일정 및 영향, 검사 방법, 인프라 영향, 우선순위 등 검토해야 함
④ 변경 승인 및 통보	변경의 승인 및 기각을 결정 결정된 내용은 문서로 만들어 관련 조직에 통보

구분	설명
⑤ 변경 승인 여부 기록	기각 시에는 그 사실과 이유를 통보 승인 시에는 오류 내용, 처리 진행 사항, 사용자 등을 명시
⑥ 변경 작업 계획 및 　작업 등록	변경 작업에 대한 상세 내역 및 일시 변경 이력 기록
⑦ 변경 테스트 및 적용 승인	실제 환경 적용 전에 테스트 수행 테스트 결과에 따라 최종 승인 및 실패 시 원상 복원
⑧ 변경 평가 및 기록	변경 작업의 평가 수행과 결과를 통보 변경 사항 기록

4.3 빅데이터 장애관리

빅데이터 장애관리는 빅데이터와 관련된 소프트웨어, 하드웨어, NoSQL, 네트워크 등의 고장과 장애, 서비스 불능 상태 등과 같은 인프라 및 시스템 장애를 모니터링, 진단, 처리하는 일련의 과정이다. 장애관리의 목적은 빠른 장애 원인 파악과 조치로 장애 시간 최소화에 있다. 이외에도 장애 발생을 사전에 파악하여 중단 없는 서비스를 제공해야 한다.

장애관리 업무 내역은 크게 다음과 같다.

그림 8-29 빅데이터 장애관리의 범주

장애처리

빅데이터 시스템은 모니터링이나 장애 신고를 통해 장애를 빨리 파악해야 한다. 장애 파악은 구성 관리 사항을 토대로 접근하거나 로그나 에러 메시지를 기반으로 분석한다. 다음은 장애처리 절차와 처리 내용이다.

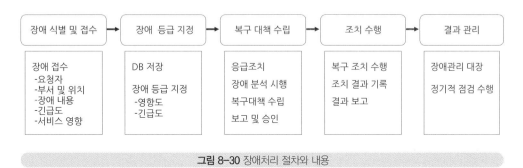

그림 8-30 장애처리 절차와 내용

장애처리는 신속히 진행해야 하며 그 과정과 결과는 장애관리 책임자에게 보고한다. 향후 있을 유사한 장애처리를 대비해 담당자는 장애 내용, 원인, 조치 사항과 결과를 반드시 DB에 저장하여 유사 장애에 대처한다. 특히, 빅데이터 시스템에서는 오픈소스에 대한 유지보수 계약이 없으면 유사 사례는 매우 귀중한 정보가 된다.

예방점검

예방점검은 사전 계획을 수립하고 책임자 보고와 승인을 거쳐 수행한다. 수행 시에는 업무에 지장이 있으면 안 되고 결과는 보고서 형태로 보고한다.

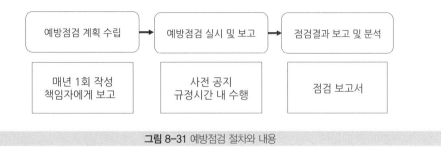

그림 8-31 예방점검 절차와 내용

예방점검의 목적은 사전에 문제점을 파악하는 데 있기에 운영 시 문제가 될 수 있는 하둡, HDFS 등의 소프트웨어와 하드웨어 장비, 네트워크 등을 효과적으로 점검할 수 있는 계획을 세운다.

장애 모의훈련

장애 모의훈련은 시스템을 안정화하는 데 그 목적이 있다. 또한, 장애 유형별 기록과 운영능력을 시험한다. 장애 모의훈련에는 다음 내용이 포함되어야 한다. 빅데이터 시스템은 여러 연관된 솔루션과 툴의 복합체로 장애 유형 파악이 어렵다. 사전 모의훈련을 통해 SPOF를 찾고 이를 복구하는 역할이 중요하다.

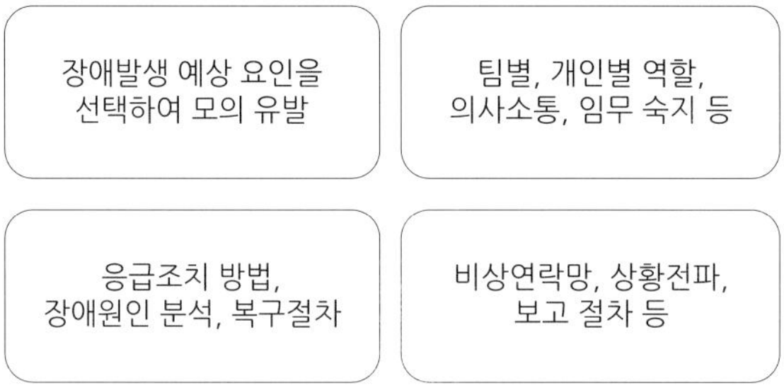

장애발생 예상 요인을 선택하여 모의 유발	팀별, 개인별 역할, 의사소통, 임무 숙지 등
응급조치 방법, 장애원인 분석, 복구절차	비상연락망, 상황전파, 보고 절차 등

그림 8-32 장애 모의훈련의 4가지 사항

비상계획 수립

장애는 사람에 의한 에러와 시스템 장애로 생기는 실패도 있지만, 재난 및 재해 등 환경적 요인도 있다. 재난 및 재해에 대해서는 비상 조직 구성 및 역할이 있어야 하고 인력, 건물, 전원, 통신 등 피해 상황을 파악하는 절차도 있어야 한다. 단일 사이트에서 시스템은 DRS가 없기에 평상시 백업 및 복구 계획이 매우 중요하다. 또한, 비상시 행동 절차가 중요하기에 사전에 계획을 세워 비상 책임자와 복구 담당자 등을 구성한다. 또한, 비상연락망을 최신 상태로 유지하여야 한다.

빅데이터 시스템은 병렬 기반과 대용량 데이터로 복구 시간이 많이 소요되므로 환경에 맞는 복구 목표 시간(RTO:Recovery Time Objective)와 복구 목표 시점(RPO:Recovery Point Objective)을 정한다.

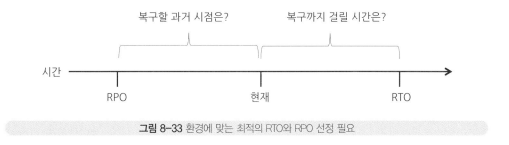

그림 8-33 환경에 맞는 최적의 RTO와 RPO 선정 필요

RTO(Recovery Time Objective) 데이터 손실이 발생했을 때 데이터 복구에 소비할 의향이 있는 최대 시간. RTO가 작으면 신속한 데이터 복원이 요구되며, 일반적으로 보호 솔루션의 비용이 많이 들어간다.

(http://www.symantec.com/)

RPO(Recovery Point Objective) 재해 상황에서 수용할 수 있는 최대 허용 데이터 손실을 정의한다. 예를 들어, 재해가 발생했을 때 벙커 노드에 두 시간 분량의 데이터가 있고 한 시간 분량의 데이터만 재생해도 된다면 RPO는 한 시간이다. 데이터 손실을 수용할 수 없다면 RPO는 0이다.

(http://www.symantec.com/)

5. 서비스 측면의 가이드라인

여기서는 빅데이터 시스템을 안정적으로 서비스하고 운영, 관리하기 위한 가이드라인을 제시한다. 실제 구축 후 무엇을 점검하고 어떻게 운영, 관리해야 할지 알아봄으로써 시스템을 안정적으로 운영한다.

5.1 서비스 지속성 가이드라인

빅데이터 서비스의 지속성을 확인하려면 다음 항목을 기준으로 점검 리스트를 만들어 평가한다.[15]

그림 8-34 서비스 지속성 점검 항목

서비스 지속 역량은 빅데이터 시스템을 안정적으로 지원하기 위한 점검이다. 다음은 이와 관련된 점검 항목이다.

1 전사조직의 비전 및 목표는 안정적인 빅데이터 서비스를 제공하기에 적합한가?

→ 전사조직이 빅데이터 시스템 도입 목적과 효과를 분명히 밝혀야 함

2 빅데이터 서비스를 제공하는 데 필요한 최소한의 전산 자원을 확보하고 있는가?

→ 데이터의 증가로 저장 공간 및 병렬장치 지원이 원만히 이루어져야 함
CEP는 하이엔드 급 자원 지원, 단순 병렬처리는 로우엔드 급 자원 지원

3 재무 상태는 빅데이터 서비스를 안정적으로 제공하기에 적합한가?

→ 안정적 솔루션 제공을 위한 협력 업체와의 유지보수, 기술지원 등의 비용 지출 필요

---

15 출처 (1) 민간 클라우드 도입 가이드라인

(2) 알기 쉬운 빅데이터 분석 · 활용 가이드 v1.2

4 서비스의 향상 또는 신규 서비스 개발 등을 위해 인적, 물적 자원을 지속적으로 지원하는가?

→ 인프라와 시스템 운영, 개발을 위한 교육훈련 투자와 연구개발 진행

예산 계획은 비용과 효과분석을 통해 집행해야 하며 집행 전에는 서비스 이용도와 활용을 살펴본다.

1 빅데이터 서비스를 안정적으로 제공하는 데 필요한 예산 계획을 수립하는가?

→ 백업과 복구를 위한 재정 지원과 예산 계획 필요

2 효과적인 재무 통제 및 승인을 얻기 위한 정책 또는 프로세스를 마련하고 있는가?

분석과 연계는 빅데이터를 통한 분석이 목적에 맞게 되고 있는지 기존 시스템과 외부 시스템의 연계성을 점검한다.

1 목표 빅데이터 시스템은 본래의 목적에 맞는가?

→ 도입 시스템 분석 활용이 본래 목적과 맞는지 점검

2 데이터 보안 및 개인정보 보호 정책은 적합한가?

→ 외부 데이터 유입과 내부 데이터 활용 시 보안과 개인정보 보호 정책이 적합한지, 프라이버시 침해 우려는 없는지 확인

3 빅데이터 시스템과 기존 시스템 간 상호 호환과 연계가 가능한가?

→ 내부 데이터를 이용할 때는 기존 시스템과 연계할 수 있어야 하며 Open API나 클라우드 서비스 등 외부 연계 부문도 검토해야 함

5.2 운영 및 관리 가이드라인

빅데이터 시스템의 운영과 관리는 운영 조직화와 거버넌스 확보가 필요하다. 운영을 위한 전담 인력 확보와 데이터 품질 분석을 통해 양질의 서비스를 제공한다.

그림 8-35 운영관리를 위한 체제

운영 조직화

운영의 조직화에는 인력과 운영 책임 역량 등이 필요하며 핵심 사항은 다음과 같다.

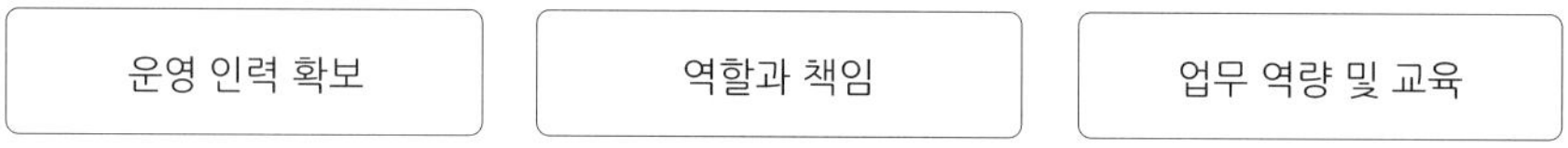

운영 인력 확보	역할과 책임	업무 역량 및 교육

그림 8-36 운영 조직화를 위한 핵심 사항

빅데이터 시스템의 운영, 관리를 위해서는 전담 인력 선별과 구성이 중요하다. 전담 조직은 다음과 같이 분류된다.

표 8-10 인력 측면의 조직 세분화

구분	내용
시스템 운영	개별 시스템 구성과 연계 시스템 간 연동 방법에 대한 전문 지식을 가진 인력과 이를 관리할 수 있는 관리자로 구성
데이터 품질 관리	데이터 품질 관리 조직은 중간 결과물 품질과 내부 데이터 처리를 위한 지식을 가진 전문 인력으로 구성
분석 전문가	분석 결과를 시각화할 수 있는 인력과 리포트를 통해 다른 조직 간 의사소통을 원활히 수행할 수 있는 전문 인력으로 구성

인력 구성이 되었으면 역할과 책임이 명확히 정해졌는지 확인한다. 조직 간 역할이 구분되면 전체적인 분석과 의사소통을 수행할 담당자가 있어야 한다. 또한, 운영과 분석을 위해 인력의 지속적인 훈련과 교육이 있어야 한다.

거버넌스 확보

거버넌스는 크게 데이터를 위한 것과 시스템 운영관리를 위한 협력체계가 있다.

그림 8-37 2가지 거버넌스의 확보

데이터 및 서비스 거버넌스 확보는 데이터 품질, 분석, 보안 및 서비스 운영관리를 위한 협력적 거버넌스 확보를 말한다. 각각 확보해야 할 거버넌스 설명은 다음 표와 같다.

표 8-11 데이터 및 서비스 거버넌스

구분	내용
품질 관리 거버넌스	데이터 수집 체계 안정화와 데이터 분석 품질을 위한 거버넌스
분석 운영 거버넌스	분석 방법론, 분석 모델링을 위한 인력이나 외부 협력 체제
보안 거버넌스	악성공격, 개인정보 보호, 프라이버시 보호와 관련된 부분을 위한 관리
서비스 운영 거버넌스	데이터 분석 결과의 대외 공유에 따른 접근과 유통 체계

거버넌스 간 협력체계는 시스템 분석 결과의 향상과 시스템의 장기적인 발전을 목적으로 한다. 이는 분석 프로세스, 분석 기법 등의 조정을 통해 시스템 활용 확장, 수집 대상 확장, 신기술에 대한 검토 및 적용 방향을 제시한다.[16]

16 **출처** 알기 쉬운 빅데이터 분석 · 활용 가이드 v1.2

09
빅데이터 시스템 구축 고려 사항

여기에서는 빅데이터 시스템 구축 시 고려 사항과 점검 리스트 등을 통해 실제 도입하는 데 필요한 사항을 설명한다. 세부 내용은 다음과 같다.

그림 9-1 시스템 구축 시 고려 사항

여기서 제시하는 사항은 절대적 기준이 아니기에 조직의 도입 목적과 환경에 따라 조건과 고려 사항은 얼마든지 변경될 수 있다. 단지 방향성이나 무엇을 해야 할지 모르는 조직에서는 여기에서 제시하는 기준을 참고하는 것이 좋다.

1. 프로젝트 관리 측면의 고려 사항[1]

빅데이터 프로젝트를 시작하는 조직에서는 단계별로 다음과 같은 사항을 고려하며 진행한다. 빅데이터 프로젝트는 우리가 흔히 봐왔던 프로젝트와 다소 차이가 있다. 다음 그림은 빅데이터 프로젝트의 단계별 과정을 나타낸 것이다.

그림 9-2 빅데이터 프로젝트 관리의 5단계

1.1 협업

> 1단계: 빅데이터와 관련 있는 비즈니스 사용자들과 협업하라.

빅데이터 기술은 단지 도입만으로 모든 게 끝나지 않는다. 중요한 점은 해당 조직이 어떠한 비즈니스 관점에서 빅데이터를 활용할지 결정해야 한다. 이를 위해서는 비즈니스 관계자와 사용자와의 협업은 필수이다. 다음은 협업을 통해 점검할 사항이다.

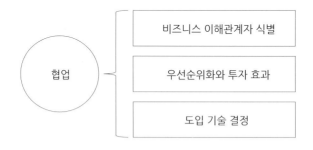

그림 9-3 협업의 3가지 점검 리스트

---

1   **출처** Planning Guide—Getting Startted with Big Data, Intel, 2013.2

첫 번째는 프로젝트 실행을 위한 이해관계자 식별이다. 각 이해관계자가 어떠한 생각과 목적을 가졌는지 알아야 하며, 이를 조율해야 한다. 또한, 빅데이터 프로젝트에서는 새로운 환경에 따른 비즈니스 기회를 찾아야 한다.

이때, 데이터 분석을 통해 최고의 비즈니스 기회를 찾으려면 일차적으로 비즈니스 사용자들을 식별하고 협업해야 한다. 비즈니스 사용자는 데이터 분석가, 데이터 과학자, 마케팅 전문가 등이다. 조직에 따라서는 다른 이름으로 해당 역할을 수행하기도 한다.

비즈니스 기회를 찾으려면 우선 현재 비즈니스의 문제점을 찾아야 한다. 문제점은 고비용의 분석이 어려운 부분을 중점으로 도출한다. 혹은 비정형 데이터의 등장으로 새로운 환경에서 알려지지 않은 문제점을 찾는다.

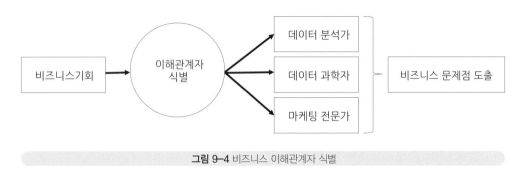

그림 9-4 비즈니스 이해관계자 식별

두 번째는 비즈니스 기회 리스트를 우선순위화하고 투자 대비 효과를 알 수 있는 프로젝트를 선택한다. 하지만 투자 효과를 직접 확인한다는 것은 매우 어렵다. 기업에서는 화폐 가치로 변환된 수치를 원하기에 재무분석이 많이 쓰인다.

세 번째는 새로운 계획을 성공적으로 완수하기 위해 조직이 갖추어야 할 기술을 결정한다. 시스템은 외부 도움으로 구축할 수 있지만, 운영과 관리는 조직의 몫이다. 조직에서 감당할 수 있는 인력과 팀을 구성하려면 어떤 기술이 필요한지 점검한다.

1.2 연구

2단계는 기술 연구를 통한 역량 증진이다. 빅데이터 기술은 하루가 다르게 진화하고 있으며 하둡 에코시스템도 변하고 있다. 이러한 점을 이해하고 빅데이터 담당 팀은 기술 변화에 민감해야 한다. 더욱이 순수 오픈소스라면 기술 역량은 더욱 중요하다. 기본적인 기술 역량을 닦을 수 있는 방법은 다음과 같다.

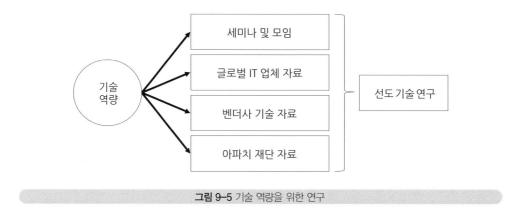

그림 9-5 기술 역량을 위한 연구

IT 기술자와 개발자 간 소통은 최신 기술 트렌드를 알 좋은 기회다. 특히, 서로 프로젝트 도입 경험을 공유한다는 것은 굉장히 값진 일이다. 빅데이터를 처음 접하는 사람은 적극적으로 관련 카페나 모임에 참여하는 것도 도움이 된다. 또한, 정책적으로 빅데이터 산업을 위한 세미나 포럼도 있으니 관련 커뮤니티를 꾸준히 참조한다.

세계적인 IT 업체 자료는 최신 기술과 사례를 얻는 좋은 장소이다. 자료는 대부분 전사조직과 관련이 있으며, 기술 자료는 다양한 관리 포인트를 보여준다.

만약 여러분 조직이 특정 벤더 솔루션을 도입했다면 벤더사 자료를 적극적으로 활용하는 것이 좋다. 상용 솔루션을 사용하거나 유지보수를 맡긴 기업은 솔루션 전문가들과 교류를 통해 기술적 이해를 높인다. 오픈소스라면 관련 프로젝트 사이트에서 제공하는 튜토리얼과 문서를 적극적으로 활용한다.

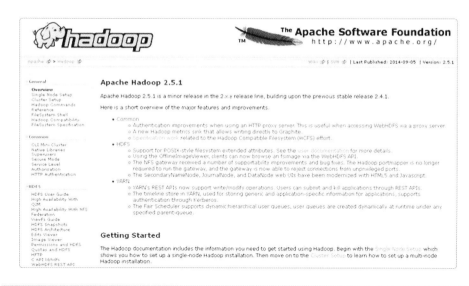

그림 9-6 아파치 하둡 사이트[2]

1.3 Use Case 개발

3단계: 프로젝트를 위한 유스케이스(Use Case)를 개발하라.

빅데이터 프로젝트를 위해 조직은 해당 프로젝트와 관련된 유스케이스가 있어야 한다. 유스케이스는 일종의 시나리오로 보면 된다. 빅데이터 프로젝트는 사례가 많지가 않고 도입 조직과 유사한 경우도 찾기 어렵다. 그렇기에 조직은 환경에 맞는 유스케이스를 개발해야 한다. 몇 가지 필요한 개발 사항은 다음 그림과 같다.

---

2 출처 http://hadoop.apache.org/docs/current/

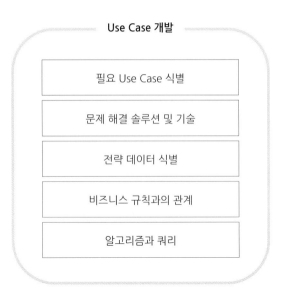

그림 9-7 프로젝트를 위한 Use Case 개발

조직은 금융권, 제조업, 유통 등 각 도메인에 맞는 유스케이스를 식별하고, 도입 조직과의 유사성을 알아본다. 식별된 유스케이스를 통해 조직은 프로젝트에서 나올 수 있는 위험을 사전에 차단한다.

또한, 1단계에서 도출된 비즈니스 문제를 해결하기 위한 기술과 역량이 무엇인지 알아야 한다. 주의할 점은 기술 트렌드에 휩싸이지 않고 필요한 기술을 찾아야 한다.

데이터는 포함할 데이터와 배제할 데이터로 구분한다. 의미 있는 인사이트를 이끌 수 있는 전략 데이터를 식별하는 것은 매우 중요한데 이런 이유로 협업이 필요하다.

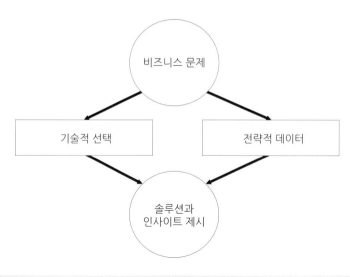

그림 9-8 빅데이터를 통한 비즈니스 문제 해결 과정

빅데이터 담당자는 비즈니스 규칙과 데이터를 어떻게 연관시킬지 결정한다. 이를 위해서는 조직 비즈니스 규칙을 이해해야 하며 어떤 데이터와 연관이 있는지 분석가와 협의해야 한다.

마지막은 원하는 결과를 이끌어 낼 수 있도록 알고리즘과 분석 쿼리를 식별한다. 개발자, 분석가, DW 전문가는 어떤 알고리즘, 쿼리가 효과적일지 살펴본다. 여기에는 성능도 포함된다.

1.4 Gap 분석

4단계: 현재와 도입 이후의 상태 차이(Gap)를 식별하라.

빅데이터 시스템 구축 시 현재와 구축 완료 시점의 상태 차이를 분석한다. 상태 분석 내용은 다음과 같다.

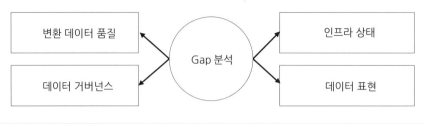

그림 9-9 Gap 분석을 통한 검토 영역

표 9-1 빅데이터 도입을 위한 Gap 분석

구분	설명
변환 데이터 품질	수집, 정제, 통합 데이터를 최종 결과로 변환하기 위해 요구되는 데이터 품질은 무엇인가?
데이터 거버넌스	데이터 분류를 위한 데이터 거버넌스 정책은 무엇인가? (데이터 분류의 타당성, 내용, 분석, 접근을 위한 정의)
인프라 상태	확장성, 빠른 반응 시간, 성능을 보장하는 데 필요한 인프라 능력은 무엇인가?
데이터 표현	어떻게 데이터를 사용자에게 보여줘야 하는가? 여러 다양한 이해관계자, 즉 경영진부터 정보 전문가까지 쉽게 이해할 방법을 찾는다.

1.5 제품 테스트

5단계: 도입 제품에 대한 테스트 환경을 만들어라.

마지막 단계는 도입 제품과 툴의 검토이다. 결정된 제품과 툴은 쉽게 변경할 수 없기에 사전에 충분한 검증을 거친다. 다음 그림은 검증을 위한 방안이다.

그림 9-10 제품 검증 및 정의

검증된 도입을 위해 전사조직은 환경에 맞는 레퍼런스 아키텍처를 적용한다.

> **레퍼런스 아키텍처** IT 인프라를 구축할 때 예시로 참고할 수 있는 구축이 검증된 최적화된 아키텍처
> 모델 (http://www.kr.redhat.com)

레퍼런스 아키텍처가 없는 신규 프로젝트의 특징은 사전 위험 식별이 어렵고 많은 시행착오를 겪을 위험이 크다. 가장 유사한 레퍼런스 아키텍처 도입은 시간적, 비용적 오류를 최소화한다.

검증을 위해서는 빅데이터 시스템 레이어를 정의한다. 담당 팀은 프레젠테이션 레이어, 분석 애플리케이션 레이어, DW를 정의하고 가능하면 프라이빗 혹은 퍼블릭 클라우드 데이터 관리까지 정의한다.

마지막으로 세계적인 IT 기업이 제공하는 제품과 툴을 자세히 검토한다. 툴은 의미 있는 결과를 제공해야 한다. 툴 적용은 전반적인 프로젝트 성공에 영향을 끼치는 중요한 요소다.

2. 적용 기술 측면의 고려 사항[3]

빅데이터를 도입하고자 하는 조직에서는 어떤 플랫폼과 어떤 데이터로 수행할지 정해야 한다. 선별 과정을 통해 선택한 플랫폼과 데이터, NoSQL은 조직 비즈니스 목표 달성에 많은 도움을 준다. 다음은 조직에서 미래의 성공을 위한 기술적 고려 사항이다.

빅데이터 플랫폼 유무	데이터 접근
데이터 플랫폼 선정	데이터 형태
실시간 애플리케이션	DW와의 통합
가용성과 일관성	워크로드

그림 9-11 8가지 기술적 고려 사항

2.1 빅데이터 플랫폼 유무

빅데이터 도입 담당자는 조직에 이미 빅데이터 플랫폼이 있는지 확인한다. 조직이 이미 빅데이터 플랫폼을 보유하고 있다는 것은 그리 놀라운 일이 아니다. 다만, 해당 빅데이터 플랫폼은 기존 시스템 사이에서 통합과 일관성 있는 작업을 수행해야 한다. 그래야 비즈니스 분석에 많은 기회를 제공하며, 가장 효율적으로 최신 기술 자원을 사용할 수 있다.

---

3 **출처** http://www.computerworld.com/article/2475840/big-data/8-considerations-when-selecting-big-data-technology.html

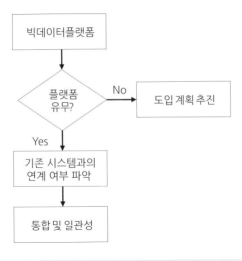

그림 9-12 빅데이터 플랫폼 도입 흐름도

2.2 데이터 플랫폼 선정

빅데이터를 도입하려는 조직에서는 원하는 데이터 플랫폼이 스토리지인지 고급 분석인지 파악한다. 즉, 조직의 빅데이터 수행 목적이 데이터 저장 기반의 사업 수행인지, 고급 데이터 분석인지 결정해야 한다.

조직에서 데이터 저장과 처리가 필요한 경우에는 오픈소스 기반 분산 파일 시스템이 적합하다. 하둡 기반 HDFS 등은 이미 클러스터 하드웨어를 통한 확장이 검증되었으며, 오늘날 많은 빅데이터 아키텍처에서 기본이 되는 플랫폼이다.

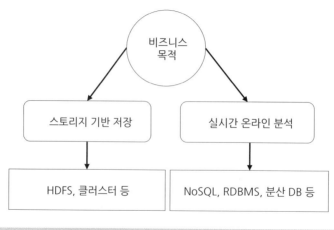

그림 9-13 비즈니스 목적에 따른 빅데이터 플랫폼

그러나 비즈니스 목적이 온라인 분석이거나 실시간 애플리케이션이라면 분산 DB와 결합한 분산 파일 시스템을 고려해야 한다. 여기서 분산 DB는 지연 시간을 최소화할 수 있는 시스템이어야 한다.

결론적으로 조직은 빅데이터 수행 목적에 맞게 환경과 인프라를 선택, 검토해야 한다.

2.3 반응 시간과 실시간 애플리케이션

반응 시간은 요구 사항에 대해 일관성이 있어야 한다. 요구 사항에 따라 반응 시간 편차가 높은 시스템은 차이를 줄이기 위한 노력이 필요하다. 일례로 비즈니스 처리에 아주 빠른 반응 시간이 요구된다면, Key-Value 구조는 이러한 환경에 맞지 않다. 대신 이러한 실시간 처리를 위해 기업에서는 인 메모리 솔루션을 적극적으로 검토할 필요가 있다. 단순한 저장 형태에서는 이러한 실시간을 고려할 필요가 없다.

하지만 사용자 환경은 지속적으로 변하고 있으며 처리해야 할 이벤트는 점점 복잡해지고 있다. 그런 의미에서 빅데이터 저장 기술과 분석 기술은 별개 기술이 아닌 통합 측면에서 바라볼 필요가 있다.

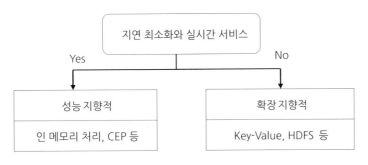

그림 9-14 실시간 서비스에 따른 고려 사항

2.4 플랫폼 가용성과 일관성

분산 시스템의 특징은 흩어진 대규모 시스템과 사용자들이다. 따라서 빅데이터 플랫폼에서는 분산 환경을 위한 CAP 이론을 고려해야 한다. CAP 이론은 이미 여러 번 설명했기에 자세한 설명은 생략한다.

전통적인 RDB에서는 네트워크의 부분적 장애보다는 가용성과 일관성을 중요시한다. 이와 달리 NoSQL에서는 일부 장애로 인한 부분 결함을 중요시하며 가용성과 일관성 중에서 하나를 선택한다. 다음 표는 CAP 이론을 기반으로 DB를 분류한 것이다.

표 9-2 C(Consistency), A(Availability), P(Partition Tolerance)에 따른 DB 분류[4]

구분	설명
CA	MySQL, Postgres, Aster Data, Greenplum, Vertica
AP	Dynamo, Voldemort, Cassandra, CouchDB, Riak
CP	BigTable, Hbase, MongoDB, Redis

현재는 많은 시스템이 부분 결함 부문에서 발전하여 장애 복구 능력이 향상되었다.

---

4   출처 http://develop.sunshiny.co.kr/883

2.5 DW와의 통합 여부

빅데이터 시스템을 구축하려는 기업이나 조직에서는 최소한 하나 이상의 시스템과 DW를 운영하고 있을 것이다. 만약 조직이 빅데이터 플랫폼을 기존 DW와 통합하려 한다면 데이터 통합 툴을 살펴보아야 한다. 많은 통합 벤더사들이 빅데이터 플랫폼과 SQL의 DW나 데이터 마트와의 통합을 위한 서비스를 지원하고 있다.

2.6 워크로드

워크로드에 따른 플랫폼 도입은 직접 구축 형태거나 클라우드 기반 위탁 형태가 있다. 시스템이 받는 워크로드가 일관적이고 예측 가능하다면 직접 구축이 유리하지만, 반대로 복합적 형태라면 직접 구축과 클라우드 기반을 동시에 고려해야 한다. 높은 워크로드는 자체 구축 시스템 범위를 넘기에 해당 부분은 클라우드를 통해 유연하게 처리한다.

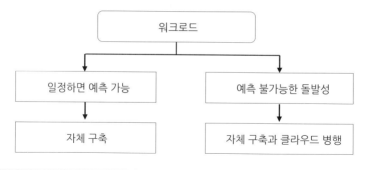

그림 9-15 워크로드에 따른 구축 방법

3. 분석 측면의 고려 사항[5]

조직과 기업에서는 고급 분석 기술을 이용하여 경쟁 우위를 점하려고 노력 중이다. 이러한 변화는 데이터와 이를 구성하는 인프라 관계에서도 일어난다. 빅데이터와 하둡은 고급 분석

---

5 **출처** TDWI Checklist Report—Eight Considerations for utilizing Big Data Analytics with Hadoop

을 위한 핵심이다. 또한, 고급 분석은 시각화 기술을 이용하여 인사이트 중심의 데이터를 탐색한다. 분석 알고리즘은 기계학습이나 예측분석과 같은 기법을 통해 분산 처리한다. 텍스트 분석은 비정형 데이터에서 새로운 의미를 찾도록 도와준다.

하지만 빅데이터와 하둡을 통해 진정한 의미를 찾으려면 다음과 같은 질문을 해야 한다.

- 하둡에서 어떻게 데이터를 준비할 수 있을까?
- 하둡에서 데이터를 분석하기 위한 기술은 무엇인가?
- 인 메모리 처리를 위해 하둡을 어떻게 적용해야 하는가?

더 많은 질문이 있지만 여기서는 다음과 같은 사항을 고려하여 이러한 질문의 해답을 찾아보자.

하둡	고급 분석
인 메모리 분석	텍스트 데이터 분석
데이터 준비	분석 모델
탐색과 인사이트	역량 및 기술

그림 9-16 분석 측면의 8가지 고려 사항

3.1 하둡의 이해

하둡과 하둡 에코시스템은 앞서 설명하였기에 여기서는 간략하게 정리한다.

하둡은 아파치 소프트웨어 재단에서 다루는 오픈소스 프로젝트다. 가장 중요한 내용은 HDFS와 MapReduce다. 이 둘을 통해 하둡은 스키마에 의존하지 않고 여러 데이터를 다룬다. 일반적인 DW에서는 데이터를 가져오기 전에 테이블이 어떤 형태의 스키마를 가졌는지 알고 있어야 한다. 하둡에서는 데이터에 대한 스키마를 알 필요 없이 다양한 소스에서 여러 데이터를 집어넣는다. 이런 점 때문에 하둡은 "데이터 호수(Data Lake)"로 불리기도 한다.

다른 한편으로 하둡의 MapReduce 엔진은 분석 작업의 반복 처리(Iterative Processsing)에는 최적화되어 있지 않다. 오히려 배치 작업에 가장 최적화되어 있다. 이런 이유로 하둡 에코시스템에서는 이를 보완하기 위해 많은 서브 프로젝트들이 있다. 대표적인 서브 프로젝트들은 다음과 같다.

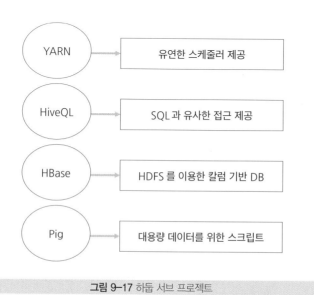

그림 9-17 하둡 서브 프로젝트

비록 하둡이 기존 DW를 완전히 대체할 수는 없지만, 하둡은 DW가 다루기 어려운 이질적인 데이터를 저장한다.

3.2 인 메모리 분석의 고려

인 메모리 분석은 I/O 시간 소비를 피하고자 전통적 디스크 방식을 벗어나 메모리 기반으로 데이터를 처리하는 것을 말한다. 인 메모리 분석은 빅데이터 분석에서 매우 중요하다. 이론적으로 인 메모리 처리는 디스크 처리보다 약 몇천 배 빠르며 이는 반복 작업을 요구하는 빅데이터 분석에 굉장히 효과적이다. 인 메모리 분석 처리는 멀티 경로의 데이터 처리와 반복 분석을 지원한다.

고급 통계와 데이터 마이닝, 기계학습, 텍스트 마이닝, 추천 시스템과 같은 고급 분석 기술은 인 메모리 처리로 다음과 같은 상당한 이점을 제공한다.

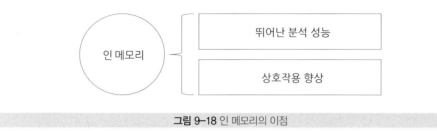

그림 9-18 인 메모리의 이점

성능적인 면에서 인 메모리가 훨씬 뛰어나다는 데에는 이견이 없다. 인 메모리로 얻은 시간적 효과는 다각적인 접근이나 정교한 분석 모델 튜닝에 쓰인다. 이는 궁극적으로 예측 가능한 분석으로 이어진다. 예를 들어 하나의 작업을 완성하는데 1시간이 필요한 작업이 인 메모리를 이용해 몇 분으로 완성된다고 하자. 이는 빅데이터의 숨겨진 인사이트를 끌어내도록 아주 빠른 분석 모델을 만들 수 있음을 뜻한다.

한번 데이터가 메모리에 올라가면 빠른 반복 접근을 통해 효과적으로 업무가 진행된다. 예를 들면 빠른 분석 모델을 만들어 여러 이해관계자가 빨리 결과를 알 수 있다. 이는 다른 시스템의 빠른 업무 처리로도 이어진다. 필요하다면 분석 모델을 다시 변경할 수 있다. 즉, 높은 정확성과 비즈니스 효과를 위해 분석 모델 구성을 반복한다.

시간 절약과 다양한 분석을 위해서는 인 메모리 확장이 필수다. 앞으로는 인 메모리 분석이 활성화되어 실시간 분석이 더 원활해지리라 본다.

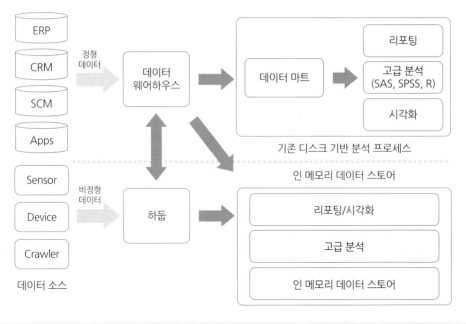

그림 9-19 인 메모리 분석 프로세스와 기존 분석 프로세스 비교[6]

3.3 데이터 준비 처리

빅데이터 분석의 데이터 준비 처리(Preparation Process)에는 몇 가지 다른 주장도 있다. 그중 하나는 빅데이터 자체를 변형 없이 분석하자는 것이다. 빅데이터는 태생적으로 비구조적인 형태이다. 때문에 현재 있는 빅데이터 형태를 어떤 데이터로 변환해야 하는가가 문제가 된다. 그래서 한편에서는 빅데이터가 가진 원형 그대로의 비구조적 형태로 다루고 탐색하는 것이 진정한 빅데이터 분석이라고 주장한다.

소스 시스템에서 추출된 데이터는 하둡으로 이동하여 변경되고 분석된다(이를 ETL 측면에서 추출, 적재, 변형이라고 한다). 하둡에서 전처리 된 데이터는 분석을 위해 웨어하우스나 인 메모리 서버 또는 다른 플랫폼으로 전달된다.

다른 한편으로, 규격화되지 않고 일관성 없는 데이터는 의사결정에 나쁜 영향을 주기에 데이

---

6 **출처** http://blog.lgcns.com/176

터 품질을 확보해야 한다. 분석 전에 시스템에서 불필요한 데이터를 삭제하고 사전 정의된 데이터만을 추출해야 한다는 것이다. 이에 대한 답은 정해진 것이 아니기에 각 조직의 특정 비즈니스 문제에 따를 필요가 있다.

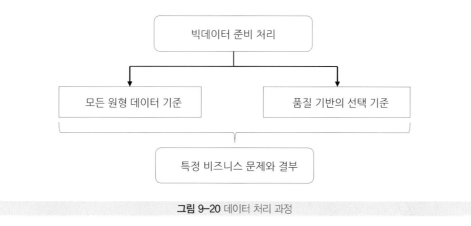

그림 9-20 데이터 처리 과정

예측을 위해 빅데이터 분석에서는 여러 관계 변수와 주변 상황들을 고려한다. 그러나 데이터가 사전에 정해진 DW에서는 그렇지 않다. 반면, 빅데이터 분석에서는 많은 데이터 이동과 변환으로 전체 워크로드가 DW보다 훨씬 커질 수 있다. 이를 해결하려면 데이터 이동과 변환을 줄일 수 있도록 RDB와 빅데이터 사이에 가상의 뷰를 만드는 것도 하나의 방법이다.

3.4 빅데이터 탐색과 인사이트 발견

데이터 탐색은 빅데이터에서 중요한 일이다. 데이터 탐색은 데이터 전처리 과정의 일부로 사용되거나 인사이트 발견에 쓰인다. 인사이트는 빅데이터를 분석하여 이전에는 얻을 수 없었던 지식, 통찰, 식견, 시사점 등을 얻는 것을 말한다.

조직에서는 고급 분석의 목적으로 간단한 시각화와 기술 통계(Descriptive Statistics)를 위해 어떤 데이터를 무슨 변수로 식별할지 결정한다. 비즈니스 분석가나 모델러는 리포트 생성이나 모델을 세우고자 다음과 같은 몇 가지 단계를 거친다.

| 쿼리 | 시각화 | 기술 통계 수행 |

그림 9-21 빅데이터 시각화 단계

쿼리

데이터 쿼리는 빅데이터에서 인사이트를 발견하기 위한 주요 요소다. HiveQL은 하둡 에코시스템 일부분으로 SQL 기본 명령어를 지원한다. 또한, MapReduce와 더불어 분산 환경에서 쿼리를 실행한다. 그러나 HiveQL은 실시간 수행이 안 된다는 단점이 있다. 최소 몇 분에서 길게는 수 시간 동안 쿼리 결과를 기다려야 한다. 탐색과 발견을 위한 빠른 쿼리와는 다소 거리가 있다. 클라우데라의 Impala는 상호작용 쿼리 엔진으로 쿼리 시간은 단축하지만, 시장에 나온 지 얼마 되지 않아서 실제 환경에서 검증이 필요하다.

시각화

복잡한 데이터를 이해하는 가장 좋은 방법은 핵심을 쉽고 빠르게 보여 주는 것이다. 시각화는 빅데이터에 있는 수천 개의 변수와 대용량 데이터 집합을 단순화하여 보여준다. 대표적인 시각화 기법으로는 박스 플롯과 산포도 그래프, 워드 클라우드, 네트워크 다이어그램, 히트 맵 등이 있으며, 이를 통해 복잡한 데이터를 쉽게 보여줌으로써 깊이 있는 분석이 가능하다.

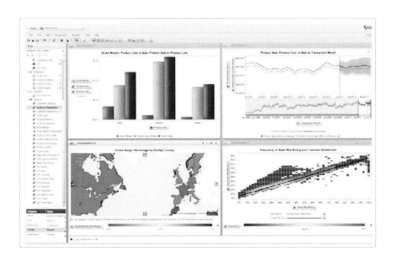

그림 9-22 다양한 종류의 시각화 기법

기술 통계 수행

기술 통계는 데이터를 탐색하고 요약할 수 있는 또 다른 방법이다. 기술 통계는 통계 분석과 측정을 통해 간략한 그래프로 결괏값을 빠르게 보여준다. 물론 결과 그래프는 이해할 수 있는 쉬운 형태이어야 한다. 대표적인 기술 통계로는 평균값과 중앙값, 범위, 요약, 클러스터링, 연관분석 등이 있다.

3.5 고급 분석의 이해

고급 분석은 정형 혹은 비정형 데이터의 복잡한 분석을 위한 알고리즘을 제공한다. 고급 분석은 각종 통계기법과 기계학습, 텍스트 분석 그리고 데이터 마이닝 기법 등을 포함한다.

이러한 고급 분석 알고리즘은 최근에 갑자기 등장한 것이 아니다. 이미 십여 년 전부터 고급 분석 알고리즘은 있었지만, 빅데이터의 등장으로 이러한 알고리즘이 더 주목받기 시작하였다. 더구나 분산 인 메모리 환경이 도입되면서, 빅데이터에서는 알고리즘 리엔지니어링을 통해 효과적으로 적용하고 있다. 주요한 기법은 다음과 같다.

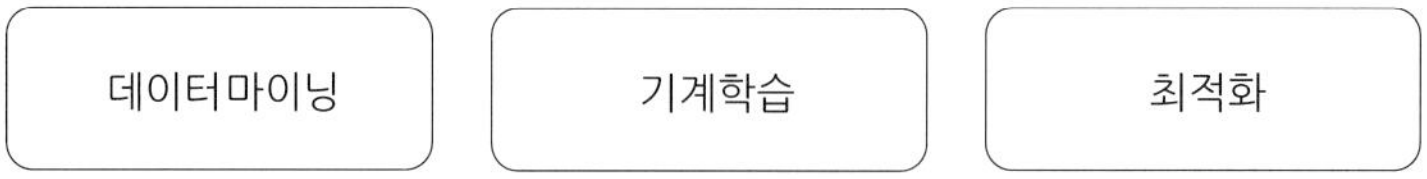

데이터마이닝	기계학습	최적화

그림 9-23 고급 분석의 유형

데이터 마이닝과 기계학습

데이터 마이닝은 전통적인 RDB부터 DW까지 매우 중요하다. 데이터 마이닝은 패턴 인식과 대량의 데이터 안에서 의미 있는 관계를 찾기 위한 알고리즘을 제공한다.

기계학습은 과거 관찰값을 근거로 지도학습과 비지도 학습이라는 훈련과정을 통해 컴퓨터가 자동으로 통찰을 찾는 것을 의미한다. 지도학습은 입력 데이터를 통해 목표 변수에 맞는 반응값을 도출한다. 비지도 학습은 입력 데이터를 받지만, 목표 변수가 명확하지 않다는 점이 다르다. 비지도 학습에서는 입력값을 토대로 목표 변수를 내부적으로 설정하여 최종 결괏값을 내야 하기에 더 복잡하다. 각각의 앞서 설명하였기에 자세한 내용은 이전 장을 참고하기 바란다.

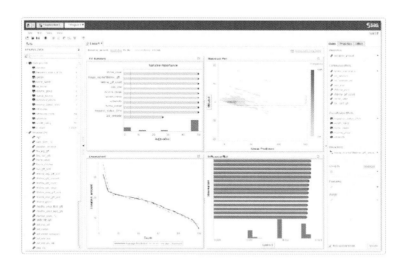

그림 9-24 여러 통계 기법

최적화

최적화는 주어진 변수들과 조건에 맞는 최상의 솔루션을 찾는 수학적 프로그래밍 기법이다. 최적화는 순이익 관리, 마케팅의 캠페인 실적, 시뮬레이션, 제조 및 공급망 등 여러 분야에 쓰이고 있다.

3.6 텍스트 데이터 분석의 이해

기업이나 일반 조직에서 텍스트는 많은 비중을 차지한다. 대표적인 텍스트로는 이메일, 콜센터 노트, 트위터, 블로그와 SNS의 메시지 등이 있다. 우리 주변은 과거 음성 중심에서 텍스트 중심의 커뮤니케이션으로 점차 넘어가고 있다. 일반적으로 텍스트 데이터는 비정형 구조로 분석이 어렵지만, 빅데이터에서는 중요한 영역이다. 단순히 무엇을 기록하고 있는지가 중요한 게 아니라 이제는 왜 이것이 증가하고 있는지 분석할 필요가 있다.

하둡 클러스터의 대다수 데이터는 텍스트다. 이것이 HDFS가 비정형이나 반정형 데이터의 저장 파일 시스템으로써 사용되는 이유다. 이를 통해 고객이 무엇을 하고 있는지 무엇을 원하는지 파악하는 게 경쟁력을 높이는 수단이다.

일부 기업에서는 텍스트 데이터에서 중요한 정보를 일일이 찾아 저장하지만 몇몇은 이미 상용 텍스트 분석 툴을 이용해 정보를 분석하고 있다.

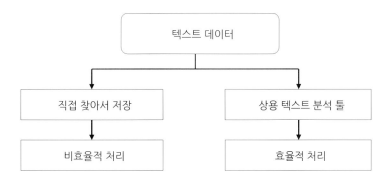

그림 9-25 텍스트 데이터 처리 방식

텍스트 분석 기법은 자연어 처리 방식과 분석을 위해 전화번호나 이름 등을 추출하는 통계적 기법까지 다양하게 융합하여 처리한다. 예를 들면 텍스트 분석 엔진은 문장들을 파싱하여 중요한 엔티티와 주제 영역을 식별한다. 일부는 비정형 데이터를 처리하기 위해 통계 기술을 쓴다. 문제 지향적 분류체계는 비정형 데이터로부터 자동으로 중요한 데이터를 추출하여 가공하는 데 쓰인다. 한 번 추출되어 정형화 혹은 구조화된 데이터는 예측 모델링에서 다른 정형 데이터와 통합한다. 해당 모델에서는 텍스트에서 정보를 추출하여 효과적으로 분석한다.

일부 몇몇 벤더에서는 하둡에서 텍스트 분석을 위한 스크립트 환경을 제공한다. 이러한 기술은 아직 시작 단계지만 궁극적으로는 텍스트를 여러 각도에서 분석할 수 있는 기반이 될 것이다.

3.7 운영상의 모델 적용

분석 모델과 비즈니스 프로세스가 결합한다면 빅데이터를 통해 더욱 생산적인 비즈니스 가치를 높일 수 있다. 이는 어떠한 분석 프로젝트에서나 마찬가지이다.

그림 9-26 생산적 비즈니스 가치 창출

조직에서 아무리 훌륭한 모델을 선보여도 해당 모델이 제대로 전개되지 않으면 소용없다. 또한, 새로운 데이터가 제대로 운영되지 않는다면 쓸모없다. 예를 들어 사기 식별 모델에서는 특정 행위에 대해 잠재적 사기 행위를 식별한다. 그러나 이것이 자동으로 식별되지 않는다면 제품 거래를 보증할 수 없다.

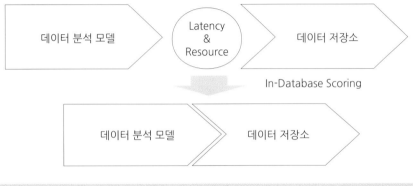

그림 9-27 데이터베이스 저장소와 분석 모델의 통합

예측모델을 가장 효율적으로 사용하려면 소위 "In-Database Scoring"이라 불리는 운영 데이터 저장소에 모델을 직접 통합하는 것이 좋다. 이러한 장점은 시간 낭비적이고 자원 소모적인 빅데이터 이동을 없애고 데이터 저장 공간에서 직접 처리가 가능하다는 점이다. 다만, 분석 모델을 제품 프로세스에 수동으로 넣는다는 것은 기술적으로 어렵고 오류 확률이 높다. 그렇기에 모델 전개 자동화는 빅데이터 분석을 간소화시키고 오류를 줄이는 데 효과적이다.

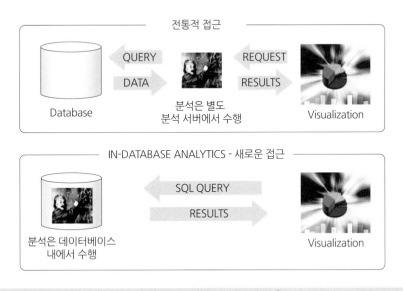

그림 9-28 In-Databse 분석의 개념도[7]

---

7   출처 http://www.fuzzyl.com/products/in-database-analytics/

In-Database Scoring은 주요 데이터 플랫폼에 적용되고 있다. 비록 하둡이 데이터베이스는 아니지만 벤더사들은 이 기술을 하둡에 적용하려 노력 중이다. 이것이 적용되면 하둡에서는 새로운 데이터를 입력받아 저장 모델과 MapReduce 작업을 통해 바로 결괏값을 내놓게 된다.

3.8 필요 역량 및 기술

빅데이터 투자에 있어 가장 큰 논란은 가치를 얻고자 어떤 기술들을 선택하느냐이다. 분석 기술, 데이터 마이닝, NoSQL 등 여러 복합적 기술이 존재하며 모든 기술을 백분 활용하기는 불가능하다. 중요한 점은 빅데이터와 빅데이터 분석은 단순한 기술적 문제가 아니다. 가장 중요한 요소는 인적 자원이다. 훌륭한 기술자들은 비즈니스 이득 창출 능력이 있다. 따라서 다방면의 뛰어난 엔지니어를 보유하는 것이 성공적인 빅데이터 분석의 시작이다. 여기에는 전통적 비즈니스 분석가, 통계 분석가, 데이터 마이닝 전문가, BI 실무자, 데이터 관리 전문가와 컴퓨터 공학자 등이 있다.

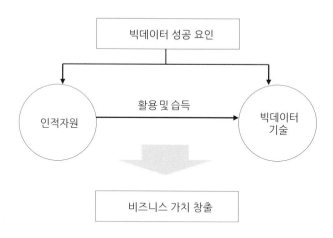

그림 9-29 비즈니스 가치 창출을 위한 인적자원의 중요성

데이터 과학은 최근 주목받는 분야로서 빅데이터와 빅데이터 분석을 위해 다양한 종류의 데이터를 조합한다. 데이터 과학자에게는 필수적으로 프로세스, 분석, 운영과 복잡한 데이터

를 파악하고 분별할 수 있는 역량이 필요하다. 다음은 빅데이터와 빅데이터 분석을 위해 필요한 데이터 과학자의 특징을 정리한 것이다.

표 9-3 데이터 과학자의 특징

역할 유형	내용
컴퓨터 과학자, 데이터 해커, 개발자	견고한 기술적 역량과 빅데이터의 인프라 기술 환경을 이해할 수 있는 탄탄한 컴퓨터 과학 지식을 요구한다.
분석 모델링	데이터를 이해하고 분석과 모델링에 대해 기본적인 역량을 가지고 있어야 한다. 핵심을 뚫는 사고방식은 문제 해결을 위한 중요한 요소다.
호기심이 많은 창조적 사고자	데이터 판별력이 있어야 하며 이것에 대한 의문점에 수시로 답을 찾는 사람이어야 한다.
의사소통이 잘 되고 신뢰성 있는 어드바이저	데이터 과학자는 분석 결과에 대해 비즈니스 담당자에게 쉽게 이해할 수 있게 풀어서 얘기할 수 있는 자질이 있어야 한다.

물론 이러한 모든 역량을 가진 기술자를 찾는 건 쉬운 일이 아니다. 이런 문제로 일부 조직에서는 데이터 과학자 양성을 위한 교육 훈련 센터를 개설했다. 최근 정부와 대학에서도 교육 투자와 강의를 개설함으로써 산업계와 교육계 간 기술 격차를 줄이고자 노력하고 있다.

4. 수행 조직 및 예산 측면의 고려 사항[8]

4.1 수행 조직 고려 사항

빅데이터는 기술 습득뿐만이 아니라 데이터 사용법과 사용자들과 상호작용을 보여주어야 한다. 빅데이터 프로젝트에서 조직과 인적 자원의 조합은 매우 중요하다. 실제로 필요 역량을 쌓는다는 것은 기술을 적용하기보다 훨씬 어렵다. 여기에는 이해관계자, 비즈니스 부서, 운영 부서, 인프라, 과학자, 분석가와 개발자 등 분야별 역량도 포함된다. 각각의 당사자와 관

---

8 출처 Open Data Center Alliance-Big Data Consumer Guide

계자는 빅데이터를 자세히 이해할 필요가 있으며, 전통적 데이터 수집이나 분석과는 다른 관점을 가져야 한다.

전반적으로 빅데이터 도입 조직에서는 다양한 역량과 끊임없는 호기심을 지니고 비즈니스 결과를 도출할 수 있는 인원을 충원해야 한다. 다음은 빅데이터 수행 조직을 이끄는 리더가 갖춰야 할 역량이다.

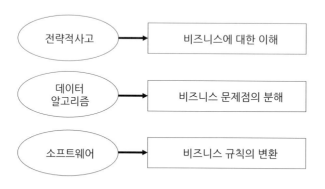

그림 9–30 빅데이터 수행 조직의 리더

팀 역할에 대해 프로젝트 요구 사항을 오버레이로 겹쳐보면 어느 곳에 인력을 충원할지 빠르게 파악할 수 있다. 다음으로 분야별 담당자나 전문가 충원 및 역할에 대한 내용을 살펴보자.

전문가를 찾는 방법

조직이 빅데이터 프로젝트를 수행할 전문 인력을 충원하기 위한 몇 가지 방법이 있다. 다음은 이러한 방법을 나타낸 그림과 표이다.

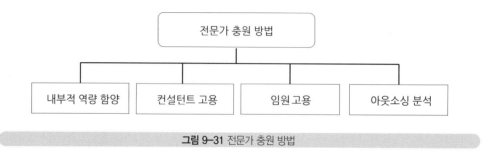

그림 9–31 전문가 충원 방법

표 9-4 전문가를 충원하는 방법

구분	내용
내부적 역량 함양	자바에 능통하고 분산 컴퓨팅을 이해할 수 있는 훌륭한 프로그래머는 스스로 자기계발을 통해 발전할 수 있다. 이들은 외부 교육으로 충분히 역량을 쌓을 수 있고 개발자 그룹이나 하둡 사용자 그룹 등의 온라인 참여도 도움된다.
컨설턴트 고용	컨설턴트 고용과 같은 외부 역량의 이점은 변화에 대한 적응 가능성을 높인다. 빅데이터처럼 새롭고 시간이 지남에 따라 급변할 수 있는 특정 기술 분야에서는 이러한 접근이 필요하다.
임원 고용	전사조직에서 오랜 기간 안정적인 기술을 확보할 수 있는 역량에 투자하길 원한다면 회사의 중역을 고용하여 장기 투자 계획을 세워야 한다.
아웃소싱 분석	전사조직에서는 서비스 제공자에게 회사의 데이터를 보내주고 관련 데이터 분석을 진행할 수 있다. 이 경우에는 인원이나 스토리지, 툴에 대한 비용 증가와 자체 개발에 따른 부담을 외부 업체에 아웃소싱으로 전가한다. 또한, 산업 내의 미성숙된 기술을 검증 없이 들여놓기 어려우면 아웃소싱은 비용 대비 효과적 선택이다.

이해관계자와 의사결정자

빅데이터는 비즈니스 의사결정자로 하여금 비즈니스를 다른 방식으로 접근하게 한다. 이를 통해 빅데이터는 비용, 효율성, 시장 적시성 등 여러 이유로 불가능했던 일을 가능케 한다.

그러나 지금 당장 빅데이터 분석가가 의사결정자에게 획기적인 분석 사항을 보여준다 해도 이러한 기술에 낯선 의사결정자는 이것이 무엇을 뜻하고 무엇을 해야 할지 모른다. 그러므로 조직에서는 그들을 새로운 방식으로 생각하게끔 "교육"시켜 그들의 생각이 변하도록 해야 한다. 만약 의사결정자가 빅데이터에서 무엇이 필요한지 명확히 알려 준다면, 과학자와 분석가는 어디에 초점을 두어야 할지 쉽게 파악할 수 있다. 이는 곧 상호 간 협력 시스템이 된다.

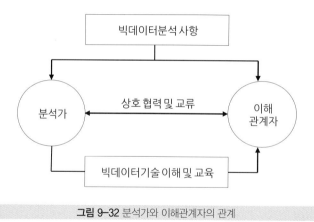

그림 9-32 분석가와 이해관계자의 관계

전사조직과 솔루션 아키텍트

과거 수십 년간 IT 업계는 정보 전달이라는 중요한 역할을 해왔다. 이를 통해 데이터에 대한 수요가 폭발적으로 증가하였고 데이터 아키텍처를 수립할 수 있는 정보 아키텍트에 대한 수요가 커졌다. 데이터 아키텍처는 다양한 분산 오픈소스와 기존 시스템, 통합된 클라우드 솔루션 적용으로 end-to-end 데이터 흐름을 제공한다.

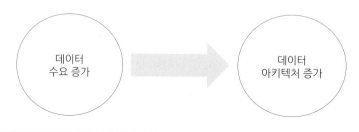

그림 9-33 데이터 수요 증가에 따른 데이터 아키텍처의 등장

이제 정보 아키텍트의 역량에도 새로운 빅데이터의 개념과 역량이 추가되어야 한다. 솔루션 및 전사 아키텍트는 전통적 데이터 아키텍처 기반 개발이 적당한지 아닌지 판단할 수 있어야 한다. 또한, 어떤 곳에 빅데이터가 적합한지와 어떻게 두 환경을 통합할 수 있는지 제시할 수 있어야 한다.

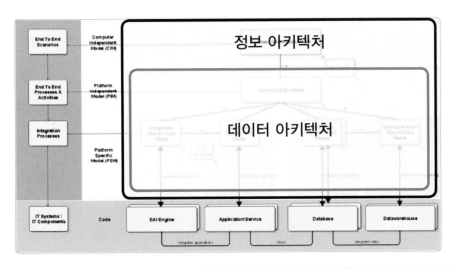

그림 9-34 정보 아키텍처의 사례[9]

운영과 DBA

DBA는 새로운 빅데이터 인프라를 어떻게 도입할지, 그리고 이를 어떻게 활용할지 알아야 한다. 이때, 빅데이터 프로젝트 지원을 위해 기존 시스템을 무리하게 조작해서는 안 된다. 기존 시스템의 과도한 조작은 기간 업무 흐름을 무너뜨릴 수 있으며 대체와 보완이라는 점에서 전체 시스템 구성에 악영향을 끼친다.

그림 9-35 빅데이터 프로젝트와 기간 시스템 고려 사항

만약 조직이 전사차원에서 서드파티 제품을 도입하였다면, 벤더사에게 필요한 운영이나 조작법에 대한 자료와 도움을 요청한다. 특히, 빅데이터 솔루션은 보조 관리 툴이나 헬프데스

---

9 **출처** http://www.ariscommunity.com/users/koiv/2010-08-05-information-architecture-big-picture

크가 만족스럽지 않다. 그렇기에 운영자는 빅데이터 솔루션을 기존 모니터링과 리포트 시스템에 통합하여 운영할 필요가 있다.

데이터 과학자와 분석가

분석가는 빅데이터 툴 사용법을 알아야 하고 기존에 알려진 질문과 답이 아닌 새로운 질문을 찾아야 한다. 이를 위해 분석가는 인사이트를 식별할 수 있는 개방적 생각을 해야 한다. 빅데이터 분석가는 필요에 따라 스킬이나 툴을 변경해야 하며 꾸준히 툴의 변동 사항과 신규 출시에 대해 민감해야 한다. 또한, 분석가에게는 결과에 대해 비즈니스 판단을 할 수 있는 능력도 중요하다.

그림 9-36 분석가의 능력

개발자

기존 RDB 개발 경험을 가진 개발자는 새롭게 빅데이터 기술에 대해 이해해야 한다. 개발자는 트랜잭션 보장이 없는 NoSQL과 분산 환경에서의 작업을 이해하고 개발해야 한다. 특히, 분석가와 협업을 통해 분석기법과 빅데이터 툴에 대한 이해가 필수적이다.

NoSQL에서는 RDB 개발에서 벗어나 분산 파일 시스템, 도큐먼트, Key-Value, 그래프 데이터베이스 등 다른 작업 환경에서의 개발 경험이 필요하다. 개발자는 새로운 빅데이터 통합을 위해 기존 사용자 인터페이스와 코드, 개발 및 테스트 환경, SDK, API, IDE와의 통합에 대해 새로운 사고방식을 가져야 한다.

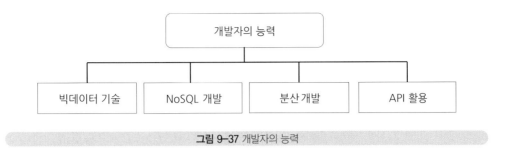

그림 9-37 개발자의 능력

DB 개발자

소프트웨어 개발자는 반복되는 패턴과 알고리즘으로 빅데이터 기반 처리에 쉽게 적응할 수 있지만, DB 개발자는 다르다. DB 개발자는 알고리즘보다는 모델링 기반 작업이 많기에 스킬 향상이 필요하다. 기업에서는 기존 DB 개발자에 대한 내부 또는 외부 교육을 통해 데이터 모델링 기술 역량을 강화해야 한다.

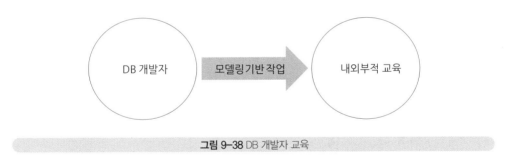

그림 9-38 DB 개발자 교육

교육 훈련

빅데이터와 관련된 기술이나 툴은 여러 종류가 있다. 각 인원은 이를 필요에 맞게 습득하고 이용하는 게 중요하다. 전통적 DW나 BI 담당자는 새로운 빅데이터 관련 Hive나 Pig 등을 익혀야 한다. 이는 기존 SQL과 스크립트 언어로 이루어져서 조금만 노력하면 쉽게 습득할 수 있다.

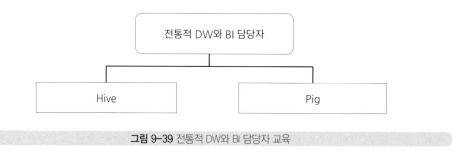

그림 9-39 전통적 DW와 BI 담당자 교육

또한, 기존 상용 DW와 BI에 오픈소스의 빅데이터 시스템을 엮으려면 하둡이나 텍스트 검색 등에 능숙한 주제 전문가(Subject Matter Expert)들과 협업할 필요가 있다. 주제 전문가는 해당 주제와 관련하여 지식, 기능 등의 과제를 가장 잘 아는 사람이다.

교육 훈련에서 중요한 사항은 기술은 매번 진화하기에 반복해야 한다는 것이다. 그러나 모든 인원을 매번 교육에만 집중시킬 수는 없다. 이런 일에는 조직 내 전문가 그룹을 두고 신기술을 습득하여 다른 조직과 인원에 전파하는 것이 좋다.

그림 9-40 신기술 전파

4.2 예산 측면의 고려 사항

예산상의 고려 사항은 기술적 예산 고려와 일반적 예산 고려로 구분한다. 기술적 예산 고려는 솔루션 선정, 데이터 수집 및 도입 레벨에 대한 사항이다. 일반적 예산 고려로는 인프라 측면의 초기 투자가 있다.

기술적 예산 고려 사항

빅데이터 솔루션은 크게 오픈소스와 상용 솔루션으로 구분된다. 여기에 서드파티 오픈소스도 있다.

그림 9-41 빅데이터 솔루션

빅데이터를 도입하는 조직에서는 몇 가지 예산상 고려해야 할 점이 있다.

첫 번째로는 어떤 솔루션으로 어떻게 유지보수를 할지 충분히 고민해야 한다. 단적인 예를 들자면 도입 비용과 운영 비용을 들 수 있다.

초기 도입 비용 측면에서는 당연히 공개 소프트웨어인 오픈소스가 유리하다. 리눅스와 하둡 에코시스템으로 x86 기반 클러스터를 완성하면 충분히 비용적 장점이 있다. 하지만 이러한 시스템을 구축하고 유지하려면 고급 인력이 필요하다. 단순한 오퍼레이터가 아닌 각 오픈소스 특징과 전체 에코시스템을 알고 더 나아가서는 기존 시스템과 연결할 수 있는 전문가가 필요하다.

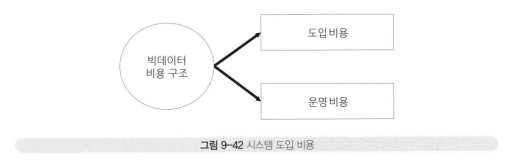

그림 9-42 시스템 도입 비용

두 번째로는 데이터의 수집 비용이다. 일부 공공 데이터는 정부 3.0에 의해 개방되어 있어 쉽게 접근할 수 있지만, SNS나 포털 등의 데이터 접근은 다소 까다롭고 특정 SNS에서는 비용을 지급해야 한다. 또한, 수집된 데이터의 가공 여부에 따라 상당한 노력과 비용이 들게 된다.

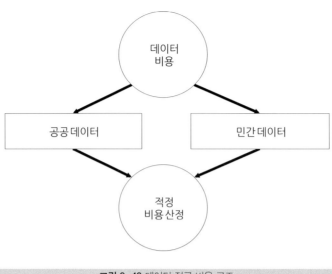

그림 9-43 데이터 접근 비용 구조

세 번째로는 빅데이터를 어느 수준까지 도입할 것인가이다. 단순한 저장과 배치 분석인지 실시간 이벤트 분석을 포함한 복잡한 통계 분석인지 도입 레벨을 검토해야 한다. 저장공간으로서 클러스터는 저가 PC로 가능하지만, 고급 분석에는 고성능 하이엔드 인 메모리 서버가 있어야 하고 주변 인프라도 거기에 맞춰야 한다. 즉, 도입 환경 목적과 도입 레벨을 분명히 밝혀야 한다.

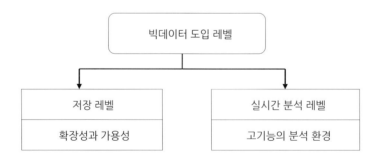

그림 9-44 빅데이터의 도입 레벨 결정

일반적 예산 고려 사항

일반적 예산 고려로는 초기 투자 비용에 대한 사항이다. 투자는 CAPEX(Capital Expenditures), OPEX(Operation Expenditures)와 TCO(Total Cost Ownership) 등으로 나뉜다.

표 9-5 투자 비용 구분

구분	내용
CAPEX	설치 및 투자비와 같은 자본적 지출
OPEX	운영 비용과 같은 업무 지출
TCO	직접비+간접비

여기서는 실제 빅데이터 시스템 도입을 위한 TCO 비용 측정 방식을 살펴보고자 한다. TCO는 기업이 시간 경과에 따라 지급해야 하는 비용을 직접비뿐만 아니라 숨겨진 비용(간접비)까지 포함하여 산정한다. 빅데이터 시스템 도입을 위한 TCO의 구성 요소는 다음 그림과 같다.

그림 9-45 직접비와 간접비로 구성된 TCO

시스템 도입과 운영관리를 위한 전체 TCO의 자세한 구성은 다음 표와 같다. 각 항목이나 내용은 일부 환경과는 맞지 않을 수 있으며 여기서는 일반적인 투자 모델을 가정한다.

표 9-6 빅데이터의 TCO 구성

구분		설명
직접비	자산	빅데이터 솔루션, 서버, 스토리지, 네트워크 장비 및 소프트웨어 등의 설치, 업그레이드 등에 들어가는 자본 지출
	관리	네트워크, 시스템 등의 관리를 위한 인력 및 전문 서비스 아웃소싱 비용
	지원	서버 유지보수와 기술지원과 관련한 인건비 포함 여러 비용
간접비	사용자 운영	빅데이터 시스템 부문이 아닌 사용자 집단에 의해 발생하는 인건비 자기학습이나 교육 등
	다운 타임	예측하지 못한 시스템의 정지, 기능장애 등에 의한 손실 비용

빅데이터 시스템은 기술적 고려 사항의 도입 레벨과 솔루션 선택에 따라 TCO 구성이 달라진다. 오픈소스 도입이라면 직접비 자산 항목은 낮아지지만, 관리와 지원 비용이 많이 들어간다. 상용 솔루션이면 이와는 반대 상황이다.

여기서 한 가지 주요 사항이 있는데, TCO는 모든 비용을 계량적 비용으로 측정한다. 그렇기에 눈에 보이지 않는 부분은 숨어 있다. 예를 들면 눈에 보이는 시스템과 서버 등의 비용은 나오지만, 그 안의 데이터 비용이나 인사이트 도출 비용 등은 계량화할 수 없다. 처음 도입할 때는 정보기술 관리를 위한 주요 정보로 활용하는 것이 바람직하며 계량적 분석을 전적으로 믿는 것은 좋지 않다. 그렇기에 최저의 TCO 플랫폼 선택이 최선이 아니라는 점을 명심해야 한다.

우리는 지금까지 빅데이터 도입을 위한 여러 가지 고려 사항들을 살펴보았다. 조직에서 명확하지 않은 인사이트를 위해 비용, 인력, 기술 등 모든 것을 투자하기에는 쉽지 않을 것이다.

하지만 과거 IT 발전에서 보았듯이 초기 어려움을 이겨내고 도입에 적극적인 조직이 경쟁에서 우월한 이점을 차지하게 되고 결국 시장 선도적인 기업으로 성장하게 된다. 지금 당장은 하나의 IT 트렌드로 지나갈 수 있지만, 쌓여가는 데이터 속에 중요한 보물이 있다는 점을 잊어선 안 된다.

빅데이터는 단순한 기업의 경쟁력만을 위한 것이 아니라, 국가와 국민 편의성과 창조적 서비스를 제공할 수 있는 기술이다. 공공과 민간 역량을 강화하고 숨겨진 통찰을 찾으려면 앞으로 빅데이터는 필수다. 이를 위해 정부, 기업, 학계가 톱니바퀴처럼 유기적으로 움직이는 빅데이터 상생이 필요하다. 이를 통해 기술 인력 배출 및 산업계와 공공 기관의 서비스 개발로 선순환 구조의 빅데이터 생태계를 조성해야 할 것이다.